# 放飞梦想

## ——大学生就业与创业指导

李 明 耿广利 卢慧勇 郭军明 赵俊亚 编著

清华大学出版社
北 京

## 内 容 简 介

本书遵循"以学生为本"的原则，着眼于社会的发展，立足学生的现状，从大学生在求职与创业过程中所必须考虑的问题开始，对大学生的就业观念、求职准备、技巧方法、手续办理、创业项目选择、风险防范、企业的创设以及新创企业的经营管理等方法和技能进行了全面系统的讲解。全书分为就业篇和创业篇，共12章，既有理论分析，又侧重于操作指导，同时提供了很多经典案例，具有较强的理论性和实用性，可以帮助大学生在校期间就树立正确的职业理想和职业观、择业观、创业观，增强他们的就业能力和创业能力，缩短大学生走出校门后对社会的适应期，提高他们的就业竞争力和创业成功率。

本书可作为高校学生就业与创业的培训教材，也可作为广大社会人员求职、创业的参考读物。



**图书在版编目(CIP)数据**

放飞梦想：大学生就业与创业指导/李明等编著. —北京：清华大学出版社，2014(2019.1重印)
ISBN 978-7-302-36250-0

Ⅰ.①放… Ⅱ.①李… Ⅲ.①大学生—职业选择 Ⅳ.①G647.38

中国版本图书馆 CIP 数据核字(2014)第 076264 号

**责任编辑**：孟毅新
**封面设计**：傅瑞学
**责任校对**：刘 静
**责任印制**：刘祎淼

**出版发行**：清华大学出版社
**网 址**：http://www.tup.com.cn，http://www.wqbook.com
**地 址**：北京清华大学学研大厦A座　**邮 编**：100084
**社 总 机**：010-62770175　**邮 购**：010-62786544
**投稿与读者服务**：010-62776969，c-service@tup.tsinghua.edu.cn
**质量反馈**：010-62772015，zhiliang@tup.tsinghua.edu.cn
**课件下载**：http://www.tup.com.cn，010-62795764
**印 装 者**：清华大学印刷厂
**经 销**：全国新华书店
**开 本**：185mm×260mm　**印 张**：18.25　**字 数**：464千字
**版 次**：2014年12月第1版　**印 次**：2019年1月第4次印刷
**定 价**：38.00元

---

产品编号：059121-01

# 前言

随着我国高等教育的迅猛发展，我国高等教育已进入了新的发展阶段，高校数量和规模都有了很大的发展，大学生人数呈迅速上升趋势。由此带来的大学生就业与创业问题也越来越突出。面对新的形势，国家坚持“市场导向，政府宏观调控，学校推荐，毕业生与用人单位双向选择”的就业政策，使高校毕业生作为人才要素，进入人才市场，参与市场竞争，谋求工作岗位。同时，经济社会转型期的新特点，也对毕业生个人创业提出了客观要求。

本书针对大学生群体的特点和求职择业要求，从形势政策到有关法律法规，从环境分析到求职技巧，从择业理念到就业心态，从创业准备到经营管理等各个方面对大学生予以全面系统的指导，有助于他们树立正确的择业就业观，积极做好就业与创业的准备，增强大学生的就业竞争力和创业成功率。

本书分为就业篇和创业篇，共 12 章，主要对大学生就业观念、求职准备、技巧方法、手续办理、创业项目选择、风险防范、企业的创设以及新创企业的经营管理等方法和技能进行了全面系统的讲解。全书既有理论分析，又侧重于操作指导，同时提供了很多经典案例。

本书可作为高校学生就业与创业的培训教材，也可作为广大社会人员求职创业的参考读物。

本书汇聚了集体的智慧，由开封大学李明教授、耿广利副教授、卢慧勇讲师负责框架设计和统稿工作。具体分工如下：第 5 章、第 8 章由李明、耿广利编写；第 4 章、第 11 章、第 12 章由卢慧勇编写；第 1 章由吕蔚薇编写，第 2 章由刘凡编写，第 3 章由李欣忆编写；第 6 章、第 7 章由郭军明编写；第 9 章、第 10 章由赵俊亚编写。

在本书编写过程中，参考借鉴了许多专家学者的研究成果，引用了一些创业者的典型案例，在此对他们表示由衷的感谢。

由于编写者水平有限，书中不免有疏漏和不足之处，敬请专家、同人和广大读者提出宝贵意见。

编　者

2014 年 10 月

# 目录

# 第1章 大学生就业形势与就业指导

选择职业就是选择将来的你自己。

——罗素

**学习目标**

(1) 了解当前大学生就业形势的主要矛盾及造成“就业难”的主要原因。

(2) 正确看待目前的就业形势。

(3) 运用相关方法收集就业信息,了解相关就业政策。

**案例导入**

**小刘的职业选择**

小刘在毕业前期,一直是以“先择业”为指导方针的,但是因为就业市场供大于求,而他又缺乏择业的判断标准,同窗好友、至爱亲朋们七嘴八舌的“高见”搞得他一头雾水。临近毕业,眼看着同学们陆续找到了“东家”,而自己却高不成低不就,面对父母期盼的眼光,小刘有点急了。这时,正巧有家国有企业对他颇有意向,抱着“先就业再说”的想法,小刘成了该国企市场开发部的经理助理。但是工作了一年后,小刘仍然觉得不适应,整天面对文件和会议,一点工作的激情都激发不起来,这时的小刘很后悔当初没有“先择业,再就业”。

显而易见,小刘找了一份不适合自己的工作,就无法激发工作的热情,得不到好的回馈,更降低了他的工作积极性,很快就会进入一种恶性循环……

如果大学生能对自己的兴趣、性格特长多一些了解,对职业多一些认识,那么就会对求职多一份把握和自信。明确的职业目标,具体的规划和求职准备,能帮助大学生更快地走进属于自己的事业。

## 1.1 当前大学生就业形势

就业是民生之本,大学生是我国宝贵的人力资源财富,大学生就业问题不仅关系着广大青年学子成长成才的切身利益,牵动着成千上万家庭的希望与祈盼,更关系着高等教育的全面协调可持续发展以及人力资源强国战略的实施与和谐社会的构建。党和政府历来非常重视大学生就业,党的“十八大”报告强调指出:要实施就业优先战略和更加积极的就业政策,做好以高校毕业生为重点的青年就业工作。努力实施积极的就业政策,千方百计为大学生就业拓宽渠道、加强支持。面对当前和今后一个时期严峻的就业形势,大学生要科学认识和把握所处的就业环境和就业政策,树立正确的就业观。作为高校应加强大学生的就业指导,切实做好大学生的就业工作。这是构建社会主义和谐社会的重要内容,也是建设人力资源强国和建设创新型国家的必然要求。

随着我国新成长劳动力就业高峰的到来,我国每年新进入求职年龄的劳动者人数仍然保持逐年增加的趋势,特别是高校实施扩招计划以来,每年进入就业市场的高校毕业生持续大幅增加,加之近年来国际经济形势持续低迷,国内宏观经济放缓、就业总量压力和结构性矛盾并存,我国高校毕业生就业形势依然复杂严峻,就业任务依然十分艰巨。

### 1.1.1 当前大学生就业形势面临的主要矛盾

#### 1. 供需总量不平衡,就业压力逐年增加

近年来,我国的高等教育实现了由精英教育向大众教育的跨越式发展,用短短几年的时间走完了国外十几年的路程。目前,我国高等教育在校生已经突破 2000 万人,成为世界上高等教育规模最大的国家。这在相当程度上满足了社会发展的人才需求,但与此同时,也暴露出就业市场供需总量失衡的矛盾。2001—2014 年我国高校毕业生数量,如图 1-1 所示[①]。而同期社会就业需求则保持相对平稳或略有下降。按照经济增长保持 8%～9%的速度,我国每年新增的就业岗位基本稳定在 800～900 万个左右,再加上社会新增就业人口的不断增加以及下岗失业人员和其他富余、剩余转移人员,劳动力市场供大于求的总量矛盾十分突出。根据国家人力资源和社会保障部统计数据显示,2013 年第三季度全国 100 个城市进入市场的求职者约 524.2 万人,在所有求职人员中,失业人员所占比重为 52.6%,其中,新成长失业青年占 26.4%,在新成长失业青年中应届高校毕业生占 51%[②]。与此同时,近年来海外留学人员回国就业的人数不断增加,这些"海归"人员和大学毕业生一起涌向就业市场,客观上也增加了国内大学毕业生的就业难度。高校毕业生数量持续增加与就业岗位数量增长缓慢的矛盾导致的结

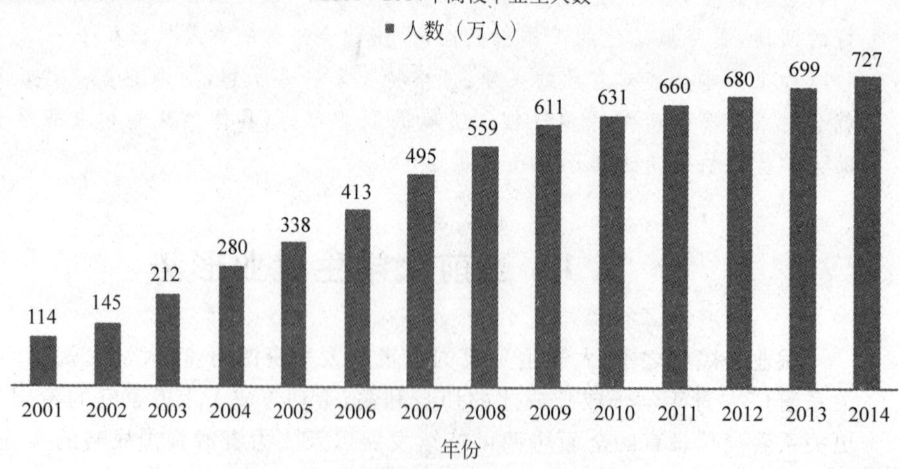


**图 1-1　2001—2014 年高校毕业生人数对比图**

---

① 数据来源:中国教育在线,http://www.eol.cn/html/c/2014gxbys/index.shtml.

② 数据来源:中华人民共和国人力资源和社会保障部,http://www.mohrss.gov.cn.

果就是：大学生就业竞争日趋激烈、就业压力逐年增加。从总体上看，我国劳动力市场供求失衡、岗位缺口较大的基本态势将在较长时期存在。

## 2. 结构性矛盾突出，人力资源未实现均衡配置

尽管目前大学生就业出现了一些问题，但总体上来说，目前高校毕业生的数量与各行各业的需求量相比还远远不够，我国大学生在从业人员中所占的比例与发达国家相比还相距甚远，当前高校毕业生出现所谓的“就业难”，主要是因为目前我国高校毕业生供求存在明显的结构性失衡，表现在不同地区、不同部门、不同学科专业、不同学历层次、不同院校的毕业生就业状况差异显著。

从地区上看，多数学生愿意选择在大城市和经济发达地区就业，他们即使是住“蜗居”、做“蚁族”，都要不顾一切向那里挤，带来的结果就是这些地区的就业竞争日趋激烈，用人单位招聘的门槛不断提高，形成“人才高消费”；而西部地区、基层和中小城市往往无人问津，持续“人才缺乏”。

从部门来看，多数高校毕业生在选择就业部门时，首选“体制内”单位。因为政府部门、大型国有企事业单位等“体制内”工作安稳，并且有养老、住房等长期福利待遇。而众多的民营企业、中小企业、基层单位等工作环境相对较差，存在潜在的种种不稳定因素，特别是一些关乎养老、医疗等社会福利和保险机制尚不健全，很少有高校毕业生愿意选择。求职者“死也要死在体制里”的态度使得“体制内”这座独木桥越来越难走。这一点从“国考热”的持续升温足以证明。近年来，报考国家公务员、获取事业单位编制成为绝大多数毕业生的职业选择预期，甚至硕士研究生和博士研究生都加入到这支考试大军中，参与角逐，致使公务员考试人数从 2003 年开始出现逐年递增的趋势，而且是大幅度的递增，如表 1-1 所示，从录取比例来看，如今的公务员考试已成为中国社会名副其实的“第一考”。

**表 1-1　2003—2013 国家公务员考试报名人数汇总①**

| 年份 | 招考职位数 | 招录人数 | 审核通过人数 | 参加考试人数 | 录取比例 |
|---|---|---|---|---|---|
| 2003 | 5400 | 5475 | 12.5 万 | 8.7 万 | 16：1 |
| 2004 | 4036 | 7572 | 18.2 万 | 12 万 | 15：1 |
| 2005 | 5456 | 8271 | 31 万 | 29 万 | 35：1 |
| 2006 | 6053 | 10 282 | 54 万 | 50 万 | 48.6：1 |
| 2007 | 6361 | 12 724 | 74 万 | 53.5 万 | 42：1 |
| 2008 | 6691 | 13 787 | 80 万 | 64 万 | 46：1 |
| 2009 | 7556 | 13 566 | 105.2 万 | 77.5 万 | 58：1 |
| 2010 | 9275 | 15 526(实际 14 391) | 144.3 万 | 92.7 万 | 59：1 |
| 2011 | 9763 | 15 290 | 141.5 万 | 90.2 万 | 59：1 |
| 2012 | 10486 | 17 941 | 130 万 | 96 万 | 53：1 |
| 2013 | 12901 | 20 839 | 138.3 万 | 111.7 万 | 53：1 |

从专业上看，高校对市场的反应速度较慢，主要表现在：高校专业结构调整滞后于市场需求，以至于有的专业毕业生供大于求，而有的专业毕业生则供不应求。近年来，尽管教育主管

① 资料来源：新浪教育网，http://edu.sina.com.cn/official/2013-09-09/1122394547.shtml.

部门根据就业率等指标统计对一些专业亮出了“黄牌”甚至“红牌”,然而高校受到利益制约以及长期以来形成的僵化思想影响,不能根据市场需求及时做出富有预见性的调整,导致部分专业人才供过于求,陷入“滞涨”。就2013年的就业情况来看,高校专业建设跟不上市场的情况依然没有得到缓解。忽视市场需求闭门造车,只能加剧专业发展的危险性,“热门”变“冷门”,导致毕业生的切身利益受到损害。

从学历层次的供求关系看,我国当前的高等教育是以本科学历教育为重点。近几年研究生也大幅度扩招,而职业技能教育环节却相对薄弱,不能满足社会的需求。据统计,2013年硕士毕业生、本科生、高职高专学生的签约率同比分别下降9%、12%和13%,供需错位带来的结构性压力让就业市场雪上加霜。

从院校来看,大体上教育部直属高校毕业生就业情况较好,部门高校次之,地方院校相对较差。换言之,国家重点大学毕业生就业情况较好,普通大学相对较差。虽然国家人力资源和社会保障部三令五申要消除就业门槛,营造公平的就业环境,但一些用人单位仍明确提出非“985”、“211”高校不招,研究生毕业院校“查三代”新型门槛也屡见不鲜。就业“门槛”现象的存在,反映出在劳动力供求矛盾突出的大环境下“买方市场”的主动地位。

### 3. 毕业生频繁跳槽,人力资源浪费现象严重

近年来,面对日益严峻的就业形势,不少毕业生选择了“先就业、后择业”的思路。即先找个单位落下来,然后再继续寻找自己满意的单位。一旦时机成熟,马上跳槽离开原单位。根据“中华英才网”针对入职新人的一项调查显示:毕业三年内的员工跳槽最为频繁,平均不到一年就有一次。北京高校毕业生就业指导中心对北京96家用人单位的统计结果也显示,大学毕业生在最初工作的1~3年,跳槽率达70%[①]。此外,调查数据显示,90后的职场新生代走出校园不足三个月,离职率高达30%以上[②]。辞职的理由五花八门,食堂伙食太差、失恋、结婚、不想加班甚至宿舍不能上网等,据初步统计,离职理由超过50种。

毕业生频繁跳槽,一方面说明大学生在第一次选择职业时未能获得较高的就业满意度,另一方面折射出他们缺乏责任心、浮躁的心态和对自己的未来发展规划不成熟。大学生频繁换工作不利于他们专业知识技能的提升和工作经验的积累,长此以往,这些大学生自然无法获得良好的职业发展。同时,也扰乱了用人单位的用人计划,加大了人力培训成本和再招聘成本。可以说,频繁跳槽既是对大学生人力资源的浪费,也是对用人单位人力资源的浪费。跳槽与再就业,无形中增加了就业人数总量。

### 4. 高校毕业生的职业素质与社会人才需求标准间存在明显差异

目前,就业“买方市场”已形成,就业竞争日益激烈,用人单位特别是具有一定吸引力的用人单位招聘人才的标准日趋完善,对毕业生的要求越来越高。近年来,用人单位特别强调要重视动手实践能力、社会适应能力和团队协作精神等,而且在挑选人才时还参考毕业生就读的学校和学历层次。有些用人单位明确表示,他们不愿意聘用大学生的原因是当代大学毕业生身上存在着“自由散漫、推卸责任、依赖性强、自私自利、解决问题能力差、做事粗心、学习能力差、眼高手低和主动性差”等九大问题。

---

① 资料来源:21CN网,http://news.21cn.com/cartoon/life/2006/02/09/2458194.shtml.

② 资料来源:中国教育新闻网,http://job.jyb.cn/jyzd/201209/t20120918_511212.html.

### 1.1.2　促进大学生就业的有利条件

#### 1. 党和政府高度重视大学生就业工作,不断为大学生就业提供政策保障

高校毕业生就业难的严峻形势,引起了党中央、国务院的高度重视。近年来,国务院每年召开专门会议,出台多项政策措施,进行系统安排部署。中央有关部门密切配合,采取有效措施,积极促成高校毕业生就业和创业。组织部门在毕业生到基层就业方面连续发出多个文件,明确分工、明确要求、明确责任。人事部门在做好毕业生接收工作、建立就业见习制度、完善人事代理制度等方面做了大量卓有成效的工作。劳动保障部门积极开展创业指导、创业培训、维护毕业生权益等工作。共青团系统积极组织实施"大学生志愿服务西部计划",发展改革、财政、公安、民政、工商、银行等部门也按照职责分工,采用多种形式,积极促进高校毕业生就业。各高校也普遍实施了"一把手工程",党政一把手负总责,一级抓一级,层层抓落实,使毕业生就业工做出现了新的局面。首先是以就业为导向的办学理念逐渐成为共识;其次,高校的就业服务工作做得更细致、更周到、更科学;最后,以就业为导向的高等教育改革取得重要进展,大学毕业生就业竞争力有所提高。

#### 2. 宏观就业形势随经济回暖渐趋向好转

2009 年,虽然全球经济还处于萧条之中,但中国经济开始出现复苏迹象,并在一些领域总体发展态势良好。2010—2012 年年末,城镇登记失业率为 4.1%,比 2009 年年底降低 0.2 个百分点。预计今后几年我国的国内生产总值将继续以 7%以上的速度增长,按国内生产总值每增长 1%可提供 80 万～100 万个就业岗位计算,一年将提供大约 560 万个以上的就业岗位,这将为具有明显优势的大学生就业提供更多的机遇。

#### 3. 我国社会人才需求量仍有很大上升空间

虽然我国劳动力从数量上总体有富余,但受过高等教育的高、精、尖专业技术人才仍将出现供不应求的局面。在我国,受过高等教育的人数只占人口总量很小的比例,大学生仍然是比较稀缺的人力资源。据国家统计局统计,中国受过高等教育的人数仅占全国人口比例的 5.7%,而发达国家是 30%～50%(美国 60%,日本、韩国 30%);不发达国家平均达到 8.8%(印度 16%)。可见,中国在世界上排在倒数的位置,连北京这样属于全国人才最密集的地区也仅达到总人口的 20%,比起发达国家仍有很大的差距。因此,实现我国达到中等发达国家水平的奋斗目标,还急需大量高质量的大学生,而不应当存在大学生已经多得没有就业岗位的问题。所以,只有提高人才培养质量,增加优质大学生的人数,才可能满足国民经济快速发展的需要。

#### 4. 国家宏观发展战略的实施为大学毕业生就业提供了新的舞台

随着我国经济的发展,解决东西部经济发展不平衡的问题已是我国经济发展的重大战略问题。"西部开发、东北振兴、中部崛起"等战略的实施,促进了一批二、三线城市的发展,经济规模、基础建设、城市管理服务、创业环境、人居环境等方面都进入了快速发展的轨道。随着经济发展水平的提高,二、三线城市就业机会增多,对人才的吸引力将显著增强。振兴东北地区等老工业基地的战略决策,使得东北地区将成为继珠三角、长三角和京津唐之后中国内地经济

又一个新的增长点，它可以为大学生提供诸如软件、机械、化工、制造等许多就业岗位。

### 5. 战略性新兴产业发展将为大学生就业提供广阔空间

据《中国就业制度 2009》预测，到 2020 年之前，我国工业和服务业就业比重仍会持续上升，三大产业就业结构预期目标将达到 19.4：35.4：45.2。随着工业化和城镇化进程的加速，第一产业就业规模减小。但要用世界上 7%的耕地，养活约占世界 22%的人口是一个必须解决的难题。农业科学家们提出了跳出单纯靠传统种植业发展农业的新思路，改造传统种植业为“绿色生态”立体农业、创建以微生物工厂化生产为特征的“白色农业”、发展以海洋养殖耕作为特征的“蓝色农业”。“三色农业”对农业科技人才需求很大。第二产业将进入高级工业化阶段，就业比重年均增长速度趋缓。能源、资源密集型化工业的规模将得到调控，但先进制造业将得到优先发展。劳动密集型、技术密集型、知识密集型并存的第三产业将有较大发展空间，如批发零售商贸和餐饮业等传统服务业将平稳增长，社会服务业、房地产业、金融保险等现代服务业就业人数将持续增长。

《国务院关于加快培育和发展战略性新兴产业的决定》(国发[2010]32 号)提出，国家将大力发展节能环保、新一代信息技术、生物、高端装备制造、新能源、新材料和新能源汽车等新兴产业。在未来 10 年新兴产业将提供市场主流就业、创业机会，人才需求也将呈现新的趋势。

### 6. 第三产业就业空间广阔

2010 年，在国家制定的《“十二五”规划纲要》中明确提出，坚持把经济结构战略性调整作为加快转变经济发展方式的主攻方向，并专门提出了加快发展服务业的目标。把推动服务业大发展作为产业结构优化升级的战略重点，大力发展生产性服务业和生活性服务业；拓展服务业新领域，发展新业态，培育新热点，推进规模化、品牌化、网络化经营；推动特大城市形成以服务经济为主的产业结构。这一发展目标，为高校毕业生就业开辟了更为广阔的空间。不仅能够为大学毕业生就业提供不同层级的准入岗位，使不同水平段的大学生有了更多的就业选择路径，而且也为一些想创业的大学毕业生提供了极好的发展机遇。

目前，我国很多的服务行业，服务不到位、不配套的情况较为普遍。这样的服务现状远远不能满足人民日益增长的物质和文化生活的需要，由此决定了服务业存在着很大的就业潜在空间。

总之，在今后几年内大学毕业生的就业形势依然十分严峻，即将进入就业市场的大学生应对此有足够的思想准备。但是，大学生们也应清楚地看到，随着政府各项促进大学生就业政策的相继出台、社会经济的蓬勃发展、就业市场的逐步规范、中西部开发、社会主义新农村建设、全球化经济发展及新兴产业的发展，都将为大学生就业提供广阔的空间，带来大量的就业和创业机会。大学生只要能够认清形势、转变观念、调整心态，并不断充实和提高自己，就一定能够在激烈的竞争中扎稳脚跟，在社会中占有一席之地。

## 1.1.3 造成大学生“就业难”的主要因素

大学生“就业难”的现象是我国计划经济向市场经济过渡中出现的阶段性问题，产生问题的原因也是多方面的。既有客观的就业环境的原因，也有大学生自身的原因，是多种主客观因素综合作用的结果。

### 1. 国内外经济增速放缓

国际经济形势持续低迷，国内宏观就业形势面临经济放缓，在一定程度上抑制了我国的外贸、出口、投资、就业等。社会有效需求下降，适合高校毕业生的用人岗位减少，同时劳动力总量有所增加，2013 年国内城镇需就业的劳动力已达 2500 万人，宏观就业压力增大，这一减一增，给毕业生就业带来较大影响。

### 2. 社会整体就业环境不宽松

社会整体就业环境不宽松表现在以下几个方面。

(1) 劳动力增长过快。近年来，我国新成长劳动力规模庞大，对劳动力市场造成了巨大的压力。根据全国人口普查资料推算，今后一个时期新成长劳动力增长幅度会进一步加大。

(2) 城市劳动力市场压力过大。我国经济体制改革和经济结构调整过程中部分人员下岗分流，农村剩余劳动力向城市转移，机关事业单位进行机构改革和人员精简，加剧了城市劳动力市场的紧张状况，使大学生面临一个不宽松的劳动力市场，从而对大学生就业带来影响。

(3) 青年失业率增长。随着就业市场化，在劳动力配置过程中必然出现摩擦性失业现象，高学历劳动力市场也不例外。受职业技能、求职经验和摩擦性失业等因素的影响，青年人失业率较高是一种比较普遍的现象。大学毕业生作为新进入劳动力市场的青年劳动力的一部分，通常都不能 100%就业。

### 3. 扩招使大学生规模增大

高校扩招是造成大学生“就业难”的一个最直接的原因。随着我国教育体制由“精英化”向“大众化”过渡，扩招成为近几年高校愈演愈烈的招生现状。2001 年，我国高校毕业生为 115 万，此后，人数迭创新高，到 2014 年，全国普通高校毕业生规模达到 727 万，比 2013 年增加28 万人，再一次刷新纪录。

### 4. 专业设置与市场供求错位

大学生的就业已经市场化，但大学的专业设置并没有随着市场化的进程及时调整，致使毕业生专业结构与市场供求出现了错位，这已成为制约大学生就业的一个重要原因。高校扩招后，一些学校仍然沿袭传统的应试教育教学方式，培养出来的一些学生高分低能，不能适应用人单位的需要；一些大学的专业及课程设置没能以市场需求为导向进行规划，有较大盲目性；不少学校专业划分过细，培养出的毕业生知识面过窄，学习能力和适应能力较差；一些专业缺乏特色，应有的动手能力也不强，不适合用人单位的需求，结果导致了大学生就业过程中的结构性矛盾。一方面是部分行业急需的人才无处可寻，另一方面却是大量的大学生难以找到工作。

### 5. 大学生就业市场不健全

我国大学毕业生就业市场经过几年的发展，已初步形成了以市场为导向、政府宏观调控、学生与用人单位双向选择的就业机制。但我国的大学毕业生就业市场仍处于初创阶段，市场发育不健全。

(1) 市场行为不规范。由于大学生就业市场尚处于初级阶段，所以在一定程度上存在着不规范的市场行为。

① 大学生自身的不规范行为。面对就业市场的激烈竞争，部分大学生为找到好的工作，信用观念淡薄或走后门拉关系。

② 用人单位的不规范行为。一些用人单位在招聘大学生时不能本着公正、公平、公开的原则择优录用，有的用人单位虚夸和放大单位规模、效益、条件等。

③ 中介机构的不规范行为。一些中介机构举办的招聘会、人才交流会以营利为目的，发布虚假广告，对招聘单位审查不严，缺乏有效的管理和监督。

(2) 市场信息不充分。市场供需信息是大学生就业市场的基本信息。充分的信息不仅能使用人单位找到急需的人才，帮助毕业生找到满意的工作，也是国家宏观调控的重要依据。目前我国大学生就业市场信息尚不充分，既缺乏全面反映全国大学毕业生的资源及就业意向、各高校专业特点及服务方向的供方信息，也缺乏全面的用人单位需方信息。由于就业市场缺乏需求信息的快速收集、公布和传递，不仅造成大学生择业的盲目性和偶然性，降低了市场配置人力资源的效率，而且增加了大学毕业生寻找工作的时间，提高了就业市场的交易成本。

### 6. 大学生就业指导工作欠缺

目前，毕业生就业信息系统和就业服务体系不完善，大学毕业生主要由学校或人才市场举办招聘会等方式获得就业信息，与需求方见面，信息渠道比较窄，成功率比较低。学校与用人单位之间、学校与毕业生之间、学生与用人单位之间信息不畅，耽误了毕业生许多就业机会。部分大学生求职意识淡漠，消极等待思想严重，缺乏明确而长远的适合自己的职业规划，不能适时地调整就业期望值，而且违约事件频频发生。能够得到学校的就业信息及辅导，了解大学生就业的相关政策，在就业前得到相关就业指导，成为很多大学毕业生的迫切愿望。

### 7. 大学生面向农村和基层就业渠道不畅

面向农村和基层就业是高校毕业大学生的新选择。然而，现实中毕业生就业通向农村和基层的渠道不畅，普遍存在“下不来，用不上，稳不住”的问题，以至于出现了农村对人才的巨大需求和大批毕业生就业难的强烈反差。农村高层次人才的缺乏制约了农村经济的进一步发展，大学生面向农村就业存在以下障碍：①城乡二元结构差距显著，城市、农村在工资待遇、生活质量、个人发展等方面的差距太大，导致大学生考虑到自身以及后代的发展时顾虑重重，不愿去农村就业；②政策支持力度不够，尽管国家已出台了若干鼓励毕业生面向基层、农村就业的政策，但这些政策大多是从某一方面对毕业生进行鼓励，缺乏全局性、系统性和持续性，不能根本解决大学生到农村就业的后顾之忧；③社会传统观念的约束，使得大学生到农村就业不仅受到农村从业人员的质疑，部分高校也不提倡大学生到农村去就业，以免影响学校的就业质量。

### 8. 大学生自身存在的问题

在遭遇“就业难”的大学毕业生中，有一部分是因为专业、能力结构等各种原因造成“无业”可就，也有一部分是因为“城市依赖症”、“国有情结”、“眼高手低”而“有业”不就，还有一部分是因为自身素质存在不足导致在就业竞争中处于不利地位。如今虽说已没有“天之骄子”之实，但不少大学毕业生依然不甘心放下精英的身段，期望过高，职业规划意识不够强、人生定位不准确，成了每年搭不上就业车的待分生。

大学生在毕业时的就业期望值普遍很高，主要表现在：对单位性质比较挑剔，薪水待遇要求较高。对工作岗位层次的追求、专业的对口度、工作的稳定性等期望值高了，要求自然就多，可供选择的岗位便少了。同时，对于大学生来说，工作经验可能是零，就业时就显得比较被动。而且，部分大学毕业生的职业素质和就业能力差强人意。有专家指出，现在一些大学生在角色意识、从业道德、交际能力、领袖能力和变化意识等方面有所欠缺，导致了职场适应能力不强，难以实现高水平就业。据知名管理咨询公司"麦肯锡"发布的研究报告称，中国大学毕业生中只有 10%左右具备在外企工作的技能[①]。由此可见，大学生人力资源开发不足，高校毕业生的职业素质和就业能力与用人单位的实际要求存在较大的差距。

**案例**

2013 届毕业生小张来自甘肃兰州，直到当年 3 月份他还未落实工作单位。学院辅导员去参加国家医药管理局的供需见面协调会，顺便将他的应聘材料带去帮他落实单位。刚好兰州有一家制药厂要他，专业对口，又是家乡，然而他本人的择业意向却是：单位地点必须在北京市，至于到北京的什么单位、具体做什么工作都无关紧要，除此以外，什么单位都不考虑。在这种心态下，结果自然难以如愿。

**分析**：小张的思想在当前毕业生的择业过程中具有一定的代表性。不少毕业生过于向往经济发达地区，尤其是沿海地区的中心城市，最低的期望也是回自己家乡所在地的中心城市。他们只注重经济文化发达、工作环境优越的一面，而忽视了人才济济、相对过剩的一面，择业期望值居高不下，甚至还有逐年上升的趋势，从而导致主观愿望与现实需求之间的巨大落差。

#### 9. 性别差异

限于目前国家对女性就业保障措施尚待完善，使得单位在聘用女职员时要付出更高的人力资源成本。第一，从劳动时间来说，女性有一个男性所没有的断裂带，即生育哺乳期，而这一阶段的工资、福利仍需单位承担；第二，从退休金的负担来看，女性要比男性早 5～10 年退休，而且由于寿命的性别差异，女性一般会比男性领取更多更长的退休金。这些是很多用人单位歧视女毕业生，造成女性的就业难度远远大于男性的主要原因。在残酷的就业市场中，一项针对大学毕业生的追踪调查显示，有 21.7%的女生认为，用人单位的性别歧视是导致自己求职遇挫的原因。

### 1.1.4　正确看待目前的就业形势

就业形势既有不利的一面，也有有利的一面。即将走向社会的大学生，应理智地对待目前的就业形势，做好各项就业准备。

#### 1. 转变观念，务实就业

观念决定方向，大学生面对当前严峻的就业形势，应该有务实的心态。首先要冷静研判当前的就业形势，既不能只看到悲观的一面，看不到积极的一面，也不能好高骛远，不切实际，要善于在"危"中寻找"机"，既要认识到全国大学生就业的大气候，也要关注本行业、本专业和本区域的小气候，有一个全局的意识和理性的心态。其次要树立合理的就业期望值，要综合考虑

---

① 资料来源：http://finance.sina.corn.cn/roil/20051013/0240345460.shtml.

客观、主观多方面的因素，制订自己的就业目标，摒弃那些不切实际的就业观念。

### 2. 展示自我，勇于竞争

在目前就业市场竞争激烈的形势下，大学生要想脱颖而出，自身的综合素质将会是关键因素。所以，大学生在校期间，要从生活、学习等方面严格要求自己，使自己的政治思想素质、文化素质、专业素质、心理素质、身体素质等得到全面提高，适应社会需求。另外，毕业生要有竞争意识，充分发挥自己的优势，扬长避短，使自己在竞争中获胜。

如何展示自己的实力？实力简单来说是驾驭某项专业技能或从事某件事情的能力。其实对于每个不同的行业、不同的工作、不同的岗位，需要从业者的“实力”是不一样的。当我们锁定了自己想从事的职业，一定要了解它需要的专业能力是什么，并且努力地去获取这样的能力，创造自己的专业经历（履历）。除了去培养自己的专业能力，也要学会观察自己，梳理自我的特长，发掘自身的优势。

### 案例

一家著名企业招聘会计，在众多慕名前来应聘该专业的毕业生中，一名身材矮小的男生脱颖而出，原因是他除了会计专业成绩优秀外，还具备熟练操作计算机的特长，正符合用人单位的迫切需要。在面试中，许多考生对传统的记账方式有问必答，对会计工作的一般要求能做到应知应会，但只有少数人涉猎计算机技术，而这位男生早在大二就开始辅修计算机专业。他认为今后各行各业都需要应用计算机，人人都要有掌握计算机的能力，这一潜能早一点开发更好。于是，他在课余时间抓紧学习，达到计算机专业毕业生的水平，结果在面试中“独占鳌头”，顺利走上理想的工作岗位。

**分析：**知识经济的发展，需要大量的复合型人才，现在许多高校或实施主辅修制，或通过增设某些课程以弥补本专业知识结构的缺陷。大学生在完善自我知识结构时，必须充分认识复合知识的重要性，充分发挥自身的主观能动性和自身知识的特点，进行有针对性的复合知识的学习，提高自身的就业能力。

### 3. 目标明确，主动出击

大学毕业生要主动利用各种媒介，全面了解就业形势和各类就业信息，参加招聘会，从中进行筛选和过滤，选择适合自己的就业岗位，投递自荐书（简历），努力争取参加笔试、面试以及其他考核等机会，为自己争取更多的就业机会。

### 4. 坚定信心，及时就业

面对困难和危机，信心无疑是最重要的，在就业的“寒冬”里，大学毕业生更要坚定信心，克服恐惧害怕心理，以积极的心态，努力探寻希望的曙光。在就业竞争中，要不卑不亢，尽情发挥个人优势和特长，相信“是金子终究会放光的”。在就业遇到困难和挫折的时候，要有耐心和韧性，特别是在听用人单位说话的时候一定要把握住“言下之意”和“弦外之音”，千万不要被“表象”和“形式”迷惑，只要没有被用人单位坚定地回绝，只要还有希望，都要通过各种方式努力争取，直到用人单位明确告诉“不行”、“不可能”、“不要”的时候，我们要积极分析失败的原因，找准职业定位，修正求职技巧，开始新的求职过程。相信这种坚持不懈的意志和战胜困难和挫折的决心和勇气会帮助大学生及时找到自己满意和适合的工作岗位。

# 1.2　大学生就业政策

做好高校毕业生就业工作，是促进经济升级、民生改善和社会和谐稳定的重要举措。党中央、国务院历来高度重视高校毕业生就业工作，把高校毕业生就业作为我国就业工作的首要任务和重中之重，制定和出台了一系列政策措施。各地区、各有关部门认真贯彻落实党中央、国务院的决策部署，做了大量工作，使高校毕业生就业形势总体保持稳定。

大学生就业政策，是国家在一定的历史时期，为高校毕业生创造就业条件，扩大就业机会，促进良好的就业秩序，维护毕业生和用人单位的合法权益所制定的政策规定和行为准则。就业政策有很强的时效性，会根据社会、政治、经济形势的变化而不断调整。目前我国已形成了由国家性政策做统领、地方性政策做保障、高校政策做支持、专项政策做补充的大学生就业格局。

在“十二五”开局之年，2011 年 5 月国务院印发了《关于进一步做好普通高等学校毕业生就业工作的通知》（国发[2011]16 号）（以下简称《通知》），在总结梳理现有就业政策的基础上，分别从拓展高校毕业生就业领域，鼓励引导高校毕业生面向城乡基层、中西部地区以及民族地区、贫困地区和艰苦边远地区就业，鼓励支持高校毕业生自主创业，鼓励支持高校毕业生参加见习、培训和科研项目单位吸纳就业，大力加强就业服务和就业援助等五个方面提出了一些新的政策措施，这是做好当前和今后一个时期高校毕业生就业工作的总要求。此外，国家通过制定一系列文件以及每年针对大学生就业出台相关的就业政策，对当前和今后一个时期的高校毕业生就业工作进行了全面部署，掌握就业政策已成为大学生就业的前提和必要环节。

## 1.2.1　拓宽高校毕业生就业渠道

拓宽就业渠道从根本上讲有赖于经济社会发展。《通知》强调，要着力从三个方面拓宽毕业生就业渠道：一是结合经济发展开发就业岗位，尤其是发挥战略性新兴产业、先进制造业、高新技术产业、智力密集型产业、现代服务业、现代农业发展对高校毕业生就业的拉动作用。二是鼓励各类企业吸纳就业，一方面通过全面落实小微企业扶持政策，大力宣传民营企业和非公有制企业在经济社会发展中的重要地位，引导高校毕业生到中小微企业、民营企业和非公有制企业就业；另一方面引导国有企业积极履行社会责任，吸纳更多高校毕业生就业。三是开发城乡基层就业岗位，探索通过政府购买服务的方式，开发一批基层公共管理和社会服务岗位，加大面向基层考录公务员和招聘事业单位工作人员的力度，引导高校毕业生到基层就业。

## 1.2.2　鼓励引导多渠道就业

鼓励引导高校毕业生面向城乡基层、中西部地区以及民族地区、贫困地区和艰苦边远地区就业。

### 1. 鼓励和引导毕业生到城乡基层就业的政策

到城乡基层一线工作，既能实现就业，又能得到锻炼，是大学生就业的大方向。为鼓励高校毕业生参加社会主义新农村建设、城市社区建设和应征入伍，《通知》提出具体鼓励政策实行以下四项。

(1) 基层社会管理和公共服务岗位就业补贴政策

这涉及两项补贴政策：一是对到农村基层和城市社区公益性岗位就业的，给予社会保险补贴和公益性岗位补贴；二是对到农村基层和城市社区其他社会管理和公共服务岗位就业的，给予薪酬或生活补贴。

(2) 学费和助学贷款代偿政策

对到中西部地区和艰苦边远地区县以下基层单位就业并履行一定服务期限的，由政府补偿学费或代偿国家助学贷款。

(3) 选聘招录优惠政策

参加"选聘高校毕业生到村任职"、"三支一扶"(支教、支农、支医和扶贫)、"大学生志愿服务西部计划"、"农村义务教育阶段学校教师特设岗位计划"项目，符合相关条件的，享受工作生活补贴、学费补偿或国家助学贷款代偿、公务员招录、事业单位招聘、考学升学等优惠政策。对有基层工作经历的，在研究生招录和事业单位选聘时优先录取；自 2012 年起，省级以上机关录用公务员，除部分特殊职位外，均应从具有 2 年以上基层工作经历的人员中录用。

(4) 继续实施和完善面向基层就业的专门项目，扩大项目范围的政策

通过政府购买服务的方式，开发城乡基层特别是城市社区和农村公共管理及社会服务工作岗位，引导高校毕业生到基层就业。开展农业技术推广服务特岗计划试点，选拔一批高校毕业生到乡镇担任特岗人员。

### 2. 鼓励到中西部地区、民族地区、贫困地区和艰苦边远地区就业的政策

《通知》提出以下两项具体鼓励政策。

(1) 对到中西部地区和艰苦边远地区县以下基层单位就业，服务期达到 3 年以上(含 3 年)的高校毕业生，按规定实施相应的学费和助学贷款代偿。

(2) 对到艰苦边远地区或国家扶贫开发工作重点县就业的高校毕业生，在机关工作的，试用期工资可直接按试用期满后工资确定，试用期满后级别工资高定 1 至 2 档；在事业单位工作的，可提前转正定级，转正定级时薪级工资高定 1 至 2 级。

## 1.2.3 鼓励支持中小企业就业和自主创业

### 1. 鼓励支持高校毕业生到中小企业就业

中小企业是吸纳高校毕业生就业的重要渠道。为鼓励高校毕业生到中小企业就业，《通知》在延续以往政策的基础上，提出了完善落实相关制度和政策的工作要求，主要包括以下三个方面。

(1) 清理影响就业的制度性障碍和限制

到中小企业就业的，在专业技术职称评定、科研项目经费申请、科研成果或荣誉称号申报等方面，享受与国有企事业单位同类人员同等待遇，并享受档案管理、人事代理、社会保险办理和接续等服务。

(2) 取消落户限制

对企业招用非本地户籍的普通高校专科以上毕业生，各地城市应取消落户限制(直辖市按有关规定执行)。

(3) 落实就业扶持政策

中小企业吸纳高校毕业生就业，可享受相应的就业扶持政策。扶持政策包括对招收高校毕业生达到一定数量的中小企业，地方财政优先考虑安排扶持中小企业发展资金，并优先提供技术改造贷款贴息；劳动密集型小企业当年新招收登记失业高校毕业生达到一定比例的，可享受高至 200 万元的小额担保贷款，并享受财政贴息；企业招收就业困难高校毕业生、签订劳动合同并缴纳社会保险费的，按规定给予社会保险补贴。此外，小型微型企业新招用毕业年度高校毕业生，签订 1 年以上劳动合同并按时足额缴纳社会保险费的，给予 1 年的社会保险补贴；在 6 个月之内组织开展岗前培训的，按规定给予培训费补贴。

## 2. 鼓励高校毕业生自主创业

自主创业是大学生就业的重要增长点，是高校毕业生就业之源。《通知》除要求各地区、各有关部门进一步放宽准入条件，降低注册门槛，落实好各项税费减免等政策外，还在小额担保贷款、创业培训以及办理落户等方面提出了一些新的政策要求。

(1) 鼓励高校积极开展创业教育和实践活动

各高校要广泛开展创业教育，积极开发创新创业类课程，完善创业教育课程体系，将创业教育课程纳入学分管理。高校要设立校级大学生创业资金，开辟专门场地用于大学生创业实践，设立大学生创业孵化园。针对高校和地方反映毕业生在毕业年度因忙于求职难有较多时间参加创业培训、享受补贴政策的情况，《通知》对高校毕业生参加创业培训的补贴期限进行了调整，将在校高校毕业生享受创业培训补贴的开始时间从目前的毕业当年 1 月 1 日提前到毕业前一年 7 月 1 日。这一调整将方便更多的高校毕业生参加创业培训，提升创业能力。

(2) 税费减免和小额贷款

① 从事个体经营的税费减免政策。持《就业失业登记证》从事个体经营的，3 年内按每户每年 8000 元为限额依次扣减其当年实际应缴纳的营业税、城市维护建设税、教育费附加和个人所得税。毕业 2 年以内从事个体经营时，自在工商部门首次注册登记之日起 3 年内，可免交有关行政事业性收费。

② 小型微利企业的税收减免政策。从毕业当年年 1 月 1 日至当年 12 月 31 日，对高校毕业生创办的年应纳税所得额低于 3 万元(含 3 万元)的小型微利企业，其所得减按 50%计入应纳税所得额，按 20%的税率缴纳企业所得税。

③ 小额担保贷款及贴息政策。高校毕业生自主创业，可在创业地申请小额担保贷款，从事微利项目的，可享受不超过 10 万元贷款额度的财政贴息扶持。对合伙经营和组织起来就业的，可根据实际需要适当提高贷款额度。这一政策一方面明确了高校毕业生可以在创业地申请贷款，同时还将贷款额度提高到 10 万元(以前最多只能贷款 5 万元)，并明确从事微利项目的，中央财政给予全额贴息。这些政策有利于引导和促进更多高校毕业生创业。

(3) 创业培训、创业服务

① 就业创业地落户政策。《通知》规定，各地应取消高校毕业生落户限制，允许高校毕业生在就(创)业地办理落户手续(直辖市按有关规定执行)。

② 创业培训补贴政策。《通知》规定，对高校毕业生在毕业年度内参加创业培训的，根据其获得创业培训合格证书或就业、创业情况，按规定给予培训补贴。鼓励有条件的地方和高校根据高校毕业生特点和需求，组织开展政策咨询、信息服务、项目开发、风险评估、创业指导、融资服务、跟踪扶持等“一条龙”创业服务。在充分发挥各类创业孵化基地作用的基础上，因地制

宜建设一批大学生创业孵化基地，并给予相关政策扶持。对基地内大学生创业企业要提供培训和指导服务，落实扶持政策，努力提高创业成功率，延长企业存活期。

(4) 鼓励支持高校毕业生灵活就业

各地要鼓励支持高校毕业生通过多种形式灵活就业，并给予相关政策扶持。对符合就业困难人员条件的灵活就业高校毕业生，要按规定落实社会保险补贴政策。对申报灵活就业的高校毕业生，各级公共就业人才服务机构按规定提供人事、劳动保障代理服务，做好社会保险关系接续工作。

### 1.2.4 鼓励高校毕业生应征入伍服兵役

《教育部关于做好2014年全国普通高等学校毕业生就业工作的通知》(教学[2013]14号)要求，与兵役部门密切配合，适应征兵时间调整的新要求，进一步完善征集工作机制，在毕业生离校前完成体检、政审和预定兵员等各项工作。各地各高校要认真做好宣传动员和组织发动工作，积极开展"入伍工作月"、"政策咨询周"等活动，切实落实大学生参军入伍服义务兵役国家资助、考试升学等优惠政策，鼓励更多大学生应征入伍。教育部学生司在《2013年国家促进普通高校毕业生就业政策公告》中做出如下规定。

(1) 由政府补偿学费或代偿国家助学贷款。

(2) 符合条件的，可以选为士官、提干、报考或保送入军校。

(3) 应征入伍的高校毕业生退役后报考政法干警招录培养体制改革试点招生时，教育考试笔试成绩总分加10分。

(4) 普通高校应届毕业生应征入伍服义务兵役退役后3年内参加全国硕士研究生招生考试，初试总分加10分，立二等功及以上的免试(指初试)攻读硕士研究生。

(5) 具有高职(专科)学历的，退役后免试入读成人本科，或经过一定考核入读普通本科，荣立三等功以上奖励的，在完成高职(专科)学业后，免试入读普通本科。

(6) 其家庭按规定享受军属优待，本人退役后享有退役军人优抚安置政策。

### 1.2.5 对困难毕业生的就业援助政策

《通知》、《2013年国家促进普通高校毕业生就业政策公告》及《教育部关于做好2014年全国普通高等学校毕业生就业工作的通知》(教学[2013]14号)要求强化对以下五类困难毕业生的就业援助。

(1) 对困难家庭毕业生，高校可根据情况给予一次性求职补贴。公务员考录、事业单位招聘时免收报名费和体检费。

(2) 对离校后未就业的毕业生，各地要做好信息衔接和服务接续工作，努力使每一位有就业意愿的毕业生在毕业年度内实现就业或参与到就业见习、技能培训等就业准备活动中。高校对离校未就业毕业生要关心到底、重点推荐、跟踪服务，为有就业意愿的毕业生持续提供岗位信息和求职指导，及时通知其参加校园招聘和其他各类招聘活动，切实做到"离校不离心"。

(3) 对登记失业的高校毕业生，各地要纳入当地失业人员扶持政策体系，抓好政策落实。

(4) 对就业困难和零就业家庭的高校毕业生，要实施"一对一"职业指导和重点帮扶、公益性岗位安置、社会保险补贴、公益性岗位补贴等就业援助政策。

(5) 对少数民族毕业生，各地特别是民族地区就业工作部门和各高校要进一步拓宽就业渠道和范围，组织少数民族毕业生专场招聘活动，鼓励毕业生到当地经济社会发展急需的领域和岗位就业。民族地区高校要适应民族地区经济发展需要，适时调整学科专业结构，根据少数民族毕业生特点，开展合作办学，定向培养，加强国家通用语言文字和就业技能培训。

### 1.2.6　完善高校毕业生就业服务的政策和措施

#### 1. 完善高校毕业生就业服务的政策

加强就业服务是促进高校毕业生就业的重要措施。为加强和改进对高校毕业生的就业服务，《通知》提出了以下两项新政策和三点要求。

(1) 两项新政策

① 针对高校毕业生在全国范围内流动求职和就业的实际情况，允许高校毕业生在求职地(直辖市除外)进行求职登记和失业登记，并享受当地公共就业服务和就业扶持政策。

② 允许将高校开展的校园招聘活动纳入公共就业服务大型专项活动项目给予适当支持。

(2) 三点新要求

① 开展就业失业登记。《通知》规定，对已就业高校毕业生免费办理就业登记，对未就业高校毕业生可按规定办理失业登记，并要求建立就业登记与劳动合同管理、社会保险费缴纳联动机制。

② 深化高校毕业生就业制度改革。《通知》规定，要按照就业促进法、劳动合同法、公务员法等的要求，进一步深化高校毕业生就业制度改革，简化高校毕业生就业程序。

③ 促进高校毕业生合理流动。《通知》规定，高校毕业生从企业、社会团体到机关事业单位就业的，其参加基本养老保险缴费年限合并计算为工龄。这一政策措施有利于畅通毕业生从企业、社会团体到机关事业单位就业的通道。

#### 2. 做好高校毕业生就业服务的措施

《通知》要求各地区、各高校要切实加强对高校毕业生的就业服务和职业指导。一是高校要加快推进就业指导课程和学科建设，加强专兼职结合的职业指导师资队伍建设，着力提高就业指导的针对性和实效性。二是各地要广泛开展公共就业人才服务进校园活动，帮助高校毕业生及时了解就业形势、就业政策和企业用人需求。三是各地要加强对高校毕业生岗位信息服务，组织开展分区域、分行业、分层次的专场招聘活动，健全全国就业信息公共服务网络平台，利用新兴媒介多种渠道发布就业信息。四是各级公共就业人才服务机构要从高校毕业生的实际需要和便利出发，统一服务标准，优化服务流程，提供高效、便捷的就业服务。

**案例**

2013 届毕业生小孙在寒假参加了 A 市的毕业生供需见面洽谈会，当时有一家国有企业在会场招聘应届毕业生，小孙觉得单位处在经济发达城市，在工作环境、工资待遇、发展前景等方面都很有吸引力，而自己也比较符合单位的招聘条件，经过初试和复试。小孙与单位正式签订了就业协议。小孙回想起这段经历，脸上还不时浮现出自豪的笑容，能在大学生就业形势如此严峻的情况下找到这么中意的工作，自己算是一个十分幸运的人了。

然而，过了段时间，小孙却愁容满面地回到了学校，向大学生就业指导中心的老师咨询毕业生解约的相关问题。老师问他："小孙，你签的单位在你的班里算是很好的了，怎么还没有报到就要解除协议呢？是不是和单位之间有什么不愉快？"小孙说："其实，我和单位之间并没有出现什么不愉快，彼此都挺满意的，只是刚接到了单位人力资源部打来的电话，说由于在招聘的时候没有注意到市人事局关于2013年接收应届高校毕业生的通知对本年度毕业生引进的相关规定，参照我个人的条件，单位无法为我办理人事关系接收手续。"小孙接着向老师详细说明了情况：小孙在寒假期间和单位签订就业协议时双方都没有注意到市人事局关于人才引进的相关政策，当单位到A市人事局准备为小孙办理人事关系接收手续时才发现小孙不符合接收条件，原因是A市人事局出台了新的接收高校应届毕业生的政策。新政策规定，外地生源应届高校毕业生到A市工作，需要毕业证、学位证、计算机等级证书"三证"齐全才能办理接收手续。小孙目前还没有考取计算机等级证书，又是外地生源，所以A市人事局无法为小孙办理人事关系接收审批手续。小孙只好与原单位解除就业协议，重新寻找新的工作。小孙再次向大学生就业指导中心提交了省外就业协议书。3周后，他和深圳的一家企业签订了就业协议，而且已经完成了人事关系转接的审批手续。回想起这一就业经历，小孙感慨地说："磨刀不误砍柴工，大学生在找工作之前一定要了解清楚各种就业政策，这样才能少走弯路。"

**分析**：这是一个供需双方都不熟悉就业政策而导致签约就业失败的案例。一方面用人单位的人事部门在招聘毕业生之前没有详细了解当地接收毕业生的政策，另一方面，毕业生在求职的过程中也犯了不了解政策、盲目求职的错误。毕业生是求职成功后的直接受益者，在求职前很有必要对各地的就业政策有一个比较详细的了解，尤其是对新出台的政策要十分留意。大学生就业指导中心提醒广大毕业生，像北京、上海、广州、深圳、天津、南京、厦门、杭州等城市都有各自的人才准入制度和审批手续，广大毕业生在求职之前一定要详细了解。

## 1.3 大学生就业指导

随着高校大学毕业生数量的持续增加，大学生就业压力持续加大。加强大学生就业指导，促进大学毕业生充分及时就业，成为大学生、高校面临的一项紧迫而现实的任务。

### 1.3.1 大学生就业指导的概念与原则

大学生就业指导是以提升大学生就业能力为核心，帮助和指导大学生树立正确的就业观念，并为其选择职业、准备就业，以及为其在职业中求发展、求进步等提供知识、技能指导，就业心理辅导、创业指导，职业生涯规划指导等与就业有关的综合性社会咨询服务活动。其宗旨是帮助大学生提升就业能力，使其能根据自身特点、意愿和社会需要，顺利完成初次就业，以实现由学业到就业再到职业的平稳过渡，体现个体的人生价值和社会价值，同时实现大学生个人、家庭、社会、国家效益的最大化；而不单纯是帮助大学生选择职业，求得一份工作。

在大学生就业指导中，主要遵循以下原则。

#### 1. 引导性原则

学生是就业指导的对象，也是就业指导活动的主体。要使就业指导工作富有成效，就必须发挥学生的主体作用。就业指导仅仅是一种外因，是一种辅助性因素，指导者不可能把就业意识、就业观念及职业素质简单地转化为学生个人的内在品质，也不可能决定学生的就业方向。学生就业指导实际上是在指导者的引导帮助下，学生自我认识、自我教育、自我提高的过程。

### 2. 教育性原则

教育性原则是学生就业指导的重要原则，因为就业指导工作不单纯是帮助学生求职择业，而是作为一个教育过程来体现的。它要求就业指导工作必须着眼于学生综合素质和整体素质的培养与提高，通过一系列活动，促进学生身心健康发展。同时，就业指导也是学校教育的一个重要方面，特别是在职业理想教育、择业观教育、职业道德教育等方面体现了很强的教育性。它是思想教育和品德教育的载体，是把思想教育与品德教育落到实处的一个有效途径。

### 3. 系统性原则

学生就业指导不同于社会上其他职业申请者进行应试选拔、改行或下岗再就业的指导，也不是毕业时才有的临时性工作，而是一个发展过程、一项系统工程。它贯穿于大学生活的始终，并分阶段有计划地进行，这样才能使学生较早地做好就业准备。同时，就业指导不仅是就业指导者的事情，学校的教师、管理者都有责任，社会、家庭等各方面也要配合学校做好此项工作。

### 4. 实践性原则

学生就业指导是一门应用性学科，是实践性很强的工作。它以激励、引导、测验、训练为手段，以提高学生综合素质和求职择业及社会适应能力为目标，指导和帮助学生明确奋斗目标，正确认识社会和了解自己，在社会实践中检验和锻炼自己，培养新观念，开拓新视野，并自觉调整自己的行为以适应不断变化的社会要求，而且要在实践中检验指导的成效，以进一步改进、完善就业指导的方式、内容体系。

## 1.3.2 大学生就业指导的主要内容

### 1. 就业政策指导

国家有关毕业生的就业方针、政策是调控和引导大学生就业的基本依据，它是大学生就业指导的基础。因此，高校就业指导部门必须广泛地、有针对性地宣传国家的就业方针、政策及当地的有关规定，每一位在校大学生都应对就业政策有所了解，只有全面而准确地掌握国家的有关政策，才能更好地维护自己的责、权、利，才能避免在就业过程中走弯路，从而顺利完成自己的求职择业。

### 2. 就业形势指导

指导大学生全面把握和理性认识就业形势是大学生就业指导产生实际效用的前提。就业形势是大学生就业时所面临的总体就业状况，包括社会需求情况、求职者规模、供需比例、薪酬行情等方面。高校就业指导部门要全面把握我国就业形势，充分认识就业大环境，了解社会需求信息，认真分析用人单位的基本状况、对人才的基本要求以及对人才的需求数量等；同时全面掌握毕业生的基本情况，对毕业生的层次、类别、专业、生源、综合表现、择业志愿的变化及趋势、思想动态等都要了如指掌，从而有针对性地开设专题讲座，引导学生正视现实，客观就业。

### 3. 就业观念的指导

大学生的就业观，是指大学生对就业问题的看法、信念和态度，以及处理这些问题的方法和指导思想，是一个人的人生观、价值观在就业问题上的综合反映。就业观的正确与否直接影响到毕业生对职业的选择，对就业标准的确立，进而影响到毕业生能否顺利就业。当前我国正处于社会转型期，大学生的就业观也在急剧变化之中，出现多样化的趋势。这种现象是好的，它说明我们的社会正变得越来越民主化和多元化。但是在大学生就业时仍出现不少新问题，比如不能合理定位，不能正确看待就业与个人发展、社会进步之间的关系等。所以，引导大学生们如何将个人理想与社会需要相结合，如何正确分析自身情况并树立正确的择业观，是就业指导工作的重要内容之一。

### 4. 职业生涯规划指导

随着社会形势与学生需要的变化，大学生就业指导要从“产品包装”向“产品设计”转变，也就是在大学生中开展职业生涯规划指导。职业生涯规划旨在指导大学生在自己的职业生涯中不迷失方向，在职业变化中坚持自己的职业理想，努力实现人生价值。大学生职业生涯规划表现为，在就业指导人员帮助和指导下，大学生通过自我评估和环境因素分析，结合职业理想与职业生涯的预期，规划大学学习、生活和工作，提高综合素质与就业竞争力，为未来的就业奠定良好的基础。由于职业生涯是人生事业的开端，职业选择的好坏在一定程度上决定了一个人的命运，所以做好职业生涯规划对每个人来说都是非常重要的。它不仅有利于大学生实现自己的人生目标、促进个人的全面发展，而且也有利于社会实现人尽其才、才尽其用，避免人力资源浪费的发展目标。

### 5. 就业信息指导

在信息社会，信息是第一生产要素，可以说谁掌握了信息，谁就掌握了主动权和制胜的机会。在大学生就业时，能否及时掌握社会需求信息、用人单位信息、招聘信息已成为大学生找工作时的关键所在。因此，就业信息指导是就业指导的重点。大学生就业指导一方面要向大学生提供尽可能多的就业信息，包括国家经济发展趋势、行业发展态势、人才市场供需形势分析以及具体的用人单位招聘信息等，方便大学生查询和了解，及时把握机会；另一方面，就业指导还应培养大学生主动收集信息、整理和使用信息的能力，使大学生做到信息收集的“早、广、实、准”，引导和教会他们挖掘更多的信息来源，学会筛选就业信息，以免掉入就业陷阱。

### 6. 就业方法指导

求职就业也是一门艺术，正确的方法和技巧是求职成功的重要因素之一。能否在求职过程中熟练运用这些方法和技巧，对能否成功就业有着直接的影响。一般来说，面临就业的大学生，他们在思想准备方面普遍不足，有惶恐感，对种种具体的求职技巧缺乏必要的了解。大学生就业指导就是通过对自荐资料准备、自荐技巧、面试技巧、应聘礼仪等进行指导，使大学生在有限的时间内学会如何最大限度地展示才华，吸引用人单位注意。就业方法指导是大学生就业指导的重要内容之一。

#### 7. 就业心理指导

就业是大学生人生道路上的一次重要转折，也是对他们综合素质特别是心理素质的一次全面检验。大学生在就业过程中容易引起困惑和矛盾，产生一些复杂的心理现象，导致一些心理障碍和心理误区。心理指导是针对毕业生在就业过程中出现诸如消极依赖、焦虑担心、灰心失望、怯场害怕、盲目乐观、烦躁郁闷等心理状态，通过就业心理咨询消除就业障碍，减轻就业压力，增强战胜挫折的能力，使之保持良好的就业心态，以平常心参与角逐，参与竞争。

#### 8. 自主创业指导

大学生不仅是就业者，还应是职业领域拓展和新职业的创造者。随着现成的长期一贯的职业越来越少，而现代化的、适应新时代的、具有创造性的新型职业的不断产生，自主创业将越来越成为青年一代谋求职业的重要途径。青年一代积极投身创业，比起谋求社会既成的职业更具有挑战性。创立个人的事业更能发挥自己的聪明才智、主动性和创造性，更能灵活、恰当地和社会需求融合在一起，使个人价值得以实现，更快地走向成功。对学生自主创业指导，进行创业基本知识、创业者的素质要求、创业的策略和思路等方面进行指点，鼓励和帮助毕业生走上健康的创业之路，对学生面向现代化、面向世界、面向未来具有非常积极的意义。

#### 9. 社会适应指导

大学生从学校走向社会，需要经历一个角色转变的过程，角色转变的好坏直接影响其工作开展得顺利与否。由于学校和社会是两个差别很大的场景，时间、空间、人际、环境都发生了剧烈的变化，大学生在较短的时间内实现这种角色的转变，难度不可谓不大。如果大学生在先前没有做好足够的准备，必然会在转变过程中出现诸多问题，比如不能适应新环境；与同事不能和谐相处；不知该怎样面对领导的批评等。所以，大学生在还未正式踏上工作岗位时就应对这些问题事先有所了解，懂得如何应对。大学生就业指导在这方面特别添加了社会适应指导，就是为了帮助大学生及时调整心态，尽快转变角色，顺利走向社会。

### 1.3.3　大学生就业指导的主要方法

在大众化教育背景下，一方面，各高等学校专业设置的不同决定了就业指导的差异性；另一方面，大学生个体特征的差异性决定了就业指导方式的多样性。通过就业指导课程的讲授，既要使大学生掌握在就业时具有普遍意义的知识和方法，又要因地制宜，根据校情及大学生个体情况有针对性地进行个性化指导。大学生就业指导主要有以下五种方法。

#### 1. 加强就业政策辅导，主动规避“政策壁垒”

学校通过就业指导课的培训，指导毕业生掌握当年相关的就业政策和规定，依法就业，走出择业的误区。毕业生只有掌握就业政策，才能在关键的时候抓住稍纵即逝的机会；才能提高求职命中率，少走弯路，避免不必要的损失；才能使毕业生根据社会的需要并结合个人的实际，在就业过程中有的放矢地选择职业，在政策允许的范围内去联系单位，并主动避开部分省、市的“政策壁垒”，顺利实现自己的就业理想。也只有掌握就业政策和法规，才能在就业过程中减少不必要的纠纷和违约现象，以实现顺利就业。有规矩，才成方圆，就业政策和法规不仅仅是对毕业生的就业行为进行限制和约束，在“双向选择，自主择业”的条件下，更重要的是保护大学生和用人单位双方的合法权益。

### 2. 转变就业观念，适度调整就业期望值

目前，大学生普遍受利益驱动的影响，急功近利的思想表现比较突出，就业期望值过高，他们选择职业考虑最多的是单位所属的地域，是否在大、中城市，经济效益如何，而对国家的需要、个人未来的发展则考虑得较少。因此，就业指导应加强学生的思想教育，要对学生进行道德观、人生观、价值观的指导，引导毕业生认清当前就业形势，在全面、客观地评价自己的基础上，调整好就业期望值，找准坐标，使自己的职业意向与社会的需求相吻合。同时，要指导毕业生学会自我调节，提高心理承受能力；指导毕业生在择业过程中克服从众心理，培养科学决策能力，确立正确的就业观，抓住机会，顺利就业。

### 3. 强化诚信教育，夯实毕业生道德基础

近年来，面对就业市场的激烈竞争和新的挑战，以及社会负面因素的影响，部分大学生不守信用、不守承诺的现象时有发生，如大学生贷款后不按时还款，甚至恶意拖欠、逃避，还款信誉较差；在求职过程中部分毕业生为了在就业市场的竞争中取胜，自荐材料的虚假包装，面试时的自我拔高，在签约时“脚踩两只船”，盲目签约、随意毁约等现象严重地违背了诚信原则，丧失了道德基础。特别是在大学生就业市场化的今天，毕业生就业必须履行诚实守信原则，高校在就业指导过程中更应加强大学生的诚信教育，并将诚信教育渗透到教学、生活、管理等各个环节和过程，贯穿大学生活始终，把思想教育和严格管理结合起来，做到常抓不懈。

### 4. 筛选就业信息，帮助毕业生就业决策

在信息时代，毕业生可以通过多种现代通信工具和手段获得大量的需求信息，但这些信息并不都有效和有用，还必须对信息加以筛选，去粗取精，去伪存真。对于筛选后的信息，毕业生还需结合自己的兴趣、气质、性格、能力等实际情况，有目的、有针对性地进行排列、整理和分析，最终确定自己的职业意向。只有这样，才能使需求信息具有准确性、科学性和有效性，使之更好地为毕业生就业服务。

### 5. 倡导自主创业，拓展毕业生就业途径

创业是就业之源，具有带动就业的倍增效应。但受社会环境、传统就业观念和政策激励不足的影响，目前我国高校毕业生创业的积极性不高。在今后一个时期大学毕业生总量压力进一步增大和用人需求结构性矛盾进一步突出的形势下，毕业生就业观念仍需进一步转变。高校就业指导工作要帮助学生转变就业观念，增强创业意识，努力营造良好的创业氛围。习近平同志在2013年11月《中共中央关于全面深化改革若干重大问题的决定》中指出：“实行激励高校毕业生自主创业政策，整合发展国家和省级高校毕业生就业创业基金。”这为促进毕业生自主创业指明了方向。

### 案例

招聘主管小杨带着公司新进的三个大学生去车间参观、体验，希望通过参观和体验让他们对公司的产品和生产线有感性的认识。谁知，3个人来了之后，一脸不情愿不说，边看边议论。“这套设备怎么看上去很旧的样子？经理，公司为什么不从德国进口设备呢？德国的机械可是

很出名的。""我觉得公司应该舍得在设备上花钱，可以节约人力成本！""经理，我觉得工人这样分组轮班的体制有问题，应该……"三个新人对人员安排，公司设备管理、资金分配等大问题高谈阔论一番。而到了操作体验阶段，他们却是敷衍了事，差错百出。试分析这三位职场新人哪里做得不好，我们作为职场新人又应该怎样做？

**分析**：过分骄傲是大学生初到职场最容易犯的毛病之一。而过于骄傲附带的毛病就是"眼高手低"。就像这三个职场新人，本来参观生产线、到生产现场体验操作是很好的经历，可以对公司的产品、产品的制造流程有感性认识和更深的体会。但是，大学生却端着"知识分子"架子，觉得这不是他们该做的事。同时，在对产品、生产过程不了解的情况下，就提出"高见"，指手画脚。大学生这种积极参与企业经营管理的热情很好，但还是那句老话："一屋不扫何以扫天下？"应该先把基础事做好。

首先，就参观而言，作为初涉职场的新人，在对公司成长背景、公司业务方向及公司发展规划一无所知的情况下，是否应该对公司的设备、公司的体制进行否定或是提出建议呢。建议在参观过程中，可以更多地向在场的员工了解公司情况，更全面地去认识公司，发现有与自己在课堂或书本中接触的不一样的东西，可以适当地记录下来，日后在工作中慢慢去解开，看看究竟是书本正确还是实践来得更有支持性。

其次操作体验阶段，不管对这个职位的工作的理论知识了解得多么高深，实际操作和理论总是有不同的，可能是因为环境不同，也可能是因为具体产品的性能不同。所以，做基础性的工作应该认真、谨慎，若敷衍了事，只能证明你的工作态度有问题，至于差错百出更证明你目前所掌握的知识和技能根本不足以做好这个工作，更应该认真地向老员工学习，而不是随意敷衍。正确的工作方法应该是：认真地跟着同一岗位上的老员工去认真学习，按部就班地学习，只有摸清了基本的执行套路才能去思考改良、创新。

## 1.4　思考与练习

1. 如何看待我国当前大学生就业的形势？
2. 你所学的专业就业前景如何，你对所在地区的大学生就业政策知道多少？
3. 大学生就业指导的主要内容和方法有哪些？

# 第 2 章　大学生就业能力和职业素养

工作是一个施展自己才能的舞台。我们寒窗苦读得来的知识、我们的应变力、我们的决断力、我们的适应力以及我们的协调力都将在这样一个舞台上得到展示。除了工作,没有哪项活动能提供如此高度的充实自我、表达自我的机会,以及如此强的个人使命感和一种活着的理由。工作的质量往往决定生活的质量。

——约翰·洛克菲勒

**学习目标**

(1) 了解大学生就业能力的含义。

(2) 了解职业素养的含义和大学生必备的职业素养。

(3) 认识提高大学生就业能力和职业素养的途径。

**案例导入**

齐瓦勃出生在美国乡村,只受过很少的学校教育。15 岁那年,家中一贫如洗的他就到一个山村做了马夫。然而雄心勃勃的齐瓦勃无时无刻不在寻找发展的机遇。3 年后,齐瓦勃终于来到钢铁大王卡内基所属的一个建筑工地打工。一踏进建筑工地,齐瓦勃就抱定了要做最优秀员工的决心。当其他人在抱怨工作辛苦、薪水低而怠工的时候,齐瓦勃默默地积累着工作经验,并自学建筑知识。一天晚上,同伴们在闲聊,唯独齐瓦勃躲在角落里看书。那天恰巧公司经理来检查工作,经理看了看齐瓦勃手中的书,又翻开了他的笔记本,什么也没说就走了。

第二天,公司经理将齐瓦勃叫到办公室,问:“你学那些东西干什么?”齐瓦勃说:“我想我们公司并不缺少打工者,缺少的是既有工作经验,又有专业知识的技术人员或管理者,对吗?”经理点了点头。不久,齐瓦勃就升任为技师。打工者中有些人讽刺挖苦齐瓦勃,他回答说:“我不光是在为老板打工,更不单纯是为了赚钱,我是在为自己的梦想打工,为自己的远大前途打工。我们只能在业绩中提升自己,我要让自己的工作所产生的价值,远远超过所得的薪水,只有这样,我才能得到重用,才能获得机遇!”抱着这样的信念,齐瓦勃一步步升到了总工程师的职位。25 岁那年,齐瓦勃又做了这家建筑公司的总经理。后来,齐瓦勃终于自己建立了大型的伯利恒钢铁公司,并创下了非凡业绩,真正完成了从一个打工者到创业者的飞跃。

具备良好的职业素养,对于职业发展具有重要意义。个人对于工作的不同看法,即职业观不同,决定了日后工作态度、职业行为乃至工作成果的显著差异。

# 2.1　大学生就业能力概述

党的“十八大”报告明确提出了“更高质量的就业”这一新目标。高质量就业体现在三个方面：一是“高”，即让学生摆脱就业难的局面，实现能就业、就好业；二是“质”，即双向选择的结果是学生满意和单位满意；三是“量”，就业率高，毕业生实现充分就业。高质量就业是国家需要和学生需要的统一，是衡量毕业生个人价值、反映学校办学水平和办学特色的重要指标，是对学校人才培养质量的检验，是学校生存的生命线。当前出现“就业难”的困局，除客观上由于高等教育结构性失衡外，还由于大学生自身就业能力和素养不高。所以，要破解这一难题，一方面，高校应结合社会需求，认真评估培养目标，科学合理地设置专业，避免学科发展同质化。另一方面，大学生要加强就业能力和素养的培养，真正提高自身的就业竞争力。

## 2.1.1　就业能力的定义

就业能力是体现大学毕业生综合素质的评价指标，是决定大学生就业成败的“软件”。对于大学生来说，学好专业知识固然重要，但专业知识掌握得多，并不代表专业能力就强，要将自己所掌握的专业知识尽可能地转化为专业能力，很大程度上需要软实力来铺路搭桥。

就业能力一词来源于英文 employability，最早出现在 20 世纪初的英国。国内外学界和各种社会组织对什么是就业能力有着多种不同的解释。常见的主要有三类：①以技能为核心的就业能力，它被认为是个体获得和保持工作，在工作中进步，以及应对工作中出现的变化的能力；②以个人特质为核心的就业能力，它认为是个人确认以及获得在组织内部和外部职业机会的能力，实际上是个人特质与其他人力资本等因素的结合；③是综合就业能力概念，它被认为是获得最初就业、维持就业和必要时获得新的就业所需要的能力。不仅包含知识、技能、态度等因素，而且包含自我效能、元认知、环境因素以及个体与市场的交互等。

国内学者郑晓明关于就业能力的概念得到了广泛引用，他认为就业能力是指大学生在校期间通过知识的学习和综合素质的开发而获得的一种能力，是大学生拥有的实现就业理想、满足社会需要、实现自身价值的本领。它不单纯指某一项技能、能力，而是多种能力的集合，是通过学习和综合素质的开发而获得的能够实现就业理想、满足社会需求、在社会生活中实现自身价值的本领。其评估标准包括两个方面：①大学生所具有的知识水平、学习能力、生产能力；②大学生参与社会互动时调动社会资源的能力。大学生就业能力是大学生赢得社会认可、赢得事业成功的关键，也是就业竞争的核心要素。

在本书中，大学生就业能力是指大学生在求职过程中所表现出的适应就业环节、工作环境和岗位要求的若干要素的集合，包含就业观念、自我概念、动机、拥有的知识和技能以及个人特质等内容的总和。

## 2.1.2　就业能力的内涵

关于就业能力具体包括哪些能力，至今仍没有定论。针对这个问题的研究和探讨比较多，有从社会需要的角度，有从培养者的角度，也有从毕业生角度等各个方面对就业能力进行研究的。

### 1. 从社会需要的角度

社会对毕业生素质的要求会因行业不同而有所区别，但对基本素质的要求是基础。对一些用人单位对高校毕业生素质要求方面的研究结果表明，在人才招聘方面，用人单位首先注重的是毕业生的专业基础知识、工作态度、道德修养和责任心；在此基础上，逐步过渡到团体合作精神、毕业学校的名气、踏实刻苦的精神、社会适应能力、持续的学习能力等五个因素；在最后阶段，创新精神、实践经历、组织管理能力、人际交往能力等四个因素将成为毕业生可持续发展的影响因素。用人单位对人才的要求具有层次性并逐步提升。事实上，无论是学校的供需见面会还是社会上的人才招聘会，对于大学毕业生来说，招聘职位以基层工作人员为主，所以一般的用人单位大多根据基层因素进行招聘，主要着眼点在于应聘者是否具备做好一个普通员工的素质，因此专业基础知识、正确的工作态度、道德修养和责任心是最重要的考核指标。

### 2. 从培养者的角度

有的人认为，就业能力包括基础性能力、专业性能力和差异性能力三个方面。其中，基础性能力是前提，专业性能力是关键，差异性能力是核心。基础性能力包括人际交往能力、正确的就业动机、应聘能力、适应能力等；专业性能力包括专业知识、职业岗位所需的特殊技能等；差异性能力包括个性、创新性与创业性。

有的人认为，毕业生就业素质的构成分基本素质、中层素质和精英素质。基本素质是毕业生"市场准入"的基础条件；中层素质是毕业生顺利就业的决定性因素；精英素质是毕业生顺利走向社会后的可持续发展因素。

有的人认为，在内容上，就业能力包括学习能力、思想能力、实践能力、应聘能力和适应能力等。学习能力是指获取知识的能力，它是就业能力的基石；思想能力是指思维能力（包括创新能力）、政治鉴别力、社会洞察力、情感道德品质的综合体现，它是毕业生思想成熟与否的标志；实践能力是指运用知识的能力，是就业环节中的点睛之笔，是各种能力综合应用的外化体现；适应能力是指在各种环境中驾驭自我的心理、生理的调节能力，它是毕业生就业乃至完成由学生角色向社会职业角色顺利转变的关键。

有的人认为，毕业生要顺利就业应具有五个要素：①正确的就业动机及良好的个人素质；②人际关系技巧；③掌握丰富的科学知识；④有效的工作方法；⑤敏锐、广阔的视野。有研究认为，就业能力的关键因素包括责任感、找工作和得到工作的技能、推理和问题解决能力、健康和安全习惯、个人特质。

有的人认为，毕业生就业应具备的普遍性能力有自我决策能力、适应社会能力、实践操作能力、表达能力、社交能力、组织管理能力等。

有的人认为，毕业生要提高就业能力，就需要做好职业生涯规划，锻炼社会适应能力，培养良好的心理素质，拥有正确的择业心态，摆正就业心态，拓宽就业渠道。

### 3. 从毕业生的角度

作为就业主体的毕业生，面对未来的职业，在基本素质和专业素质训练基础上，需要深入了解和认识自我，确定合理的就业目标；掌握就业政策法规，做好职业选择准备；加强就业心理锻炼，增强心理承受力；注重就业信息收集，有针对性地选择用人单位；掌握求职方法技巧，促进成功就业；加强社会适应能力锻炼，促进角色转换等。

毕业生就业能力主要包括三个方面的内容。

(1) 基本的专业能力,主要是指毕业生对自身所学专业课程的理论掌握能力、行业相关知识、企业知识等基本理论知识。这些知识,是一个毕业生在应聘某职位时所应该具备的基本专业能力。

(2) 个人职业生涯规划能力。这些基本能力,是毕业生就业的前提条件,具备这些能力,不一定能满意就业,甚至无法就业,但不具备这些能力,就业就真的成了一个问题。同时还要包括一些基本的职业素养,其中主要包括毕业生对所学专业理论知识的实际操作能力。

(3) 一定的求职技巧方面的知识。

### 2.1.3 就业能力的外延

"就业能力"这一概念随着就业市场的动态变化、毕业生心理的不断调适渐渐变得更加丰富。它慢慢渗透于毕业生职业生涯规划、就业、从业和创业的各个环节中,也因此融进了更多的内容。

毕业生就业能力在其外延角度上大致可分为以下五方面。

(1) 生涯规划能力,即毕业生经过认真思考和广泛查询资料,得到教师、家长的意见指导,制定自身职业生涯规划的能力。"凡事预则立,不预则废。"生涯规划能力因此成为就业能力的一部分。

(2) 应聘求职能力,即通过应聘获得自己所满意的工作的能力。应聘求职能力包含自我认识能力、信息获取与分析能力、表达能力、沟通能力、应变能力、展示自我能力、社交能力等。

(3) 工作实践能力,即运用所学知识做好具体工作的能力。它是人们的智力转化为物质力量的凭借,是专业工作者必须具备的一种实践能力。尤其在教学、科研、生产第一线的工作人员工作实践能力的强弱,将直接影响到其作用的发挥。在校大学生应在学好专业理论知识的基础上,注重动手能力、解决问题能力、合作能力和组织能力等的培养,最好是一专多能,具有从事两种及以上不同具体工作的能力。

(4) 社会适应能力,即毕业生适应社会环境变化和要求的能力。五彩缤纷的现实生活使人眼花缭乱,大学毕业生在跨出校门之前大都有"海阔凭鱼跃,天高任鸟飞"的远大抱负,但真正在生活的激流中奋勇前进时,才会发现现实生活中往往不尽如人意,发现自己对现实生活的不适应。大学生在以改造社会为己任的同时,适应社会的意识欠缺,适应能力不强。适应社会,正是为了担当社会赋予的职责与使命。只有注意培养自己适应社会的能力,走向社会后才能缩短自己的适应期,充分地发挥自己的聪明才智。毕业生适应社会,并不是消极的等待和对困难的屈服,也不是对落后、消极现象的认同,更不是顺从和接受非正义的东西并与之同流合污,而是要在社会生活中区分正义与非正义、主流与非主流,适应正义的、主流的、自然的社会潮流。

社会适应能力应当包括自我激励能力、对社会环境的洞察力和分析判断能力、对信息的获取与运用能力、拓宽知识和能力结构的计划能力、自我决策能力和学习能力、适应变化的创新能力、自身心理调节能力、经受挫折的忍耐力和为目标奋斗的意志力等。毕业生应适时地调整自己以适应周围的环境,在了解社会环境变化的基础上,不断调整自己的知识与能力结构,提高社会适应能力。

(5) 开拓创新能力,即毕业生勇于探索以及提出问题、研究问题、解决问题的能力。其实质是一种综合能力,它是各种智力因素和能力品质在新的层面上融为一体、相互作用、有机结合所形成的一种合力，是在多种能力发展的基础上，利用已知信息，创造新颖独特有社会价值的新理论、新思维、新产品的能力。创新能力包含多方面的内容，如强烈的好奇心，细微的观察力、深刻的洞察力等。是以智力能力为基础具有一定科学根据的标新立异。大学生培养开拓创新能力必须做到：积累知识、培养想象力、培养发散性思维能力。

**知识链接**

### 成功人士所具有的15种职业能力

无论在国企，还是在外企，凡是成功人士（以下简称他们）的身上都有独特的个人能力和人格魅力，这是旁人所缺乏的。他们的成功绝不能简单地归结为机遇好。

(1) 解决问题时的逆向思维能力。面对工作中遇到的新问题，一时又找不到解决方法。而且，上司可能也没有什么锦囊妙计时，他们擅长用逆向思维去探索解决问题的途径。他们清楚具体业务执行者比上司更容易找出问题的节点，是人为的，还是客观的；是技术问题，还是管理漏洞。采用逆向思维寻找问题的解决方法，会更容易从问题中解脱出来。

(2) 考虑问题时的换位思考能力。在考虑解决问题的方案时，常人通常站在自己职责范围立场上尽快妥善处理。而他们却总会自觉地站在公司或老板的立场去考虑解决问题的方案。作为公司或老板，解决问题的出发点首先考虑的是如何避免类似问题的重复出现，而不是头痛医头，脚痛医脚的就事论事方案。面对人的惰性和部门之间的扯皮，只有站在公司的角度去考虑解决方案，才是一个比较彻底的解决方案。能始终站在公司或老板的立场上去酝酿解决问题的方案，逐渐地，他们便成为可以信赖的人。

(3) 强于他人的总结能力。他们具备的对问题的分析、归纳、总结能力比常人强。总能找出规律性的东西，并驾驭事物，从而达到事半功倍的效果。人们常说，“苦干不如巧干”。但是如何巧干，不是人人都知道的；否则，就不会干同样的事情。常人一天忙到晚都来不及，而他们，却整天很潇洒。

(4) 简洁的文书编写能力。老板通常都没时间阅读冗长的文书。因此，学会编写简洁的文字报告和编制赏心悦目的表格就显得尤为重要。即便是再复杂的问题，他们也能将其浓缩阐述在一页A4纸上。有必要详细说明的问题，再用附件形式附在报告或表格后面。让老板仅仅浏览一页纸或一张表格便可知道事情的概况。如其对此事感兴趣或认为重要，可以通过阅读附件里的资料来了解详情。

(5) 信息资料的收集能力。他们很在意收集各类信息资料，包括各种政策、报告、计划、方案、统计报表、业务流程、管理制度、考核方法等。尤其重视竞争对手的信息。因为任何成熟的业务流程本身就是很多经验和教训的积累，用时就可以信手拈来。这在任何教科书上都是无法找到的，也不是哪个老师能够传授的。

(6) 解决问题的方案制订能力。遇到问题，他们不会让领导做“问答题”而是做“选择题”。常人遇到问题，首先是向领导汇报、请示解决办法，带着耳朵听领导告知具体操作步骤。这就叫让领导做“问答题”。而他们常带着自己拟定好的多个解决问题方案供领导选择、定夺，这就是常说的让领导做“选择题”。领导显然更喜欢做“选择题”。

(7) 目标的调整能力。当个人目标在一个组织里无法实现，且又暂时不能摆脱这一环境时，他们往往会调整短期目标，并且将该目标与公司的发展目标有机地结合起来。这样，大家的观点就容易接近，或取得一致，就会有共同语言，就会干得欢快。反过来，别人也就会乐于接受他们。

(8) 超强的自我安慰能力。遇到失败、挫折和打击，他们常能自我安慰和解脱。还会迅速总结经验教训，而且坚信情况会发生变化。他们的信条是："塞翁失马，焉知非福"；"上帝在为你关上一扇门的同时，一定会为你打开一扇窗"。

(9) 书面沟通能力。当发现与老板面对面的沟通效果不佳时，他们会采用迂回的办法，如电子邮件，或书面信函、报告的形式尝试沟通一番。因为书面沟通有时可以达到面对面语言沟通所无法达到的效果，可以较为全面地阐述想要表达的观点、建议和方法，让老板听你把话讲完，而不是打断你的讲话，或被其台上的电话打断你的思路。也可方便地让老板选择一个其认为空闲的时候来"聆听"你的"唠叨"。

(10) 企业文化的适应能力。他们对新组织的企业文化都会有很强的适应能力。换个新企业犹如换个办公地点，照样能如鱼得水般地干得欢畅并被委以重用。

(11) 岗位变化的承受能力。竞争的加剧，经营风险的加大，企业的成败可在一朝一夕之间发生。对他们来讲，岗位的变化，甚至于饭碗的丢失都无所畏惧。因此，他们承受岗位变化的能力也是常人所无法比拟的。在他们看来，这不仅是个人发展的问题，更是一种生存能力的问题。

(12) 客观对待忠诚。从他们身上你会发现对组织的忠诚。他们清楚地意识到忠诚并不仅仅有益于组织和老板，最大的受益者是自己。因为责任感和对组织的忠诚习惯一旦养成，会使他们成为一个值得信赖的人，可以被委以重任的人。他们更清楚投资忠诚得到的回报率其实是很高的。

(13) 积极寻求培训和实践的机会。他们很注重培训的机会，往往在招聘时就会询问公司是否有提供培训的机会。他们也善于抓住任何培训机会。一个企业，如果它的薪酬福利暂时没有达到满意的程度，但却有许多培训和实践的机会，他们也会一试。毕竟，有些经验不是用钱所能买回来的。

(14) 勇于接受分外之事。任何一次锻炼的机会他们都不轻言放弃，而把它看成难得的锻炼机会。并意识到今天的分外，或许就是明天的分内之事。常看见他们勇于接受别人不愿接受的分外之事，并努力寻求一个圆满的结果。

(15) 职业精神。他们身上有一种高效、敬业和忠诚的职业精神。主要表现为：思维方式现代化，拥有先进的管理理念并能将其运用于经营实践中。言行举止无私心，在公司的业务活动中从不掺杂个人私心。这样，就敢于直言不讳，敢于纠正其他员工的错误行为，敢于吹毛求疵般地挑剔供应商的质量缺陷。因为，只有无私才能无畏。待人接物规范化，这也是行为职业化的一种要求。有了这种职业精神的人，到任何组织都是受欢迎的，而且，他们迟早会取得成功。

当然，有了上述能力，不能保证一定成功，但是，如果没有这些能力，那肯定是无法取得成功的。

### 2.1.4 培养大学生就业能力的重要意义

#### 1. 解决大学生就业压力的最根本途径

解决大学生“就业难”的问题需要全社会的共同努力，为大学生就业提供更加宽松的环境，但是最根本的还需要提高大学生自身的就业能力，这样大学生才有资本去面对任何复杂多变的就业环境，同时有利于提高大学生的就业率和就业满意度。

#### 2. 有利于我国高等教育事业的健康、有序发展

培养大学生就业能力，需要对我国现有高等教育体制进行改革，以增强我国高等教育培养高级人才的能力和活力，这样有利于我国高等教育事业的健康、有序发展。

#### 3. 促进人才的充分、合理利用

大学生就业率和就业满意度的高低直接关系着大学生个人能力的施展和工作积极性的高低，所以提高大学生就业能力可以直接促进我国高级人才的充分、合理利用，避免人才的浪费。

#### 4. 提高我国高层次人才的综合素质水平

大学生是我国最宝贵的高级人力资源中的一部分，大学生综合素质水平的高低直接影响着我国高层次人才的综合素质水平，所以，提高大学生就业能力，做好大学生的就业工作有利于人才战略的实施和人才高地的构建。

#### 5. 有利于加速我国的现代化建设

现代世界的进步不是依赖人的数量，而是依赖人的知识水平，依赖高度专业化的人才。我国是人口大国，人力资源是我们最大的优势、最大的潜力所在，同时也是限制我国经济发展、实现现代化的最大瓶颈。目前我国的人力资源能力建设与经济发展的要求还很不适应，人才总量、结构、布局不合理，人力资源总体素质不高，高、精、尖、复合型人才短缺，人力资源优势还没有转化为现实的人才优势，在激烈的全球化竞争中还处于劣势。如何将丰富的人力资源优势转化为现实发展的人才优势，为改革开放和现代化建设提供有效的人力保障，高等教育担负着重要职责。而要使高等教育在市场经济条件下获得正常、快速的发展，解决大学生的就业问题是重要保障条件之一。因此，提高大学生就业能力，安置好大学生就业不仅有利于高等教育的正常发展，更有利于我们的现代化建设。

## 2.2 大学生就业能力的提高

为了应对高校毕业生就业压力逐年增大的挑战，全面提升就业能力已成为解决大学生就业难的必然选择。本节从基础性能力、专业性能力和差异性能力三方面介绍就业能力培养的途径和方法，为毕业生提供一些参考。

### 2.2.1 培养大学生就业能力的途径

对于大学生的就业能力来说，基础性能力、专业性能力和差异性能力分别如同于“产品的

包装形象"、"产品的质量"和"产品的核心竞争力",基础性能力是前提,只有具备一定的基础性能力,就业才有可能性;专业性能力是关键,只有具备一定的专业性能力,就业才有可行性;差异性能力是核心,只有具备差异性能力,毕业生才能充分就业。

### 1. 基础性能力的培养

基础性能力的培养一般可通过转变学生就业观念、提高人际沟通能力、加强学生职前培训等途径。

(1) 转变学生就业观念

教育、培养学生树立一种与市场经济相适应的现代就业观。一是要主动积极就业,克服被动地消极等待。一些大学生受社会亚健康文化的影响,只想找到轻松且待遇高的工作,而不愿吃苦、害怕竞争、懒于奋斗,因而呈现出空等状态,出现"啃老族"现象。二是要克服就业功利化。一些大学生往往选择发达地区和大城市就业,而不愿意去西部艰苦地区和基层发展。殊不知,沿海地区和大城市人才聚集,竞争激烈,对刚步入社会的大学生来说,往往会因为缺乏实践和工作经验,缺乏竞争力,使发展受阻。而我国西部欠发达地区、艰苦地区和农村地区虽然社会经济发展水平不高,但发展潜力较大,对人才的需求也越来越大,有利于广大毕业生施展抱负、实现理想。三是认真审视自我。大学生应认真审视自己的性格特点、优缺点,同时还要考虑社会的需要,避免盲目就业、浪费时间和精力。要思考自身的条件,做好定位。只有明确自己的长短处,并做到扬长避短,才能在面对选择时,不盲目跟风、盲目从众,做出自己最理想的选择。四是树立不求从业求创业、不贪安逸求发展、不找校长找市场的就业理念,努力用自己所学的专业知识、技能、优良品质以及社会提供的有利条件,实现自己的人生价值。

(2) 提高人际沟通能力

仅有出色的专业技能和深厚的知识储备还不足以缔造成功的事业,擅长与他人交往也十分重要。此外,缺乏与他人有效沟通的技巧也会限制事业的发展。大学生在人际交往中常存在不自信、羞于开口、不尊重他人、不善于交流、个性强、不合群等问题。通过对大学生的人际交往培训、课前五分钟演讲等第二课堂活动的开展,不仅能培养大学生良好的沟通技巧,而且还能促使其树立团队协作意识。

(3) 加强学生职前培训

通过与校外人才机构和用人单位合作,成立大学生职业素质训练营,借用完全专业化的机构,开展大学生职业规划设计、应聘技能培训、现场职业指导会等系列活动,帮助大学生客观分析自己,使其获得职业信息、掌握求职方法,避开择业误区;给毕业生请来内行的"就业指导师",针对个人进行"一对一"指导,填补大学生学习和就业间的空白。

### 2. 专业性能力的培养

随着高等教育大众化的逐步实现和高等教育改革的不断深入,高等教育外部环境发生了很大变化,社会对人才提出了许多新的要求,专业人才培养方案在许多方面表现出不适应,如与地方经济发展联系不紧密、社会适应能力不强等。因此专业性能力的培养要以市场化为导向,重实践,培养特色人才。

(1) 以市场为导向,适应社会需求,改革现有课程体系

在培养目标、人才规格的制定上注意加强基础,拓宽专业,注重高素质、强能力、会创新、能创业的学生培养计划,以市场为导向,使学生构建起能够适应社会发展变化需要、具有不断学

习和更新知识的能力；针对加入 WTO 后国际交往日趋密切的状况，增设专业英语等选修课程；加强与用人单位、社会的联系，提高学生社会适应能力；建立学生见习、实践、实习基地，聘请用人单位高级技术人员作为导师，加深其与用人单位、社会的交往；通过暑期的就业实习，向用人单位推荐优秀大学生等形式，培养大学生的社会适应能力。

(2) 强化大学生社会实践，提高专业能力

提高大学生实践能力，是增强大学生专业能力的有效手段。首先，高校应加强实践性教学环节，把课堂教学、生产实习、社会实践、社会调研以及毕业设计等教学环节有机地结合起来，强化学生的实际动手能力和实践技能的培养。其次，高校应加强与企业以及社会实际工作部门的联系，开展产学合作教育，为学生参加社会调研提供信息和机会。不论什么专业，都可以透过教学设计，使课堂教学成为传递核心就业能力的工具。

(3) 培养特色人才，适应行业需求

培养特色人才对地方院校来说具有重要意义，因为地方院校在人才培养过程中，不仅要根据全国同类院校的基本要求实行规范化教学，而且还要面向当地实际，主动为当地的经济建设和社会发展服务，从而形成自己的办学特色。

### 3. 差异性能力的培养

“为什么我们的学校总是培养不出杰出人才?”这就是著名的“钱学森之问”。要回答这个世纪难题，其中很重要的一条是要为学生的个性发展创造良好的条件，努力提高大学生的素质与能力。

(1) 培养个性化人才

高校要构建个性化人才培养模式，就要确立相应的具有个性色彩的人才培养方式，包括专业设置、课程结构、教学形式、学时分配、学历层次等。一是允许各专业为“偏才”、“怪才”或某些方面有特殊兴趣的学生单独制订培养方案，允许确有特长的学生自由选择专业。二是推行双学位制和主辅修制，鼓励学有余力的学生在主修一个专业的基础上辅修另一个专业。三是对英语、计算机等公共课实行分级教学。四是增大学生对学习课程的选择性，增加选修课的数量。五是在选修课中设计扩展型、考研辅导型、就业服务型等课程，使学生各取所需。

(2) 开展创新活动，培养学生的创新能力

新资源的开发、新技术的发明、生产工具的革新，不仅要求人们具备更新的科技知识，而且要求人们打破旧的传统观念，解放思想、开阔思路，树立创新意识。针对部分高校仍以知识灌输为主要教育手段，离开了教师、离开了教科书，学生就不会独立思考的现状，可以引导在校大学生参加各种相关赛事，组织院系进行创新比赛活动，以培养学生的创新精神。

(3) 开展创业教育，提高大学生的创业意识与能力

现在大多数父母为了能使孩子上名牌大学、出国或有一份理想的工作，煞费苦心地为孩子安排好一切。这种大包大揽的做法使学生缺乏独立意识、缺失闯创精神。学校应着重从以下方面加强对学生创业意识的培养：一是开设大学生创业选修课程，使其掌握基本的创业知识；二是邀请校友中的成功创业者畅谈创业经历，激励大学生敢于创业；三是开展大学生创业设计大赛、创业论坛等活动；四是成立大学生创业基金；五是成立大学生创业中心，为学生的创业活动提供服务平台。

## 2.2.2　提高大学生就业能力的方法

### 1. 日积月累，提升基本能力

作为社会人，就业能力是劳动者的职场必需。而在现实社会生活中，基本能力是行为处事的基础，综合素质也与就业能力的顺利展现息息相关。这里谈到的基本能力，也可以认为是指一个人的综合素质，一个就业者的实力名片。

综合素质包括道德素质、文化素质、业务素质和身体素质等，这些素质会综合体现在心理素质、沟通能力、创新能力、运用知识能力等方面。一般来说，毕业生能否顺利就业并取得成就，在很大程度上取决于本人的职业综合素质。综合素质越高的人，获得成功的机会就越大。因此，现在的用人单位也更加强调员工的综合素质。

(1) 提高个人内在素质

现在的用人单位在招聘人才的时候，主要着眼点在于应聘者是否具备做好一个普通员工的素质，非常重视专业基础知识、工作态度、道德修养和责任感，尤其是自信、自立、责任感、诚信、主动、勤奋、严谨务实等重要指标的考核。假如大学生不在这些内在素质方面下工夫，空谈自己的创新能力、组织管理能力和人际交往能力等精英因素，是很难得到用人单位垂青的。

① 自信

何谓自信？这个概念并不陌生。相信自己就是自信。这是一种来自内心深处的自我肯定和相信，甚至可以认为这是一个人的内在气质，它给人一种征服性的美。广义地讲，自信本身就是一种积极性，自信就是在自我评价上的积极态度。狭义地讲，自信是与积极密切相关的，没有自信的积极，是软弱的、不彻底的、低能的、低效的积极。

自信无论在个人发展上，还是在人际交往、事业工作上都非常重要，它是成功的必要条件。自信不能停留在想象上，要成为自信者，就要像自信者一样去行动。在生活中自信地讲了话，自信地做了事，自信就能真正确立起来。面对社会环境，每一个自信的表情、手势，每一句自信的言语都能在内心中树立起自信。只要自己相信自己，他人就会相信你。

作为大学生，没有自信心，工作打不开局面，成就不了事业，何谈就业能力？当然，不能正确认识自己，不能正确评价自己，盲目自信，过分自信，也会碰壁。成就事业要有自信，有了自信才能产生勇气、力量和毅力。具备了这些，困难才有可能被战胜，目标才有可能达到。但是自信绝非自负，更非痴妄，自信建立在踏实和自强不息的基础之上才有意义。为此，大学生应重视和加强自信心的培养。

② 自立

不依赖别人，靠自己而生活，此乃自立。自立是为人必要的品质，唯有自立自强，才能赢得尊严和权利。一个国家是如此，一个民族是如此，一个人也是如此。学会自立，懂得自立，才会成为国家的栋梁之材！任何时候都要把命运抓在自己手里，中国有句老话："自己动手，丰衣足食。"

陶行知先生曾经说过："滴自己的汗，吃自己的饭，靠人、靠天、靠祖上，不算好汉。"张闻天是党的高级干部，对儿子的教育十分严格，不愿儿子因为父亲的地位产生虚荣心和依赖思想。他还立嘱，死后把遗存的 4 万元作为党费交给党组织，没有给儿子留下一分钱。因为他明白让孩子学会自立就是最好的遗产。人要学会自立，更要懂得自立。自立的人才会有所作为，否则就会被社会所淘汰。

③ 责任感

所谓责任感,是指个人对自己和他人、对家庭和集体、对国家和社会负责任的认识、情感和信念,以及与之相应的遵守规范、承担责任和履行义务的自觉态度。

一个人的责任感如何,决定着他在工作中的态度,决定着其工作的好坏和成败。如果一个人没有责任感,即使他有再大的能耐,也不一定能做出好的成绩来。不论你是一名默默无闻的办事员,还是大权在握的领导者,都应有责任感,凡事尽心尽力而为。一个有责任感的人,一定会认真地思考,勤奋地工作,细致踏实,实事求是;一个有责任感的人,做每一件事都会坚持到底,按时、按质、按量完成任务,圆满解决问题;一个有责任感的人,一定能主动处理好分内与分外的相关工作,有人监督与无人监督都能主动承担责任而不推卸责任;一个有责任感的人,一定会从事业出发,以工作为重,而不会只把精力放在揣摩领导的意图、了解领导的好恶上。

应当说,责任感可以养德,责任感更可以树德。责任感一旦成为一种群体行为,形成气候,就会形成一种社会精神。

④ 诚信

"诚信",顾名思义,"诚"者,诚实、真诚;"信"者,不欺、信用。因此,"诚信"就是诚实、守信。诚实的主要内容是真实不欺,既不自欺,亦不欺人,包含着忠诚于自己和诚实地对待别人双重意义。诚实不自欺,就是要真心实意地加强个人的道德修养,存善去恶,言行一致,表里如一,心口如一,忠于自己所承担的使命,这是赢得他人信任和忠诚的条件。诚实不欺人,就是不存诈伪之心,不说假话,不办假事,开诚布公,以诚相待,不滥用别人的信任。没有对他人的忠实、正直、善意,没有可靠的坚定信念,就根本谈不上信任。

守信强调的是言行,是诚实的外在表现。如果说"诚"偏重于自我行为,那么"信"则强调与人交往时的言行,强调的是言行一致,说了就要做。一个食言而肥、轻诺寡信的人很难得到人们的信赖,最终必将为他人和社会所抛弃。

⑤ 主动

主动相对被动而言,是不待外力推动而行动。积极主动是人类的天性,如若不然,那就表示一个人在有意无意间选择消极被动。消极被动的人易被自然环境所左右,在秋高气爽的时节里,兴高采烈:在阴霾晦暗的日子里,就没精打采。积极主动的人,心中自有一片天地,天气的变化不会发生太大的作用,自身的原则、价值观才是关键。如果认定工作品质第一,即使天气再坏,依然不改敬业精神。消极被动的人,同样也受制于社会"天气"的阴晴变化。如果受到礼遇,就愉快积极,反之则退缩逃避。心情好坏建立在他人的行为上,别人不成熟的人格反而成为控制他的利器。而理智重于情感的人,则经过审慎思考,选定自己的原则、价值观,作为行为的原动力。他们与感情用事、陷溺于环境而无法自拔的人截然不同。不过,这并不表示积极主动的人对外来的刺激无动于衷。他们对外界的物质、精神与社会刺激仍会有所回应,只是如何回应完全掌握在自己手中。只有积极主动的人,才能在瞬息万变的竞争环境中赢得成功,只有善于展示自己的人,才能在工作中获得真正的机会。

⑥ 勤奋

勤奋就是不懈地努力工作、学习。勤奋是一种工作态度,更是一种不懈努力、进取的精神状态。生活告诉我们,勤奋是通往成功的阶梯,而成功是勤奋的结果。只要我们勤奋探索、勤奋实践、勤奋创新,那么,做任何事情都更有可能成功。

古今中外,走向成功的名人们打开成功大门的金钥匙就是两个字——勤奋。正如牛顿所说,"无论做什么事情,只要肯努力奋斗,是没有不成功的"。的确如此,只要勤奋就会成功,只有勤奋才能将有天分的人变为天才，因为“成功＝99％的勤奋汗水＋1％的灵感”。

⑦ 严谨务实

现代大学生不应该眼高手低、自以为是、知行脱节，而应该表里如一、言行一致、说到做到。在社会实践活动中，表现出应有的目的性、果断性、自制力、独立性和顽强性，力戒急功近利、急于求成的浮躁心态和方法。

(2) 加强个人实践能力

个人素质的提升不仅仅需要具备一定的品质，也需要这样的品质在实践中真正体现出来，成为毕业生心中就业的底气。在个人素质的实践锻炼方面可从以下三方面入手。

① 学会与人沟通、学会做人

这是最基本的素质。毕业生进入职场时，就不能像在大学那样娇气、任性或者时常发发小脾气，而要学会关爱他人，团结互助。因为只有这样，所在的团队才会充满温馨，所有的团队成员才能够拿出更多的精力去发展事业，从而促进事业和个人的发展。

② 重视专业技能的实践

这是提高就业能力的必要环节。学校教学要以培养技术应用能力为目标，强化职业技能培训，致力于培养具有必要的理论知识、掌握职业操作的基本技能、熟悉本行业管理和运行过程的“适销对路”的人才。大学生要充分利用实验、实习、毕业设计等机会，多看、多练，掌握一些基本的操作程序和技巧，为自己的就业做好准备。

③ 践行个人内在素质

无论是社会调查还是假期打工，或是参加各类社团活动，这些都是大学生的“财富”，因为用人单位需要那些有社会实践经验并能吃苦耐劳的员工。通过这些实践，大学生能够或多或少地知道作为一名职业人的基本要求，同时也具备了一定的吃苦耐劳的心理准备，这些是一般大学生所欠缺的。别人欠缺的恰是你具备的，这无形中就增加了你在就业竞争中取胜的筹码。

### 2. 厚积薄发，腾飞就业能力

对于大学生来说，提高就业能力主要是针对自己的专业能力、基础能力、差异性能力而进行的。

(1) 提高专业能力

① 掌握专业的基本概况和发展动态

在学好专业知识前，应该多向老师、学长、同学请教，多通过图书馆、相关网站等查阅相关资料，了解专业基础课、专业课、主要技能、行业发展现状、发展趋势和就业方向等，只有做到心中有数，在学习的过程中才能做到有的放矢。

② 学好专业基础课

学好任何一门专业都必须有一定的基础知识积淀。专业基础课是指同专业知识、技能直接联系的基本课程。它包括专业理论基础课和专业技术基础课。例如：汉语言文学专业的《文学概论》是专业基础课；土木工程专业的专业基础课有《理论力学》等；通信工程的专业基础课有《电路分析》等。它们均是学习专业课程的基础课程，只有先掌握了这些知识，才能更好地学习专业理论和实践知识。

③ 学好专业必修课程

专业必修课是指某一专业必须学习掌握的课程。此类课程是培养专门人才的根本。另外，大学生可以根据自己的爱好、就业意向、人才市场需求等，综合考虑并挑选出专业必修课中的主要理论知识和实践技能，通过协助导师完成课题、暑期社会实践和兼职等形式来提高对专业必修课中的主要理论知识和实践技能的掌握程度。

(2) 提高基础能力

国内的相关调查显示，用人单位将大学生的环境适应能力、人际交往能力、自我表达能力等基础性的能力素质表现排在了前三名，甚至排在了专业能力和外语能力等专业素质前面；美国和英国的相关调查也明确强调了态度、合作技能、基本性格、创造力、信心等基础素质的重要性。可见基础能力在就业中的重要性。怎样才能提高基础能力呢？基础素质的培养和基础能力的提高，要发挥个人的主观能动性，充分利用学校提供的环境和机会，实现全面发展的目的。

① 积极参加社会实践，强化个人爱好

在社会实践方面，大学生活是一个五彩缤纷的世界，各种社团异彩纷呈，大学生应该在认识自我的基础上，挑选一到两个学生社团，锻炼交际能力、沟通能力、表达能力、组织管理能力。在活动参与过程中要注意气质的培养、形象的塑造。另外，平时还要利用课余时间、节假日来加强演讲、口才、社交、礼仪、管理学、心理学等方面理论知识的学习，从而做到理论与实践相结合。在个人爱好上，球类运动、音乐舞蹈等个人才艺是社会交往的必备，也是招聘单位考查大学生的重要方面。因此大学生应该有意识地培养几个爱好，并强化训练，特别是针对自己的薄弱环节，弥补自己才艺方面的不足。

② 注重品格培养，塑造迷人风采

一个人的品格由道德品格、健康品格和文化品格三方面来展现。一是道德品格的培养。没有规矩不成方圆。大学生作为国家公民，应该培养自己遵守公民基本道德规范，这是实现人生价值、奉献社会的基础。公民基本道德规范中最重要的是诚信守法，尊重他人，关心社会，热爱生命。无论是做人还是立业，博大的胸怀、诚信的品格和高尚的追求等道德品质都是必需的。道德品格不是与生俱来的，要靠接受教育，要靠理性的力量，更要靠大学生本人的身体力行。二是健康品格的培养。现代意义的健康，已经不仅仅局限于身体，它还包括心理，更包括对社会环境的适应，要能够与别人和睦相处、和谐生活。在我们的生活中，有竞争就有成功与失败，作选择就会有得有失。心理的不健康无非就是忧成败、患得失。大学生就应该在加强身体锻炼的同时，树立正确的世界观、人生观，做到仁者不忧、勇者不惧，自强不息。三是文化品格的培养。文化品格是指一个人接受和继承人类文明成果的广度和深度。几千年来，人类在科学、技术、哲学、文学、艺术上的成就博大精深、浩瀚如海。在当今知识经济时代，最糟糕的、带有侮辱性的称谓，莫过于“没有文化”。大学生应该珍惜青春，通过图书馆、网络等媒介汲取文化营养，充实自己的人生。

③ 规划职业生涯，掌握面试技巧

如果把一个人的职业生涯比作一次旅行，那么出发之前最好先设定旅游线路，确保既不会错过梦想已久的地方，也不会千辛万苦却到了并不喜欢的景点。大学生中普遍存在对自身职业规划的盲点，导致在就业过程中的盲目和挫折。近年来，职业生涯规划受到了前所未有的重视。大学生必须明白，专业不等于职业，职业不等于行业，应主动参加职前教育和培训，做好自我评估，了解自己感兴趣的行业，选择职业目标，规划职业生涯。

(3) 提高差异性能力

如果说基础能力和专业能力是获得工作的基本筹码，那么差异性能力则是体现求职者优势、帮助其获得更好职位和更高薪水的高层次能力。现在大学生的培养属于大众化教育，大学生要在竞争中脱颖而出，必须要开发个人潜能，实现个性发展。针对大学生的实际情况，可以从几个方面培养和提高自己的差异性能力。

① 培养自己的广泛爱好，打造更多特长

一个兴趣爱好广泛的人，获得差异性能力的机会自然会比别人多。在广泛的兴趣爱好中，通过自己长期的培养、积累，可以形成自己的特长。这些特长在一定程度上就是“人无我有，人有我优”的能力，是被用人单位看重的差异性能力，如文体特长、计算机特长、外语特长等都是非常受用人单位欢迎的。在一些岗位的招聘启事中，还可以看到这样的要求——“有文体特长者优先”，这种情况下，多才多艺的人更容易获得该职位。因此，大学生在校期间要积极培养自己的兴趣爱好，在能力控制范围内，兴趣爱好越多越好，某方面能力越突出越好。

② 勤奋博学，努力拓展自己的知识面

综合的知识背景是近年来用人单位提出的新要求，随着社会的发展，知识背景的多样化已逐渐成为取得就业优势的一个重要方面。比如，一些用人单位要求具备专业基础的人担任管理人员，如果是理工类背景兼修管理类课程就具备了某种程度的优势。所以，大学生在校期间应利用大学（尤其是综合性大学）专业学科门类多的优势勤奋博学，多自学或参加其他专业课程的选修，如果条件许可甚至可以辅修第二专业。通过学习既拓展了自己的知识面，又增加了自己在择业竞争中的竞争力，何乐而不为呢？

③ 积极参加校内外各种社会实践活动，积累丰富的实践经验

从已经毕业的学生的反馈来看，多数人认为社会实践有利于求职，因为社会实践是锻炼和培养自己能力的一个重要途径，丰富的实践经验既可以证明学生的实践能力，也能显示出一个学生的学习能力和实践能力方面的差异性。例如，在校担任校、院学生干部的大学生，由于经常组织参加各类活动，一方面通过实践锻炼获得了组织和协调能力，另一方面，通过积极参与这些活动（含比赛），锻炼展示了优于他人的某种实力，这些还会给大学生求职带来积极的效果。

④ 树立创新意识，开展创业尝试

创新是民族进步的灵魂、经济竞争的核心。当今社会的竞争，与其说是人才的竞争，不如说是人的创新力的竞争。大学生除了要掌握丰富的知识，还要树立创新意识，将所学的知识灵活运用到生活工作实践中，积极参加各种创业尝试，提高自己的创业意识与能力。通过创业尝试和锻炼，既增长了自己的阅历，以及对行业、对社会的了解；又实实在在地提高了自己的能力，为自己积累了工作经验。而这些方面无论在求职还是自己的职业发展中，相对来说都是同龄人中“人无我有”的优势。

当然，差异性能力还包括多方面的内容，提高差异性能力的途径也非常多，无法穷举。但是，毕业生只要把握住差异性能力的特点和培养方法，就能在自己学习和生活中主动地用自己的方式去培养和提高，增强就业能力，赢得就业竞争中的胜利。

### 案例

小叶一进入大学，就抱定了毕业后进入某知名外企的工作目标，为此，他从学长那里了解了很多外企招聘的要求和流程，性急的他为了在简历和面试过程中投对方所好，一口气报名参加了演讲与辩论协会、外语沙龙、网球协会等好几个社团，自己也竞选担任了班长，还在学院的学生会里任职。低年级课程多，学习压力大，每天除了上课外，晚上还要参加社团活动或处理班级工作，经常忙到晚上熄灯后才能回到寝室。一个学期下来，小叶叫苦不迭。而一个学期的忙碌，却有很多不如意之处：因为班级工作而耽误了很多次社团活动，即使参加，每次也都是

来去匆匆，结果小叶在社团人员选拔中落选了，看着别的社员热热闹闹地策划社团活动，他觉得自己就像个局外人。而因为经常回来晚，又经常熬夜学习或工作，影响了寝室其他同学的休息，与寝室同学也产生了矛盾，学习成绩也没有达到自己预期的目标，小叶觉得很是委屈。想起接下来还要准备的暑期社会实践和校外兼职，小叶再也不像以前一样信心满满，而是充满了沮丧和怀疑。

**分析**：大学生活丰富多彩，但一个人的精力是有限的。要做到有所为有所不为，才能取得最终的成功。切忌像小叶那样，什么都想参加，结果相互冲突，什么都做不好。各类社团活动都有各自的特点，大学生应该根据自己的实际情况和兴趣能力有选择性地适当参加。同时，选择合适的活动后应该全力以赴，深入体验和学习锻炼。

## 2.3 大学生职业素养的培养

现在很多用人单位在招聘员工时，看重的并不是简单的成绩单，也不是表面的实践经历，而是职业意识和职业素养。专业知识和经验不是阻碍大学生角色转化的最大难题，职业态度、职业意识、职业道德、职业技能等职业素养缺失才是大学生的“软肋”。要想获得好的职业发展，大学生必须注意职业素养的培养和训练。

### 2.3.1 职业素养的基本概念和特征

#### 1. 职业素养基本概念

所谓素养，主要指人们为了一定的目的，在涉及自身生存和发展的各个认识与实践领域所进行的勤奋学习与涵养锻炼的功夫，以及在其知识才能和思想品质方面所达到的水平。

职业素养是指从业者通过教育培训、职业实践、自我学习等途径形成和发展起来的，在从事某种职业过程中表现出来的综合品质，包括职业道德、职业技能、职业行为、职业作风和职业意识等。职业素养可以通过个体在工作中的行为来表现，而这些行为以个体的知识、技能、价值观、态度、意志等为基础。良好的职业素养是企业必需的，是个人事业成功的基础，是大学生进入企业的“金钥匙”。

《一生成就看职商》的作者吴甘霖通过回首自己从职场惨败者到成功者的经历，总结比尔·盖茨、李嘉诚、牛根生等著名人物的成功历史，分析所看到的众多职场人士的成功与失败，他得出了一条宝贵的理念：一个人，能力和专业知识固然重要，但是，在职场要成功，最关键的还是在于他所具有的职业素养，即“职商”。他认为，工作中需要知识，但更需要智慧。而最终起到关键作用的就是素养。缺少这些关键的素养，一个人将一生庸庸碌碌，与成功无缘，拥有这些素养，会少走很多弯路，以最快的速度通向成功。

**案例**

某校学生小张毕业后选择到北京发展。应聘到一家名为“北京五谛风格动画”的公司，一直做到现在。几年的摸爬滚打，小张也从一个涉世未深的毛头小子成长为这家公司的VFX经理、视效总监和资深动画师。这家公司在影视动画界享有盛名，负责中央电视台一套东方时空栏目、六套电影频道和中国财经报道等知名电视栏目的动画设计包装工作，而小张本人亲自参与完成了东方时空大型节目《千秋伟业》、中国财经报道包装、BTV-6（北京电视台）整体包装、中国电影报道、成都电视台、佛山电视台和 CCTV-6 的整体包装设计。他参与创意、设计和制作的许多动画作品，不仅受到业内人士的广泛赞誉，还被国内外许多动画设计爱好者奉为典范，争相借鉴和模仿。

当初他到这家公司应聘时，已经有数十人向公司老板递交了简历，但是，没有一个让老板满意，包括来自北京重点大学的毕业生。老板看到张帆的作品时，认为"这个人还有那么一点感觉"。于是，小张就从这"一点感觉"起步，一步步走到了今天。但是这"一点感觉"是靠他自己在四年大学生活中一点点摸索、锻炼出来的，设计作品上的一丁点儿进步，是用无数个通宵达旦的摸索实践换来的。

**分析**：没有目标的学习是盲目的，要想在未来的职业发展中谋得一席之地，较强的职业素养和技能是立身之本，只有过硬的专业技能和较高的职业素养，才能在当今就业竞争激烈的职场上，在人才济济的行业中站稳脚跟、大展宏图。正是因为小张在校期间为未来职业发展做了大量职业准备，把大多数时间、精力花费在知识的学习上、素质的训练上，才让他拥有了职业发展的成功。

### 2. 职业素养的特征

(1) 专业性

职业素养的专业性是指劳动者具有专门的业务能力，具体表现在业务工作中的知识、能力和方法上。职业素养的专业性来源于扎实的科学基础理论知识、深厚的专业基础知识和广博的专业科技知识，以及专业技能。大凡在职业领域有所建树的人，都是有很强的专业知识和技能的，在当今社会更是如此。要从事某种社会职业必须经过专门的职业训练，这个训练过程就是职业素养的形成过程。这要求大学生要勤奋好学，努力培养获取知识、运用知识和创造知识的能力，以适应时代和社会的发展。

(2) 稳定性

职业素养的稳定性是指职业素养一经形成，便会在劳动者的个性品质中稳定地表现出来。这是因为扎实的理论知识和专业技能一经形成，便以某种机能的形式而固定下来，并会在相当长的一段时间内保持下去。比如，已经退伍的解放军战士中很多都还保留着做事雷厉风行、纪律观念强等军人素养。

(3) 整体性

职业素养的整体性是指劳动者的知识、能力和其他个性品质在职业活动中的全面表现。一个劳动者在职业中要有所成就，不仅要具备一定的知识、技能，而且还要具有一定的信念、社会责任感以及良好的自我控制能力、人际沟通能力和抗挫折能力等。

(4) 发展性

职业素养的发展性是指随着社会的发展和科技的进步，不同的社会历史阶段，对劳动者的职业素养会提出不同的要求。如果一个劳动者不具备符合时代要求的职业素养就有可能失业。为此，劳动者必须从时代发展的需要出发，不断地提高和完善自身的职业素养，在竞争日趋激烈的社会中获得可持续的发展。

## 2.3.2　大学生必备的职业素养

就大学生而言，需通过教育培训、职业实践、自我学习等途径形成和培养以下职业素养，如图 2-1 所示。

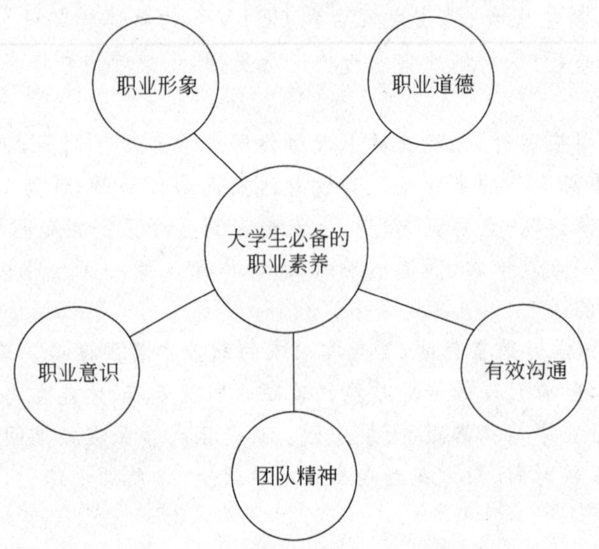


图 2-1 大学生必备的职业素养

### 1. 职业形象

职业形象是针对形象主体所从事职业而设定的形象。不同的职业需要不同的职业形象，而职业形象的共性一般体现在以下几方面。

(1) 职业性

职业形象要为职业目标服务。职业目标不同、职业职位不同，其职业内容和职业性质也不同，因而对职业形象的要求也不相同。职业形象不仅要符合职业要求，还要针对每个具体主体有不同的个性变化，从不同主体的实际情况出发，打造适当的职业形象。

(2) 时代性

职业形象是在一定时期一定环境下，社会公众对从业者的外在表现和内在素质的印象、看法、认识的综合体现。优秀的职业形象应具有浓厚的时代气息，体现时代的特征，随着社会的发展和职业的变化而发展变化。

(3) 整体性

在职业形象的打造上，要注意整体性，做到“五符合”：符合个人职业气质，符合个人年龄，符合办公场所风格，符合工作特点，符合行业要求。如果只注意个别要素的设计，而没有从整体上体现出职业的特征，就不是合格的职业形象。个人的举止也要在符合行业标准的基础上，做到在不同的场合采用不同的表现方式。

### 2. 职业道德

职业道德是指从事一定职业劳动的人们，在特定的工作和劳动中以其内心信念和特殊社会手段来维系的，以善恶进行评价的心理意识、行为原则和行为规范的总和。它是社会道德基本规范与职业具体实践活动相结合的产物。

职业道德是职业素养的一部分，它包含丰富的内容，可以概括为以下几个方面。

(1) 文明礼貌

文明礼貌是指人们的行为和精神面貌符合社会规范的要求。一般要求做到：仪表端庄，语言规范，举止得体，待人热情。

(2) 爱岗敬业

爱岗敬业是指热爱自己的工作岗位，同时以一种严谨的工作态度对待自己的工作，认真负责，任劳任怨，尽职尽责，精益求精。爱岗和敬业总是紧密地联系在一起的，爱岗是敬业的前提，敬业是爱岗的表现和升华。工作态度很大程度上能决定一个人的工作成绩，有良好的态度才有可能塑造自身值得信赖的形象，获得同事、上司及客户的信任。

(3) 诚实守信

诚实守信是做人的基本准则，也是对从业者的道德要求，诚实守信作为一种职业道德就是指真实无欺，诚实劳动，合法经营，信守承诺，讲求信誉。诚实是守信的思想基础，也是守信表现的品质，信出于诚，不诚则无信。守信是诚实品格必然导致的行为，也是诚实与否的判断依据和标准，信体现诚，守信方能见诚，即信以诚为本，诚以信为用。

(4) 公平公正

公平公正是指在处理事务、问题时，秉持中立立场，对当事双方不偏不倚、公平合理地对待。要做到公平公正最重要的是做到坚持真理、不谋私利、不徇私情、光明磊落。在处理具体事务和问题时，要就事论事，做到对事不对人。

(5) 遵纪守法

遵纪守法是每个公民都应当做到的基本要求。在职业道德中，其主要是指从业人员要遵守纪律和法规，尤其是要遵守职业纪律和与职业活动有关的法律法规。想要做到遵纪守法，首先，必须要先了解自己所在行业和相关岗位的职业要求、职业纪律和相关法律法规。然后，要严格要求自己，在实践中养成遵纪守法的良好习惯。最后，还要敢于同不良现象作斗争。

### 3. 职业意识

职业意识是从业者在特定的社会条件和职业环境影响下，在教育培养和职业岗位任职实践中形成的某种与所从事的职业有关的思想和观念。它反映一个人对于职业的根本看法和态度，是职业认知与职业行为的综合，是自我意识在职业选择领域的表现。它包含两个方面的内容：对自己现状的认识，以及对自己职业的期望。职业意识的核心就是爱岗敬业的精神，即能够在本职岗位上踏实地做好工作。职业意识可以具体细化为责任意识、服务意识、规范意识、创新意识等。

(1) 责任意识

责任就是自己分内应做的事情。站在职业的角度来看，责任就是指劳动者在享受权利获取利益时，所必须履行的义务。责任意识是指自觉地履行自己的岗位职责，按照要求认真落实各项任务的意识。做一个有责任意识的人就是要做到认真履行承诺，坚持高效率完成工作，做事积极主动，恪守职业道德规范等。要想培养和增强自己的责任意识，可以从认真履行各种义务，提高自我控制能力，养成坚守信用的习惯等方面来着手锻炼。

(2) 服务意识

服务意识是指愿意为自己所从事的工作以及给他人带去方便和快乐，并将此当作自己应该做的事情。具有强烈的服务意识，才能把工作当作一种快乐的享受。培养服务意识首先要培养对工作的热情，其次要掌握一定的服务沟通的技巧，最后要严格按照工作程序来开展工作。只有这样才能树立起良好的服务意识,而服务意识是对职业人的基本素质要求。

(3) 规范意识

规范意识就是按照规章制度及不成文的习惯性约定,自觉地履行岗位职责,规范自身行为的意识。规范意识是大学生应该特别注意的,是重要的职业意识。比如,上班时间私人电话的接打、日常工作的考勤情况、职业着装、工作区域的卫生状况、上网及书籍等的查阅浏览等方方面面都涉及规范。树立规范意识,主动去遵守规范,才能得到单位领导和同事的认同。

(4) 创新意识

创新是以新思维、新发明和新描述为特征的一种概念化过程。创新是人类特有的认识能力和实践能力,是人类主观能动性的高级表现形式,是推动民族进步和社会发展的不竭动力。创新也是一种复杂的能力结构。在这个结构中,创新思维处于最高层次,它是创新能力的重要特征。创新能力实质就是创造性解决问题的能力。它意味着不因循守旧,不循规蹈矩,不故步自封。随着当前社会的不断发展、科技的不断进步、知识的爆炸性增长,创新人才已经成为决定企业竞争力和未来发展的关键。

### 4. 有效沟通

沟通是人与人之间、人与群体之间思想与感情的传递和反馈的过程,以求思想达成一致和感情的通畅。

有效沟通的实现依赖三大要素的实现。首先,沟通要有明确的目标,漫无目的的交谈不是沟通而是闲聊。其次,沟通要能够达成共同的协议,一个没有达成共识的沟通不能算作沟通,沟通的完成以达成共识为标志。最后,沟通不只包括沟通信息,更应沟通思想和感情,在工作中信息容易沟通,而思想和感情常常因各种原因不容易沟通,这就导致了很多的沟通低效甚至无效。

沟通的形式主要分为语言沟通和非语言沟通。语言沟通相对容易训练,只要注意用词,注意对象身份,注意语气语调,辅以适当的练习即可有一定成效。而非语言沟通,又包含肢体语言和书面语言,这其中的肢体语言是较不容易训练的。肢体语言沟通是一种非常普遍的沟通方式,人们在日常生活中都会自觉或不自觉地使用肢体语言。而这也正是肢体语言难以训练的所在,很多时候人们的肢体语言是在不经意间由下意识触发的,这种肢体语言往往能将人的内心或潜意识中的一些信息表露出来,而这有的时候并不利于人们的沟通。所以加强对肢体语言的训练很有必要,一方面要有意识地运用身体语言克服不良习惯,另一方面要学习观察和理解别人的肢体语言,这样才能有助于进行良好有效的沟通。

### 5. 团队精神

所谓团队精神,简单来说就是大局意识、协作精神和服务精神的集中体现。团队精神的基础是尊重个人的兴趣和成就,核心是协同合作,最高境界是全体成员的向心力、凝聚力,反映的是个体利益和整体利益的统一,并进而保证组织的高效率运转。从这个概念出发,大学生的团队精神应该包括如下三方面的内容。

(1) 团队的合作意识。一个团队只有成员之间互相帮助,互相关心,大家共同努力,共同提高,发挥每个人最大的潜力,并为共同的目标而协调一致,才能最大限度地发挥团队的能量,产生“1+1>2”的效果。

(2) 团队的凝聚力。强大的凝聚力,让每一个团队成员都能强烈感受到自己是团队中的一分子，自觉地将个人工作和团队目标联系在一起。

(3) 团队的士气。拥有高昂士气的团队，其成员对团队事务会尽心尽力、全方位地投入。

在上述五项素养中，以团队精神最为重要。一个人能力再强，如果离开他人的支持与配合，就很难取得成功。随着科技的高速发展，社会分工越来越精密，部门与部门之间，个人与个人之间的协作关系日益密切。如科研项目的完成、工程计划的实施、工作的组织管理等，都必须具有团队合作精神。大学生要发挥自己最大的能力，要学习并遵守团队规则、养成谦虚诚恳的态度、善于赞美他人、学会批评的艺术、主动承担责任并关心团队的成员，以激发团队的最大潜能。

**案例**

小马学的是市场营销专业，成绩优异，思维敏捷，办事效率非常高。参加工作不足一个月，她接到了公司委托的一项市场调查任务，仅用了三天时间就完成了市场调查与分析，并根据公司目前的经营状况提出了振兴公司的新思路，写出了切实可行的计划书。为此，小马深得总裁赏识，准备提拔她出任总裁秘书。可是，几个中层领导和员工代表却对此提出了质疑，一致反映她目中无人、狂妄自大，难以协调好企业内部和部门之间的关系。最终，小马因群众基础不好被按在了原地。然而，小马并没意识到这一点，她抱怨公司没有伯乐，埋没人才，苦撑了两年之后，负气离开了公司。

**分析**：每个人的力量是有限的，只有取长补短，发挥集合力量，才能取得成功。在这个个性张扬的时代，团队合作能力越来越被重视，企业不需要个人英雄主义，企业管理者们非常看重的是员工的团队精神和合作精神。因此，大学生应积极参加各种集体活动，在活动中充分体验、感受竞争与合作的关系、个人与集体的关系，以及分工合作、组织协调对达到目标的重要性。放下架子，把心放平，建立亲和融洽的人际关系对职场新人是非常重要的。

职业形象、职业道德、职业意识、有效沟通、团队精神是大学生必须具备的职业素养。而在今后的职业生涯过程中，大学生所需要具备的职业素养绝不仅仅只有这五项。大学生应该通过各种途径，比如实习实践、企业宣传、生涯访谈等来多方面了解自己的目标行业、公司、岗位对职业素养的需求，并以此制订针对自己的职业素养的训练目标。通过不断的训练来提高自身的职业素养，缩小和职业人士的差距，为自己将来能够顺利迈入职场，并获得职场成功打下坚实的基础。

### 2.3.3　提升大学生职业素养的方法和途径

大学是培养一个人的职业素养、职业技能的地方。在校期间，大学生除学习专业知识、学习分析问题、解决问题的方法外，还应培养自己的职业素养，提升就业竞争力。只有明确了这一目标，学习才会由被动变主动，职业目标才会由模糊变清晰，才会有意识地提高自己的职业素养，从而为今后的职业生涯打下坚实的基础。

#### 1. 素质教育是提升职业素养的重要途径

培养大学生的职业素养，要贯彻素质教育的思想。素质教育的实质是促进学生内在的、身心的全面发展与人类文化向个体心理品质的“内化”，其目的是提高人的整体素质。高校只有走素质教育的发展道路，培养出来的大学生才具有严谨的学风、求实的科学态度、深厚的学问功底。从大一开始，就可开设就业指导课，帮助学生认识自己所学的专业，让学生了解将来可能从事的职业和将要担当的社会角色，并根据个人的性格特征、兴趣爱好设计自己的职业生涯。大学生只有有了明确的目标，才能有更高的学习积极性，才能创造性地学好专业知识，培养专业技能，才能有意识、有目的地提高自己的职业素养。

### 2. 学校要注重对大学生职业道德的教育

职业道德广泛渗透于职业活动的事事处处、方方面面，不仅对各行各业的从业者具有引导和约束作用，同时也是保障社会持续、健康、有序发展的必要条件。对大学生职业道德教育主要包含以下几方面。

(1) 责任心

责任心就像是把一座道德大厦连接起来的钢筋，如果没有这种钢筋，人们的善良、智慧、正直、爱心和追求幸福的理想都难以为继，人类的生存基础就会崩塌，人们就只能无奈地站在一片废墟中叹息。所以责任心是一个人是否具有高尚道德的基础。

(2) 诚信度

诚实守信不仅是从业者步入职业殿堂的通行证，体现着从业者的道德操守和人格力量，也是具体行业立足的基础和生存的生命。一个人缺失了诚信，就难以在社会上立足。学校要把诚信教育融入课堂教学的各方面，体现到教师教书育人的各环节。有计划地对大学生进行诚信教育，有目的地培养大学生的诚信观念，有意识地深入挖掘诚信的教育资源，激励诚信意识，培养诚信品质。教师是对大学生进行诚信教育的主体，要率先垂范，以学术和人格的双重魅力给大学生做诚实守信的榜样。学校的所有干部职工都要带头示范，处处守信用、时时重承诺，给大学生以潜移默化的影响。

(3) 奉献精神

奉献精神是要求从业人员在自己的工作岗位上，通过兢兢业业的工作，自觉为社会和他人作贡献。这是职业道德中最高层次的要求。在社会主义社会里，每个公民无论从事什么工作、能力如何，只要每一个从业人员在职业活动中，自觉奉献，整个社会就会形成团结友爱的风尚。

### 3. 通过校园文化活动，培养大学生的职业素养

校园文化活动的三大特点是：开放性、参与性和实践性。它吸引大学生走出封闭的小圈子，融入集体之中，发展个性和兴趣，实践书本上学到的理论知识，锻炼自己的组织管理能力和表达能力，增强合作能力和团队协作意识，展示自己的知识和才华，收获成功和自信。校园文化活动的组织者、骨干和参与者都是大学生，充分体现了大学生自我教育、自我管理、自我服务的原则，如一年一届的“职业生涯规划大赛”、各院系组织的“模仿秀”、“校园歌手大赛”、“主持人大赛”、“劲舞大赛”、“英语综艺擂台赛”等。学校要根据学校情况，整合教育资源，逐步建立起内容覆盖课堂教学、课外活动和社会实践的人文素质和科学精神教育体系，使大学生的各种能力在学习和参加各类活动中得到提升。学校还可以根据不同专业的需求，请企业界的专业人士到校授课，与学生进行面对面的交流，让学生真切地了解企业需要什么样的人才，毕业生须具备哪些必需的职业素养。

### 4. 参加社会实践，提升职业素养

大学培养人才的最终目的是为社会所用，而就业的根本问题是职业素养的高低，而职业素养的提高要通过社会实践这个途径来实现。

(1) 主动学习有关职业素养方面的知识，积极参加有关活动，如大学生职业规划大赛、生涯人物访谈、校友成才报告会等。多看一些有关职场的书籍或电视节目，如《杜拉拉升职记》、《墨迹留在生命和记忆中》、《安达信的日子》、《萧萧的求职生活》等。

(2) 参加各种科技创新活动。如"挑战杯"科技作品竞赛、创业设计大赛、电子大奖赛以及数学建模竞赛等，这些科技活动，可以结合老师的科研课题或研发项目，在老师的指导下使学生全身心投入其中。通过这些活动，可以锻炼大学生的学习能力、动手操作能力以及团结合作精神、创新精神。

(3) 利用假期、实习期，走向社会进行实践活动。大学生只有通过社会实践，了解个人专业发展的市场行情，了解社会和企业对大学生的要求，才能提高运用知识解决实际问题的能力，才能提高自身的职业素养。因此，大学生应该利用周末和寒暑假走向社会，开展职业体验活动。大学生除参加由学校和社会联合举办的有组织的见习活动外，还要利用自身的社会关系联系适合自己的单位进行职业体验，使自己对社会和企业有一定了解，为今后顺利走向社会、走上工作岗位奠定基础。

## 2.4　思考与练习

1. 结合实际，谈谈大学生应如何提高自身的就业能力？
2. 一个合格的大学毕业生应该具备的职业素养包括哪些方面？
3. 你认为当前大学生职业素养存在的主要问题有哪些？应该如何培养和提高？

# 第3章　求职前的准备

朝着一定目标走去是"志",一鼓作气中途绝不停止是"气",两者合起来就是"志气"。一切事业的成败都取决于此。

——卡内基

**学习目标**

(1) 了解大学生求职时常出现的心理问题及调适办法。

(2) 了解大学生求职前应具备的知识结构。

(3) 掌握大学生求职材料的准备技能。

(4) 掌握大学生求职信息的获取方法。

**案例导入**

小孟所学的专业是行政管理,一个很宽泛的专业。大三的时候,他看到中国移动招聘暑期实习生,立志花大力气去拼这个实习机会。为此,他详细分析了中国移动对暑期实习生的需求,结合招聘启事的要求与网上的一些信息,小孟发现移动主要需要实习生来帮忙做数据统计分析,所使用的软件是SPSS统计分析软件。为此,小孟赶制了这样一份申请材料。

(1) 小孟在大学里曾经用SPSS统计分析软件做过的一份作业。为了显示自己对SPSS的熟练程度,他特意熬了两个通宵把报告从4页多加长到10页,而且到一间专门做标书设计和制作的打印社用Photoshop做了排版。

(2) 他用一份求职信介绍自己对SPSS统计分析软件的使用心得,以及如何利用SPSS为移动分析大量的用户数据。

(3) 在个人简历中,他主要突出自己的学习成绩中上等、在社团活动中主要扮演"得力助手"角色、擅长打乒乓球等特点。之所以突出这些优点,是因为名企向来偏爱三类学生:成绩好的、执行力强的、有文体特长的。

小孟的申请材料理所当然地让中国移动和HR颇为惊喜,他也因此顺利地通过了面试关,成为中国移动2006年在广州招聘的三名实习生之一。2007年,小孟再次以类似的申请方法,通过了同样竞争激烈的面试,得到了中国移动的正式录用。

如果说高考是人生命运的一次重大转折,那么求职更是决定人生方向的关键一步。在经历大学几年的学习锤炼之后,除少部分人选择继续深造外,绝大多数大学生都将走向社会就业。你今天站在哪里并不重要,重要的是你下一步要迈向何方,机遇总是垂青那些做好充分准备的人。因此,大学生只有未雨绸缪、提早准备,才能赢得时间和机遇,占据主动和优势。

# 3.1 求职心理准备

求职,对于大学生来说,是人生的一次重大选择,也是对大学生综合素质尤其是心理素质的一次检验。可以说,大学生求职过程也是一个复杂的心理过程。面对严峻的就业形势和巨大的就业压力,没有良好的心理准备是不行的。做好求职心理准备、排除心理干扰,是大学生顺利就业、应对挫折,实现职业适应与成功的必备。

## 3.1.1 大学生求职心理概述

大学生求职心理是指大学生在考虑求职问题时,为获得职业做准备以及在寻求职业的过程中产生的各种心理现象。它是以求职为中心,在其他心理的共同作用下形成的,它的产生、变化、发展过程较为复杂。

求职的过程是艰辛的。随着市场竞争的加剧,就业压力的增加,大学生在求职过程中总会遇到理想与现实、希望与失望等种种矛盾,遇到许多不顺心、不如意、挫折甚至委屈。能否正确对待这些矛盾和挫折,经受住考验,良好的求职心理起着非常重要的作用。

求职心理贯穿在整个大学的学习和生活中。同时,求职心理也与大学生的其他心理特点如人格、需要、学习心理等都紧密相连。总的来说,大学生的求职心理可分为理性和非理性两个方面,理性的心理无疑会为大学生的求职提供有益的帮助,而非理性的求职心理将会成为大学生求职过程中的绊脚石。对此,我们应当进行认真的分析并加以积极的引导,使大学生保持良好的求职心态。

## 3.1.2 大学生求职中应有的心理准备

一个具有良好心理准备的大学毕业生,在求职过程中能充分发挥自己的聪明才智,挖掘自身潜力,扬长避短,综合自己的优势,从而找到最能施展自己才华、实现人生抱负的舞台。那么大学生应做好哪些心理准备呢?

### 1. 竞争的心理准备

当今时代,竞争机制已渗入到社会的各个领域和人生的整个过程,每个人或者主动或者被动地都要参与到竞争中,大学生只有树立竞争意识,才能在竞争中占上游。大学生强化竞争意识,一是要在自我评价的基础上,树立自信心。二是要自觉地正视社会现实,转变观念,敢于通过竞争去实现自己的理想目标。三是要善于竞争,以自己良好的情绪、较强的实力赢得竞争中的胜出。

### 2. 坦然面对挫折的心理准备

在当前就业形势严峻的大环境下,大学毕业生在求职过程中遇到挫折是难免的,关键是要以积极的态度和正确的方法去对待眼前的挫折。一是要理性看待,敢于面对,泰然处之。如果没有被招聘方聘用,说明你的素质能力不符合岗位的要求,而不是代表你的素质能力差,不要轻易否定自己。二是要查找原因,吸取经验教训。冷静分析问题的症结,充分发挥主观能动性,脚踏实地战胜它或独辟蹊径,争取新的机会。三是不气馁、不轻易放弃机会。招聘方要招聘的是最适合的毕业生，并不一定是最优秀的毕业生。要把挫折看成磨砺成长的磨石，不因遭受挫折而丧失信心，增强自己忍受挫折的能力。

### 3. 理性的求职心态

正略钧策管理咨询顾问李宏旭针对当代大学生的特点，提出应重点培养以下六种心态。

(1) 归零心态

归零心态即重新开始的心态。学校学的东西和企业里实际需要的技能之间会存在较大的差异，一个人无论在学校里多么优秀，到企业里也要重新开始，因此在求职时不要自我感觉良好、太挑剔，毕业生需要的是找到一份合适的工作来作为职业发展的开始。

(2) 务实心态

务实心态即踏踏实实做事的心态。随着大学教育的普及，大学毕业生已不再是天之骄子，而是一名普通的工作者。刚进入社会，从事基层工作，干既苦又累的工作是无法避免的。只有踏踏实实地干好基层工作，才有可能走上更高的职位，获得更好的回报和待遇。

(3) 乐观心态

乐观心态即乐观进取的心态。中国经济形势正在好转，大学生要想找到一份工作是不会太难的。大学里的学习虽然不见得能够直接应用于企业，但大学里掌握的学习方法和培养起来的职业素质和能力，使得大学毕业生能够很快适应新的工作并干好所要做的工作。

(4) 中庸心态

中庸心态即为人处世把握好度的心态。初入职场，大学生为人处世要把握好度，能够站在别人的角度思考问题，不要过于张扬。从学校进入企业，大学毕业生要面对的除了显性的规则，还有隐性的规则。如果个性过于张扬，很容易触犯一些规则，影响自己的发展。先做人，后做事。对于“90后”大学毕业生来说，形成中庸的心态会少走弯路。

(5) 目标心态

目标心态即对自己的发展有目标的心态。大学毕业生如果没有目标，没有奋斗方向，没有职业发展规划，工作就会不稳定，经常处于流动状态。这样进入社会，进入企业，就会由于缺乏坚持而难以获得职业发展，所以有目标、有规划，就有助于提升求职的效率，有助于你在时间有限、资源有限的前提下做好准备，使职业得到更好发展。

(6) 学习心态

学习心态即勤于学习、善于学习的心态。对于“90后”新生代毕业生来说，和以往的劳动者比较，最大的优势就是接受新生事物快、学习能力强。这种优势，更多的是所处的年龄段带来的，另外伴随网络时代一起成长，对网络时代的适应性要好于以前的其他时代。进入社会、企业，不同的人起点不同，但拥有持久学习心态的人往往会走得更远。如果在求职过程中，能够拥有以上良好的心态，找准方向，主动融入，再加上正确的求职技巧以及锲而不舍的毅力，就一定会在求职的道路上取得成功。

## 3.1.3 大学生求职中常见的心理问题

大学生在求职过程中，一般常出现以下心理问题。

### 1. 自我认知失调产生过分自卑与自负心理

自卑与自负是两种相对应的人格缺陷，两者在求职中的表现都是对自己缺乏客观的评价，它们常常相互交织，有时会相互转化。

自卑的大学生对自己的长处往往估计不够，缺乏自信。一些毕业生因自己不是名牌学校毕业、专业不是热门、人又长相一般，既没有出色的家庭背景，又没有金钱的支持，因而产生自卑感。部分学生因求职时屡屡受挫，所学专业不景气，自己专业知识、技能及综合素质不如其他同学，性格内向不善言辞等，从而在对自己抱怨、贬低中失去了求职的勇气，影响了自己的求职。

自负的毕业生自认为很有才华，学校牌子响，所学专业比较紧俏，自身条件比较优秀，生活经历比较顺畅，因而在求职中自觉高人一等、自命不凡，期望值过高，求职目标与现实之间存在巨大反差，往往会好高骛远、眼高手低，给用人单位留下浮躁、不踏实的印象。如果不能如愿或出现求职失败，他们的情绪会一落千丈，从而自责、自卑、失落、抑郁，一蹶不振，结果造成高不成、低不就，同样失去很多就业机会。

**案例**

小田是某院校应届高才毕业生，而且在校期间长期担任学生会干部，具有很强的管理和组织能力。一次校内招聘会上，他同时被几家用人单位看中，他自己也感到很高兴。然而他最终没有被任何一家企业录用，原因是他提出的薪水和岗位要求让那些中意他的企业均望而却步。据那几家企业人事部经理反映，小田的自身条件确实具有诱惑力，但他择业的心理期望值过高，根本不切实际！

**分析**：“过高的自我肯定，好高骛远，缺乏自知之明的心理”、“高不成，低不就”。如果小田不尽快调整好心态，走出“面子就业”，恐怕会延误就业的最好时机。

### 2. 就业压力增大引发的焦虑和恐惧心理

面对理想与现实、就业与失业、签约与违约、就业与考研等诸多矛盾，不少大学生常常会难以取舍、忧心忡忡、无所适从，产生顾此失彼的彷徨心理和焦虑情绪。这种情绪使他们背上沉重的精神负担、心神不宁、萎靡不振；对求职就业产生恐慌，害怕失败；生活中意志消沉、长吁短叹，进而对未来的生活充满恐惧。这不仅会抑制大学生的正常思维，而且使学习的注意力难以集中，记忆力明显减退，使正常的学习生活受到影响。

### 3. 独立意识和主见缺乏导致的依赖心理和从众心理

依赖心理是指大学生不能自主地选择就业单位，总想依赖社会关系，依赖学校和老师，甚至依赖父母和亲属为自己找工作，或当要做出选择时自身不能决断的一种求职心理。一些大学生不是靠自己主动联系单位，而是把希望寄托在别人身上，坐以待“毕”。当周围的同学一个个找到了工作，自己还没着落，便开始怨天尤人，埋怨学校没名气，埋怨专业不好，埋怨父母没有本事，埋怨自己生不逢时。

求职中的从众心理是指在求职择业时“因为跟着感觉走”而盲目从众。一些大学毕业生因为对自己的兴趣、能力和特长缺乏清醒的认识，对所学专业的社会需求前景不明了，而个人又缺少自我选择和独立决断能力，容易受他人的左右，随波逐流，以致错过许多本应属于自己的求职机会。

### 4. 功利引发的急功近利心理和患得患失心理

不少大学生在求职就业时特别追求经济利益、过分追求实惠，为了追求眼前利益甚至可以抛弃所学专业，牺牲个人的兴趣爱好，更不顾及个人的能力是否适合，削尖脑袋往里挤，不顾一切往大城市、大单位里钻。有的学生在选择职业时，总是这山望着那山高，于是优柔寡断、犹豫不决，迟迟不能签约，导致陷入求职择业误区。

5. 爱慕虚荣引发的攀比心理和不平衡心理

有攀比心理的大学生在求职活动中往往不从自身实际出发，不考虑所选单位是否适合自己，而是以身边的同学寻找的就业单位作为参照来定位自己的就业标准。认为在校期间自己的学习成绩比别人好、能力比别人强，论职位也比别人高，理所当然要找到一份比别人好的工作，否则太掉价，没面子。有的大学生看到学习不如自己的同学找到了理想工作，感到不公平，产生不平衡心理和偏颇的看法。这种由虚荣心引发的攀比心理和不平衡心理，也使得不少毕业生丧失了好多求职机会，使自己的求职陷入困境。

6. 缺乏磨炼而产生的怕苦和贪图安逸心理

现在的在校大学生多数为独生子女，没有吃过苦，没有经过艰苦生活的磨炼。有的大学生在校期间学习不刻苦，真本事没有学多少，穿名牌、吃牛排、上网吧、进 KTV、高消费却习以为常。过分强调自我价值，求职的期望值很高，工资待遇、交通、工作环境、工作条件等都列在选择标准中，一心向往大城市、大机关和工资高又舒适的工作，不愿承担艰苦的工作，不愿从最基层、最平凡的岗位做起，只贪图享受、坐享其成，往往因为用人单位达不到理想的标准而错失了很多就业的机会。

### 3.1.4 大学生求职的心理调适

求职的心理调适主要是自我心理调适，是指个体运用一定的原理和方法促使自己的心理和行为获得积极改变的过程。不良的心理有碍于求职就业，需进行适当的调节，调节的目的在于排除心理障碍、维持心理平衡、保持良好心态，达到如愿就业。大学生可以从以下几方面来调节自己的不良心理。

1. 客观评价自我，树立正确的职业观

社会上的职业多种多样，职业的性质千差万别，职业的好坏也是相对的。大学生在选择职业时，不能只考虑经济收入、工作条件、地理位置等因素，更要考虑职业对自我一生发展的影响与作用。要在客观评价自己的基础上，结合社会需求，树立重视自我职业发展、才能发挥、事业成功的职业价值观。

正确的自我评价是大学生求职的基础。要客观地认识和评价自我，首先要进行自我反省。面对求职中的各种矛盾问题，应当明确自己今后的职业发展方向是什么，自己的性格气质是什么，自己最适合干什么工作，自己的优势和劣势是什么。其次要学会比较。一是要通过与自己条件、情况类似的人比较来认识自己，避免孤立地认识和评价自己；二是要通过他人的评价和态度来认识自己，看看别人是怎样评价自己的；三是要通过参加社会活动，从活动的结果分析来评价和认识自己，如参加社会实践、毕业实习等，在客观上寻找评价的参照尺度来认识自己。最后是进行心理测验，通过测验明确自己的个性特点，找出自己适合的职业方向，从而减少求职的盲目性，避免承受不必要的心理挫折。

## 2. 调整就业期望值，确立合理定位

一个毕业生有自信和有勇气是好的，但也要根据自己的实际情况确定合适的就业期望值。一味地高标准定位，容易使自己在求职中屡屡碰壁。因此，一定要脚踏实地，切莫好高骛远。一是要改变“就高不就低”的心态。当理想职业暂时无法实现时，应该退而求其次，先就业后择业再创业，绝不要“在一棵树上吊死”。二是要改变“就东不就西”的心态。东部人才济济，竞争激烈，西部人才匮乏，发展空间广阔，与其抱怨东西部发展的不平衡，不如勇敢地面对，脚踏实地，为缩小东西部差距做出自己的努力。三要改变“就业不创业”的心态。在现成职业有限的情况下，大学生要转变观念，增强创业意识，发挥自身潜能，开辟就业新路。

## 3. 做好求职技能准备，增强求职竞争实力

大学生一进校门就要自觉把自己的专业与以后的求职联系起来，认真学习，刻苦钻研，建立合理的知识结构，掌握扎实的专业理论知识，培养自己的实践操作能力、科学思维能力、组织协调能力等，只有如此，才能在激烈的竞争中占据有利位置。

在客观条件一定的前提下，毕业生自身综合素质的高低直接决定着毕业生的求职心理和调适水平。因此，强化自身素质就成为大学生主观调适的核心内容。一是要有正确的人生观、价值观和成才观；二是要具备社会上各类职业岗位所需的基本能力，主要包括决策能力、创造能力、交际能力、实际操作能力等；三是要具备健康的心理素质，能够正确面对求职过程中的困难和挫折，并有信心和能力调控自己的心理状态；四是要有较完善的自我意识。这些都需要大学生从入学起就进行不懈的努力。

## 4. 掌握心理调节的方法

心理调节的方法有以下几种。

(1) 合理宣泄法

大学生求职中处于焦虑、感觉压力特别大时，应学会适当的宣泄、自我释放、自我解压，及时让积郁在心头的不快得以排遣。较妥善的方法是向同学、朋友、老师倾诉，甚至可以大哭一场，求得安慰、疏导和同情。还可以去打球、爬山，参加比较轻松愉快的活动等。通过这些方式宣泄积郁情绪，使精神的压力得以缓解，不良的情绪得以发泄，恢复平衡心态。但是，宣泄一定要注意场合、身份、气氛，宣泄要适度，要没有破坏性。

(2) 自我慰藉法

自我慰藉法就是自我安慰法，实质是自我辩解。人不可能事事皆顺心，求职时遇到困难和挫折，已尽了最大努力仍无法改变时，可说服自己适当让步，不必苛求，找一个可以接受的理由(如：将不成功归因于客观条件和客观现实)，让自己保持内心的安宁，承认并接受现实，进行积极的自我心理暗示，鼓励自己、相信自己，帮助自己渡过难关，同时树立继续努力的信心。

(3) 注意转移法

有些时候，不良情绪是不易控制的。这时，可以采取迂回的办法，把自己的情感和注意力转移到其他活动中(如一种新知识技能的学习，参加有兴趣的活动，听音乐、看电影，假日郊游等)，使自己没有时间和可能沉浸在不良情绪中，从而阻止不良情绪的进一步恶化。

(4) 自我激励法

自我激励法主要是指用生活中的哲理、榜样的事迹或明智的思想观念来激励自己，同各种

不良情绪进行斗争，坚信未来是美好的。因为失败和挫折已成为过去，要勇敢面对下一次，尽可能把不可预料的事当成预料之中的事。即使遇到意外事件出现或求职受挫，也要鼓励自己不要惊慌失措、冲动、急躁，而是要开动脑筋、冷静思考，寻找对策。大学毕业生在求职面试中常常出现胆怯、信心不足等现象，可以通过积极的自我暗示、自我激励进行调节，增强自信心。

(5) 松弛练习法

松弛练习法是一种通过练习学会在心理和躯体上放松，常用的有肌肉松弛法、深呼吸松弛法、意念松弛法等。放松练习可帮助人减轻和消除各种不良反应，如焦虑、恐惧、紧张、失眠等症状。大学毕业生在求职时如有此类心理反应，可在有关人员的指导下尝试进行放松练习。

(6) 此外，自我心理调适的方法还有很多。最主要的还是要树立远大的理想，树立正确的人生观、价值观，同时注意培养良好的品质，锻炼坚强的意志，培养乐观进取的生活态度。只有这样，才能在求职中，始终保持积极向上的精神状态和健康的心理，不至在困难面前退缩。

## 3.2 求职的知识准备

步入21世纪以来，伴随整个社会的高速发展，对人才的要求也越来越高。社会需要的不再是只会老老实实做本职工作的单一型人才，而是在各方面都能独当一面的综合性人才，当代大学生只有努力提升自身的综合知识素质，适应社会的需要和要求，才不会被社会淘汰，进而有更大、更好的作为。

### 3.2.1 基础知识

"万丈高楼平地起，全靠基础来支撑"这是人尽皆知的最浅显的道理。知识结构的基础知识也是如此，它是知识结构的根基，如果不宽厚扎实，其知识结构就不牢靠。对于大学生来说，今后无论选择何种职业、何种岗位层次，也不管向哪个方向发展，都离不开宽厚扎实的基础知识。

目前，大学生应掌握的基础知识主要包括社会所需求的基础知识和专业所需求的基础知识两大类。

#### 1. 社会所需求的基础知识：数学、英语、计算机、互联网

创新工场CEO、著名大V李开复曾经在给大学生的演讲中明确提出：当代大学生应学好的基础知识就是数学、英语、计算机、互联网。

数学是理工科学生必备的基础。很多学生在高中时认为数学是最难学的，到了大学里，一旦发现本专业对数学的要求不高，就会彻底放松对数学知识的学习，而且他们看不出数学知识有什么现实的应用或就业前景。但是绝大多数理工科专业的知识体系都是建立在数学的基石之上的。所以，大家一定要用心把数学学好，不能敷衍了事。学习数学也不能仅仅局限于选修多门数学课程，而是要知道自己为什么学习数学，要从学习数学的过程中掌握认知和思考的方法。

英语是21世纪最重要的学习和沟通工具。目前的国际学术交流和先进的技术资料、论文都是用英语进行的。在软件行业里，不但编程语言是以英语为基础设计出来的，最新的研究成果、行业标准、参考资料、用户手册等资源也大多是用英语写的。

计算机和互联网知识是大学生必备的基础知识。随着信息时代的到来，大学生在信息科学与信息技术方面的素养也已成为他们进入社会的必备基础之一。虽然不是每个大学生都需要懂得计算机原理和编程知识，但所有大学生都应能熟练地使用计算机、互联网、办公软件和搜索引擎，都应能熟练地在网上浏览信息和查找专业知识。在 21 世纪里，使用计算机和网络就像使用纸和笔一样，是人人必备的基本功。不学好计算机，你就无法快捷、全面地获得自己所需要的知识或信息。

#### 2. 专业所需求的基础知识：与专业相关的基础理论知识

科技的高速发展和知识的几何级的膨胀，使得各个学科之间的界限不再那么明晰，学科间相互渗透联系的现象越来越明显，因此要想学好一个专业的课程，必须要有相关多方面的知识作为支撑和补充。比如计算机专业，分为硬件和软件两方面，要想学好硬件知识，就要学习别专业的专业知识作为本专业基础知识，如电子学、机械学和材料学相关的知识；而统计学、逻辑学和信息学等知识是学好软件方面的基础知识。同样法学专业学生在进行专业学习前，要进行经济学、写作、演讲与口才等方面基础知识的学习。

### 3.2.2　专业知识

专业知识通常是指大学生各自所学专业的知识，是大学生知识结构中的主要内容。高等教育专业的设置就是基础教育发展到一定程度时，随着社会分工的需要而建立的一个特殊的培养人才的计划。专业知识的学习是最终实现育人目标的必然途径。当基础知识积累到一定程度时，知识专门化发展的要求就显得格外突出，知识的创造过程也就是在这个时期完成的。

大学生要根据本专业的培养目标，有意识和有目的地在专业知识上达到广博而精深。所谓“广博”即是广采博学。知识过窄，难以适应现代化科学技术发展的需要，也很难在事业上有所建树，同时也难以适应用人单位所要求的“一个人能胜任几方面工作”的实际要求。所谓“精深”，是指大学生对自己所从事专业的知识和技术，要在一定的范围，具有一定的深度，既有对专业的概念体系、理论体系、研究方法、学科历史和现状等的量的要求，又有对本专业国内外最新信息及与其专业邻近领域知识的了解和熟悉，并善于将其与本专业领域紧密联系起来的质的要求。成功的人才往往都是在宽厚的基础知识之上对专业知识的精益求精，从而成为某一学科、某一方面颇有造诣的专才。这两者相辅相成，如何把握好度是关键。具体到个人的知识体系构建，是要精深还是要广博，要看个人的发展方向和定位。因此，大学生及早树立理想和奋斗方向很重要，早有职业规划，早着手打造自己的核心竞争力，就能未雨绸缪，在未来的学业和事业上游刃有余。

### 3.2.3　职业知识

不同类型的职业对求职者知识结构有特殊要求。

#### 1. 管理类职业的要求

该类型职业包括企业管理、金融管理、财务管理、外贸管理、行政管理、人力资源管理等社会工作。此类职业者在其知识结构上除应具备上述共性要求外，还必须很好地掌握党的方针政策，掌握基本的法律，还应了解税务、工商、外贸的管理知识。

### 2. 工程类职业的要求

该类职业的范围包括各行业中从事工程技术应用工作的职位。它要求就业者牢固地掌握所学的专业知识，具有较新的现代专业理论，熟练地掌握并能应用于实际工作中的应用技术知识及一定的管理知识。

### 3. 科研类职业的要求

该类职业主要指基础理论研究、信息情报研究、学科应用技术研究等职业。该类职业对求职者的知识结构要求是：具有丰富、坚实的专业基础知识，掌握严谨和科学的研究方法并能运用于实际研究中，掌握大量的本专业的当代研究的前沿信息，熟练掌握本专业的各种实验方法和调查方法并能运用于实际工作中。

### 4. 教育类职业的要求

该类职业包括大学教师、中小学教师以及各类职业教育教师、干部培训教师等。要求求职者具备的知识结构是：掌握教育学、心理学等理论知识和深厚扎实的专业知识，熟悉本专业最新研究成果及其发展趋势，了解与本专业相近的新兴边缘学科或交叉学科的情况，具备较高的文化素养，达到真正的"博学"。

总之，大学生在学习基础理论知识、掌握专业知识的同时，还要不断拓宽自己的知识面，这是提高实际工作能力的基础。拓宽知识面并不是什么都要学，而是科学地、有选择地学，要根据自己的情况，考虑自己的精力和承受能力，量力而行，才能达到学习的目的。首先，要学好必修课，把基础打牢固；其次，尽可能多读些参考书，了解和掌握本专业国内外当代新的科学技术成就；最后就是学些同本专业和对应的行业发展相关的知识，以适应社会的需要。

### 案例

临近大学毕业，某大学经济学专业的安某，参加了一家英国公司的招聘。那天他很准时地到了应聘现场。所有面试的人都集中在一个大房间里，考官给每个人发了1张试卷，上面只给了1道看起来简单的题目：英国每年要买几个高尔夫球？没有其他数据，要求在45钟内完成。这是个看起来无厘头的题目。初看的时候，安某都傻眼了，因为所学的专业知识里没有相关信息。后来仔细再看，这样的题目对他这个经济系的高才生来说并不算难，只要综合运用所学的知识就可以间接解答此题，中间涉及的很多管理知识对他来说也轻而易举。

所谓的"英国买"其实就是英国进口。进口的数量与市场需求有关，市场需求与人口有关。英国有多少人口，这个脑子里要有数。可以假设16～70岁的有多少英国人，其中最有可能打高尔夫球的30～45岁的有多少人。为了使数据精确，他在试题上写着如何进行抽样调查。写完步骤后，他再假设50万人口在打高尔夫球。经常打的有多少人，这些人估计每年要用多少球，其他的人会多久打一次，需要用多少球。加起来就是英国总的市场需求。然后写下一组数字，他很满意地交了试卷。

这道题并不是要你随便弄个数字，而是要对一个人的思考过程进行考查。一个月后，安某收到这家公司的录用通知。

**分析**：在实际生活中，要解决一个问题，仅靠一两门专业知识是不够的，需要综合运用各类学科的知识。大学生在完善自我知识结构时，必须充分认识复合知识的重要性，充分发挥自身的主观能动性和自身知识的特点，进行有针对性的复合知识的学习，提高自身的综合分析问题和解决问题的能力。

# 3.3 求职的材料准备

求职材料是毕业生在求职过程中，为了求职成功而准备和使用的能反映个人总体情况和综合素质的书面材料。毕业生参加各种供需见面活动、访问用人单位、恳请老师推荐、拜托亲戚朋友相助，都需要一份求职材料，以达到“广种薄收”的效果。而用人单位最初往往也是通过求职材料来了解求职者的，因此撰写高质量、有说服力并能吸引用人单位注意力的求职材料是赢得求职成功的关键一步。

## 3.3.1 求职材料的内容及制作原则

一套完整、系统的求职材料通常包括：封面、求职信、个人简历、毕业生就业推荐表以及相关的证明材料。

什么样的书面材料才能达到最好的效果？粗制滥造肯定不行，过于华丽也未必能达到相应的效果，哗众取宠往往适得其反，过于平实又无法给用人单位留下深刻的印象。要制作一份好的求职材料必须符合下列原则。

### 1. 真实性

真实，是求职材料的灵魂。因为在用人单位看来，求职者的人品永远是第一位的。一些毕业生肆意在材料里注水，通过弄虚作假来把自己“打扮”得异常美丽，结果往往弄巧成拙。但真实并不意味着将自己所有的情况都说出来。把握的原则是：不利于自己的话可以不说，但绝不要说假话，优点可以适度包装一下，缺点可以酌情回避一下，但绝不可将假的说成真的，将黑的说成白的。

### 2. 准确性

求职材料是否准确，既可以看出求职者思维是否严谨，也可以看出求职者的作风是否踏实。所以，对求职材料必须仔细地推敲和斟酌。

(1) 材料里涉及的概念、数据、结论以及列举的个人经历要准确无误。

(2) 涉及对自我的评价，要把握分寸，话不要说得太满，不能过分，比如不要使用“十分”、“特别”、“非常”之类的修饰词，代之以“比较”之类的修饰词。

(3) 材料的排版以及遣词造句要规范、正确。尤其要注意的是，材料中要避免一眼就可看出的“硬伤”，比如错别字、病句等。因为用人单位很容易把这些东西跟你的作风、态度联系起来，没有单位愿意招收做事马虎、不认真的人。

(4) 不要把书面材料弄得皱皱巴巴、污迹斑斑，这会让用人单位觉得你对求职的事都不用心，那么在今后的工作中也不会用心。

### 3. 个性化

所谓“个性化”，就是求职材料必须凝结个人的智慧，体现独创性。一是要体现个人的优势与长处。比如,如果你钢笔字漂亮,那么书面材料最好手写。二是与专业特点结合起来。学文科,求职材料应有漂亮的文字功夫;如果学理科,书面沟通材料应有缜密、严谨的逻辑思维。三是与求职的岗位风格相吻合。讲究创意的单位,求职材料不妨另类、活泼。传统的就业岗位,求职材料最好严谨、规范。

4. 针对性

针对性,就是求职材料必须根据招聘单位的具体情况和要求量身定做。很多毕业生不懂得这一点,往往是制作一份材料,然后复印若干份,天女散花般到处投寄。这种一份求职材料通吃所有用人单位的做法不是明智之举。因为缺少针对性的求职材料并非"发"之四海而皆准,没有一份材料会适用所有的单位。用人单位的性质、规模、企业文化和工作岗位等决定了不同的单位对求职者有不同的要求。比如,国有企业与外资企业对人才的要求是不一样的,应聘技术岗位和应聘市场营销类的工作所做的准备工作也是有所区别的。

因此,我们在制作求职材料时,应该根据目标职业的从业要求,有选择地突出自己的某些特点,也就是要扬长避短,把自己的优势转化成对方需要的形式,转化成招聘者能接受的形式,提高职业适配度。毕业生在填写就业意向时,最好是针对将要谋求的岗位性质,每份材料只写一个就业意向,可以设计多份不同的求职材料。俗话说:"磨刀不误砍柴工。"如果不花心思准备,势必会给就业带来消极的影响。

## 3.3.2 封面

求职材料封面蕴含着极为丰富的求职信息。用人单位在收到求职材料时,往往最先看到的是封面,因此我们要精心设计封面。封面做好了,即使用人单位不翻开求职材料,通过封面也能对求职者的基本情况有大致的了解。制作封面时需注意以下几点。

(1) 封面应标注学校、学院、专业、性别与姓名,并尽可能使这些要素醒目些。

(2) 封面上还可以展示出你的亮点与长处。有的同学喜欢在封面中央放上个人的照片来突出自己的特点;学美术设计专业的同学,可以将自己认为最满意的作品当作一个封面背景或插图,那样可以让招聘人员一目了然地看到你的实力;学习生化、机械或建筑专业的同学,不妨让自己的简历封面颇具专业风格,比如加入一些建筑图案、化学方程式和机械图等。

(3) 封面应该简洁、美观,并且重点突出。建议设计封面时,要征询一下懂平面设计的人的意见,不能光凭自己的审美观和好恶来设计封面。

## 3.3.3 求职信

求职信又称自荐信、自我推荐书,是指求职者以书信的方式自我推荐、表达求职意向、阐述求职理由、提出求职要求的一种应用性文本,属于简历的附言,可以置于其前也可以置于其后,它是用人单位了解求职者基本情况的一个窗口,是吸引用人单位继续往下看的引擎。一封好的求职信可以向阅读者说明你的才干。

一般来说,打开求职材料,首先看到的便是求职信。正是有了求职信,阅读者才会对你的简历上所写的经历与业绩感兴趣。所以,求职信无论在文体上还是内容上都必须给阅读者留下好印象。

求职信是寄给求职单位的,事关重大。求职信的重点在于"荐",在构思上一定要围绕"为何荐”、“凭何荐”、“怎样荐”的思路安排。一般来说，求职信是属于书信范畴，所以其基本格式应当符合书信的一般要求。

求职信一般由标题、称呼、正文、落款四个部分组成。

(1) 标题：求职信。

(2) 称呼：即对接收并阅读信件的人的称呼。求职信的称呼往往比一般书信的称呼正规一些，需写明收信人的姓名和称谓或职务。假若知道信件最终将送到谁的手里，信的开头可直接尊称，如尊敬的×××先生(或女士)。称呼的关键要点是视对方的身份而定：如果写给国家机关、事业单位的人事处领导，则用“尊敬的××处长(科长等)”称呼；如果写给求职企业老板，则用“尊敬的×××董事长(总经理、招聘主管)先生(或女士)”；如果是写给其他类企业厂长的，则可以称之为“尊敬的××厂长(或经理)”；如果写给大学校长或人事处的求职信，则称之为“尊敬的××教授(或校长、老师等)”。不要使用“××老前辈”，“××师傅”等不正规的称呼。当然，有些求职信，也可以不写姓名，如“尊敬的负责同志”、“尊敬的董事长先生”等。称呼后的问候语一般应为“您好”而非“你好”，更不能用“您们好”。即使招聘方不止一人，也不能用这样的字样，因为这不仅让人感觉不出你的问候，反而使他们认为你才疏学浅。

(3) 正文：一般包括三到四个简短的段落。

第一部分：开头，写明招聘信息的来源以及本人的应聘理由。力求表达简洁，并吸引目标单位能够读下去。切忌虚与委蛇，客套问候，离题万里，让对方产生厌恶情绪。

第二部分：主体，这是求职信的核心部分，应阐明你对单位或职位感兴趣的原因，以及你有价值的背景情况和满足招聘要求的能力。要做到告知情况，突出重点，言简意赅，具有吸引力和新鲜感，语气自然。

通常用一段或两段来写。这些内容要有说服力，说明你怎样适合这个职位，更重要的是表明“你能给公司什么。如果公司录用你，你能为公司做出什么贡献”。这部分的写作与个人简历是相辅相成的，要说明你的个人能力，但又不能把简历内容全写进去，只选最能代表自己长处、技能和业绩的项目写进去，同时注意不要单纯写自己的长处和技能，而是要着重说明这些长处和技能能给公司带来什么益处。例如：“我勤奋努力，有较强的组织能力，并且善于与各种各样的人打交道，能够协调处理好人际关系，我非常愿意把我在工作中已有的实践经验和我的责任心与热情贡献于像您这样的公司”。

第三部分：表明你求职的愿望，并希望用人单位能给予考虑，或希望前往面谈，接受单位的进一步考察，或希望迅速得到回音，等等。同时标明与你联系的最佳方式。要注意用语恰当、得体，语气热情、诚恳、有礼貌，掌握分寸，千万不可用“紧迫盯人”的语言，如：“下周二我会再打电话向你问进一步消息”等。用这种“强迫推销”的方式，不仅很少能够获得满意的结果，而且更可能给用人单位留下不良印象，因此失去进一步面试的机会。

第四部分：感谢对方阅读并考虑你的应聘。

(4) 落款：包括致敬语、署名和日期。在正文结束后，可写上一句祝福语。如“顺祝安康”、“深表谢意”等，也可以用“此致敬礼”之类的通用词。即在正文结束后，紧接着在下一行空两格，写上“此致”二字，后面不打标点；再在“此致”的下一行，顶格书写“敬礼”二字，后面打感叹号。同时在致敬语右下方，签署求职者的姓名及具体日期。署名即手写的签名，字迹应工整，切不可用署名炫耀自己的书法，引起对方不快。当然，也可以写得灵活一点，如“致以友好的问候”。日期一般写在署名右下方，最好用阿拉伯数字写，并写上年、月、日。

下面是一封求职信范例。

求　职　信

尊敬的××处长：

您好！

我是××大学××专业的应届毕业生。我真诚地希望到贵单位供职。

在大学本科学习期间，我在牢固掌握理论知识的基础上，注重实践动手能力的培养，学习态度认真，勤奋刻苦，并取得优异成绩。我还积极参加各种社会实践活动，在班级、学生会、社团担任学生干部。丰富的社会工作不仅锻炼了我较强的组织协调能力，也使我懂得顾全大局、做好人际协调工作的重要性，更形成了我勤恳踏实的工作态度和沉稳果断、热忱高效的工作作风。

我性格开朗活泼，待人诚恳，善于交友，乐于助人，有很强的责任心和全局感，很适宜团队协作。

若贵单位愿意接收，我将与未来同事精诚合作，努力工作，以我的知识和能力为贵单位未来的发展贡献一份微薄之力，也愿意服从您的安排和调动，以良好的团队精神在贵单位的大家庭中实现我的个人价值和社会价值完美的统一！

非常希望您能给我一次面谈的机会。我急切期待您的答复。

此致

敬礼！

求职人：××

×年×月×日

### 3.3.4　个人简历

个人简历是求职者关于个人教育背景、特长爱好、工作经历等信息的书面推介，是求职者向招聘单位推荐自己的广告和宣言，也是招聘单位审核应聘者并决定是否给予其面试资格的第一道关卡，所以个人简历的重要性不言而喻。

#### 1. 个人简历的制作原则

个人简历的制作，因个人风格、偏好、理解等存在差异，在制作上亦有不同。应聘者应根据招聘单位的要求和倾向，对简历的要素做适当调整。成功的简历是以最凝练的语言、最丰富的内容、最简洁的表达、最鲜明的特色和最突出的亮点来显示应聘者的基本素质和能力。

(1) 简洁精练

简历要突出“简”，要“以简封喉”。不论你多“牛”，一张 A4 纸足以概括全部。简洁精练，既体现出应聘者干练的形象，也体现出对招聘单位的尊重。

(2) 亮点突出

招聘单位尤其是大型企业，每天要接收成百上千份简历，只有亮点突出、优势明显，才能吸引住招聘单位的眼球，从而脱颖而出。

(3) 投其所好

筛选简历是先筛后选，在数秒内筛选出合意的简历，不合意的直接被刷掉。所以简历制作一定要投其所好，针对其招聘岗位的特点及其描述进行针对性修饰。

(4) 内秀外美

内在要字字珠玑、句句斟酌，抓住关键，清晰直观，工作经验、兼职经历、性格爱好、个人能力等要精练，尽量浓缩量化成“1、2、3”等几“小点”；外在要美观大方，精心排版、用心设计。

## 2. 个人简历的格式与内容要素

一般常用的个人简历格式有三种：表格式、时间顺序式、学习工作经历式。

表格式是用表格的形式列出自己的基本情况和学习、工作的经历，使人一目了然；时间顺序式是按年月顺序，列出自己的学习工作经历，条理清楚；学习工作经历式则是根据需要有选择地列出自己的学习、工作经历，充分表现自己的技能、品德。但对于刚从大学毕业的求职者来说，采用第一种格式更好。

无论你选择何种格式的简历，优秀的个人简历的内容主要包括以下内容。

(1) 标题

一般为“简历”、“个人简历”或“求职简历”。

(2) 个人基本情况

个人基本情况包括：姓名、性别、籍贯、民族、出生年月、学历、学位、政治面貌、学校、专业、身体状况、兴趣、爱好、性格以及通信地址、联系方式等。

(3) 求职意向

这一部分是表明学生要从事的职业。最直接的方式就是直接注明要求职的岗位。写这部分内容时要注意自己的求职愿望与所招聘的职位相符，要写出自己的真实想法。

(4) 教育背景

教育背景主要指大学期间的教育经历，包括在大学期间各种层次的学习，要依次写清楚：所就读的学校、院(系)、专业、学习年限等。一般是倒序排序，由高到低，即高学位、高学历先写，目的在于突出你的最高学历。

(5) 所修课程及学习成绩

课程包括公共课、专业必修课、选修课、实习课等。如果你的成绩不错，可以把与应聘岗位相关的成绩单列在后面；如果成绩拿不出手，可以不列。千万别弄虚作假，“拔高”自己的成绩。

(6) 校内任职经历、课外实践经历和实习经历

这部分内容是整份简历的重点部分、核心部分。随着社会的发展，用人单位对毕业生的综合素质要求不断提高，特别是国企，对学生任职经历情有独钟，所以一定要认真对待。写这部分内容时要注意强调经验、资质以及成就。列出你曾经参与什么项目、承担什么职责、得到什么锻炼，要突出重点，不宜过细。简要描述在过去履行责任时能够运用的技能，包括你操作计算机、使用设备以及双语交流的能力等。这些都是用人单位所重点考察的地方，也是他们最需要的技能。最后，还要注意用语要积极向上、充满活力，反映出你的精力、活力、魅力、干劲、教育水平和职业风范。

(7) 获奖及成绩情况

这方面内容可以显示专业优势或其他特长的优势，主要包括：三好学生、优秀团员、优秀学生干部及奖学金获得等情况。

(8) 职业技能

这部分内容主要包括外语、计算机水平以及其他的职业能力，例如驾驶技术等。外语作为一种语言工具、计算机作为一种操作技能，越来越被用人单位所看重。在一个高科技、持续变

革的商业环境中，未来的雇主正在寻找那些具有独特技能的人选，更重要的是那些能够不断学习、适应和掌握新技术的人选。因此，毕业生除了达到学校正常教学要求外，取得的资质或等级证书，或在此方面有过人之处，要进行自我评价。如果还有其他技能，如开车并已取得驾驶资格证，也应当一并写上。

(9) 兴趣爱好，其他特长

如有其他特殊兴趣、爱好，且与你所求职务有很大的联系，在篇幅允许的情况下，最好也写出来，有助于用人单位对你进一步了解。

表格式个人简历，如表 3-1 所示。

**表 3-1　表格式个人简历**

| 姓名 | ×× | 性别 | 女 | 出生年月 | 1992 年 10 月 8 日 | 照片 |
|---|---|---|---|---|---|---|
| 籍贯 | 江苏常州 | 民族 | 汉 | 政治面貌 | 中共党员 | |
| 学历 | 大学本科 | 专业 | 人力资源管理 | 健康状况 | 健康 | |
| 通讯地址 | ×区×街×号 | | | 邮政编码 | | |
| 联系电话 | 139××××××11 | | | 电子邮箱 | bjwang@sina.com | |
| 毕业学校 | ××××大学 | | | | | |
| 担任职务 | | | | | | |
| 获奖及成绩情况 | 综合测评本专业第五名，学习成绩本专业第三名，平均分为 85.4 分<br>2010—2011 学年校级二等奖学金、院“优秀团员”<br>2011—2013 学年校级一等、二等奖学金，校“优秀学生干部”<br>2012—2013 学年院“优秀青年志愿者有为奖”2011 年第五届校园文化节演讲比赛一等奖 | | | | | |
| 外语水平与IT 知识技能 | 国家英语四级成绩优秀；国家英语六级成绩合格<br>全国计算机等级考试二级（C 语言）合格，熟悉网络和电子商务。熟悉 Windows 2000/NT 和 Office 办公软件的应用。能独立完成日常办公文档的编辑工作 | | | | | |
| 教育背景 | 2010 年 9 月—2014 年 7 月就读于××××大学×××学院<br>2007 年 9 月—2010 年 6 月就读于××第二中学 | | | | | |
| 主修课程 | 高等数学、运筹学、市场营销、西方经济学、国际贸易、电子商务、推销与谈判、人力资源管理、组织行为学、劳动法、经济法等 | | | | | |
| 实践和实习 | 2011—2012 年组织学校“五四”青年节歌手比赛<br>2012 年参加暑期大学生“三下乡”活动<br>2013 年 7 月在××公司见习工作，职责主要是负责制订公司人员年度培训计划、负责员工的再教育和再培训，以及人力资源的统计 | | | | | |
| 自我评价 | 为人热情乐观，做事踏实，工作认真，有突出的钻研开拓精神，善于团队合作，有较强的与人沟通和交际的能力 | | | | | |

### 3. 就业推荐表

《就业推荐表》是学校向用人单位推荐毕业生的书面材料，是由省就业主管部门统一印制，由学校毕业生就业主管部门出具的，具有较强的权威性和可靠性，还具有唯一性，只能用原件和一个单位来洽谈并签协议。毕业生可使用《就业推荐表》复印件来进行双向选择，一旦毕业生与用人单位正式签订《就业协议书》时，必须向用人单位或人事主管部门交出《就业推荐表》原件，维护《就业推荐表》的严肃性、唯一性，确保用人单位的招聘计划得以落实。

《就业推荐表》需要认真、如实填写，填写内容应准确无误、无错别字。要求进行网上填写的要按照要求从网上填写，之后再由学校审核、打印、盖章。

《就业推荐表》的主要内容包括以下几部分。

(1) 基本情况。基本情况包括姓名、性别、学历、专业、培养方式、是否师范类、政治面貌、民族、出生年月、家庭地址、婚否、联系方式、掌握外语种类、熟练程度、计算机水平、健康状况、入学时间、毕业时间、身份证号。

(2) 个人爱好、担任职务及奖惩情况。此部分内容由学生按实际情况，以时间先后为序，如实、严肃地填写。

(3) 学校评语。这一部分由学生所在院(系)负责填写。主要内容是学生在大学期间的思想、学习、生活、工作能力等方面的简单评价，并要表明是否同意推荐。

(4) 学校推荐意见。一般由学校就业部门代表学校进行审核，表明情况是否属实、是否同意推荐等，并盖章。

### 4. 成绩单

大学毕业生学习成绩的证明，通常为表格形式，应由学校(学院)教学部门印制并盖章，特别要突出与应聘岗位相关学科的成绩。

### 5. 证件与证书

证件与证书是毕业生求职、任职的资格证，是企业招聘、录用人才的主要依据。它会帮助你获得更多的就业机会，是就业的敲门砖，而且可以提高打开招聘企业这扇门的概率。证书有学历证书和职业资格证书。

### 6. 相关作品

如果你是应聘艺术创意类的岗位，不妨把自己的一些得意之作呈上，或许会让招聘方眼前一亮。

### 7. 参加社会实践、毕业实习的鉴定材料

参加社会实践能让毕业生体验社会生活，为毕业后踏进社会做好充分的准备，积累相关的经验，提高自身的实力。鉴定材料是社会实践单位和实习单位给予的评价，对日后就业有一定的帮助。

## 3.4　求职信息的准备

当今时代是信息时代，谁能够以最快捷的方式占据最广、最准确、最有效的信息，谁就掌握了成功的主动权。大学生的求职择业也是如此，谁占据了更大的信息优势，谁就获得成功就业的把握性更大。大学毕业生要高度重视求职就业信息的汇集，积极主动、多途径地收集就业信息，并加以认真细致、去伪存真地分析、筛选、梳理、归类，从而做出准确的处理，抓住就业机会，占据主动。

### 3.4.1 求职信息概述

求职信息是指通过各种媒介传递的有关就业求职方面的消息和情况，是毕业生职业选择、顺利就业的重要依据和可靠保证。求职信息概括起来可分为微观和宏观两大类。

所谓微观求职信息，是指哪些单位需要什么样毕业生的具体用人信息；而宏观就业信息则包括毕业生就业的总体趋势、就业形势、就业政策、就业活动等信息。在求职过程中，在关注具体的用人信息的同时，不能忽略对宏观就业信息的把握。

#### 1. 就业信息的特点

实用性：对每个求职者有用的信息。

时效性：信息的效用有一定的时间性。

准确性：指信息准确无误、有价值、有质量。

选择性：必须善于对所收集的信息进行分类、整理、筛选。

共享性：任何人不可能独享或垄断某些信息，人人有充分享受信息的权利。

寄载性：就业信息总是通过一定的载体来进行传递。

#### 2. 就业信息的种类

(1) 社会经济发展信息。就业与社会经济的发展紧密相连，了解社会经济信息具有重要意义。

(2) 社会职业发展变化信息。掌握这方面的信息，用长远发展眼光，寻找社会用人的最佳点。

(3) 就业形势信息。一定阶段的社会发展，决定了社会对人才的需求形势与要求。

(4) 就业政策信息。政策既是政府对整个社会进行统一管理的依据，也是任何组织、个人活动的行为准则。

(5) 用人单位的信息。用人单位的就业信息对毕业生的求职至关重要，必须清楚准确地了解掌握。

(6) 就业指导信息。就业指导信息是指学校的就业指导专家或就业指导教师对当前毕业生就业形势的分析，对当前职业选择的方法、技巧等发表的观点、看法、提出的建议。

### 3.4.2 求职信息的收集

#### 1. 收集求职信息的基本原则

一般而言，要收集到适合自己、高质量的就业信息，必须把握以下四项原则。

(1) 真实性和准确性

要做到信息准确无误，应当从各种渠道收集到大量需求信息后，进行对比鉴别，辨别其真伪，去伪存真。另外搜集的信息要具体，如用人单位的名称、性质、地址、环境、企业文化、发展前景、用人制度、招聘岗位的基本要求、联系方式等。此外，还须了解清楚用人单位需要的是什么学历、什么专业、什么素质的人才，在生源、性格、性别、相貌、外语水平、计算机能力、专业知识、技能等方面有无特殊要求等。

(2) 针对性和适用性

首先，要明确收集信息的目的，有了明确的目的，信息收集才有方向和针对性；其次，就业信息纷繁复杂，形形色色，并不是每一条信息都适合自己，因而，毕业生要准确认识自身的专业、特长、能力、性格、气质等方面的因素，明确自己所需就业信息的范围，做到有的放矢，增强就业信息的适用性。

(3) 系统性和连续性

将各种相关的、零碎的信息积累起来，然后加工、筛选，形成一个能客观地、系统地反映当前就业市场、就业政策、就业动向的就业信息链，为自己的信息分析和求职提供更可靠的依据。同时，保持信息的连续性，比如一些用人单位因搬迁等原因而导致毕业生原有的信息失真，但如果毕业生建立了连续的电子就业信息库，就可以根据原有的信息而重新发掘信息，输入信息库，这样毕业生就可以在任何时候享用就业信息。

(4) 计划性和条理性

收集信息有计划性是指根据事先拟订的计划收集不同类型的企业、事业或公司的就业信息，并根据自己希望就业的地区，有重点地收集，避免大海捞针；同时，将收集来的就业信息进行归类，或以时间先后，或以地区不同，或以工资待遇等，做到就业信息有条理性，以便于方便、快捷地使用这些就业信息。

### 2. 收集求职信息的途径

信息时代，对于毕业生而言，获取就业信息的渠道和途径十分广泛，就业信息的获取对职业选择起着举足轻重的作用，就业信息越广泛，求职的视野就越宽阔；就业信息越有效，求职的把握性就越大。由于个人的关注程度、社会背景、思维观念等不同，收集就业信息的渠道也各有不同。目前，毕业生可以通过以下渠道获取社会需求信息。

(1) 高校就业信息网

各高校就业指导中心就业信息网是专门为毕业生服务，发布用人单位招聘信息的网站，所提供的信息数量大，针对性、准确性、可靠性都较强，是目前毕业生就业最主要的信息源，应重点关注。

(2) 宣讲会

宣讲会主要是向招聘对象传达企业的现状、文化、人事政策、招聘流程及职位等信息，一般在目标院校或名牌重点大学设点是知名企业和大型企业所特有的招聘方式，是毕业生获取求职信息的重要信息源。宣讲会一般只宣讲，现场不接收简历。

(3) 校园招聘会

校园招聘会是由高校或当地毕业生就业主管部门组织的，专门针对应届毕业生，让毕业生与用人单位直接见面、洽谈的一种求职活动方式，是毕业生求职的最佳途径。校园招聘会现场接收简历，有时会现场组织面试。

(4) 各地人才市场洽谈招聘会

人才市场招聘会是由人才机构举办，面向社会人员的招聘会。目前，我国的人才市场初具规模，为高校毕业生提供了就业信息服务、咨询与招聘。

(5) 综合招聘会

综合招聘会是由政府牵头组织，主要面向应届生的大型招聘会。发布的信息比较可靠，有较强的指导性。

(6) 人才市场中介服务机构和职业介绍服务机构

随着劳动力市场的发展和完善，人才市场服务机构和职业介绍服务机构将成为毕业生获得信息的主渠道之一。

(7) 媒体

每年在大学生毕业求职之际，广播、电视、报纸、杂志上都会有大量关于大学生就业的信息，包括就业政策、行业现状、职业前景、人才需求等方面的报道和分析。也是大学毕业生就业的巨大信息源。

(8) 互联网

网上求职是用人单位和毕业生将招聘信息与求职信息上网公开，用人单位和毕业生通过网络互相选择、直接交流的一种求职方式。这是随着网络技术的迅速发展，大学毕业生求职最重要的途径之一。它不受时空的限制，不用花钱费力，弹指间就可把工作搞定。但也需注意防止网上受骗，一定要通过正规的网站，如企业官网、专业招聘网站、区域和行业求职网站等，了解人才需求情况。

**知识链接**

主要求职信息网站如下。

全国大学生就业公共服务立体化平台：http：//www.ncss.org.cn

中国高校毕业生就业服务信息网：http：//www.myjob.edu.cn

应届生求职网：http：//www.yingjiesheng.com

前程无忧：http：//www.51job.com

中华英才网：http：//www.chinahr.com

智联招聘：http：//www.zhaopin.com

联友集：http：//www.jobui.com

搜职网：http：//www.globerhr.com

(9) 实习、社会实践、参观调查

教学实习、社会实践、参观调查不仅能巩固毕业生所学知识，加深对职业及用人单位的了解，也结识了许多用人单位的领导和工程技术人员，实习学生的出色表现很可能就使实习学生成为用人单位首先考虑的对象。因此，大学生在各种社会实践活动中，在了解社会、培养社会能力的同时，也要做一个收集就业信息的有心人。

(10) 各种人际关系

人际关系包括自己的家人、亲戚、老师、同学、校友、朋友以及朋友的朋友等。毕业生要善于利用各种人际关系，拓宽信息的来源，让更多的人帮助自己收集就业信息。

(11) 电话联系和登门拜访

电话簿的分类目录上收录了一个地区的所有企业、事业单位的电话，可以从中找到有关企事业单位的名称和地址，当你对某个单位感兴趣时，不妨打电话与该单位人事主管部门联系，了解该单位是否有用人需求，介绍一下自己的情况和所学专业，如果单位有意向，再与其联系约见的时间、地点，专门登门拜访。在登门拜访的过程中对单位的情况进行实地了解，获得有价值的信息。

(12) 信件询问

信件询问是指毕业生通过信件收集信息的办法。毕业生在对某单位感兴趣后，发信索要该单位的资料，询问情况。也可向若干家自己感兴趣的单位邮寄自荐信、毕业生就业推荐表或个人简历，以期获得面试。

### 3.4.3 求职信息的应用

由于求职信息的时效快、数量大、品种多、范围广，所以毕业生要结合自己的实际情况，对收集到的求职信息进行科学合理地处理，具体需要做到以下几点。

#### 1. 鉴别获取的信息

对获取的信息的准确性、有效性和可行性进行鉴别、判断，并加以澄清和剔除，是信息处理的第一步，也是一个重要的前提。

鉴别信息，首先要确定信息的可靠程度，对于不可靠和心里不踏实的信息要通过各种信息渠道和知情人士去打听；其次要鉴别信息的内容是否齐全，特别是发现自己所想知道的细节没有或者不清楚时，要抓紧时间进行一番实际考察，旁敲侧击地询问一些情况，或通过其他渠道了解，还可以在应聘时向招聘单位询问。总之，要多问、多听、多看、多想，等信息基本准确之后再作决定。同时要保持清醒的头脑，提防非正规的招聘单位在招聘时所设的陷阱。

#### 2. 依据自己标准筛选信息

有人在收集信息时看花了眼，总想挑个“最好的”职业。其实，在繁花似锦的职业大千世界中，最适合你的职业才是最好的职业。什么叫“最适合”？关键的是与自己的客观现实相符。所以，在筛选信息之前，先给自己草拟一个职业选择提纲，确定自己想干什么和能够干什么，自己的兴趣爱好、性格特点、专业知识、技术能力和身体条件等与哪个单位更匹配，哪条求职信息最适合毕业生自己的实际情况，从中选出重点。对重点单位的内部信息再进行深入细致的分析，分析它需要人才的特点，它对人才使用的方向，以及该单位未来发展的前景，等等。在把握这些情况以后，毕业生再根据自己的实际情况和用人单位的要求，有针对性地设计自己的应聘材料，从而提高应聘的成功率。大学生在求职时不能脱离实际、好高骛远，要把握好筛选信息的“度”。

#### 3. 善于挖掘潜在信息

许多信息的价值往往不是直观的、浮在表面上的，必须经过深入挖掘才能发现。比如，根据有些单位的现状，可能还难以判断、预测单位和自己今后的发展；有些单位虽然目前可能条件差一些，但从长远看是有前途的，能够给人才较大的发展空间。这就要求毕业生既要站在高处，从长远的、大局的方向看职业、单位的趋势，又要留意信息的细枝末节，由表及里地挖掘信息的内涵价值。

#### 4. 及时反馈信息

在当今变化万千、节奏加快的时代，就业信息由于其传播速度快、共享程度高，毕业生得到的信息仅仅代表着一种可能的机会，而且充满着竞争，机会稍纵即逝。因此，毕业生获取信息后，一定要尽快分析处理并向信息发布者反馈信息，早动手未必一定能得到这个岗位，但犹豫不决定会使你痛失良机。信息会用则有，不用则无。

### 5. 与人交流、分享就业信息

现代的社会是一个信息共享的社会，及时与他人交流、分享就业信息，是一个现代青年应具备的素质。有些信息对自己可能无用，但对他人或许十分重要，提供信息给他人，不仅增加了与人交流信息的机会，而且有可能从别人那里得到意外的收获，创造出更多的“双赢”机会。

**案例**

毕业生小杨学的是一个非热门专业，他知道自己的专业不太好求职，于是采取了“漫天撒网”的办法，自以为网撒得越大，捕到鱼的希望也越大。所以，他把自己精心设计、制作的求职信和个人简历等材料，复印了两百多套。然后在邮局买了一本最新的电话号码本，按上面的单位地址把信封写好，然后装信封、贴邮票……课余时间忙得不亦乐乎，当最后一批求职信投进邮筒时，他心里好像踏实多了，心想这下可以安安心心地等待好消息了。

大约过了一个多星期，陆续有十几封地址不详或查无此人的信件退回，他表现得满不在乎，坚信好戏在后头。然而，一个多月之后，A 单位回信了：“对不起，本单位没有用人计划，你是一位优秀毕业生，相信一定会找到满意的工作。材料退回，请查收。”B 单位打来电话说：“欢迎你来本单位应聘，不过我们单位解决不了户口指标，你能否将自己的户口转回家庭所在地之后，再到我们单位来……”C 单位则明确答复：“你的专业我们单位已不需要……你能胜任的岗位我们没有空缺。”小杨这下心里凉了半截。不久，D 单位的下属单位给他发来了热情洋溢的邀请函，欢迎他到基层立业，可他对该单位提供的工作环境、待遇又不满意，再往后，则什么消息都没有了，二百余封求职信如石沉大海，一无所获。

小杨非常苦恼地来到校就业指导中心向老师诉说自己是如何投入“巨资”、如何满心期盼，而结果又是如何令人失望的。就业指导中心的老师耐心地为他指点迷津：“你的积极主动的精神值得肯定，但找工作一定要有明确的目标，千万不要盲目行事，要根据自己的实际情况和对方的需求情况有的放矢地投送材料，你现在要做的第一件事应该是赶紧积极地去收集就业信息，然后才是联系单位、参加应聘等。”在老师的指点下，他很快改变了策略，重新制作了10 份材料，在广泛收集用人需求信息的基础上，根据自己的实际情况和兴趣爱好，有选择、有重点地参加了几场招聘会，总共投出去 9 份材料，就收到了 5 家单位的面试通知，最后他参加了 3 家单位的面试，与其中一家单位正式签了约。

**分析**：许多毕业生在求职初期总要走一些弯路，主要原因就在于开始时收集信息的目标不明确，收集信息的方法不对头。本案例中小杨的想法和做法在毕业生中是比较多见的。比如在各种招聘会上，总可以见到一些毕业生手捧一大摞个人材料，像散发传单似的见用人单位就塞。他们认为，只要把网撒出去，总能捕上几条“鱼”来，运气好的话说不定就能捕上一条“大鱼”。但结果却往往是“大鱼”没撞上，对“小鱼”又实在没兴趣。钱花了，时间和精力也白费了，一切还得从头开始。而且更糟糕的是大量时间和精力换回来的是不断加重的压力和沮丧，搞坏了毕业生的心态。

因此，在求职刚开始时，可能对就业市场的情况不是很了解，可以适当地把“网”撒大一点。但是，一定要知道这只是一种“火力侦察”的手段。摸一遍底后，要及时收网，根据自己的求职目标，有针对性地对信息进行分类处理，重点突破，不能“守株待兔”。

## 3.5 思考与练习

1. 撰写一份个人求职信。制作一份符合规范的个人简历。
2. 如何收集与合理利用求职信息？
3. 大学生在求职过程中常见的心理问题有哪些？怎样进行自我调适？

# 第 4 章　求职的方法与技巧

路是脚踏出来的，历史是人写出来的。人的每一步行动都在书写自己的历史。

——吉鸿昌

**学习目标**

(1) 了解大学生就业市场的类型，掌握获取就业信息的渠道。

(2) 了解笔试的种类，掌握应试时的技巧。

(3) 掌握面试时的各种技巧。

(4) 掌握求职时应当遵循的礼仪规范。

**案例导入**

壳牌勘探(中国)有限公司招聘毕业生，第一关并不收学生的自荐简历，而是在公司的招聘信息发布后，应聘学生每人填写一套量少题精、重点突出、层次分明的问卷。对学生常规背景、综合素质和逻辑思维能力进行考核，通过一些具体的有关经济、投资、环境方面的实例对学生分析问题、解决问题能力进行考察。在此基础上，在应聘的上千人中，确定出初试候选人。第二关，专业化的应聘程序。数十个初试候选人都得到一张印有自己姓名和面试时间、步骤的卡片。面试官也针对用人原则准备了很多的材料和问题，并随时做记录。

初试分为两个部分。第一部分的面试官是一位英国绅士，其谈吐不乏幽默和想象力，时而引导应试者设想某一场景然后回答问题。面试题目先是对应试者的简历穷原竟委之后便针对政治(如美国“9·11”事件)、宗教、战争、经济、文化提出一系列问题，而这所有的问题无不渗透着壳牌的用人原则——领导组织能力、影响他人的能力、逻辑思维能力、开拓创新能力。例如，面试官假设授权应试者是美国总统，让其拿出振兴美国政治经济的治国方略；假设面试者是北京市市长，问其将如何举办 2008 年的奥运会。最后 10 分钟留给应试者向面试官发问(第一部分面试约 40 分钟)。

第二部分应试者来到另一个房间，面试官是位深沉且温和的荷兰人，他与应试者坐在同一张桌子的一角，喝着咖啡，品尝着点心，双方谈话与其说是面试，不如说是一次聊天。虽然他也认真地做着记录，所问问题已没有第一部分问题那么尖锐，而是偏向于性格和价值取向。在这一轮的初试中，又淘汰了 85%的应试者。两天之后壳牌的复试通知发到了复试候选人手中。

复试距初试一个月，分三个部分，大约三个小时。第一部分的面试官是壳牌某大区总裁，问题尖锐而深刻；第二部分是让复试者看完一些英文材料之后就自己所选的论题，向第二位面试官阐述观点和列举可行性方案并回答考官一系列问题;第三部分是最具挑战性的一部分,要求数个复试者在看完一叠英文资料后举行一次模拟会议。大家围坐在一张桌前,就材料要求针对五六个可行性方案进行集体讨论,形成一个最优方案,然后由一名候选人把结论和观点陈述给桌旁的两名面试官。

至此招聘过程结束。从中又有85%的复试者被淘汰,最终的合格者将成为壳牌的员工。

# 4.1　巧寻就业市场

## 4.1.1　大学生就业市场的含义

大学生就业市场属于人才资源市场的一种,它是毕业生与用人单位进行双向选择的重要场所,也是引导毕业生调整择业期望值,合理优化社会人才配置,实行公开、公正竞争、优胜劣汰的场所。随着社会主义市场经济的发展,高校毕业生就业工作已经纳入市场经济轨道,初步建立起来以就业指导、职业发展和就业市场开发为主的就业工作体系,促进了大学生就业市场的建立和完善。大学生就业市场已经成为高校毕业生在就业市场中调节就业、寻找自己理想职业的重要场所。

## 4.1.2　就业市场的类型

### 1. 有形市场

有形市场指用人单位与毕业生的特定场所、特定时间就毕业生选择工作岗位、用人单位选聘人才达成协议的就业平台。

目前大学生有形市场大体分为以下几种。

(1) 高校单独举办的毕业生就业市场。这种就业市场一般以招聘会、供需见面会等形式出现,也是大学生就业市场中最主要的一种就业市场。由学校单独出面举办的就业市场其优点在于邀请的用人单位有很强的针对性,往往与学校专业相结合,对高校来说很容易形成固定的用人单位群体。

(2) 高校联合举办的毕业生就业市场。这主要是指由两所或若干所高校在主管部门的组织下,联合起来共同举办的就业市场。这种就业市场最大特点是集中各高校的用人单位的资源,强强联合,优势互补,市场规模都很大,参会的单位也比较多,涉及的招聘专业也比较齐全,应该说具有一定的代表性。目前具有代表性的就业市场,如教育部在沪西片直属四高校即上海交通大学、华东师范大学、华东理工大学、东华大学每年 12 月联合举办的毕业生双向选择会,无论是规模还是用人单位层次,在上海甚至在华东地区各高校毕业生中都有一定的影响力。联办高校也常常依据自身学科、专业优势,举办分学科、分专业的大型专场招聘会。如重庆市的师范类学生可到重庆师范大学参加师范类招聘会,理工科学生可到重庆工商大学参加理工科类招聘会,医药类学生可到重庆医科大学参加医药类的专场招聘会,由于这种类型就业市场具有很强的辐射性和影响力,而且招聘的质量也比较高,因此也提高了就业市场的效能。

(3) 地区性、区域性的就业市场。如各地方教育主管部门或各人事局举办的为本地毕业生就业服务或为本地用人单位招聘服务的就业市场。这种形式的就业市场最大的优点在于能够比较准确地反映出这个地区或区域性的人才需求趋势。

(4) 企业的专场招聘会,也称宣讲会。这是由用人单位单独来高校以招聘本企业所需人才为目的举办的小型招聘会。这种就业市场时效性强,招聘效果也十分明显,尤其为知名企业、跨国公司所推崇。

### 2. 无形市场

与有形市场相反,无形市场没有固定的场所和地点,由用人单位和毕业生自行自主地选择通过某种媒介和交互平台进行交流和沟通。随着信息技术的高速发展,高校的无形市场发展非常迅速,在大学生就业市场中所占的地位日显重要,作用也越来越大。目前无形市场已经不是简单的通过电话、邮件、报刊和计算机网络及其他通信和传播手段来完成双方的交流和联系,而是借助信息技术的高技术手段,利用 Internet 技术建立起各类就业网站、求职网站,为大学生就业市场提供了更宽阔的发展领域。凭借信息快速、便捷和方便灵活的特点,使用人单位和毕业生之间打破时间、区域、场所的限制,提高了就业工作效率,减少了招聘成本,深受广大高校毕业生和用人单位的欢迎和推崇。现在利用就业网络进行毕业生就业管理,建立毕业生就业信息网络系统已经在各高校普遍应用。毕业生可以利用就业网建立自己的个人信息资料,与用人单位进行信息的传递和沟通;用人单位也可以通过就业网查询毕业生的基本情况,也可在就业网上发布用人信息,在实际的就业操作过程中取得一定的成效,正在逐步实现就业工作朝着无纸化方向发展。上海交通大学正在进一步扩展和开发就业网的功能,已经利用网络技术和会议视频系统举办网上招聘会和用人单位宣讲会,使网络技术在就业工作中得到普遍的应用和发展,形成有形市场和无形市场相结合的新的大学生就业市场模式。

## 4.1.3 大学生就业市场的特征

### 1. 社会人力资源市场与大学生就业市场

就目前而言,社会上各类人力资源市场得到蓬勃发展,已经作为生产要素市场体系中的一个重要的组成部分,在整个就业市场中占有主体地位。人力资源市场是指劳动力流动和交换的场所,用人单位和劳动者通过双向选择实现劳动力资源的调节与配置,是运用市场经济调节手段达到人力资源重新分配的一种机制。人力资源的合理流动和市场化配置,在一定程度上打破了部门对人才条块的分割和地方保护主义对人才的垄断,为人才资源的发展和开发提供了条件和机制。

大学生就业市场属于人力资源市场的一种,是专门以高校毕业生为服务对象的就业市场,也是高校毕业生就业工作管理体系和就业制度中的一个重要组成部分。它的工作职责和任务是为高校毕业生举办各种类型的双向选择会、洽谈会,开展就业咨询和为用人单位提供相应的招聘服务等,通过这一系列的就业活动最终为高校毕业生寻找合适的工作岗位,满足高校毕业生对就业的需求,同时也为用人单位选择自己所需的大学毕业生创造了条件。

### 2. 大学生就业市场的特征

高校毕业生就业与社会劳动力就业有明显的差别,主要表现在就业对象层次比较高、就业经验不够丰富、就业时间短、社会压力大等方面。由于大学生就业市场服务对象为各高校毕业生,因此,大学生就业市场有自己的特点。

(1) 初次性。大学毕业生学成后初次就业,缺乏就业经验,而就业的愿望又比较迫切,对就业的期望值一般都比较高，理想与现实容易产生矛盾，对此要特别引起注意。

(2) 针对性。大学生就业市场应该属于一种高层次的劳动力市场，与社会各类就业市场区别在于大学生就业市场是专门为具有一定学历层次，并掌握当今社会最先进的技术和管知识的广大高校毕业生群体提供就业服务。大学毕业生均具有较强的专业知识水平和能力，具有较高的学历层次，在就业竞争中处于十分有利的地位，具有广阔的就业前景。与一般的劳动力市场相比，大学生就业市场的就业率相对比较高。

(3) 时效性。众所周知，大学生就业一般要求在几个月内就落实就业，最多延长至一年。如果在这段时间内解决不了就业，毕业生将面临毕业后的待业问题。而社会人员则不同，一方面他们没有时间限制，即使暂时找不到合适的工作，另一方面也可以通过社会保障部门领取一定的经济救济金。因此，大学生就业具有很强的时效性。

(4) 时间集中性。由于高校毕业生就业时间主要集中在每年的3月份至7月份，这决定了大学生就业市场有很强的季节性。由于大学生就业市场具有这些特点，也决定了大学生就业市场服务体系有一定的独立性。因此，建立起专门为高校毕业生就业服务的大学生就业市场是当代人力资源市场发展的必然趋势。

### 4.1.4 寻找大学生就业市场

大学生在求职时，最难的还是不知道从何处获得就业市场信息，或者获得的信息不及时，错过了就业良机。现在，我们把目前国内较大的一些就业网站分门别类地挑出来，供大学生选择。

#### 1. 求职招聘类网站

| | | | |
|---|---|---|---|
| 中华英才网 | 无忧工作网 | 招聘网 | 中国人才热线 |
| 卓博人才网 | 新浪求职频道 | 雅虎中国招聘 | 中国人才网 |
| 高新人才热线 | e职独秀人才网 | 商赢人才网 | 太平洋电脑网——IT人才 |
| 研究生就业网 | 我的工作网 | 人才职业网 | 高校毕业生就业服务信息网 |
| 择业网 | 中国国际人才开发中心 | 中国人力资源网 | 科锐咨询——猎头服务 |
| 英才在线 | 信息产业部IT人才网 | 中国才神 | 新世纪人才网 |
| 北京高校毕业生 | 国电人才评价中心 | 浩竹猎头中心 | 中国俊才网 |
| 搜狐求职 | 中智人才网 | 网易精英招聘 | 博思人才网 |
| 翻译人才网 | 天基人才网 | 伯乐招聘网 | |

#### 2. 就业指导信息类

| | | | |
|---|---|---|---|
| 毕业生就业网 | 天生我才网 | 劳动就业培训网 | 天天工作网 |
| 21世纪金才网 | 我的工作网 | 中国人力资源咨询网 | 河北毕业生就业信息网 |
| 百大英才百大网 | 北京高校就业信息网 | 上海高校毕业生就业信息网 | |

#### 3. 省市就业信息类

| | | | |
|---|---|---|---|
| 北方网—北方职场 | 南方网—人才频道 | 江西毕业生就业网 | 浙江人才在线网 |
| 南方人才网 | 西北人才网 | 重庆人才网 | 河北人才网 |

上海人才市场报　西安人才网　深圳招才网　天津高校就业网
上海人才热线　杭州人才网　东南人才网　天津人才网

4. 大学生综合信息类

中国校园网　校园民谣网　青春在线　中国小时工兼职网
青春之恋　中国高校网　校园文学　你好台湾

## 4.2 参加笔试方法

笔试是一种在招聘中常用的考核办法,尤其是在大规模的员工招聘中,它可以帮助企业初步筛选出基本符合需要的求职者。其目的是考核应聘人员的文字能力、知识面和综合分析事物的能力。它通常用于一些专业技术要求很强和对录用人员素质要求很高的单位,如一些涉外部门、技术要求很高的专业公司以及国家机关选聘公务员等。笔试结果可以比较客观地反映出求职者的基本素质,对求职者的基本知识、专业知识、管理知识、综合分析能力和文字表达能力进行测评。

### 4.2.1 常见的笔试种类

目前常见的笔试种类包括如下几种形式。

1. 专业能力考试

专业能力考试主要是检验应聘者担任某一职务时是否能达到所要求的专业知识水平和相关的实际能力。这几年毕业生热衷招考的国家机关公务员资格考试,其笔试包括行政职业能力倾向测验、写作和综合知识。又如招聘行政治理、秘书方面工作的单位对应聘者文字能力的测试,部分单位对某种计算机语言有较高的要求时,测试应用特定语言编程的能力。为检验毕业生实际工作能力或专业技术能力,通常还要进行专业技术能力考试。这种考试往往在特意设置的工作环境中进行,下面举几个例子。

(1) 阅读一篇文章,写读后感。

(2) 自编一份请求报告或会议通知。

(3) 听到 5 个人的发言,写一份评价报告。

(4) 某公司计划在 5 月份赴日本考察,写出需要做哪些预备工作。

(5) 给一个科研题目,写出科研论文的具体大纲。

从你的答卷中可看出你的文字表达能力以及分析问题和逻辑思维能力等。

2. 智商和情商测试

智商测试主要为一些闻名跨国公司所采用,它们对毕业生所学专业一般没有非凡要求,但对毕业生的素质要求较高。它们认为,专业能力可以通过公司的培训获得,因此有没有专业练习背景无关紧要,但毕业生的记忆力、思维反应能力、综合归纳能力、分析观察能力、不断接受新知识的学习能力是至关重要的。

智商测试并不神秘。一种是图形识别,比如一组有四种图形,让应试者指出其相似点和不同点。这类题目在一些面向中小学生的智力游戏书中是很常见的，一些面向大众的杂志偶然也刊登这类游戏题目。另一类是算术题，主要测试毕业生对数字的敏感程度以及基本的计算能力，比如给定一组数据，让毕业生根据不同的要求求出平均值，其难度绝不超过对中学生的计算能力的要求水平。尽管如此，一些理工科的毕业生也考不到 60 分。这类测试尤其是会计师、审计师等职业所要求的。

情商测试则是对大学生情绪认知、情绪管理、挫折耐受、人际交往等方面能力的测试。

#### 3. 心理和职业倾向测试

心理测试是用事先编制好的标准化量表或问卷要求被试者完成，根据完成的数量和质量来判定其心理水平或个性差异的方法。一些非凡的用人单位经常以此来测试求职者的态度、爱好、动机、智力、个性等心理素质。

职业倾向测试就是看看你的个性适合做哪些方面的工作。因此职业倾向测试一般都注重考察应聘者的性格、兴趣、处理事情的方式等。用人单位根据求职者的职业倾向配置职位，尽可能充分发挥个人才能，创造良好的工作氛围，提高工作效率。

#### 4. 综合能力测试

综合能力测试兼有智商测试的要求，但程度更高，比如，应试者要在规定的时间内对一组数据、一组资料进行分析，找出其合理的地方和存在的问题，并设计出解决问题的方案。这是对学生阅读理解能力，发现问题、分析问题和解决问题的能力、知识面等素质的全方位测试，甚至有时候问答都是用英语进行，相对来说难度更大一些。

### 4.2.2　笔试的方法

笔试的考核方法有很多，常见的主要有测验法和论文法等。

#### 1. 测验法

测验法是一种最常见的方法，它包括了选择题、填空题、问答题等测验方式。这些方法的特点是问题明确、题量较大、涉及问题多、难度适当。参加笔试者可以根据参加笔试的类型和公司的特点，假定一个考核范围加以复习。

#### 2. 论文法

论文法，就是招用单位提出较大的问题，由考生用文章作答，以测试其分析问题一般是由求职者根据要求，写出一篇简短的论文。这与我国古代科举考试中的测试方法类似。这种方法与测验法明显的不同是，它可以使应试者做出自己的答案，是一种开放式的测试方法。论文措施的内容，主要是应聘者对职业选择的具体问题做出评价，对某种现象做出分析和评价。案例分析、对公司的评价以及读后感等都属于论文测试性质。

### 4.2.3　笔试技巧

#### 1. 收集资料、认真备考

对大学专业知识进行必要复习是笔试预备的重要方式。一般说来笔试都有大体的范围，可围绕这个范围翻阅一些有关图书资料，复习巩固所学过的课程内容，温故知新，做到心中有底。

### 2. 调整情绪、增强信心

笔试怯场，大多是缺乏信心所致。要客观冷静地对自己进行正确评估，克服自卑心理，增强信心。临考前，一要适当减轻思想负担，二要保证充足的睡眠，三要适当参加一些文体活动，从而使高度紧张的大脑得到放松休息，以充沛的精神去参加考试。

### 3. 临场预备、有备无患

提前熟悉考场环境，有利于消除应试时的紧张心理。还应仔细看看考场注重事项，尽量按要求做好。除携带必备的证件外，一些考试必备的文具(钢笔、橡皮等)也要预备齐全。

### 4. 掌握技巧、科学答卷

拿到试卷后，首先应通览一遍，了解题目的多少和难易的程度，以便把握答题的速度，注意每道题的分值，然后根据分值高低和题的难易程度，按照先高后低和先易后难的原则排出答题的顺序，先攻分值高、相对简单的题，后攻分值低、相对偏难的题。这样就不会因为攻难题而浪费时间太多，没有时间做会答的题，碰到较大的综合题或论述题，则应先列出提纲，再逐条论述。

### 5. 提高速度、控制时间

为了考察求职者的办事速度，用人单位通常会在笔试中设计较大题量，题目类型多，且量大，要在规定的时间完成，就必须控制好自己的考试时间。笔试时一定要带上手表或计时工具，记住考试结束时间，从容答题。

### 6. 态度认真、以多取胜

在答完试卷后，要进行一次全面复查，特别注意不要漏题，跑题。要纠正错别字、语法不通、词不达意等错误。值得注意的是卷面必须做到字迹端正、卷面整洁。因为招聘单位往往从卷面上联想应聘者的思想、品质、作风，字迹潦草、卷面不整的人，招聘单位先不看你答的内容，单从你的卷面就觉得你不可靠。而那些字迹端正、答题一丝不苟的人，招聘单位认为你态度认真、作风细致，会对你更加青睐。在检查过程中，如果发现所答的题目还有很大的空间，尽量按原始思路尽情发挥，把空白处写满。因为不作答或答得很少，会让招聘方认为你的知识有所欠缺，怀疑你的态度不够认真。

## 4.3 参加面试攻略

面试即是用人单位与应聘者面对面进行测试，是用人单位选拔人才的诸多方式之一，也是求职者取得求职成功的关键一步。

在求职过程中，面试无疑是最具有决定性的环节。求职者可以在面试过程中向用人单位全面展示自己的能力和素质。面试中的出色表现，可以让用人单位对笔试甚至学历和专业上的要求放宽，给优秀的面试者更多的机会。很多人顺利通过了简历关、笔试关，最后却栽在了面试上。所以,应注意了解面试的基本知识。

### 4.3.1 初识面试

对毕业生来说,面试是一种综合性极强,集多种知识、能力于一体的多方面考核方式,是对自己若干年来通过学习和磨炼所积累的知识和能力的一次全面检验。通常,用人单位安排面试环节,主要是对求职者的以下几个方面进行了解。

(1) 了解求职者的求职动机与工作预期。

(2) 考查笔试中难以获得的信息。

(3) 细致考查求职者知识、能力、性格等基本素质。

### 4.3.2 面试的形式和种类

按不同的标准,面试可以有很多不同的划分方法。依据面试的内容与要求,大致可以分为以下几种。

(1) 提问型面试。这是最常见的面试形式。招聘者通常事先拟订提纲对求职者进行发问,其目的在于考核求职者的专业知识、判断能力和解决问题的能力等,从而获得有关求职者的第一手资料。

(2) 压力型面试。由招聘者有意识地对求职者施加压力,就某一问题或某一事件作一连串的发问,使应聘者处于一种人为的紧张气氛中,各种棘手的问题、连珠炮式的发问将打乱求职者一切事先的答题准备,不得不以最本色的知识储备来应对。这样的方式不仅可以观察求职者在特殊压力下承受压力、思维敏捷程度及自信心,还可以考察到求职者真实的知识结构和储备。

应对这一类型面试,毕业生应提前做好准备,首先是要了解到压力型面试这一面试类型。当面试官提问尖锐、刻薄,或无故指责、无情打击、全面否定,让你感到无法忍受时,要想到,这是面试官正在考察你,要迅速调整心态,理清思路,从容应对。

(3) 闲谈式面试。招聘者与求职者海阔天空、漫无边际地进行交谈,气氛轻松活跃,无拘无束,招聘者与求职者自由发表言论,各抒己见。在闲聊中观察应试者谈吐、举止、知识、能力、气质和风度,对其做全方位的综合素质考察。

在闲谈式的面试中,面试官会刻意营造轻松氛围。但求职者千万不要忘记自己正面临考验,不要在轻松的假象面前言行放肆、不拘小节,给面试官留下不良印象。

(4) 情景式面试。由招聘者事先设定一个情景,提出一个问题或一项计划,请求职者进入角色模拟完成,其目的在于考核其分析问题、解决问题的能力。

应对情景面试,首先要清楚自己所应聘的职位的要求,想象该职位在工作中所需要的礼貌用语和习惯用语,经常训练快速反应和应变能力,在面试中有的放矢;其次,要调整好心态,克服紧张情绪,以本色“出演”自己,才能轻松应对。

(5) 展示型面试。对技能型岗位,招聘者多通过要求求职者技能展示来考察其综合能力和素质,如用外语交谈、即席演讲、应用软件操作甚至要求写一段文字,以考察其外语听说能力,口头表达能力和计算机操作等各方面的能力。安排应聘者在单位的确定岗位上实习一段时间,达到对应聘者综合能力和素质的考察,也是一些单位面试的方式。

这类面试要求大学生平时要注重理论与实践相结合,增强自己的动手能力和综合素质的积累和培养。

(6) 集体型面试。用人单位经常把多名(5～8 人)求职者编成无领导小组,但并不指定小组领导人或各自分工。给小组安排某一工作项目或讨论主题,由求职者各自在小组中迅速进行自我定位来完成工作或参与讨论。用人单位通过这种形式来观测和考察求职者的组织协调能力、口头表达能力、辩论说服能力、人际交往能力、应变能力和团队精神等各方面能力,并由此来判断多名求职者之间的差别,择优而用。

参加这类面试,求职者要积极主动,亮出观点,引导他人议论;同时要注意倾听、态度诚恳,善于与不同意见相互借鉴和补充,向面试官展示自己的主见和人际交往能力。

(7) 文件筐检测面试。这是近年来才从国外人才测评中借鉴而来的一种较新的面试方法,通常用于管理人员的选拔。是考查应聘者管理方面的计划、组织、协调、判断、沟通和决策能力以及对信息收集和利用能力等各项能力素质的测评方式。一般是让应聘者在限定时间内处理事务记录、函电、报告、声明、请求及有关材料等文件,内容涉及人事、资金、财务、工作程序等方面。现场一般只提供日历、背景介绍、测验提示和绝笔,应聘者在没有旁人协助的情况下回复函电、拟写指示、做出决定以及安排会议等。面试官通过应聘者完成任务情况、处理事务方式及其解释给予评分。

大学毕业生在遇到这类面试时,要沉着冷静,认真细致,注意在计划和写作方面的严谨以及格式要求,尽量发挥出在社会实习中所积累的工作经验。

以上是根据面试种类所做的大致划分,在实际面试过程中,招聘者可能采取一种或同时采取几种面试方式,也可能就某一方面的问题对求职者进行更广泛更深刻(即深层次)的考察,比如挑战面试、爱心面试、误导面试、游戏面试、自由面试等,近年还出现了《中国职场好榜样》、《职来职往》、《非你莫属》等电视求职节目。不管哪种面试类型,只要毕业生做好充分的面试准备,保持良好的面试心态,不论面对什么样的面试类型,发挥出正常水平,展示真实的自我,即便最终没有被录用,也没有什么后悔的。

## 4.3.3 面试技巧的培训

### 1. 面试准备

(1) 充分了解应聘单位。对用人单位的业务范围、经营状况、发展前景以及应聘的岗位等要有一个基本的了解。不同类型的单位,对求职者面试的重点不同。比如公务员面试与公司企业的面试内容就相差很大。公务员侧重于时事、政治、经济、管理、服务意识等方面。面试时,如果求职者能很详细地回答出公司的历史、现状、主要产品,面试官会认为他很重视本公司,是有备而来,表明了诚意。

**案例**

某外企公司招聘销售经理,从 100 多人中录取了 3 人,小余是其中的一个。他在回顾这次面试时说:“我参加过好多次面试,我认为面试时判断力与面试的技巧最为重要。如果对这个职位真的感兴趣,面试前,我一般会先尽可能多地了解对方的资料;另外,最好对主考官的背景资料有一些了解,再确定如何与他接触。比如我这次面试,主考官是一位在国外生活多年的华人。他问得比较直接,因此我也就实话实说,优点多渲染一些,缺点淡化一些;薪水也可以说得高一些,他不会在乎。其实,我认为我这次面试过程实际上就是考查一个销售员是否合格的过程，因为能与不同的人打交道是销售人员的基本素质。”准备充足、运用得当、不怯场、自信、自然、放松，小余正是以此叩开了成功的大门。

(2) 把个人与所应聘工作相匹配。求职者应把自己的个人能力、兴趣爱好与所要应聘的岗位作一基本的分析。一方面可以让自己准确找到适合自己的工作，另一方面，这也是你收集公司信息，了解工作岗位的一个过程，认真阅读你所收集到的所有信息并牢记它们。尽量使自己的能力与工作要求相适应。“知彼知己，百战不殆”，参加面试时，通过显示你对知识的掌握和理解来表达你希望进入这一职业工作的愿望。

(3) 准备需要询问的问题。求职者应当适当地提出问题，一方面解决自己关心的问题，一方面通过有深度的提问，可让招聘者知道求职者的水准。而要提出有水平的问题，就要事先做好准备。

(4) 对可能遇到的问题进行准备。可事先收集一些面试常见试题，结合个人情况进行一些答题思路和答题要点的准备。对面试时可能遇到的不利情况也可以做一些预想。凡事预则立，不预则废。做这项准备有助于理清自己思路，清晰地进行自我表达，也有助于控制自己在面试时的表现。

(5) 业务知识准备。与应聘岗位相关的专业知识、业务技能等要熟知，备上一份求职材料，供招聘者查阅参考。准备当天可能用到的个人资料或作品，携带相关证件，以便在面试过程中进一步向招聘者提供自己的相关资料。应聘跨国公司或知名企业，还应有外语流利应答的充分准备。

(6) 体能、仪表准备。面试前要保证充分的睡眠和愉快的心情，以保持良好的精神状态，面试前还应注意修饰自己的仪表，使穿着打扮与年龄、身份、个性等相协调，与应聘的职业岗位相一致。

### 2. 交谈技巧

(1) 答问技巧

① 把握重点，条理清楚。一般情况下回答问题要结论在先、议论在后，先将中心意思表达清楚，然后再做叙述。

② 讲清原委，避免抽象。招聘者提问是想了解求职者的具体情况，切不可简单地仅以“是”或“否”作答，有的需要解释原因，有的则需要说明程度。

③ 确认提问，切忌答非所问。面试中，招聘者提出的问题过大，以致不知从何答起，或求职者对问题的意思不明白是常有的事。“你问的是不是这样一个问题”将问题复述一遍，确认其内容，才会有的放矢，不致南辕北辙、答非所问。

④ 讲完事实以后适时沉默。保持最佳状态，好好思考你的回答。

⑤ 冷静对待，宠辱不惊。招聘者中不乏刁钻古怪之人，可能故意挑衅，令人难堪。这不是“不怀好意”，而是一种战术提问，让你不明其意。故意提出不礼貌或令人难堪的问题，其意在于“重创”应试者，考察你的“适应性”和“应变性”。你若反唇相讥，恶语相对，就大错特错了。

⑥ 要“知之为知之，不知为不知”。面试中常会遇到一些不熟悉、曾经熟悉现在忘了或根本不懂的问题。面临这种情况，回避问题是失策，牵强附会更是拙劣，诚恳坦率地承认自己的

不足之处，反倒会赢得招聘者的信任和好感。

## 案例

某企业的一次面试中，面试考官先后向两位考生提出了同样的问题："我们单位是全国数一数二的大公司，下面有很多子公司，但所有新进人员都要到基层去锻炼，基层条件比较艰苦，请问你是否有思想准备？"第一位毕业生说："吃苦对我来说不成问题，因为我从小在农村长大，父亲早逝，母亲年迈，我很乐意到基层去，只有在基层摸爬滚打才能积累丰富的工作经验，为今后的发展打下基础。"第二位毕业生则回答："到基层去锻炼我认为很有必要，我将努力克服困难，好好工作，但作为年轻人总希望有发展的机会，不知贵公司安排我们下去的时间多长？还有可能上来吗？"结果第一位学生被录用，第二位学生被淘汰。可见，在面试过程中，回答问题的技巧很重要。对有些问题的回答，表面上看起来合情合理，无可厚非，但却令考官反感。

(2) 发问技巧

面试时若招聘者问你有没有问题，你可以适当问一些问题，并且应该把提问的重点放在招聘者的需求以及你如何能满足这些需求上。通过提问的方式进行自我推销是十分有效的，所提问题必须是紧扣工作任务、紧扣职责的。你可以询问诸如以下的问题：应聘职位所涉及的责任以及所面临的挑战；在这一职位上应该取得怎样的成果；该职位与所属部门的关系以及部门与公司的关系；该职位具有代表性的工作任务是什么。当然也要注意不要问一些通过事先了解能够获得的有关公司的信息，这会让人对你的面试目的是否明确表示怀疑。

(3) 谈话技巧

① 谈话应顺其自然。不要误解话题，不要过于固执，不要独占话题，不要插话，不要说奉承话，不要浪费口舌。

② 留意对方反应。交谈中很重要的一点是把握谈话的气氛和时机，这就需要随时注意观察对方的反应。如果对方的眼神或表情显示对你所涉及的某个话题已失去了兴趣，应该尽快找一两句话将话题收住。

③ 有良好的语言习惯。不仅是表达流利，用词得当，同样重要的还有说话方式。

a. 发音清晰。有些人个别音素发音不准，如果影响讲话整体质量的，应少用或不用含有这个音素的字或词。

b. 语调得体。得体的语调应该是起伏而不夸张，自然而不做作。

c. 声音自然。音调不高不低，不失自我，不仅听来真切自然，而且有利于缓解紧张情绪。

d. 音量适中。音量以保持听者能听清为宜。

e. 语速适宜。要根据内容的重要程度、难易度及对方注意力情况调节语速和节奏。

此外还要警惕容易破坏语言意境的现象：过分使用语气词、口头语，这不仅有碍于听者的连贯理解，还容易引人生厌。

### 3. 面试原则

作为应届毕业生初次参加面试，掌握必要的原则在很大程度上关系着招聘的成败。

(1) 真实原则。面试时切忌伪装和掩饰，一定要展现自己的真实实力和真正的性格。有些毕业生在面试时故意把自己塑造一番，比如明明很内向，不善言谈，面试时却拼命表现得很外向、健谈。这样的结果既不自然，也很难逃过有经验招聘者的眼睛，即便因此获得工作，也可能是一个并不适合自己的工作，不利于自身发展。

(2) 平等原则。面试时应当以平等的心态对待招聘者，做到不卑不亢。回答问题时，忘掉自己是在进行考试，而要抱着我是在和招聘者讨论问题的心态，这样就可能超常发挥，做出很多精彩的论述。

(3) 自信原则。面试时要充分相信自己的能力并展示出来，让面试官看到你是公司未来的有利资产，有帮助企业实现预期目标的潜在能力，是公司的宝贵财富而非包袱。要让考官感觉到你有积极进取的态度、旺盛的事业心、勇不言败的斗志以及迅速调整状态的适应能力，企业最喜欢具有这样素质的人。

(4) 集体主义原则。展示以大局为重的大局观以及与同事、团体合作的能力。一个容易与人沟通协调的求职者可以说已有一半获胜的希望。如果应聘者曾有社团活动的工作经验，可尽量举例说明，以争取主考官的青睐。

(5) 礼貌原则。文明礼貌是对别人的尊重，是引起别人重视的第一印象。求职者要掌握和讲究基本的礼貌。礼貌的具体表现反映在语言和衣着上。在语言上，更多使用“您好”、“请多关照”、“谢谢”、“再见”等。曾经有这样一个典型的事例，某公司到某学校选拔学生，学生依次面试，当按姓名叫到一个学生不在时，立即有一位学生去找，去找的这位学生回来后说“对不起，没找到”。负责选拔的总经理当场说，“就凭你这句‘对不起’，你这样的学生我们要了。”

### 4. 面试最后关

(1) 适时告辞。面试不是闲聊，也不是谈判。从某种意义上讲，面试是陌生人之间的沟通。谈话时间的长短要视面试内容而定。招聘者认为该结束面试时，往往会说一些暗示的话语，例如：

——我很感激你对我们公司这项工作的关注。

——谢谢你对我们招聘工作的关心，我们一做出决定就会立即通知你。

——你的情况我们已经了解了。你知道，在做出最后决定之前我们还要面试几位申请人。

求职者听了诸如此类的暗示语之后，就应该主动告辞。

(2) 礼貌再见。面试结束时的礼节也是公司考察录用的一个砝码。成功的方法在于，首先不要在招聘者结束谈话前表现出浮躁不安、急欲离去的样子。其次，告辞时应感谢对方花时间同你面谈。走时，如果有秘书或接待员接待过你或招待过你的话，也应向他们致谢告辞。一位毕业生来到深圳求职，面试时一番锋芒毕露的自我介绍，结束时抛下一声“再见”，连握手也免了，拂袖扬长而去。接待他的招聘者苦笑着摇头：如果说有个性、有锋芒可以容忍的话，那么连基本礼节都不懂的人则“养不起”，也无法与之合作。

### 5. 面试结束后的注意事项

(1) 回顾总结

① 面试一结束，应该对自己在面试时遇到的难题进行回顾。重新考虑一下，如果他们再一次向你提问时，该如何更好地回答这些问题。

② 尽量把你参加面试的所有细节记下。一定要记下面试时与你交谈的人的名字和职位。

③ 万一通知你落选了，你也应该虚心地向招聘者请教你有哪些欠缺，以便今后改进。这样，就可以知道自己到底为什么落选。一般来说，能得到这样的反馈不容易，你应该好好抓住时机。

(2) 会后致谢

① 在面试后的一两天内,你可以给某个具体负责人写一封短信。在信里应该感谢他为你所花费的精力和时间,感谢他为你提供的各种信息。

② 如果在一个星期内,或者依据他们做决策所需的一段合理时间之内没有得到任何音信,你可以给负责人打个电话,问他"是否已经做出决定了?"这个电话可以表示出你的兴趣和热情。还可以从他的口气中听出你是否有希望得到那份工作。

③ 如果在打听情况时觉察出自己有希望中选,但尚未做出最后决定,你可以过段时间再打一次电话催问。

④ 每次打电话后,你还应该给对方寄封信。内容应该包括:重申你的优点;你对应聘职位仍然十分感兴趣;你能为公司的发展做出具体的贡献;你希望能早日听到公司的回音。

哪怕他们已经暗示你可能落选了,寄一封短信说明你即使没有成功但也很高兴有面试机会。这样做不仅是出于礼貌,而且还能使接见者在其公司出现另一个职位空缺时心里想着你,创造出一个潜在的求职机会。

以下是一封面试后的感谢信范例。

尊敬的×××先生:

感谢您昨天为我的面试花费的时间和精力。我和您谈话觉得很愉快,并且了解到许多关于贵公司的情况,包括公司的历史、管理形式以及公司宗旨。

正像我已经谈到过的,我的专业知识、经验和成绩对公司是很有用的,尤其是我的吃苦钻研能力。我还在公司、您本人和我三者之间发现了思想方法和管理方法上的许多共同点。我对贵公司的前途十分有信心,希望有机会和你们一起,为公司的发展共同努力。

再一次感谢您。并希望有机会与您再谈。

您的学生:×××

××××年××月××日

## 4.4 求职必备礼仪

礼仪是人们在社会交往中约定俗成的行为规范,是人类社会调节交往关系所必须遵守的行为准则的总称。是一个人的思想品德、社交风度和自身形象的体现;在面试过程中注重适当的面试礼仪,可以提高人的社交能力和就业竞争力。

哈佛大学一项研究表明,人们与陌生人交往时,第一印象特别重要,一般在7～30秒就会将第一印象不合格的人淘汰掉了。初次见面,面试官往往也是以自己的经验和阅历,凭着求职者的外在形象和言行举止来判断其身份、学识、个性、素质等,并形成一种特殊的心理定势,也即社会心理学中所说的"首因效应"。毕业生进行个人形象设计完全有必要,因为与人交往第一印象由55%的穿着、化妆,38%的行为举止,7%的谈话内容构成。可见,礼仪在应聘中的重要程度。

得体的穿着、温和的谈吐、大方的举止,可以给你的面试加分不少。然而调查显示,61%的职场新人在第一次面试前都会担心"如何才能与面试官自然交流";13%的新人表示"不知道该穿什么衣服";至于是不是该和面试官握手、如何把握面试时的语气语调等,都会成为大学生的困扰。

如何在求职面试中给对方留下优雅、自信、得体的印象，为自己的面试加分呢？大学生平时应重视礼仪的学习和养成，在求职以及社会交往中恰当地运用。

## 4.4.1　面试礼仪基本原则

### 1. 守时原则

守时是职业道德的一个基本要求，是否守时最能反映一个人的素质高低。在面试的过程中，求职者首先应做到不迟到。迟到是求职面试的大忌，迟到会使考官对你的可靠性、自律性及工作效率产生怀疑，从而影响面试的结果。同时，迟到也会使面试者产生愧疚的消极心理，影响面试者的发挥，也不利于面试成功。据国外研究求职的专家统计，如果求职者面试时迟到，获得录用的可能性只是准时到达者的一半。提前 15 分钟到达面试地点效果最佳，可熟悉环境、稳定心神。但早到后不宜提早进入办公室，最好不要提前 10 分钟以上出现在面谈地点，否则聘用者很可能因为手头的事情没处理完而觉得很不方便。外企的老板往往是说几点就是几点，一般不会提前。当然，如果事先通知了许多人来面试，早到者可提早面试或等候。

如果路程较远，宁可早到 30 分钟，甚至一个小时。大城市路上堵车的情形很普遍，对于不熟悉的地方也难免迷路。对面试地点比较远，地理位置也比较复杂的，不妨先跑一趟，熟悉交通线路、地形甚至事先搞清洗手间的位置，这样就知道面试的具体地点，同时也了解路上所需的时间。

### 2. 尊敬原则

“礼者，敬人也”。尊敬他人，是礼仪的核心，也是人际交往和求职应聘获得成功的重要保证。这一原则要求人们在运用礼仪时，务必把对交往对象的恭敬与重视放在首位，讲究文明礼貌就是对别人最基本的恭敬。当然，礼待他人也是一种自重，不应以伪善取悦于人，更不可以富贵骄人，尊敬人还要做到入乡随俗，尊重他人的喜好与禁忌。总之，对人尊敬和友善，这是处理人际关系的一种重要原则。

### 3. 谦和原则

“谦”就是谦虚，“和”就是和善、随和。谦和既是一种美德，又是社交成功的重要条件，行为举止，都谦恭有礼，才能从别人那里得到教诲。谦和，在社交场上，表现为平易近人，热情大方，乐于听取别人的意见，虚怀若谷的胸襟，因而对周围的人具有很强的吸引力。

### 4. 宽容原则

宽容就是心胸坦荡，豁达大度，能设身处地地为他人找想，谅解他人的过失，不计较个人得失，有很强的包容心。中国的传统文化，历来重视和提倡宽容的道德原则，并把宽以待人视为一种为人处世的基本美德。在面试过程中，不论是面试官还是其他应聘者，他们的过失言行，都要报以宽容的态度。遵循宽容原则，凡事想开一些，看远一点，善解人意，体谅别人，也是团队精神的良好体现。这正是用人单位看重的基本素质。

### 5. 真诚原则

面试礼仪主要是为了树立良好的个人形象，不仅仅是通过面试的良好方法，更是取得职场成功的最佳途径。因此，我们应该明白，面试并不是一个短期行为，更应该注重面试成功之后的长期相处。只有恪守真诚原则，着眼于未来，通过长期潜移默化的影响，才能最终受益，也就是说，求职者不仅应该追求礼仪外在的形式，更应该追求其情感的真诚流露和表现。

6. 适度原则

在人际交往中，要注意各种不同情况下的社交距离，也就是要善于把握沟通的情感尺度。在人际交往中，沟通和理解是建立良好人际关系的重要条件，但如果不善于把握好沟通的情感尺度，使人际交往缺乏适度的距离，结果会适得其反，在一般的交往中，既要彬彬有礼，又不能低三下四，既要热情大方，又不能轻佻浮夸。在面试过程中，也要做到不卑不亢，只有这样，才能够真正达到沟通的目的。

### 4.4.2 面试礼仪攻略

1. 注重外表

注重外表也是一种礼仪。"外貌协会"常用来比喻人们以貌取人的方式和态度。但在人们生活水平和文明程度普遍提高之后，适当的注重自身的仪容仪表，就反映了一个人对他人的尊重。通常，我们可以从着装、发型等方面来关注一个人的外表。

(1) 着装礼仪

一个人的穿着打扮可以反映出一个人的修养和风格，一个人的着装往往决定了招聘者对求职者的第一印象。仪表端正、衣着整洁、举止文明的人，一般做事有规律，讲求程序，自我约束力强，责任心强，因此在面试过程中，应聘者在面试中所体现出的礼仪举止在很大程度上影响着面试成绩。

**案例**

毕业生小王参加了学校的就业指导课以后，决定重新给自己包装一下。经过一番设计，效果果然大不一样。只是脚上那双新鞋，买的时候不小心买大了一码。第二天面试时，他穿上新衣新鞋，来到该单位。可是，那双鞋子太大了，老是掉鞋跟，自我感觉很不好，走起路来心里就发慌，怎么走怎么别扭。面试时，单位的一位领导突然要求小王走上几步给考官看，这下小王就更紧张了。心里越紧张，结果越走越难看。几天后，别的一同面试的同学都接到复试的通知，小王却没有。后来才知道，面试官看到小王现场的表现，认为他是不是脚有问题，所以没有录用。小小的着装失误导致错过良机，实在可惜。

① 着装的普遍原则。

根据礼仪规范，我们在着装时如欲表现不俗，就必须恪守以下基本的着装原则：

原则之一，是要适合。每个人在年纪、性别、形体、职业、身份等方面，都有所不同，在着装时，必须首先考虑这一点，尽量使着装为自己扬美显善，避短藏拙。这就是适合原则的含义。

原则之二，是要合规。所谓合规，指着装应当合乎规范，按部就班，遵循其固定的搭配，穿着之法，而不应各行其是，为所欲为。例如，穿带踏脚环的健美裤，就要配以中帮或高帮鞋，不然就会有碍观瞻。

原则之三，是要应景。应景，就是说着装应依照具体场合的不同而加以区分。一般的规律是：在公务场合，着装要传统保守；在社交场合，着装要时尚个性，在休闲场合，着装要舒适自然。这些，均不宜轻宜混淆。不然的话，就会被他人视为着装不得体。具体到面试，应当穿着比较正式些，或迎合公司文化。男女生最好不要在面试时穿T恤、牛仔裤、运动鞋，避免给人一副随随便便的样子。女生一定不要在服饰上给人错误的信号，例如过于花枝招展、性感暴露的打扮会让面试官反感，对求职本身毫无益处。

原则之四，是要适时。只注重环境、场合、社会角色和自身条件而不顾时节变化的服饰穿戴，同样也不好。比较得体的穿戴，在色彩的选择上也应注意季节性。如春秋季节适合选中浅色调的服装，如棕色、浅灰色等。冬季可以选偏深色的，如咖啡、藏青、深褐色等。夏装可以选淡雅的丝棉织物。

② 着装搭配法则。

法则一：整洁平整。

服装并非一定要高档华贵，但须保持清洁，并熨烫平整，穿起来就能大方得体，显得精神焕发。整洁并不完全为了自己，更是尊重他人的需要，这是良好仪态的第一要务。

法则二：色彩技巧。

不同色彩会给人不同的感受，如深色或冷色调的服装会让人产生视觉上的收缩感，显得庄重严肃；而浅色或暖色调的服装会有扩张感，使人显得轻松活泼。因此，可以根据不同需要进行选择和搭配。全身要在三种颜色以内。

法则三：配套齐全。

除了主体衣服之外，鞋袜、手套等的搭配也要多加考究。如袜子以透明近似肤色或与服装颜色协调为好，带有大花纹的袜子不能登大雅之堂。正式、庄重的场合不宜穿凉鞋或靴子，黑色皮鞋是适用最广的，可以和任何服装相配。

法则四：饰物点缀。

巧妙地佩戴饰品能够起到画龙点睛的作用，给人增添色彩。但是佩戴的饰品不宜过多，否则会分散对方的注意力。佩戴饰品时，应尽量选择同一色系。佩戴首饰最关键的就是要与你的整体服饰搭配统一起来。

③ 男生面试时的服饰礼仪。

西装：是全世界最流行的服装，是正式场合着装的优先选择。根据国际惯例，参加正式、隆重的宴会，欣赏高雅的文艺演出时，起码应该穿着西装。按照惯例，越是正规的场合，越讲究穿单色西装。藏蓝色西装是首选，灰色或棕色也可以，而黑色的适合在庄严、肃穆的礼仪性活动中穿着。要想使自己所穿的西装真正称心合意，就必须在西装的款式、穿法、搭配等方面严守规范。

**知识链接**

### 西装的挑选

西装的款式，按不同划分方法可以得出不同归类，常见的划分方法有两种：

(1) 按件数划分。西装分为单件和套装。依照惯例，单件西装是一件和裤子不配套的西装上衣，仅适用于非正式场合。在正式的商务交往中所穿的西装，必须是西装套装。

西装套装分为两件套和三件套。两件套西装套装包括一衣和一裤。三件套西装套装包括一衣、一裤和一件背心。按照传统观点，三件套西装比起两件套西装来，显得更正规。一般参加高层次的对外活动时，就可以这么穿。

(2) 按照西装上衣的纽扣数量来划分。西装上衣分为单排扣和双排扣。

单排扣的西装上衣比较传统。最常见的有一粒纽扣、两粒纽扣和三粒纽扣三种。一粒纽扣和三粒纽扣的单排扣西装上衣穿起来比较时尚，而两粒纽扣的单排扣西装上衣就显得更为正统一些。

双排扣的西装上衣比较时尚。最常见的有两粒、四粒、六粒纽扣三种。两粒纽扣和六粒纽扣两种款式的双排扣西装上衣属于流行的款式，而四粒纽扣的双排扣西装上衣就明显地具有传统风格。

男生可在平时准备一至两套得体的西装，颜色应当以主流颜色为主，如灰色或深蓝色，档次应符合学生身份，不要盲目攀比，乱花钱买高级名牌西服，因为用人单位看到求职者的衣着太过讲究，不符合学生身份，对求职者的第一印象会打折扣。

衬衫：以白色或浅色为主，这样较好配领带和西裤。平时也应注意选购一些合身的衬衫，面试前应熨平整。崭新的衬衣穿上去会显得不自然、太抢眼，以至于削弱了主试人对求职者其他方面的注意。需要提醒一点，面试时你所穿的西服、衬衫、裤子、皮鞋、袜子都不宜给人以崭新发亮的感觉，原因是主试人会认为你的服饰都是匆匆凑齐的，那么你的其他材料是不是也加入了过多人工雕琢的痕迹呢？而且从没穿过的东西从头到脚包裹在身上，可能会让你觉得别扭，从而分散你的精力，影响面试表现。

皮鞋：不要以为越贵越好，而要以舒适大方为度。皮鞋以黑色为宜，且面试前要擦干净。

领带：男生参加面试如果穿西服的话，一般应该打领带，领带要干净平整，平时可准备好与西服颜色相协调的领带。

袜子：袜子的颜色也有讲究，穿西服、皮鞋时的袜子以深色为宜，如灰、蓝、黑色等，这样在任何场合都不失礼。

④ 女生面试时的服饰礼仪。

女士的着装要比男士复杂。从各个方面来说应聘的职业如果是教师、工程师、干部等岗位，打扮就不能过分华丽、过分时髦，而应该选择庄重、素雅、大方的着装，以显示出稳重、文雅、严谨的职业形象；如果你拟应聘的职业是导游、公关、服务等岗位，你就可以选择华美、时髦的着装，以表现活泼、热情的职业特点。

套装：女生应准备一至两套较正规的套服，以备去不同单位面试之需。套服的选择原则是必须与准上班族的身份相符，颜色鲜艳的服饰会使人显得活泼、有朝气，素色稳重的套装会使人显得大方干练。

皮鞋：鞋子款式要以简单大方包住脚趾的基本款为主，不可穿露趾鞋如鱼嘴鞋、凉鞋等休闲鞋子，鞋头不宜选择尖头的，要以圆头鞋子为主。可以选择设计稍微新颖的鞋子，会显得人很有想法和品位，但不要过于前卫。鞋跟不宜过高，在3～8厘米为宜，要根据个人身高和穿着习惯来确定。鞋子的颜色要与上装或套裙的颜色一致，不宜选择亮色（即漆皮色、糖果色等）和花色的鞋子，纯色即可。裤子的长度要盖住鞋面。丝袜以肉色为雅。应试时切不可穿脱丝的袜子，为防万一，可在包里放一双备用。丝袜要高于裙边，不可露出袜子边。可以穿裤袜。

皮包：女生的皮包要能背的，与装面试材料的公文包有所区别，可以只拿公文包而不背皮包，但不能把公文包里的文件全部塞在皮包里而不带公文包。公文包或手提小包，带一个即可，不要两个都带。在多数面试场合，携带公文包比手提小包体现出更多的权威。不要将包塞得满满的。如果你个子较矮小，包则不宜过大。面试过程中要注意将手袋放在脚旁，不要放在膝上，以避免走时遗忘或无意识地摆弄。

化妆：女生可以适当化淡妆，包括口红、眼影等。妆容要素雅，既不可素面朝天，更不可浓妆艳抹。好的妆容会是你面试的关键。肢体语言、面部妆容、穿着打扮、言谈举止构成了面试的最为重要的部分。第一印象最为重要。公司会通过它来判断你的生活态度和方式，不懂得生活的人是不会工作好的。如果使用香水，不宜过于浓郁，过于特殊，以清新的花香和水果香味最好。喷香水时不要直接喷向自己，要把香水喷向空中，自己可以在香水雾下转个圈，夏天也可以用止汗露，防止异味。

首饰：基本原则，精心挑选、合理搭配、贵精不贵多。一般耳环、项链、手链、戒指中不可超过两件，要选择质地一样、颜色相近的。耳环以耳钉为主，大小适宜，不可佩戴耳链，不可佩戴两个或者以上，不可佩戴发出声音的，不可太亮的，更不易佩戴假的珠宝。项链要与整体衣服配搭，不宜太长。手链中手镯比较受欢迎，可以衬托出女性的手的美丽，镯子上的小饰物应当避免，其他刻有你名字首字母的首饰也应避免。

(2) 保持仪容整洁

仪容是指人的外观、外貌，重点是指人的容貌。在人际交往中，每个人的仪容都会引起交往对象的特别关注，并将影响到对方对自己的整体评价。在个人的仪表问题中，仪容是重要的组成部分。

修饰仪容的原则是美观整洁、卫生、得体。仪容既要修饰，又忌讳标新立异，简洁、朴素最好，将仪容仪表修饰得花里胡哨、轻浮怪诞，是得不偿失的。

首先要保持头发干净自然。男生女生都应在面试前一天或当天洗干净头发，保持头发的柔顺、整齐、飘逸。避免头屑留在头发或衣服上。此外，男生应尽量避免在面试前几天理发，以免看上去不够自然。发型要适合所应聘岗位，不宜烫发、染发、披头散发。最好扎起来或简单盘起来给人以干净利落的感觉。刘海根据额角不同来确定。女生不宜用过多发卡，发卡款式、质地、颜色要与整体搭配。

夏天天气炎热，可留凉爽、舒畅的短发，如果是长发，则可以梳辫子或将头发盘起。由于多数人夏天面部油脂分泌都很旺盛，而额前的头发过多往往容易使热量不便于散发，反过来更加使得面部油光异彩。因此，夏季的发型一定要考虑前额、两颊的头发不能留得过多，应尽量把头发向后向内梳理。同时，搭配一个浅色的上衣领，能够把脸部衬托得光亮鲜活。

冬天人们的衣着较厚，衣领高，留长发既美观又保暖。在冬季较爱刮风的地方，参加面试前最好用帽子、头巾或者干脆用发带把头发罩住，等到达面试地点前，利用上卫生间的机会再理顺一下头发。

男生面试前要将胡须剃干净，鼻毛、指甲在面试前一天剪整齐。

女生的指甲不宜过长，不易涂颜色鲜艳的指甲油，可涂肉色、透明色等。手部要清洁，做适当的养护。

**知识链接**

### 国外着装礼仪常识

**美国**

总体而言，美国人平时的穿着打扮不太讲究。崇尚自然，偏爱宽松，讲究着装体现个性，是美国人穿着打扮的基本特征。跟美国人打交道时，应注意对方在穿着打扮上的下列讲究，免得让对方产生不良印象。

第一，美国人非常注重服装的整洁。

第二，拜访美国人时，进了门一定要脱下帽子和外套，美国人认为这是一种礼貌。

第三，美国人十分重视着装细节。

第四，在美国，女性最好不要穿黑色皮裙。

第五，在美国，一位女士要是随随便便地在男士面前脱下自己的鞋子，或者撩动自己裙子的下摆，往往会令人产生成心引诱对方之嫌。

第六，穿睡衣、拖鞋会客，或是以这身打扮外出，都会被美国人视为失礼。

第七，美国人认为，出入公共场合时化艳妆，或是在大庭广众之前当众化妆补妆，不但会被人视为缺乏教养，而且还有可能令人感到"身份可疑"。

第八，在室内依旧戴着墨镜不摘的人，往往会被美国人视作"见不得阳光的人"。

**加拿大**

在日常生活中，加拿大人着装以欧式为主。上班的时间，他们一般要穿西服、套裙。参加社交活动时往往要穿礼服或时装。在休闲场合则讲究自由穿着，只要自我感觉良好即可。

**法国**

法国人对于衣饰的讲究，在世界上最为有名。所谓"巴黎式样"，在世人眼中即与时尚、流行含意相同。在正式场合：法国人通常要穿西装、套裙或连衣裙，颜色多为蓝色、灰色或黑色，质地则多为纯毛。出席庆典仪式时：一般要穿礼服。男士所穿的多为配以蝴蝶结的燕尾服，或是黑色西装套装；女士所穿的则多为连衣裙式的单色大礼服或小礼服。对于穿着打扮，法国人认为重在搭配是否得法。在选择发型、手袋、帽子、鞋子、手表、眼镜时，都十分强调要使之与自己着装相协调，相一致。

**德国**

德国人在穿着打扮上的总体风格，是庄重、朴素、整洁。在一般情况下，德国人的衣着较为简朴。男士大多爱穿西装、夹克，并喜欢戴呢帽。妇女们则大多爱穿翻领长衫和色彩、图案淡雅的长裙。德国人在正式场合露面时，必须要穿戴得整整齐齐，衣着一般多为深色。在商务交往中，他们讲究男士穿三件套西装，女士穿裙式服装。德国人对发型较为重视。在德国，男士不宜剃光头，免得被人当作"新纳粹"分子。德国少女的发式多为短发或披肩发，烫发的妇女多半都是已婚者。

**波兰**

波兰人的穿着打扮极有自己的特点。除正式场合要穿西服、套裙之外，波兰人日常着装的最大特点，是崇尚个性，讲究与众不同。

**俄罗斯**

俄罗斯人大都讲究仪表，注重服饰。在俄罗斯民间，已婚妇女必须戴头巾，并以白色的为主；未婚姑娘则不戴头巾，但常戴帽子。在城市里，俄罗斯人目前多穿西装或套裙，俄罗斯妇女往往还要穿一条连衣裙。前去拜访俄罗斯人时，进门之后请立即自觉地脱下外套、手套和帽子，并且摘下墨镜。这是一种礼貌。

**澳大利亚**

男子多穿西服，打领带，在正式场合打黑色领结，达尔文服是流行于达尔文市的一种简便服装。妇女一年中大部分时间都穿裙子，在社交场合则套上西装上衣。无论男女都喜欢穿牛仔裤，他们认为穿牛仔裤方便、自如。土著居民往往赤身裸体，或在腰间扎一条围巾，有些地方的土著人讲究些，披在身上。他们的装饰品丰富多彩。

**墨西哥**

墨西哥人的穿着打扮，既具有强烈的现代气息，又具有浓厚的民族特色。在墨西哥人的传统服装之中，名气最大的是“恰鲁”和“支那波婆兰那”。前者是一种类似于骑士服的男装，看起来又帅又酷。后者则为一种裙式女装，穿起来让人显得又高贵，又大方。墨西哥人非常讲究在公共场合着装的严谨与庄重。在他们看来，在大庭广众之下，男子穿短裤，女子穿长裤，都是不合适的。因此，在墨西哥出入公共场合时，男子一定要穿长裤，妇女则务必要穿长裙。

### 2. 注意行为

行为也可体现礼仪。加州大学洛杉矶分校的一项研究表明，个人给他人留下的印象，7%取决于用词，38%取决于音质，55%取决于非语言交流。非语言交流的重要性可想而知。在面试中，恰当使用非语言交流的技巧，将为你带来事半功倍的效果。无声语言主要有：手势语、目光语、身势语、面部语等，通过仪表、姿态、神情、动作来传递信息，它们在交谈中往往起着有声语言无法比拟的效果，是职业形象的更高境界。

(1) 学会微笑

甜美的微笑是世界通用的人与人之间沟通的一种好方法。面试中，露出自信的微笑，有表现心境良好、充满自信、真诚友善、乐业敬业等作用。面带微笑会增进与面试官的沟通，会百分之百地提高你的外部形象，改善你与面试官的关系。赏心悦目的面部表情，应聘的成功率，远高于那些目不斜视、笑不露齿的人。不要板着面孔，苦着一张脸，否则不能给人以最佳的印象，争取到工作机会。听对方说话时，要时有点头，表示自己听明白了，或正在注意听。同时也要不时面带微笑，当然也不宜笑得太僵硬，一切都要顺其自然。真正的微笑应发自内心，渗透着自己的情感，表里如一，表情呆板、大大咧咧、扭扭捏捏、矮揉造作，都是一种美的缺陷，破坏了自然的美。毫无做作或矫饰的微笑被视作“参与社交的通行证”，会让主试人对你友善，而友善则是面试成功的最好条件之一。

(2) 学会握手

面试时，握手是一种最重要的身体语言。专业的握手可以创造平等和谐、相互信任的氛围。你的自信会让人觉得你有能力并且愿意做任何工作。这是赢得一个良好的第一印象的最好方法。怎样握手？握多长时间？这些都是很关键的。因为这是你第一次见到面试官，双手礼貌的接触是建立第一印象的开始，许多企业以握手来考察一个应聘者是否专业、自信。所以，在面试官向你伸出手后，你要及时给出回应，一般握手会保持几秒，震臂两次，然后双手自然放下。握手要有力，有“感染力”。眼睛要直视对方，自信地说出你的名字，即使你是一个女士，也要通过握手的力度来表达你坚定的态度。但切不可太用劲，更不要使劲摇晃；不要用两只手，用这种方式握手在西方公司看来不够专业。而且手应当是干燥、温暖的。如果他(她)伸出手，却握到一只软弱无力、湿乎乎的手，这肯定不是好的开端。如果你刚刚赶到面试现场，用凉水冲冲手，使自己保持冷静。如果手心发凉，就用热水捂一下。

握手时的细节动作可暴露你的内心。握手时长时间地拖住面试官的手，偶尔用力或快速捏一下手掌。这些动作显示出你的紧张，而面试时太紧张表示你无法胜任这项工作；轻触式握手则显示出你的恐惧和缺乏信心。远距离在对方还没伸手之前，就伸长手臂去够面试官的手，表示你太紧张和害怕,面试者会认为你不喜欢或者不信任他们。

(3) 学会坐和站

俗话说:"站有站相,坐有坐相",这是对一个人行为举止最基本的要求。应聘者更应熟练掌握。

① 坐姿

出于尊重,一般面试官都会给求职者安排座位,所以多数面试过程是坐着进行。所以,懂得怎样正确去坐,显得非常重要。进入面试室后,在没有听到"请坐"之前,绝对不可以坐下,等考官告诉你"请坐"时才可坐下,坐下时应道声"谢谢"。坐姿也有讲究,"站如松,坐如钟",面试时也应该如此,良好的坐姿是给面试官留下好印象的关键要素之一。

入座时要轻稳,走到座位前,转身后,右腿后撤半步,轻稳地坐下。女子就座时,应用手将裙稍稍拢一下,男子则应将西服扣打开。坐在椅子上时,上体保持站姿的基本姿势,头正目平,嘴微闭,面带微笑、双膝并拢,两脚平行,鞋尖方向一致,根据椅子的高低调整坐姿,做到两腿自然弯曲,小腿与地面基本垂直。双脚可正放或侧放,并拢或交叠。女子的双膝必须并拢,双手自然弯曲放在膝盖或大腿上。如坐在有扶手的沙发上时,男士可将双手分别搭在扶手上,而女士最好只搭一边,倚在扶手上,以显示高雅。坐姿还可以上体与腿同时转向一侧,面向对方,形成优美的S形坐姿,还可两腿膝部交叉,脚内收与前腿膝下交叉,两脚一前一后着地,双手稍微交叉于腿上。坐在椅子上时,一般只坐满椅子的三分之二,不要靠背,仅在休息时才可轻轻靠背。

有两种坐姿不可取:一是紧贴着椅背坐,显得太放松;二是只坐在椅边,显得太紧张。这两种坐法,都不利于面试的进行。要表现出精力和热忱,松懈的姿势会让人感到你疲惫不堪或漫不经心。切忌跷二郎腿并不停抖动,两臂不要交叉在胸前,更不能把手放在邻坐椅背上,或加些玩笔、摸头、伸舌头等小动作,容易给人一种轻浮傲慢、有失庄重的印象。

② 站姿

站姿在面试过程中也是不可少的。在面试中,正确的站姿是站得端正、稳重、自然、亲切。做到上身正直,头正目平,面带微笑,微收下颌,肩平挺胸,直腰收腹,两臂自然下垂,两腿相靠直立,两脚靠拢,脚尖呈"V"字形。女生两脚可并拢。

(4) 学会用眼

眼睛是心灵的窗户,恰当的眼神能体现出智慧、自信以及对公司的向往和热情。面试一开始就要留心自己的眼神。对面试官应全神贯注,目光始终聚焦在面试人员身上,在不言之中,展现出自信及对对方的尊重。注意眼神的交流,这不仅是相互尊重的表示,也可以更好地获取一些信息,与面试官的动作达成默契。说话时不要低头,正确的眼神表达应该是:礼貌地正视对方,也不要一味直勾勾地盯着对方的眼睛,注视的部位最好是考官的鼻眼三角区(社交区);目光要专注有神;如果有几个面试官在场,回答谁的问题,就应把你的目光投向谁,同时,要适当用目光扫视一下其他人,以示尊重;回答问题前,可以把视线投在对方背面墙上,约两三秒钟做思考,不宜过长,开口回答问题时,应该把视线收回来。谈话时,眼睛要适时地注意对方,不要东张西望,显得漫不经心,也不要眼皮低望,显得缺乏自信。

(5) 学会用手势

在整个面试过程中,适当的手势可以更好地传递信息,表达情感。但使用手势也要注意,一是使用正确的手势。给对方指示方向时,应掌心向上,四指并拢,大拇指张开,以肘关节为轴,前臂自然上抬伸直。指示方向时上体稍向前倾,面带微笑,自己的眼睛看着目标方向并兼顾对方是否意会到。谈到自己时应用手掌轻按自己的左胸，显得端庄、大方、可信。二是避免不当的手势。一些令人难堪的小动作，如挖耳朵、擦鼻子、打喷嚏等会破坏面试官对你的好印象，克服这类毛病并不难，保持轻松自在的坐姿，如带有公文包，可用手握着包或手握手也行；过多的手势也会分散人的注意力，要知道，交流的主要工具还是语言，手势需要与自己的语言配合；交谈很投机时，可适当地配合一些手势讲解，但不要频繁耸肩，手舞足蹈；有些求职者由于紧张，双手不知道该放哪儿，而有些人过于兴奋，在侃侃而谈时舞动双手，这些都不可取；很多中国人都有这一习惯，为表示亲切而拍对方的肩膀，这对面试官很失礼。

### 3. 注意细节

细节也能展现礼仪。面试者在整个面试过程中，时时处处都要注意自己的行为举止，这些细节也可能成为面试官考察的内容。

(1) 敲门时，应将右手握成半拳状，用中指轻轻叩门，不要用多个手指或者手背、手掌用力拍打。敲门力度大小应适中，力度太大会让考官受到惊吓，给人以粗鲁、没有教养的感觉；力度太小让人感觉你胆子太小，紧张过度。敲门应以两到三下为宜，如果敲四下以上，则是很不礼貌的行为。敲门后要等待考官应答。得到许可后方可进入。如果没听到考官说“请进”的口令，考生应等待 3 秒钟再次敲门，声音适度提高一点；如果仍没有听到考官应答，则可以 3 秒钟后推门进入。无论考生进来之前门是开着还是关着，考生都要关门，这体现考生的修养。关门时应轻巧，保持安静。关门后缓慢转身面对考官。

(2) 走进办公室时，应抬头、挺胸、面带微笑，目光注视考官，不瞻前顾后，不左顾右盼。男士步伐矫健、端庄、自然、大方，给人以沉着、稳重、勇敢、无畏的印象；女士步伐轻盈、敏捷，给人以轻巧、欢悦、柔和之感。走到考官面前，应亲切地道一声“您好”，若主考官站起来与你握手，你则热情地把手伸过去与之相握。然后站直身子，精神饱满，面带微笑，挺胸收腹，两脚并齐，双臂自然下垂或交叉于体前，两腿靠拢，像松树一样伟岸挺拔，男士显得刚毅洒脱、舒展大方，女士显得婷立端庄、秀丽俊美。

(3) 当主考官示意坐下时，方可落座。就座后，可适当调整坐姿，坐姿对一个人的心理影响很大，若是直背靠椅，那是比较理想的，应轻轻坐下，上身正直，微向前倾，目前注视主考官的眼部和脸部以示尊重，双手放在扶手上或交叉于腹前，双腿自然变曲并拢，双脚平落地面，若是软绵绵的沙发靠椅，也尽量控制自己，不要陷下去，要挺腰坐直，全神贯注地面对考官。不要弓腰曲背，抓耳挠腮，高跷“二郎腿”，女士忌双腿分开，身体各部位都不要抖动，要很稳重地坐在主考官面前，按受他对你的全方位考察。

(4) 需递个人资料时，应站起身双手捧上，表现出大方、谦逊和尊敬。面试结束时，应道声“谢谢”，站起身走到门前，再转身微笑地道一声“再见”，把美好的形象留给考官。

(5) 克服小动作。有的考生在面试答题时，表情木然，神情紧张或过于严肃，目光虚弱散乱；行为举止不当，过分谦恭，弯腰躬背，两手下意识地揉搓，点头哈腰，吐舌头、翻白眼；回答问题时辅助性的手势很零碎，频度过高，让人觉得滑稽可笑；坐姿不正，出现摇头晃脑、抖腿、跷二郎腿等下意识的动作。这些习惯性的毛病经常会让考生本来优异的表现大打折扣。这些面试中的无意识的小动作，应该有意识地去克服改正。可以在自己独处的时候对着镜子练习，或让家人和朋友指出你经常性的小动作，有针对性地加以改正。

(6) 当主考官示意面试结束时，应微笑起立，感谢用人单位给予自己的面试机会，然后道声“再见”，没有必要握手(除非考官主动伸手)。如果之前进入面试室时有人接待或者引导，离开时也应一并致谢告辞。

面试过程虽然情节简单，但细节千变万化。作为大学生求职者，一定要学习、掌握和运用好礼仪，走出成功的关键一步。

**知识链接**

### 常见面试问题

1. 一般性提问

(1) 关于求职动机

——为什么选择我们公司？

——对在公司工作的预期(工作条件、目标薪酬等)。

目的在于：考察求职者的求职动机，判断求职者的工作期望和公司实际条件是否一致。

(2) 关于仪表与性格

面试全过程进行有意识观察。

目的在于：考察求职者的形态、穿着、举止、礼貌、动作、习惯和性格特点等。

(3) 关于人格品行

——你择业考虑的主要问题是什么？

——个人未来职业生涯的预期。

——如何理解幸福的人生和成功的事业？

目的在于：了解个人的价值观、抱负、生活理念等。

(4) 关于敬业精神

——谈一件你的经历中最值得自豪的事件，你是如何获得成功的？

——你的职业态度是什么？

目的在于：考察以往的业绩、职业态度、责任感、进取精神、开拓精神等。

(5) 关于专业知识、特长经验

——简单描述一下你的受教育经历(包括学校教育和工作中的培训)。

——如何使你的工作对公司更有价值？

目的在于：从专业的角度了解求职者特长及知识的深度与广度，是否具备岗位所需的专业知识和专业技能。

(6) 自知力和自控力

——你最大的优点？最大的缺点？

——如何发挥优点和克服缺点？

——你遇到最大压力时的处理方法。

目的在于：能否客观地进行自我了解和自我剖析。

(7) 表达能力

——观测面谈过程中的口头表达的准确性，发音的准确性；

——观测体态语，语言感染力、音量、音调、节奏。

目的在于：考察求职者的语言组织和表达能力。

(8) 未来发展能力

——如果工作需要实行计算机自动化办公，你认为你能适应吗？

——假设公司未来几年获得高速发展，你将如何适应工作环境的变化？

目的在于：考核求职者的知识面、自我学习能力、身体状况、对未来的预期等。

根据一般性问题，为避免面试过程中思考时间有限而仓促应对，有针对性地准备答案很有必要。准备答题应遵循以下原则：

① 回答问题把握重点；

② 叙述力求具体；

③ 回答紧扣内容；

④ 尽可能表现自己的特色。

面试中可能遇到其他一些问题，你只要本着诚实守信的态度回答，都可以取得主试人的好感。

2. 压力式提问

当招聘者想了解你如何处理压力时，尤其是他们提出一连串颇难对付的问题时，你就会遇到这种充满压力的面试。一位求职者描述面试经历时说：“面试官不断提问，很专注，听得很仔细。我也一直处于戒备状态，受尽折磨，直到最后才稍有松懈。”招聘者用这种方式想看看你在压力下是否变得沮丧、戒备，捕捉你的疏漏，千万不要让他们挫伤你的锐气。如果你觉得问题来得太快，不能很好回答，那么做一次深呼吸，笑一笑，说：“我可以一次只回答一个问题吗？我想那样我会答得好些。”

3. 假设性提问

当招聘者想了解你处理问题的能力时常用这个方法。这会帮助他们知道你过去的表现及推测你将来的表现。通常会虚拟某种情况，看你将怎样处理。

——如果你负责的一件工作不能按期完成，你会怎么做？

——如果你必须和一个很难相处的人共同完成一项工作，你会怎么办？

——如果你最要好的同学告诉你，在考试时他严重违反校纪(未被任何人发现)，你怎么办？

回答这类问题要有针对性。例如，关于不能按期完成工作的问题，招聘者想知道的是：

(1) 你怎么处理它；

(2) 你会用什么策略；

(3) 你是不是足智多谋；

(4) 你是否想增加人手；

(5) 你是否能走捷径而不损害工作；

(6) 你是否具有原则性和政策素质。

具体问题具体分析是一个不错的方法。你可以给出一个遇到过的相似情况的例子，告诉招聘者你是怎么完美画上句号的。

4. 随机式提问

招聘者有时还要看看你在日常情况下和关键时刻的表现，看看你在处理将要遇到的问题时是否有涵养、有技巧。

例如，一位应聘高级管理职位的求职者回忆公司邀请他到一家餐厅晚餐的情况：

"吃完饭,服务员来结账,他们一个个地出去了,我坐着等他们回来,但他们没有回来。我以为这是一个玩笑,但经理说他们都已经走了。于是我对服务员说一定是误会了,但我会付账的。"后来他才知道这是公司和服务员事先安排好的。想看看在这种情况下求职者怎样冷静得体地代表公司处理此事。

这类面试,要求求职者时刻小心谨慎,当然求职者也可以事先做些准备。例如:

——列出可能遇到的各种日常问题;

——列出可能遇到的紧急情况;

——回顾过去在处理日常工作和紧急情况时所使用的技巧。

以上列出了一些应对面试的方法,在实际面试中,你应该审时度势地加以运用。

### 4.4.3 面试禁区

面试对求职者来说是至为重要的一环,现将面试过程容易出现的细节问题做一归纳,以期引起求职者注意。

#### 1. 姗姗来迟

不管出于何种原因、应聘何种企业,迟到都是求职面试的第一大忌。令人不解的是,就是这样一个简单要求,不少应聘者却总是为自己寻找诸多借口,如堵车、路线不熟悉等。切记,当你喋喋不休在为自己的迟到寻找理由时,应聘其实已经结束,出局是自然结果。

#### 2. 不修边幅

应聘者参加面试并不需要穿着名牌,但最起码要保持衣着的干净、整洁,外表看上去精神干练。得体的着装不一定要靠名牌来支撑的,它并不能提高你的能力。因此着装不要邋遢、不要太随意,只要整洁得体就好,这样才能帮助你给面试官留下一个美好的印象。另外,怎样穿着也要视情况而定:政府机关、外企、民营企业……不同的企业有不同的要求,根据不同的情况决定穿着,才能万无一失。

#### 3. 简历"注水"

既然是简历,就不要做得太复杂,一两张 A4 纸足矣。另外,做简历也要因"企业"而异。国企、政府机关,他们大多喜欢履历型简历,部分民营企业则喜欢精装简历,而外企就比较青睐简单明了的简历。只有根据不同类型的企业投递不同类型的简历,才能为自己争取到更多的机会。

另外,简历中提供的信息一定要实事求是,只要被人发现有一处作假,面试官就会觉得你处处作假。一个连诚实都做不到的人,企业凭什么信任你?切忌为了得到面试机会,就在简历上自我吹嘘。

#### 4. 眼高手低

无论你以前表现如何出色,作为职场新人,应聘者在真正的职场精英面前,也只能是个从零起步的"小字辈"。而对那些刚刚跨出校门的大学毕业的求职者来说,学校只是个小圈子,学生时代有多么优秀,获得过多少奖励,这都成为过去。走入社会、步入职场,就意味着要从头开始，要虚心向众人学习。

### 5. 曲意奉承

向面试官介绍自己时语言要流畅，回答问题要简单明了，不要含含糊糊、东拉西扯地让人摸不着头脑。另外要注意的是，面试中不要急于套近乎，不顾场合地说“我认识你们单位的某某”、“我和某某是同学，关系很不错”等，不要以此显示自信，好像这个岗位非你莫属。其实主考官听了这番话有时会适得其反：如果你说的那个人是他的顶头上司，主考官会觉得你在以势压人，如果主考官与你所说的那个人关系不怎么好，甚至有矛盾，那么你这样引出的结果很可能就是自我遭殃。

### 6. 脚踏两只船

没有哪个公司愿意招一个随时会走掉的人。有的大学生一边向用人单位表达入职愿望，一边又表现出正在等待另一家公司的结果，可想而知，既然你给自己留了这么多的后路，那就应该不在乎被招聘企业的拒绝。

### 7. 开口谈钱

有些面试者一见面就急着关心待遇问题：你们可以给多少薪金？有午餐费吗？电话费、车费报不报销？这就会给面试官留下“工作还没干就先提条件”的不好印象，而且会让面试官对你产生“我们还不一定要聘你呢”的想法。

报酬不是不可以问，只是不要太着急。谈论报酬待遇是应聘者的权利，无可厚非，关键是要看准时机和“火候”。一般在双方已有初步聘用意向时，再委婉地提出来。如果是面试官主动提到薪酬甚至追问你对薪酬的想法时，作为一个职场新人要考虑到，你还没有足够的能力为公司盈利的能力，相反倒可能是公司会花大把时间和金钱培养你，所以信口开河谈工资，往往会反映出你的浮躁和没有自知之明。另外，任何一家正规的大企业都有自己的薪酬福利体系，对职场新人而言只要“对号入座”即可，急着打听酬劳福利，许多时候是多此一举。

### 8. 频频反问

例如面试官问：“关于工资，你的期望值是多少？”面试者应以直接或委婉的方式作正面回答，而一句“你们打算出多少？”这样的反问很容易引起面试官的不快和敌视。

### 9. 准备不足

过分拘谨、紧张显示心理上的准备不足；被动回答、答非所问或无话可说显示知识和信息上的准备不足；言语粗俗、态度生硬、过分自卑或过度自信、贬低他人来抬高自己等则属于个人素质的准备不足。没有充分的准备，甚至没有分清单位的性质和对求职者的要求，盲目应试，以应聘企业、公司的准备去进行公务员或教育岗位的面试，结果可想而知。

## 4.5 案例分析

下面是一个模拟面试过程，包括问答技巧和应注意的面试礼仪，供大家参考学习。

Q：面试官；

A：大学毕业生，应聘者。

进入面试场，坐定后，作简短的自我介绍。

提示：

◇ 第一印象产生——决定性关键因素。

◇ 注意眼神接触，保持微笑。

◇ 注意礼貌。

Q：从你的简历和求职信来看，你各方面的条件都不错，能不能谈一下你在大学求学期间有没有什么相关的社会活动经验？

A：我学的是××大学市场营销专业，与社会接触比较多，我平时也比较喜欢参加学校团体活动和社会实践活动——在二年级的时候就是班级的××干部，连续两个暑假参加了加拿大安美森公司主持的国际商务论坛，在该公司做过市场兼职助理，做一些相关的联络工作……

提示：

◇ 回答问题要诚实中肯，切忌撒谎和浮夸。

◇ 力争引起对方的共鸣。

Q：为什么想到我们公司工作呢？

A：我在××地方看到贵公司的招聘广告，对贵公司刊登的职位信息做了一些研究，觉得我所学的专业与贵公司的职位要求相符，我还在贵公司的网站上看到贵公司将在三年内大幅扩大营销队伍的新闻。

提示：

◇ 搜集公司情报，了解职务内容。

◇ 把握充分展示自己的机会。

Q：如果你获得这个工作机会的话，你可不可以想象5年后的自己？你有没有考虑过自己的职业生涯规划？

A：虽然这个社会有很多不可预测的事情，但我还是认为自己在这5年里会随着公司一起成长，我一定会紧紧跟随公司的最新进展，而我在营销策划上一定将在较高层次上取得较大的进步……

提示：

◇ 充分表达出自己对工作的热忱和对未来的信心。这是任何个性的人力资源经理都喜欢的。

Q：你觉得你有足够的能力来完成这份工作吗？

A：有。即使有某些经验不完善的地方，但我相信当我逐渐熟悉公司的运作计划和操作环节后，我一定能……

提示：

◇ 回答应表现出高度的自信心及魄力。

Q：你所期望的待遇可能超过了我们公司的预期，我们无法满足你的要求，你能接受吗？

A：我所提出的期望待遇与国内这个行业的职位薪酬标准相比是属于中等偏上的，当然具体的待遇标准还要由贵公司评估我的表现及资历来最后确定。我愿意在双方达成一个共识的基础上，在一定时期内按贵公司新进入公司的员工待遇标准工作……

提示：

◇ 回答这类问题的方法有很多种，要根据当时面谈的气氛和具体的情境来灵活回答，但基本原则如下。

• 勇于为自己争取公正的待遇，诚实而不欺瞒；
• 以双赢的心态去协商；
• 保持弹性，让一切充满可能性；

Q：你有没有什么要问的？

A：有。请允许我询问关于……方面公司的策略是什么？

**提示：**

◇ 切忌回答“没有问题”。

◇ 传达出争取工作的决心。

◇ 搞清楚有待了解的部分。

Q：由于时间的关系，我们今天的面试就到此为止了。由于还有一部分候选人要进行这一轮面试，所以我们要在对所有参加面试的候选人中进行全面比较衡量后，才决定合适的人选。有进一步的消息，我们会及时通知你的。谢谢你。

A：十分感谢您抽出宝贵的时间和我面谈，我从中获益匪浅。希望下次有机会再当面请教。再见（与面试官握手道别，并将椅子放回原处后离开。经过前台时，和引导你进入人事部的前台小姐说声“谢谢你”）。

**提示：**

◇ 直到离开公司所有人的视野后，你的面试才结束。

◇ 传达完美的人际关系能力。

◇ 如果公司门口有张纸片或小块杂物等，不要视而不见地走过，而要将它捡起来扔到垃圾桶。因为这很可能是公司故意设计的面试细节，看看每个候选人是不是具有过人的观察力和从我做起的精神。

当天下午，应聘者按照公司的地址给面试官发了一份感谢信，表示通过面试更进一步了解了公司的企业文化和高效率，表达了自己仍然很想为该公司服务的愿望，也有信心做好营销企划的工作，希望有机会向面试官多多学习。

我们通过面试模拟案例将面试准备过程和面试常见提问浓缩到一起。希望大家通过仔细揣摩模拟案例中的内容和本书其他部分，能较为容易地掌握求职面试的技巧和礼仪。

要记住：凡事预则立，不预则废，有充分的准备，方能战无不胜，攻无不克！

## 4.6　思考与练习

1. 大学生就业市场有哪些类型？你见到或参加过哪些？

2. 参加笔试时应注意哪些技巧？

3. 面试的种类有哪些？

4. 面试时应避开哪些禁区？

5. 求职者应注意哪些方面的礼仪？

6. 组织一场模拟面试。教师出题，分组面试。学生自我设计面试形象，注意面试技巧和礼仪的运用。

# 第 5 章 就业手续的办理

每一个成功者都有一个开始。勇于开始，才能找到成功的路。

——博尔赫斯

**学习目标**

(1) 了解就业文书、档案、户口、组织关系。

(2) 了解人事代理。

(3) 熟悉离校、报到的规定和流程。

**案例导入**

小杨是外地人，毕业前已经与宁波的单位签订了就业协议书，报到证已经开到单位，档案已经转至宁波市人才市场管理办公室，但在办理报到和落户手续前已与单位解除了协议，目前还未落实新单位，能将档案和户口留在宁波吗？

## 5.1 就业文书

### 1. 签署就业协议书

应届高校毕业生与用人单位达成就业意向后，须签订由学校发放的就业协议书。该协议书是转递毕业生档案和户口关系，办理报到落户手续的依据，学校凭毕业生已签订的就业协议书派遣毕业生的档案、户口等关系。

如果就业不签订就业协议书，毕业生毕业后的人事档案、户口等关系就可能会被派回生源地。因此，毕业生在找到合适的工作单位后，就可与单位签订就业协议书。就业协议书上除了用人单位盖章外，还须由用人单位的上级人事主管部门盖章。

毕业生到民营企业、三资企业、乡镇企业等单位工作时会碰到一个具体问题——这些法人实体没有上级人事主管部门。这就需要用人单位到各地的人才交流中心办理人事代理手续，来解决该单位接收毕业生人事关系的问题。只要用人单位持营业执照和公章到有关人才交流中心免费办理人事代理开户手续，就业协议书的鉴证、档案的接收、落户、组织关系等，都可由有关人才交流中心来为用人单位接收和办理。

### 2. 离职别忘了解除就业协议

就业协议书除了作为学校转递毕业生人事关系的依据外，对毕业生和用人单位也具有一定的约束力，毕业生应慎重对待。在对用人单位有一定了解，确定要留下来工作后再与用人单位签订就业协议书。

**案例**

毕业生小李，在去年 5 月找到一份工作，他见很多同学都签订了就业协议书，就不假思索地与公司签订了就业协议书，并把协议书反馈到毕业学校。在公司工作了一个月，小李觉得自己不适合这份工作，没有办理任何手续就不去上班了。8 月，当小李找到一份新工作时，新单位提出与他签订就业协议书。此时，小李遇到了麻烦，学校已根据就业协议书将档案、户口等关系转到小李的原公司，该公司要求他支付一笔不小的违约金。

由此提醒毕业生，如果与用人单位签订了就业协议书，后又觉得不适合这份工作，必须与原单位解除就业协议，并持证明回到学校办理相关手续；找到新单位后，可到其所在地的人才交流中心办理改派手续，把自己的档案、户口等人事关系改派到新的用人单位。

**3. 违约金不超过一个月工资**

从 2005 年开始，国家有关部门规定，与用人单位签订就业协议书后，如毕业生出现违约情况，违约金被限定不超过毕业生一个月的工资。这对于在求职中处于弱势的毕业生来讲是个好消息，用人单位对违约金再也不能“漫天要价”。

这个规定维护了毕业生的利益，但也希望毕业生能讲诚信，不要频繁流动。毕业生在就业之初频繁地流动，对自身的职业生涯发展是极为不利的。

**案例**

某大学 2009 届毕业生小陈，正在准备 1 月份的考研，在校内的一次招聘会上他被一家名企相中，小陈为不错过机会，便与单位签订了协议书。但小陈也不想放弃攻读研究生，于是在与单位签订的就业协议书备注栏中，加上了“如本人考上研究生，凭录取通知书，该协议效力终止”。毕业生还可以把协议期内工资多少、违约时是否交纳违约金等易产生纠纷的条款附加上去。同时毕业生需明确，与用人单位签订劳动合同后，就业协议书的使命才告完成。

## 5.2 档案、户口、组织关系

### 5.2.1 毕业生的档案转递

目前，毕业生中有一种比较普遍的现象：对档案不了解，也不关心。甚至有的毕业几年了，档案还在学校放着，还有的将档案放在家里，更有甚者早已不知将档案丢在何处，似乎“档案没什么用了”。其实不然，这里只作简要说明。现在，企事业单位招聘员工，国家公务员的选拔等都要审查档案，并以其记载的相关资讯作为甄选人才的重要证据。另外，如办理社会保险、职称评定、出具各种相关证明等也都需要人事档案。总之，现实生活中，人事档案仍具有不可替代的作用，我们应给予足够的重视，以免在日后的学习生活中造成不必要的烦恼和损失。同时，强调一点，由于国家相关政策，规定毕业生毕业后暂时找不到就业单位的，其档案可免费由学校保存两年，这正是没有搞清“学籍档案”与“人事档案”的区别。所以有些大学生就误以为既然学校免费保存，就无须到人才交流机构托管了。学校保存的只是“学籍档案”，而真正发挥作用的则是你的人事档案，如转正定级、职称评定等相关事宜都是由学籍档案转换成人事档案后才能进行的。按国家政策规定，大中专毕业生毕业（以报到证人事部门签署日期为准）一年后，即可由所在单位人事部门或委托的人才交流机构批准转正定级；本科毕业生毕业工作一年（以报到日期计）、大中专毕业生毕业工作满三年可申报初级职称，由所在单位人事部门或委托的人才交流机构负责办理。由此可见，学校保存的学籍档案只是“存放”，起不到任何作用，在某种意义上说，也是得不偿失的。

### 1. 哪些机构能保管人事档案

按国家政策规定，组织、人事部门所属的各级人才交流机构才有资格保存大中专毕业生就业后的人事档案，各种私营民营企业、乡镇企业、中外合资、独资企业都无权管理员工的人事档案，一般由委托的各级人才交流机构管理。毕业生也可以以个人名义委托人才交流机构管理人事关系。另外，各级人才交流机构的区别只是所属部门的不同，无任何其他区别。

### 2. 哪些毕业生的档案适合到人才交流机构托管

不想回本地而想将户口落在其他城市的毕业生、准备考研的毕业生、还无法确定能否在现单位长期干下去的毕业生，还可选择将自己的人事档案在人才交流机构托管。

### 3. 毕业生委托人才交流机构人事代理后都享有哪些服务

人才交流机构提供的服务有：①负责人事档案关系接受、调出相关手续；②办理毕业生的转正定级；③档案工资的晋级；④职称晋升申报；⑤办理落户手续；⑥出具省份证明、落户证明、购房工龄证明、计划生育证明、出国政审等；⑦代收代缴养老保险、失业保险、代办医疗保险手续等。

根据经验，最好将档案转递给各级人才交流机构，因为他们是管理档案的专门机构。档案存放在人才交流中心，即安全又方便。在这里，提醒大家在档案转递时要注意如下几点。

(1) 在没有搞清楚用人单位是否具有人事主管权之前，不要把档案转入这个单位，应该把档案转递到这个单位所在地的人才交流中心去。我们经常碰到一些没有档案管理权的单位在接收档案，个别单位会把学生的档案弄丢或是扣住不放。

(2) 要询问清楚用人单位的性质，如果是国家机关、国有事业单位、国有企业，它们或它们的主管单位是有人事管理权的，可以接收档案。其他各类非公企事业单位、各类民营机构是无人事管理权的，要通过人才交流中心来接收学生，学生的档案要放到人才中心去。

(3) 档案的转递是有规定程序的，在离开学校之前最好弄清楚你的档案在什么时间被转到哪个地方去了。因为在现阶段，主管学生分配的单位没有统一，有人事局、人才交流中心、教育局、专门的分配办等，比较乱。而且档案转进转出比较麻烦，最好一步到位。

### 4. 我的档案在哪儿

毕业生档案的三个去向：一个是毕业后就找到了接受户口的单位。档案和户口都转到工作的单位。学校很乐意看到这个情况，大约占10%以上的比例。二是毕业后没有找到接受户口的单位，户口和档案留在学校；两年后户口打回原在地，档案转到省档案局。三是把档案和户口放在人才市场交流中心，户口落在人才交流中心所在城市，档案相当于放到了一个事业单位。

### 5.2.2　户口的迁移

#### 1. 户口迁移的概述

居民转迁户口分为四大类,即有合法固定住所类、有相对稳定的职业或生活来源类、引进的人才、亲属投靠类。这些居民转迁户口,如果手续齐全、符合办理户口迁移申报材料规定,公安机关一概不得拒绝办理。

我国户口登记制度实行在常住地登记户口的原则。公民常住地发生变化以后,应将户口迁移到现住地,即进行户口迁移。我国户口迁移政策内容十分广泛,涵盖了干部、职工及其家属、学生、军人及其家属等各类群体,而且由于落户地的不同,具体办理程序也略有差别。因此建议公民在办理有关户口迁移手续时,查询当地户口登记机关提供的有关信息。

#### 2. 高校毕业生户口迁移

(1) 核准条件

大中专院校及技校毕业生在我市就业或回原籍者。

(2) 需审核证明材料

①《派遣报到证》(复印件);②市人才交流中心、市劳动部门或市教育局出具的《入户证明》;③《户口迁移证》(回原籍入户者需原户口本或原户口所在地派出所出具的户籍证明);④《居民身份证》(如在院校未领证者,需有院校的相应证明;如遗失证者,需办理报失手续);⑤在本市就业的毕业生,需提供接收单位的证明及入户《户口籍》。

(3) 户口迁移证

户口迁移证是公民的户口所在地变动时,由原户口所在地迁往新落户地址的凭证。由户口迁出地的公安机关(高校由校公安派出所)开具。持证人到达迁入地后,须在有效期内将户口迁移证交给户口登记机关申报入户。户口迁移证是公民在户口迁移过程中的重要凭证,因此公民在户口迁出后要妥善保管户口迁移证,不得遗失、涂改以及转借,若因不慎将户口迁移证遗失,应立即报告当地户口登记机关,提出申请;否则,用人单位有权拒绝接收。户口迁移证的工本费是五元人民币。

(4) 如何办理户口迁移

我国户口登记制度实行在常住地登记户口的原则。公民常住地发生变化以后,应将户口迁移到现住地,即进行户口迁移。我国户口迁移政策内容十分广泛,涵盖了干部、职工及其家属、学生、军人及其家属等各类群体,而且由于落户地的不同,具体办理程序也略有差别。因此建议公民在办理有关户口迁移手续时,查询当地户口登记机关提供的有关信息。

(5) 户口迁移证的相关流程

① 入学时户口迁入学校的毕业学生。

考取研究生的毕业生:持《研究生录取通知书》和《离校手续单》到学校保卫处户籍科办理户口迁移手续。

派遣的毕业生:每年首批集中派遣的毕业生,在毕业生离校时由各毕业班级凭《离校手续单》集中到户籍科领取;毕业离校后派遣的毕业生持《报到证》和《离校手续单》到学校保卫处户籍科办理户口迁移手续。

退学学生:凭学校退学文件,到学校保卫处户籍科办理户口迁移手续。

肄业或结业没有派遣的学生：凭肄业或结业证书原件及复印件，到学校保卫处户籍科办理户口迁移手续。

② 入学时户口没有迁入学校，保留在原籍的毕业学生。

考取研究生的毕业生：持《研究生录取通知书》原件到入学前户口所在地派出所办理户口迁移手续。

派遣的毕业生：若将户口迁到派遣的工作单位，可持《报到证》原件到入学前户口所在地派出所办理户口迁移手续。

(6)《户口迁移证》改迁手续

毕业生在已经办理过《报到证》和《户口迁移证》后，因毕业去向变更，办理改派，更改《报到证》上单位名称，且户口没有在原户口迁移单位落户，需要变更《户口迁移证》上户口迁移去向的称为改迁。需提供以下材料。①改派后的新《报到证》；②原《户口迁移证》持上述材料到学校保卫处户籍科办理户口改迁手续。

(7)《户口迁移证》遗失补办流程

① 与学校保卫处户籍科联系查询原《户口迁移证》编号。

② 在遗失地市级以上公开发行的报刊上刊登原《户口迁移证》声明作废的遗失启事。

例："遗失××大学××届毕业生×××户口迁移证，编号××××，声明作废。"

③ 到原《户口迁移证》户口迁移接收单位所在地派出所开具未落户证明。

④ 持上述材料到学校保卫处户籍科补办。

### 5.2.3 组织关系的转移

#### 1. 什么是党员组织关系

党员组织关系，是指党员对党组织的隶属关系。按照党章规定，每个党员不论职务高低，都必须编入党的一个支部、小组或其他特定组织，参加党的组织生活，接受党内外群众的监督。广义的党员组织关系包括正式组织关系和临时组织关系，转移正式组织关系需开具党员组织关系介绍信，转移临时组织关系需开具党员证明信即党员临时外出(六个月内)证明党员身份、参加组织生活的凭证。毕业生党员离校时要转移的是正式组织关系。

党员组织关系不同于个人的党员档案材料。党员组织关系管理，是一项十分严肃的工作。以前，部分学生党员毕业后入伍、到国企或事业单位工作、考研、升迁、提拔，但因为未按照程序转接组织关系，造成个人事业上的被动。所以，毕业生党员应从思想上高度重视组织关系转移。

#### 2. 近年来毕业生党员转移党组织关系中出现的问题

(1) 部分毕业班预备党员，未及时转接党组织关系，也未及时提出转正申请，结果造成未能按时讨论转正问题，直接影响到自己的工作。

(2) 部分毕业生党员，在拿到组织关系介绍信后，未在规定的有效期内去所去单位党组织办理接转手续，结果造成组织关系介绍信过期。

(3) 有不少毕业生党员在核实接收党员组织关系的党组织名称时不重视，直接在工作单位名称的后面加上"党委"，而该单位却因没有接收党员组织关系的权限而无法接收，致使毕业生党员不得不回学校重新办理，给本人工作与生活带来诸多不便。

所以，毕业生党员在开具组织关系介绍信前一定要向用人单位咨询清楚开往何处，即弄清楚组织关系介绍信的抬头。

(4) 介绍信丢失或损毁。介绍信一旦丢失或损毁，党员要及时向学校党委组织部报告。学院党委对丢失或损毁介绍信的情况进行审查，如确系本人不慎丢失，应予以批评教育并责令其做出深刻的书面检查，情节严重的还应给予适当的党纪处分。如在有效期内的，由本人书面申请，组织部给予补办一次，原介绍信作废。超出有效期的，组织部不予补办并按照有关规定处理，责任由本人承担。

### 3. 毕业生党员接转党组织关系应注意的问题

(1) 已正式签约分配单位的毕业生党员

办理党组织关系介绍信时，一定要自己办理，自己携带，保管好，在限期内到新单位党委组织部，办理接转组织关系手续，避免丢失和过期作废。

毕业的预备党员，到新单位后一定要及时与党组织取得联系，按时交纳党费，过组织生活，要定期向组织写思想汇报，到期写转正申请书申请按期转正。

如果组织部开出的组织关系介绍信，到当地后，工作单位有变化，或介绍信抬头不对，需要重新更换介绍信时，一定要把原介绍信交回学校组织部，在有效期内组织部才能重新开出介绍信。

(2) 办理暂缓就业的毕业生党员

未就业的毕业生党员的组织关系，若学校已经同意其人事档案、户口等关系暂时留在学校，其党组织关系可暂时留在学院党委，待其人事档案、户口等关系转出学校后，再转出组织关系。

(3) 出国留学的毕业生党员

原则上党组织关系随人事档案走，人事档案转到什么地方，党组织关系转到什么地方。如果人事档案存在学校人事处，党组织关系也可以留在党委或总支，但必须本人写申请，说明情况(包括党费如何交)，经党委书记签字同意，并交到组织部备案。不过，出国留学的党员组织关系最好是转出去，因为有专门办理留学人员档案管理的地方(如果人事档案转到那边，党员档案最好跟过去)，譬如有的出国的党员组织关系转到××市人事局党委组织部，请学生自己问清楚。

(4) 复习考研的毕业生党员

无论是正式还是预备党员，如果你回到家乡，要把组织关系转到当地党组织；按时交纳党费，过组织生活，预备党员还要半年写一份思想汇报，到预备期满，要提前写转正申请，申请按期转正。

如果你没离开学校，可以与你原所在党委联系，组织关系还放在原党组织，要在一个党支部过组织生活，按时交纳党费；预备党员要按预备党员的要求写思想汇报，按期申请转正。

## 5.2.4　人事代理

### 1. 什么是人事代理

人事代理是指由政府人事部门所属的人才服务中心，按照国家有关人事政策法规要求，接受单位或个人委托，在其服务项目范围内，为多种所有制经济尤其是非公有制经济单位及各类人才提供人事档案管理、职称评定、社会养老保险金收缴、出国政审等全方位服务，是实现人员使用与人事关系管理分离的一项人事改革新举措。人事代理的方式有委托人事代理，可由单位委托，也可由个人委托；可多项委托，将人事关系、工资关系、人事档案、养老保险社会统筹等委托区人才服务中心管理，也可单项委托，将人事档案委托区人才服务中心管理。

### 2. 人事代理的简介

人事代理是与社会主义市场经济体制相配套的新型人事管理模式，是指政府人事部门所属人才服务机构受单位或个人委托，运用社会化服务方式和现代科技手段，按照一定的法律程序和政策规定，代办有关人事业务。根据国家《人才市场管理规定》、《流动人员人事档案管理暂行规定》等规定，各市人事部门授权的市人才交流管理服务机构有权开展人事代理业务。其他机构未经政府人事部门批准或授权一律不得从事该项业务，个人不得保管人事档案。推行人事代理制度，有利于实现人档分离和人才社会化管理。对用人单位而言，可减轻大量的人事事务性工作，解决在人才引进、毕业生接收、职称评审、人事档案管理等方面遇到的问题；对各类人才而言，个人不再是“单位所有”，流动变得十分方便，权益得到有力保障。

人事代理是在传统的计划经济向社会主义市场经济转轨过程中产生的，是以人才交流服务工作为基础发展起来的一种新的人事管理方式，在市场经济下人员配置从过去的计划分配变为双向选择，人才流动性大大增强，大学生现在的报到证以前叫做派遣证，从这个名字的变化大家就可以感觉到就业方式的变化。在 1995 年国家人事部就明确提出要建立和推行人事代理制度，使之成为人事工作的一个新领域。随着市场经济的深入发展，国有企事业单位人事制度改革的不断深入，人事代理在全国得到迅速发展。服务的对象由最初的三资企业、民办高科技企业、乡镇企业等不具备人事管理权限的非国有企事业单位，发展到包括国有企事业单位在内的各种所有制类型的单位。代理的内容也从单纯管理档案发展到包括代办社会保险、人力资源开发和信息咨询服务在内的人事人才工作的各个方面。

### 3. 人事代理的分类

从人事代理的对象来看，可分为单位委托代理和个人委托代理。从人事代理的内容和实际操作角度划分，可分为三类：一是以人事档案管理为依托的基础性代理，包括如前所述的流动人员人事档案管理的服务内容；二是以人才中介为基础的服务代理，主要包括委托招聘、人才推荐、人才派遣、人才测评等；三是以企事业单位为基础的公共人事事务代理，或社会化代理，主要包括人才规划、职业设计、人事诊断、人事管理咨询、人才资源开发等。

### 4. 人事代理的对象

(1) 各类非国有(三资、集体、民营、乡企、私营等)单位和其他自愿委托的各类国有企事业单位。

(2) 下列专业技术人员和管理人员(即各类流动人员)应该进行人事代理。

①辞职、辞退和解除聘用合同的人员；②各类事务所和其他社会中介组织聘用的人员；③各类非国有单位聘用的人员；④自费大中专毕业和毕业研究生；⑤自谋职业的军队转业干部；⑥自费出国留学人员和留学回国人员；⑦其他各类流动人员。

### 5. 企业人事代理

(1) 政策咨询与规划。向委托代理单位提供国家人事工作方面的法律、法规和政策规定的咨询服务；协助委托单位进行人事规划设计，建立新型人事管理制度；帮助委托单位解决人事工作中的问题。

(2) 人才招聘引进。根据委托单位工作和发展对人才的具体要求，代拟和代发人才招聘启事，组织报名、考试、考核。素质测评工作，提出初选名单。根据单位的特殊需求，向省内外、国外招聘引进人才。

(3) 应届毕业生人事代理。为委托单位提供应届毕业生就业政策咨询，申报应届大中专毕业生需求计划，为接收的大中专毕业生按转档案，办理转正走级手续。

(4) 代办专业技术职称申报评审手续。为委托单位专业技术人员和管理人员办理专业技术职务资格初走及资格考试报名、晋升推荐手续，组建相应评审委员会，负责对部分专业技术职务资格评审与评议推荐工作。

(5) 人事档案管理。按照有关政策规定，管理委托单位专业技术人员、管理人员的人事档案、考绩档案，为委托代理人员保留原有身份、计算工龄、调整档案工资、接转党团员组织关系、办理出国(境)政审手续、代办集体户口落户、出具以档案材料为依据的有关证明。

(6) 办理在职流动人员人事关系按转手续。根据单位工作需要，为聘用人员接转人事关系、党团员组织关系等；为合同期满流动者，办理人事关系转出手续。

(7) 聘用合同鉴证。按照有关规定，办理聘用专业技术人员、管理人员的合同鉴证。

(8) 协调专业技术人员流动争议。受人才流动争议仲裁机构的委托，受理专业技术人员、管理人员流动争议申请，进行调查、取证，根据有关规定进行调解或提交仲裁。

(9) 开展岗位及专业技能培训。根据单位对人员素质和技能的要求，进行岗位知识及专业技能培训，为单位代培中、长期专业人才。

(10) 按照有关协议，向社会推荐委托单位的辞聘、解聘人员重新就业。

(11) 代办失业、养老保险。按照国家和本省有关规定，为委托单位代管人员代办失业、养老保险。

(12) 为委托单位承办其他人事管理事宜。

(13) 对个人委托的人事代理，可参照上述人事代理内容提供代理服务。

### 6. 毕业生人事代理

(1) 什么是毕业生人事代理？毕业生人事代理是指政府人事部门所属的人才交流机构，本着充分尊重毕业生自主择业的原则，高效、公正、负责地为各类毕业生解决在择业、就业中遇到的人事方面的有关问题，并提供以档案管理为基础的社会化人事管理与服务。

(2) 哪些毕业生应该申请实行人事代理？凡通过双向选择，已同外资企业、股份企业、乡镇企业、区街企业、私营企业、民办科技、教育、医疗机构、各种中介机构等非国有单位和实行聘用制的国有企、事业单位签订就业协议的毕业生；择业期内暂未落实就业单位，正在择业的毕业生；准备复习考验或自费出国留学的各类毕业生等，均应实行人事代理。

(3) 毕业生办理人事代理需经过哪些程序？根据毕业生的不同情况，毕业生人事代理手续办理程序分别是如下几种情况。

① 择业期内已联系到接收单位的毕业生。持有接收单位签章的《就业协议书》到省人才

中心，由省人才中心审核后签署人事代理意见。毕业生将《就业协议书》送交所在学校，由学校统一到有关部门办理《就业报到证》、《户口迁移证》并将毕业生档案经省大分办转交省人才中心。毕业生持《就业报到证》、《户口迁移证》到接收单位办理户口迁入手续，接收单位无集体户口的，可直接落入省人才中心集体户口。

② 择业期内暂未联系到接收单位或准备复习考研的大专以上毕业生。持《就业协议书》到省人才中心，由省人才中心审核签署人事代理意见(学校也可集体为毕业生办理人事代理手续)。毕业生将《就业协议书》交所在学校，由学校统一到有关部门办理《就业报到证》、《户口迁移证》，并将其档案经省大分办转交省人才中心。毕业生持《就业报到证》、《户口迁移证》、身份证等材料到省人才中心报到，签订人事档案管理合同，户口落入省人才中心。

③ 择业期内已就业和由省外院校被派到本省二次择业，现要求改派到省人才中心实行人事代理的毕业生。持《就业报到证》(改派的还须提供原接收单位或省辖市人事局同意改派的证明)到省人才中心，由省人才中心出具接收函。凭省人才中心的接收函和原《就业报到证》直接到省大分办办理改派手续，并凭新的《就业报到证》将毕业生档案转交省人才中心。持新的《就业报到证》、《户口迁移证》、身份证等材料到省人才中心报到，签订人事档案管理合同，户口迁入省人才中心。

(4) 毕业生办理人事代理手续后享受哪些待遇？毕业生办理人事代理手续后，可以放心地到省内外一切用人单位工作。省人才中心保障毕业生的合法权益，毕业生可以享受到和国有单位工作人员相同的人事待遇，如办理转正定级、初定职称、保留干部身份、计算工龄、调整档案工资、职称资格考评、出国政审、党员管理、代办社会保险、户口迁入、出具以档案材料为依据的相关人事证明等。

(5) 人事代理毕业生见习一年期满后，转正定级如何办理？委托人事代理的应届毕业生见习一年期满后，省人才中心按国家规定转正定级。转正定级虽然对在非国有单位工作意义不大，但是转正定级后意味着干部身份的正式确定，如果变动工作调入国有单位，转正定级将作为享受有关待遇的主要依据。

(6) 人事代理毕业生可以初定职称吗？国家规定，全日制普通院校毕业生，见习一年期满后，经考核合格，即可在转正定级的同时办理初定专业技术职务手续，不需要再进行评审。具体规定是：中专毕业见习一年期满，定为“员”级职务；大专毕业见习一年期满，再从事本专业技术工作两年，定为“助师”级职务；大学本科毕业见习一年期满，定为“助师”级职务；硕士学位获得者从事本专业技术工作三年，定为“师级”职务，博士学位获得者定为“师级”职务。人事代理毕业生可于见习期满的当年10月，向省人才中心申请办理相应职称(职务)初定手续。凡属国家开考的专业，可向省人才中心报名，通过参加统考取得资格。

## 案例

(一)

“同志，我想申报中级职称，不知道如何办理？”在人事代理部的柜台前，一位男士向工作人员咨询。

“请问您是什么学历，什么专业，哪年毕业的，取得初级职称了吗？”

面对工作人员一连串的问题，该男士纳闷了半天，最后才吞吞吐吐地说：“我是本科学历，2008年毕业的，还没取得过什么职称，现在我能申报中级职称吗？”

"当然不能，"工作人员委婉地说，"从你的情况看，你还没有办理转正定级，连助工资格都没认定，怎么能申报中级职称呢？"

听完工作人员的解释，该男士懊悔不已，唉声叹气地说，都怪当初太过轻率，不重视保管档案。

据了解，该男士毕业后曾在一个国企工作，但那时适逢大学生南下创业的热潮，他也像许许多多的年轻人一样，在原单位工作不到一年便辞职。由于新单位不对档案作任何要求，而且他觉得档案转接比较麻烦，所以几年来一直对档案置之不理。可是去年他发觉，很多有职称的同事的工资待遇比他好，才萌生了申报职称的念头。

**分析**：本科毕业生见习一年满后就可办理"助师"级职称，四年后就可以申报中级职称；大专毕业生见习一年满后办理"员"级职称，再从事专业技术工作两年可直接办理"助师"级职称；中专毕业生见习一年满后可办理"员"级职称。

（二）

经××省人才市场工作人员在工作中发现，很多毕业生毕业后由于找不到接收单位，户口一直没办法落实，有的甚至将户口迁移通知单遗失，成为真正意义上的都市流浪汉。

据了解，来咨询落户问题的有很大一部分人属于这种情况。例如，一位 2009 年毕业的中专生因为户口的事就碰到了难题。该生 2009 年毕业后就职于某私营公司，因为该公司是一家私营企业，没有落户指标，而且不保管档案。因此，该生没有办理档案托管，户口迁移通知书一直自己保管着。直到有一天打算结婚购买经济适用房，需要用到户口证明的时候，才来人才市场了解情况。

可让他失望的是，当工作人员看了他的户口迁移证后说："你的迁移证已过改派期，没办法落户了。"这就是缺乏对政策的了解，不注重对档案的保管，认为这个社会档案已是可有可无，最后丧失了落户的机会，只能将自己的户口迁回老家，不能购买经济适用房了。

**分析**：大中专毕业生的改派期为两年，两年内，只要拿户口迁移证、报到证等有效证件到人才市场办理落户手续，就能拥有该市户口。

### 5.2.5 离校、报道的规定和流程

#### 1. 毕业生离校流程

(1) 各学院毕业生利用返校论文答辩时间领取离校手续清单，统一办理退房手续。

① 以房间为单位集中办理，公寓办原则上不受理个人退房手续。

② 有下列情况者公寓办将不予办理手续：房内卫生状况差，窗帘未洗净、叠好，桌椅、柜床凌乱；水、电、门窗、家具、电器等公物设施有损坏或丢失，未赔偿或支付维修费用；门匙不齐，未按房号分开等。

③ 办理退房手续之前须搬离学生公寓。

(2) 办理其他离校手续程序(以班为单位)。退还教学器材(学院)→交回借书证(图书馆)→结清有关费用(财务处、电教中心)→归还实验工具(工业中心、实验室)→党组织关系转出手续(党办或团委)→退卡("一卡通"办公室)→交回离校手续清单和学生证(教务处，附"未办齐手续学生"名单)。

(3) 如申请国家助学贷款，需提前到受理银行签订《还款确认书》并由银行在手续清单上

盖章确认。对于未交清学费的学生,其毕业证书由学院办好相应手续后交还教务处;对于未还清助学贷款的学生,其毕业证书由学院办好相应手续后交给学生处。学院可提供复印件或相关证明,以方便这部分学生求职或升学等的需要。

(4) 办理党组织关系迁移。党员学生到院系党委办公室办理党组织关系迁移手续。

(5) 确认电子版毕业论文提交通过。在办理离校手续期间,请学生确认"个人离校手续办理"中"是否已提交电子论文"状态是否正确。

(6) 确定毕业去向,领取报到证。离校前,除留学生、定向委培研究生。非学历教育研究生以外,所有暑假毕业生须确定自己的毕业去向,领取三方《就业协议书》或将《常住人口登记表》交往就业指导中心。

### 2. 毕业生办理工作报到程序

(1) 凭毕业证和《××市人事局接收院校毕业生函》到学生档案室领取"就业报到证",并办理档案转递手续。(暑期期间学生可在值班时间前来办理)。

(2) 凭"就业报到证"到市民中心(人事局)报到,并领取"××市接收大中专毕业生工作介绍信",然后到该介绍信注明的用人单位报到。

(3) 毕业生离校后到单位报到应注意以下事项。

① 离校前规定办理好离校手续。重点检查报到证、党团组织关系、毕业证书等材料及证件上的姓名、性别等栏目准确无误后,方可离校,以免给报到时带来不便。

② 毕业生应在报到期限内按"就业报到证"上开具的报到地点及就业单位前去报到。确因特殊原因不能按时前去报到者,应主动向用人单位发函说明并请假。

③ 在人才交流服务中心办理人事代理手续的学生,应注意在第二年的七月到人才交流服务中心办理干部转正定级手续。

**知识链接**

#### 《中华人民共和国户口登记条例》

(1958 年 1 月 9 日全国人民代表大会常务委员会第九十一次会议通过 1958 年 1 月 9 日中华人民共和国主席令公布 自公布之日起施行)

**第一条** 为了维持社会秩序,保护公民的权利和利益,服务于社会主义建设,制定本条例。

**第二条** 中华人民共和国公民,都应当依照本条例的规定履行户口登记。

现役军人的户口登记,由军事机关按照管理现役军人的有关规定办理。

居留在中华人民共和国境内的外国人和无国籍的人的户口登记,除法令另有规定外,适用本条例。

**第三条** 户口登记工作,由各级公安机关主管。

城市和设有公安派出所的镇,以公安派出所管辖区为户口管辖区;乡和不设公安派出所的镇,以乡、镇管辖区为户口管辖区。乡、镇人民委员会和公安派出所为户口登记机关。

居住在机关、团体、学校、企业、事业等单位内部和公共宿舍的户口,由各单位指定专人,协助户口登记机关办理户口登记;分散居住的户口,由户口登记机关直接办理户口登记。

居住在军事机关和军人宿舍的非现役军人的户口，由各单位指定专人，协助户口登记机关办理户口登记。

农业、渔业、盐业、林业、牧畜业、手工业等生产合作社的户口，由合作社指定专人，协助户口登记机关办理户口登记。合作社以外的户口，由户口登记机关直接办理户口登记。

**第四条**　户口登记机关应当设立户口登记簿。

城市、水上和设有公安派出所的镇，应当每户发给一本户口簿。

农村以合作社为单位发给户口簿；合作社以外的户口不发给户口簿。

户口登记簿和户口簿登记的事项，具有证明公民身份的效力。

**第五条**　户口登记以户为单位。同主管人共同居住一处的立为一户，以主管人为户主。单身居住的自立一户，以本人为户主。居住在机关、团体、学校、企业、事业等单位内部和公共宿舍的户口共立一户或者分别立户。户主负责按照本条例的规定申报户口登记。

**第六条**　公民应当在经常居住的地方登记为常住人口，一个公民只能在一个地方登记为常住人口。

**第七条**　婴儿出生后一个月以内，由户主、亲属、抚养人或者邻居向婴儿常住地户口登记机关申报出生登记。

弃婴，由收养人或者育婴机关向户口登记机关申报出生登记。

**第八条**　公民死亡，城市在葬前，农村在一个月以内，由户主、亲属、抚养人或者邻居向户口登记机关申报死亡登记，注销户口。公民如果在暂住地死亡，由暂住地户口登记机关通知常住地户口登记机关注销户口。

公民因意外事故致死或者死因不明，户主、发现人应当立即报告当地公安派出所或者乡、镇人民委员会。

**第九条**　婴儿出生后，在申报出生登记前死亡的，应当同时申报出生、死亡两项登记。

**第十条**　公民迁出本户口管辖区，由本人或者户主在迁出前向户口登记机关申报迁出登记，领取迁移证件，注销户口。

公民由农村迁往城市，必须持有城市劳动部门的录用证明，学校的录取证明，或者城市户口登记机关的准予迁入的证明，向常住地户口登记机关申请办理迁出手续。

公民迁往边防地区，必须经过常住地县、市、市辖区公安机关批准。

**第十一条**　被征集服现役的公民，在入伍前，由本人或者户主持应征公民入伍通知书向常住地户口登记机关申报迁出登记，注销户口，不发迁移证件。

**第十二条**　被逮捕的人犯，由逮捕机关在通知人犯家属的同时，通知人犯常住地户口登记机关注销户口。

**第十三条**　公民迁移，从到达迁入地的时候起，城市在三日以内，农村在十日以内，由本人或者户主持迁移证件向户口登记机关申报迁入登记，缴销迁移证件。

没有迁移证件的公民，凭下列证件到迁入地的户口登记机关申报迁入登记：

一、复员、转业和退伍的军人，凭县、市兵役机关或者团以上军事机关发给的证件；

二、从国外回来的华侨和留学生，凭中华人民共和国护照或者入境证件；

三、被人民法院、人民检察院或者公安机关释放的人，凭释放机关发给的证件。

**第十四条** 被假释、缓刑的犯人，被管制分子和其他依法被剥夺政治权利的人，在迁移的时候，必须经过户口登记机关转报县、市、市辖区人民法院或者公安机关批准，才可以办理迁出登记；到达迁入地后，应当立即向户口登记机关申报迁入登记。

**第十五条** 公民在常住地市、县范围以外的城市暂住三日以上的，由暂住地的户主或者本人在三日以内向户口登记机关申报暂住登记，离开前申报注销；暂住在旅店的，由旅店设置旅客登记簿随时登记。

公民在常住地市、县范围以内暂住，或者在常住地市、县范围以外的农村暂住，除暂住在旅店的由旅店设置旅客登记簿随时登记以外，不办理暂住登记。

**第十六条** 公民因私事离开常住地外出、暂住的时间超过三个月的，应当向户口登记机关申请延长时间或者办理迁移手续；既无理由延长时间又无迁移条件的，应当返回常住地。

**第十七条** 户口登记的内容需要变更或者更正的时候，由户主或者本人向户口登记机关申报；户口登记机关审查属实后予以变更或者更正。

户口登记机关认为必要的时候，可以向申请人索取有关变更或者更正的证明。

**第十八条** 公民变更姓名，依照下列规定办理：

一、未满十八周岁的人需要变更姓名的时候，由本人或者父母、收养人向户口登记机关申请变更登记；

二、十八周岁以上的人需要变更姓名的时候，由本人向户口登记机关申请变更登记。

**第十九条** 公民因结婚、离婚、收养、认领、分户、并户、失踪、寻回或者其他事由引起户口变动的时候，由户主或者本人向户口登记机关申报变更登记。

**第二十条** 有下列情形之一的，根据情节轻重，依法给予治安管理处罚或者追究刑事责任：

一、不按照本条例的规定申报户口的；

二、假报户口的；

三、伪造、涂改、转让、出借、出卖户口证件的；

四、冒名顶替他人户口的；

五、旅店管理人不按照规定办理旅客登记的。

**第二十一条** 户口登记机关在户口登记工作中，如果发现有反革命分子和其他犯罪分子，应当提请司法机关依法追究刑事责任。

**第二十二条** 户口簿、册、表格、证件，由中华人民共和国公安部统一制定式样，由省、自治区、直辖市公安机关统筹印制。

公民领取户口簿和迁移证应当缴纳工本费。

**第二十三条** 民族自治地方的自治机关可以根据本条例的精神，结合当地具体情况，制定单行办法。

**第二十四条** 本条例自公布之日起施行。

毕业生报道流程图，如图 5-1 所示。

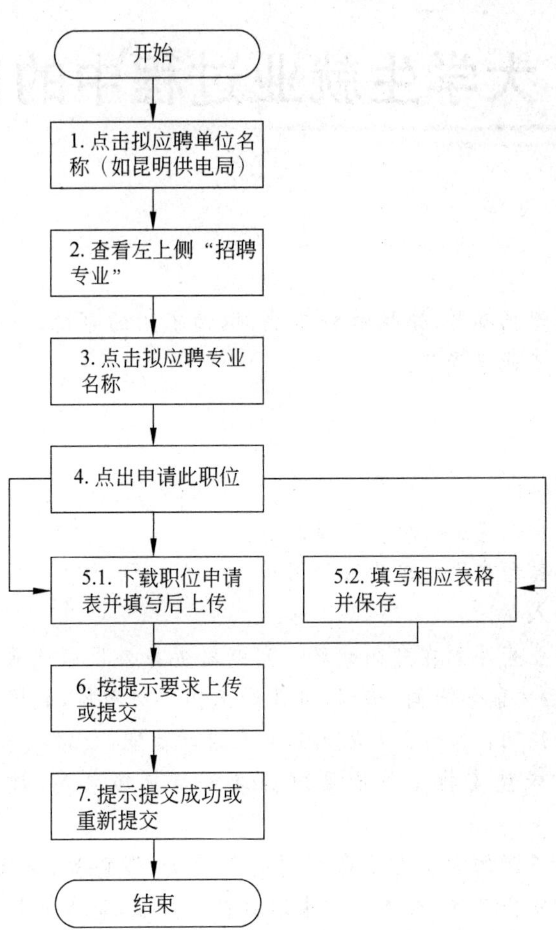


图 5-1　毕业生报道流程图

# 第 6 章 大学生就业过程中的自我保护

人要是惧怕痛苦，惧怕种种疾病，惧怕不测的事情，惧怕生命的危险和死亡，他就什么也不能忍受了。

——卢梭

**学习目标**

(1) 常见的就业陷阱和法律纠纷。

(2) 大学生就业权益的法律保护。

**案例导入**

大学毕业生小刘在郑州北环一家电器贸易公司面试通过后，被要求交 360 元服装费，然后才能签合同、培训，再开始工作。交费后，她同该公司签了劳动合同，上面还特别注明：如因个人原因辞职或自动离职，公司不予退还服装费。上班后，小刘因一直未被安排工作而要求辞职并退还服装费，被对方以签有协议为由拒绝。

向涉世不深的大学生收取所谓的服装费、资料费、手续费、培训费等费用后，却迟迟不给安排工作，最终迫使求职者自动辞职，是常见的就业陷阱之一。

构建有效的大学生就业权益保护体系，是维护大学生就业环境的重要工作之一，它不仅关系到大学生自身的利益，也关系到学校和社会的稳定。毕业生权益保护的一个重要方面是毕业生的自我保护，正确学习和理解就业政策，熟悉就业过程中的各种潜在危险或者陷阱，是大学生就业自我保护的基础。宋代诗人王安石曾说："豪华尽出成功后，逸乐安知与祸双。"就是在警示人们在平和安逸的状况下，或许隐藏着某种危险。

## 6.1 大学生就业常见陷阱与法律纠纷

每年五六月份，毕业生就开始忙着找工作，参加一轮又一轮的招聘会。招聘会中鱼龙混杂，可以说是机遇与陷阱并存。据调查，有七成求职者曾落入就业陷阱。那么，在即将到来的招聘高潮中如何避免上当受骗，不使自己成为别人就业的反面案例，就需要我们在以往的案例中吸取教训，以防止在就业的过程中遭遇不法侵害。

### 6.1.1 大学生常见的就业陷阱

以下是几种常见的就业陷阱及其典型案例，有的陷阱情况还比较复杂。大学生应该通过学习，有效防止就业过程中的利益损害。

### 1. 以招聘之名非法敛财

一般地，如果企业诚心诚意地进行招聘，是不收取任何费用的。因为在现在企业的劳动力日益短缺的情况下，降低招聘的门槛是每个企业都积极采取的措施。国家的相关法律对招聘收费有明确的规定，兼之企业面临的青年工作者对情感关怀要求较高，一般企业不愿在招工时收取费用影响自己在就业者心目中的形象，这与企业的长远利益不符。以下是利用招聘进行敛财的案例。

#### 案例

大学毕业后，小吴在一家职业中介交了 100 元注册费，成为会员后又交了 150 元的信息费，中介将为他联系 5 个用人单位进行面试。没想到，小吴 5 次面试均碰壁，对方要么称“已招到人”，要么称“不合适”。小吴发现，其他在该中介注册的大学生也遇到了和他一样的情况，他明白自己碰上了“黑职介”。

**温馨提示**

凡应聘时，招聘单位提出收取服装费、押金，或以其他方式变相收钱的，都是非法的，很可能是个骗局，求职者可向劳动监察部门举报。另外，遭遇诈骗后要及时报案，否则不仅本人的损失难以挽回，还会让更多的人上当。

“黑职介”利用大学生缺少社会经验，同时又挣钱心切的心理，收取信息费后提供虚假信息，找几家用人单位“忽悠”学生。甚至有些中介在收费后便人间蒸发，让学生投诉无门。

### 2. 以招聘之名诱人犯罪

#### 案例

小林是某高校的应届毕业生，转眼就 7 月了还没有找到工作。7 月 28 日他接到同班同学的电话，说在某地有个好工作，做质检员，工资高，待遇好。小林听后心动了，就赶了过去。到了该地，那个朋友把他领到一个很偏僻的宿舍，里面还住着男男女女十来个“同事”。其中几个同事特别热情地冲小林招手：“哎，帅哥辛苦了！辛苦了！怎么样？一路上怎么样？有没有吃过饭？”当他们把小林的东西放好之后，就对小林说：“借你的手机玩一下。”就这样，对方要走了小林的手机，然后直言不讳告诉他，新工作不是什么质检员，而是传销，产品是 2800 元一套。小林身上没有这么多钱，他们就要求小林以在这边学驾驶为名从家里骗钱，或者骗同学、朋友过来。

**温馨提示**

当遇到挑战性小，工资多，待遇好，又不需要付出太多努力就能获得的“好工作”时，一定要留个心眼，在现在就业压力普遍较大的情况下，“好工作”并不那么好找，一不小心就会落入这样的陷阱。

### 3. 以招聘之名盗取个人信息进行诈骗

#### 案例

小王是某大学的应届毕业生。她想通过网络求职，于是将个人资料在互联网上公开，并将手机、寝室电话同时公布。一段时间后，小王接到一个自称上海一家公司的电话，对方称为了核实其大学生身份和家庭情况，要求小王告知其家庭电话号码。小王觉得用人单位想核实她的真实情况也是正常的，于是将家庭电话号码告诉了对方。就在这段时间里，远在郑州家中的王父接到了一自称是武汉市某医院急救中心主任的电话，称他的女儿因交通事故在医院抢救，需汇款30 000元到院方指定的账户，否则将影响抢救。王父在与校方、女儿同寝室同学多方联系未果的情况下，救女心切，当日先后分三次共汇款25 000元到指定账号。几个小时后，王父通过电话联系上女儿，才得知这一切竟是个骗局。

**温馨提示**

大学毕业生一般是完全民事行为能力人，完全有权利对自己的职业进行选择，而就业单位在确定录用员工时，也一般不会同家长直接联系。现在这种骗术十分流行，有的人无意间被骗子探听到家中的电话号码，就出现了类似的骗局。因此大学生在没有核对单位信息之前，不能将敏感信息透露给对方。还有骗子利用偷盗或捡来手机中的信息进行诈骗，利用手机里储存的电话号码，一一打过去，由于亲友众多，难免有上当受骗的，提醒大家要对这种骗术提高警惕。

### 4. 粉饰职位信息骗取劳动力

**案例**

24岁的小刘去年毕业于郑州某高校经贸管理系，当年7月，他在一家公司应聘“市场部经理”成功。第一天去上班时，公司老总让小刘这个“经理”去推销产品，美其名曰“了解市场”。

“我在那儿干了快一个月，天天出去推销。”小刘说。一名与他关系不错的员工偷偷告诉他，公司最初招聘时就是要招推销员，怕招不来人，故意说成“市场部经理”，他这才发现上当了。

**温馨提示**

典型的“粉饰岗位”的招数。因担心招不来业务员、推销员、代理员等，招聘单位就把职位“美化”成“市场部经理”、“事业部总监”等，以此来诱惑大学生。当应聘成功后，招聘单位便会以“先熟悉工作”或“到一线先锻炼锻炼”为幌子，欺骗求职者继续工作下去。

这类招聘信息一般比较简单，涉及细节方面的东西都未注明，比如没有岗位职责和应聘条件等。因此求职者应聘时要提前搞清楚职位的具体内容，询问工作细节，认真考虑后再做打算。

**案例**

小宋的女朋友在网上应聘到一家私立高中任教，签合同时，该校承诺月薪2000元，包食宿，如果学生期末成绩考得好，另有奖金。合同规定签约的教师最少要任教一年，一年之内解除劳动合同的，要赔偿学校损失9000元。她觉得没什么问题就签了合同。在她正式上班后，才发现这家学校食宿条件恶劣，工资也不按时发放，还以种种理由克扣她的工资。她有心辞职，但9000元的违约金也不是个小数目，让她左右为难。

**温馨提示**

“了解市场”或“了解生产流程”是顺利开展工作必需的环节，但是以“了解市场”或“了解生产流程”为名将应聘另一类岗位的员工一直放在生产线上，就有骗取劳动力的嫌疑了。再有，如果某个岗位的离职成本太高，建议选择的时候还是要慎重一些。

### 5. 假以考核之名盗取劳动成果

**案例**

（一）

林先生是一个刚毕业的大学生，自学成才成为手机铃声制作人。毕业以后，在南方找到了一个工资和福利都不错的公司，但这家公司要求林先生在正式上班之前，做一套他们指定的铃声作为最后考核。一套铃声 9 个格式，林先生在一天内就搞定，他很有把握地发了过去，但那家公司却以林先生做的铃声不能令他们满意为由拒绝了他。后来，林先生在另外一家公司工作一段时间之后，才知道有的做手机铃声的公司，用招聘的方法来骗取那些应聘者的作品。由于应聘者得到的测试曲目各不相同，而为了进入公司，个个竭尽全力，所以一次下来，能顶公司员工一周的工作量，一些公司就这样骗取应聘者的劳动成果。

（二）

某大学生刚毕业时，急于找到工作，就饥不择食地进了一家只有十几个人的没有名字的小工厂。这家小工厂是一个厂中之厂，在一家工厂三楼的一个角落里。那家工厂把他叫进厂门就算招进去了，什么手续也没办，就要他马上参加生产。那家工厂的经理告诉他，工资制度是计件，多劳多得，做坏了产品要扣工资。当一个小领导来检查时，说他做的产品不合格，要扣工资。问及产品不合格的原因，却是因为做得太快。对于如此荒谬的理由，他辞职不干了。出厂门没几步，发现一个和他一起进厂的人也出厂了，是莫明其妙地被厂长辞退的。实际上，这家小厂经常招工，是一个经常骗人的厂。这家小工厂招工，从来是只打招工牌，不写自己的厂名，而且有活干就招工，没有几天就炒掉。经常这样骗人白干活，不给钱。

**温馨提示**

对于需要自己付出极大努力才能完成的工作一般不能作为入职考核的题目，即使一定要完成这样的工作也需要留下证据，为以后维权保留条件。

### 6. 利用求职心切心理侵害人身安全

**案例**

安徽一名电脑专业大学毕业的女生小刘，到某市一家人才交流市场找工作，一则招聘软件开发员工的启事吸引了她。该招聘单位一名自称姓黄的经理在简单询问后，表示小刘比较适合这个岗位，如果她愿意第二天可直接到公司办公室进行面试。第二天面试时她才发现这个位于新河小区的“软件开发公司”的办公条件格外简陋，办公室里除了一张大床外什么都没有。该公司经理见她进来后，猛地将她摁在床上欲行不轨。慌乱中，该女生咬破了黄经理的嘴唇，夺门而逃，之后马上报警。警察在她的指引下找到该办公室时，所谓的黄经理已经逃跑，直至 3 月 12 日才将这名“色经理”擒获。经警方调查，黄某系无业游民，招聘启事中所讲的软件开发公司也是一个皮包公司。

**温馨提示**

在应聘时，尤其是一个人到一个陌生的地方应聘时，一定要提高警惕，保护好自己的安全。

### 7. 盲目签约，落入合同陷阱

**案例**

王某，大学毕业生，由于急于找到工作，没有仔细推敲合同里的条款，结果不但失去了这份工作还付了一笔违约金。据其称，他与公司签合同时还未毕业，但公司要求他进入实习期。在4个月的实习期里他卖力地工作，却只能得到300多元钱的“实习工资”。实习结束后，他以为工作已经敲定，打算回学校修完剩下的一些课程，9月再回到公司正式上班。但当他向公司请假时，公司却以合同中“工作前两年不得连续请假一周以上”的条款为由，认定王某违约，索要违约金。王某只好交了2000元的违约金。

在大学生择业的过程中，像王某这种情况比较普遍，由于就业形势比较严峻，大学生在求职过程中往往处于弱势地位，很多用人单位都提出了一些明显不合理的条款，如违约金、服务期等。对于毕业生来讲，虽然知道这些附加条款是显失公平的，但也不敢明确表示异议。现实生活中，在职场上把“试用期”当成“剥削期”已经成了一些无良老板逃避法定义务的惯用伎俩。

**温馨提示**

利用自己所学和法律知识，认真审核劳动合同，或者请老师或朋友帮忙审核一下，是签订合同的必要条件。虽然明显违规的合同不合法，但维权又会付出代价，所以，合同签署前的审核环节不能忽略。

## 6.1.2 大学生就业陷阱的外在特征

以上我们了解了常见的就业陷阱，这些陷阱给劳动者特别是大学毕业生的利益带来了不小的侵害，明晰这些就业陷阱的外部特征，对于大学生辨别就业过程中的问题意义重大，下面我们就来讨论一下就业陷阱的外部特征。

### 1. 不签订劳动合同

**案例**

应届毕业生孙某与某私企达成工作意向，双方签订了《高校毕业生就业协议》。1个月后，孙某毕业，并顺利进入用人单位开始工作。但该企业始终不愿意与小孙签订《劳动合同》，得到的答复是：双方在《就业协议书》中并没有明确要求何时签订劳动合同，更何况关于工资、劳动期限等条款在《就业协议书》中已有约定，双方没有必要为此另行签订《劳动合同》。孙某觉得双方确实没有约定什么时候签订劳动合同，而单位不签劳动合同似乎也有道理，就不再向单位提起此事。不料一日忽被裁员，公司一分赔偿金也没给，孙某后悔莫及。

《就业协议书》与《劳动合同》不同，《就业协议书》作为一份简单的格式文本，很多诸如工作岗位、工作条件等劳动合同必备条款并不在《就业协议书》中直接体现。因此，单凭《就业协议书》对于学生正式报到就业后的劳动权利无法全面保障。

### 2. 工资待遇模糊处理

**案例**

2012年，某高校毕业的小宋应聘到一家公司任客服。签合同时，该公司承诺月薪1500

元，包住宿，如果业绩好还另有奖金，承诺一般情况下各项待遇合计会达到 2000 元。合同规定签约的员工最少要工作一年，一年之内解除劳动合同的，要赔偿单位培训培养费用 2000 元，她觉得没什么问题就签了合同。

在她正式上班时，才发现这家公司食宿条件恶劣，住宿还要收水电费，而且水电费还很高，工资也不按时发放，公司还以种种理由克扣她的工资。她有心辞职，但 2000 元的违约金也不是个小数目，让她左右为难。她只好安慰自己，算了，做完今年就不做了。

### 3. 高收入，低压力，极度诱人

**案例**

2011 年，某高校有一名 2007 级学生被骗入传销组织，在东莞市受控制 16 天。2011 年 3 月初，某高校一位 2007 级学生接到在湖州某学院读书的高中同班同学的电话，称在广东东莞市有一家公司要招聘人员，待遇丰厚，要其前往应聘。2011 年 3 月 23 日该高中同学又来电，通知其已经顺利通过该公司网上初试，希望其能近期到广东东莞参加面试。于是，该生 3 月 24 日离校，3 月 25 日下午到达东莞，被高中同学和传销组织的其他人员带到一幢民宅的一个房间内控制起来，手机被收缴，其人身自由受到限制，手机不能正常使用，只有在来短信或者电话的时候，保证按传销公司人员写的语句回复，才能拿到手机，手机使用后又立即收缴。每天都要写日计划，有“专家”给他上课（洗脑），一天到晚的日程排得满满的，读“励志书籍”、听如何做新时代的直销人员、如何两年变成百万富翁、如何赚大钱的讲课。4 月 3 日，该学生用欺骗的方法要母亲汇去 3800 元，交了所谓的“瑞士手表费”，获得了他们“公司”的会员资格，有权利介绍家人和朋友加入这个“公司”。4 月 10 日，该生母亲因一直无法与其正常联系、多次要他回来均不肯回，来到学校求助。在学院领导、家长和同班同学共同努力下，传销公司迫于学校和家长的压力，加之给该生洗脑未成功，最终答应放该生回校。该生于 2011 年 4 月 12 日返校。

这位学生被东莞市的传销组织骗去后，共损失 4900 余元，往返 20 天，其中被控制 16 天。该学生的家长、学院领导和老师、同学为此耗费了很多精力。该学生在那里吃不好睡不好，精神备受折磨，教训十分深刻。

### 4. 收取费用

**案例**

2012 年 5 月，一高校应届毕业生去上海某广告公司参加兼职面试。一到前台工作人员就让该学生填写简历，然后负责人看了一下问了几句，就说可以签订合同提供工作机会，但是要交 680 元的模特卡费用，并且说还可以介绍别的同学来兼职。因为没带够钱，这位学生只交了 280 元，照完制作模特卡用的相片之后负责人说要该学生第二天再去。这个学生当即要求退费，被工作人员以已经拍了照片为理由拒绝。

应届毕业生小刘，接到某公司的面试通知十分高兴。一番面试后，该公司当时并没有向他收取培训费，只是说先试用一段时间，然后再考虑是否录用他。小刘十分高兴，想好好表现一下，争取能留在该公司工作。于是，他起早贪黑地干了近一个月，结果却被告知：你干得不错，但专业知识不足，公司需要对你进行专业培训，请先交 300 元培训费。当小刘对此进行质疑时，该公司却说，不交培训费可以走人，但此前工作一个月的薪水免谈，这令小刘气愤不已。

有些公司在招聘时常常不查看任何学历证明，甚至不安排任何面试，而只是要求求职者支付诸如信息费、报名费、登记费、资料费、推荐费、注册费等名目繁多的费用，而当用人单位和中介公司填满自己的“钱袋”之后，就会找出各种理由将应聘者“辞掉”。其实，这正是黑心单位最常用的欺骗手法。

**知识链接**

对于中介机构，根据政府部门相关规定，允许职介所收取的费用只有两项，一是报名费，二是介绍费。根据相关的物价部门的规定，职业中介机构除了收取门票费外，介绍费最高不能超过 400 元。在实际运作中，由于竞争激烈，正规职业介绍所的介绍费一般都是 200 元以内。但“黑职介”不遵守这些规定，他们一般会巧设名目，通过层层引诱，远不止 400 元，提醒大学生不要相信他们。求职者应到政府部门批准设立的大型人才市场求职并递送简历；求职者应仔细地核实中介机构的资质；求职者在签订中介合同、劳动合同时一定要注意看清条文，认真阅读各项条款，对不明白的约定要多咨询细掂量，避免在发生纠纷时自己的合法权利得不到维护。求职者在填写自己的个人资料时，要防止不法分子趁机偷看或者用手机偷拍窃取信息，然后冒充求职者所应聘的单位打电话，以交各类押金为由，骗取求职者财物；求职者不要轻易跟不明身份的人前往酒店、宾馆、商务楼等处面试，也不要轻易交付押金、服装费、培训费等，更不要向指定账号汇款，以免上当受骗。

人才中介公司只可收取择业费，即推荐就业服务费。对于人力资源服务有限公司、人力资源外包公司，收取求职者的费用是不合理也是不合法的，关于与谁签合同，可在面试时问清楚。提醒求职者到职介所求职时，首先要注意查看该机构是否悬挂有“三证”、收费标准及相关退费规定；其次要保存好求职相关资料，如收款收据、推荐函及其他材料等，以便被骗后能有效维护自己的合法权益。

支招：事前咨询，事中取证，事后报警！

### 5. 不通过正规渠道招聘

学校在组织人才交流会时，会对参加人才交流会的企业进行审核，审核的材料包括企业的资质、执照、公司地址、联系方式等项目，确保大学生就业的安全性。正规的职业介绍机构对于招工企业的审核项目也不会少，因此，通过正规的机构进行应聘就业安全性较有保证。

**案例**

2006 届毕业生小张在人才招聘会上找工作时，一个中年男子出现在她面前，说他们单位正在招聘一批业务经理，请小张有空到他们单位去看一下，留给小张一份岗位要求及联系电话，同时主动要小张将简历及联系电话给他。当小张依约前往公司考察时，却发现公司只是在一个筒子楼的一间房子里，只有三四个人，办公室材料也十分混乱，根本不像这名男子所描绘的样子。

**专家建议**：人员招聘是单位的一项重要工作，是企业形象的重要组成部分，一般单位对该项工作是非常重视的，会派专人通过各类正规渠道招聘。像小张遇到的招聘单位就需引起毕业生注意和警惕，不要毫无防备地把自己的简历等材料交给这样的单位。因为这样的单位其内部管理很可能存在问题，甚至还存在欺骗毕业生的可能或是以招聘之名盗取毕业生的个人信息。当对方要求你提供证明材料时一定要多留个心眼，在任何情况下都不能向只有一知半解的“招聘单位”透露任何个人信息，一旦发现侵权迹象应当即报案。

### 6.1.3 大学生就业的自我防护

毕业生应了解目前国家关于毕业生就业的有关方针、政策和法规，熟悉自己在就业过程中的权利和义务，这是毕业生权益自我保护的前提。按照国家规定，毕业生在到用人单位报到后可享有的合法权益包括正常的工资和福利待遇，如养老保险、医疗保险、住房公积金等；如果用人单位对某些岗位有特殊要求，应在与毕业生进行双向选择时就明确告知，否则单位不得以体检不合格等为由将学生退回学校。报到后毕业生发生疾病不能坚持正常工作的，按单位在职人员有关规定处理，不能退回学校。毕业生应对自己的权利有正确认识。任何公司或部门做法如与国家政策法规不符，毕业生均可依法应对，以维护自己的合法权益。

毕业生应学会运用法律武器维护自身的合法权益。针对侵犯自身就业权益的行为，有权向用人单位上级主管部门和学校进行申诉并听取他们的处理意见，同时也可提交给当地的劳动争议仲裁机构进行调解或仲裁，当然，还可以直接向人民法院提出诉讼。

毕业生应自觉遵循有关就业规范，接受其制约，保证自己的就业行为不违反就业规范，不侵犯其他毕业生的合法权益。否则，就会受到相应的处罚。

**知识链接**

毕业生如有下列情形之一，有关部门将不再为其办理就业手续：不顾国家需要，坚持个人无理要求，经多方教育仍拒不改正的；自派遣之日起，无正当理由超过 3 个月不去就业单位报到的；报到后拒不服从安排或提出无礼要求而被用人单位退回的；其他违反毕业生就业规定的。

#### 1. 大学生权益自我保护的“五意识”

大学生就业权益的保护是一个系统工程，我们在强调从法律和制度层面营造一个良好的背景和氛围的同时，也必须加强对于毕业生就业权益自我保护的指导和教育，这种指导和教育必须贯穿于学生的整个大学生活，应该很好地体现在学校的职业生涯规划教育中。毕业生要能真正有效地做到就业权益的自我保护，必须牢固树立以下“五种意识”。

(1) 法律意识

市场化的就业体制，就是依靠市场这只无形的手，来实现人才资源的合理配置。市场经济是法制经济，毕业生就业也必须走法制化之路。

因此，毕业生必须了解与就业相关的法律法规、政策制度，了解劳动用工的相关规定，并且在学习这些法律、政策、规定的过程中，逐步培养成一种用法律进行思维的意识，即法律意识，进而能在这种意识的指导下，真正做到懂得法律、遵守法律、使用法律。

法律意识要求毕业生在求职过程中，运用法律的思维来思考遇到的一些问题，大体知道法律的规定是怎样的，了解哪些情况是违法的，哪些情况又是政策允许的。只有具备这种意识，才能认识到行为的性质以及法律后果，才拥有了进行自我保护的知识基础。

(2) 契约意识

从某种意义上说，市场经济就是契约经济，市民社会就是契约社会，契约意识要求当事人平等尊重、信守契约。由于我国就业体制的特殊性，就业协议在明确单位和毕业生权利义务等方面扮演着重要角色，因此契约意识的作用在毕业生就业过程中显得更加突出。

契约意识在就业过程中主要体现在两个方面：一是要求毕业生充分重视和深刻理解就业协议的重要性，要有通过就业协议来保护自己合法权益的意识；二是就业协议一旦签订即具有法律效力，必须具有严格遵守、履行就业协议内容的意识。

因此，谨慎签约、积极履约有利于毕业生通过协议书内容的约定保护自己的合法权益。协议一旦订立，双方都必须遵守，任何一方不得无故毁约、违约等，否则将受到经济和法律的制裁。

(3) 维权意识

毕业生在法律意识和契约意识的指引下，认识到自己的合法就业权益受到了侵害，是积极运用法律手段或者其他方法来进行救济以维护自己的合法权益，还是息事宁人、当作什么事都没发生过？

不同的处理方法体现了维权意识的不同。具有强烈的维权意识，在碰到问题时能够拿起法律的武器积极主张权利，是毕业生走出权益自我保护的实质性的一步。毕业生只有养成积极主张权利的维权意识，不畏诉诸法律、不畏仲裁诉讼，才能够平等地与用人单位对话，据理力争，切实保障自己的合法权益。当然维权意识要求毕业生知道可以采用下列途径维护自己的就业权利：请学校出面调解，向劳动监察部门申诉、举报，向劳动仲裁机构申请仲裁，向人民法院提起诉讼等。

(4) 证据意识

法律精神讲求实证，是用证据说话的，毕业生在就业过程中应“多留一个心眼”，牢固树立证据意识。证据意识的培养主要体现在三个方面：一是收集证据的意识，要求毕业生在就业时有意识地让对方出示或者提供相关资料，来佐证一定的事实，如要求公司出示营业执照、要对方出示表明身份的证件等；二是保存证据的意识，要求毕业生注意保存现有的证据，以便将来在仲裁或诉讼时支持自己的观点，如注意保存单位在招聘时的海报，与单位往来的传真、邮件等；三是运用证据的意识，毕业生要有用证据证明案件事实的意识，知道什么样的事实需要什么样的证据证明，知道一定事实的举证责任是在对方还是己方，等等。

毕业生在就业过程中经常会碰到单位要求交押金的情况。签订劳动合同时要求劳动者提供押金的做法是法律明确禁止的，但是签订就业协议时单位是否可以收取押金法律没有明确规定。

一般认为可以参照劳动合同的做法，即认为签订就业协议收取押金不合理。但是现在的就业市场中，由于某些潜规则的存在，确实在很多场合存在着毕业生不交押金就无法签订协议、得到工作的尴尬。在这种情况下，如果毕业生确实很想去这个单位工作，我们认为可以先交押金，但是一定要让单位出具表明“押金”字样的收据并且注意保存，以便日后作为证据使用。

(5) 诚信意识

有专家指出，目前毕业生就业市场是买方市场，一些用人单位在处于主动地位的情况下，无视求职者的利益，甚至用欺骗的手段使毕业生就业陷入困境。同时，使整个人才市场处在一种彼此不信任的非正常状态，用人单位缺乏诚信助推大学生在求职时诚信缺失。如一些企业参加招聘会“醉翁之意不在酒”，有的是为做广告，有的是借机招聘廉价劳动力。

毕业生诚信意识的培养主要包括两个方面，一是毕业生自己在求职过程中必须如实向用人单位介绍自己的情况，要实事求是。如果毕业生故意隐瞒自身情况、欺骗单位，可能导致就业协议无效，并要承担缔约过失责任；更为重要的一点是要能够意识到用人单位是否诚信，比如意识到单位介绍的情况是不是真实、其招聘的真实目的是什么，等等。

第二点对毕业生的要求更高，因为要判断用人单位是否诚信，必然要求毕业生有比较丰富的阅历和经验，并通过不同的方法和途径全面了解用人单位的情况。然而一些毕业生在这方面做得还不够，主要是因为严峻的就业形势，使得毕业生不敢向用人单位问太多的问题、提更多的要求，许多初涉职场的毕业生认为单位说的都是对的，单位要求的就应该去做，不知不觉中自己的权益已经遭受侵犯。因此必须强化毕业生的诚信意识，特别是锻炼其中的第二种能力，以保护自己的合法权益。

### 2. 大学生就业的安全防范策略

就业市场波涛汹涌，大学生既要敢于激流勇进，又要谨防险滩暗礁。大学生只有在日常的学习生活中积累安全知识，在选择求职信息、投放个人资料、面试、试用等各个环节提高警惕，小心应对，才能够顺利就业，和谐创业。

(1) 招聘信息要仔细核查

现在人才市场各类用人信息鱼目混珠，如能在第一环节鉴别真假，识别虚假信息，就能最有效地保证就业者的人身安全，避免上当受骗引起的各种损失。

① 上网或通过其他途径查看该单位(特别是企业单位、公司)登载的营业项目、报上刊登的项目、面试现场所见三者是否相符。

② 登陆有关部门的网站查看，或与亲友交谈，看看该公司是否被列入黑名单之中。

③ 打114查询。一般正规的、有一定规模的、有几年历史的单位都会在114查询功能中查到相关业务电话、办公地址等，对只联系个人移动电话而不留固定办公电话的单位要高度警惕。

④ 登陆相关企业的网站核对招聘信息。

⑤ 承诺待遇高，发展机会多但招聘条件中对学历、经验要求反而低的企业慎入；经常在各类就业市场中出现的企业慎入。因为：一种情况可能是和人才中介联手欺骗毕业生门票款的"招聘专业户"；另一种情况可能是这个企业很不规范，没有形成良好的企业文化，没有提供行业基本的福利薪酬，造成员工流动性特别大。

⑥ 尽量不收集非门户网站、非就业专业网站、没有工商行政机关备案标记网站的招聘信息，不收集非主流媒体的平面广告、收门票费的小型个体劳动力市场提供的信息。

(2) 报名填写资料留有余地

① 不要填写过于详尽的资料。

② 只交证件影印本，不交证件证书原件。将空白部分打叉。在复印件上最好注明"仅供应聘使用"。

③ 个人的联系方式一般提供手机号码和电子邮件，固定电话最好提供负责就业工作的老师或辅导员的办公电话，切记不要提供家庭详细住址、电话。

④ 记录好何时何地向哪家公司投放了简历，何人接收，并记录好投放方式，如招聘会现场递交、电子邮件、信件邮寄等。

不要担忧这些举措会显得对用人单位不够信任，恰恰相反，经理或者部门领导会从中发现你办事谨慎、成熟的潜质。

(3) 面试环节三思后行

① 当前往面试的第一天或职前训练的前几天，先求证该公司是否真实，然后了解公司经

营状况、规模、信誉度、员工使用及应聘岗位工作性质等。

② 面试地点偏僻、隐秘或是转换面试地点，或是要求夜间面试者，皆应加倍小心。面谈地点不宜太隐秘。对于用人单位约您面试的地点，如果不是学校就业指导中心发布的信息，而是从其他渠道获得的信息，用人单位约你到宾馆或其他非公开、非正式场合见面，绝对不能贸然前往。

③ 毕业生单独外出面试时，要告诉同学或辅导员，让同学知道自己的去向及安排。如不能按时回来，应事先电话告知。

④ 面试当天或初进该单位的数天内，即要求求职者付给该单位一笔钱者，就要特别注意，并可向劳动保障部门投诉，也可到工商部门进行咨询查实。

⑤ 面试当场不要急于给对方明确的承诺，应告知对方考虑后再回复。可回校征求老师、家长的意见再作决定。

(4) 试用合同审慎落笔

毕业生要熟悉《劳动法》，切实保障自己基本的工作权利、休息权利及其他权利。目前，用人单位应该为员工购买社会养老保险、医疗保险、失业保险、住房公积金、工伤保险金。对于特殊行业，用人单位应该提供必要的劳动安全保护工具，定期进行体检，确保员工身体健康。只有体现以上内容的合同，大学生才可以签订。特别是特殊行业的劳动保护，大学生一定要认真对待，要知道工作机会有很多，健康的身体很难失而复得。

① 签订劳动合同时应注意的事项。

从业人员在上岗前和用人单位依法签订劳动合同，建立明确的劳动关系，确定双方的权利和义务。在签订劳动合同时应注意两方面的问题：第一，在合同中要载明保障从业人员劳动安全、防止职业危害的事项；第二，在合同中要载明依法为从业人员办理工伤社会保险的事项。

② 遇有以下合同不要签。

a. “生死合同”：在危险性较高的行业，用人单位往往在合同中写上一些逃避责任的条款，典型的如“发生伤亡事故，单位概不负责”。

b. “暗箱合同”：这类合同隐瞒工作过程中的职业危害，或者采取欺骗手段剥夺从业人员的合法权利。

c. “霸王合同”：有的用人单位与从业人员签订劳动合同时，只强调自身的利益，无视从业人员依法享有的权益，不容许从业人员提出意见，甚至规定“本合同条款由用人单位解释”等。

d. “卖身合同”：这类合同要求从业人员无条件听从用人单位安排，用人单位可以任意安排加班加点，强迫劳动，使从业人员完全失去人身自由。

e. “双面合同”：一些用人单位在与从业人员签订合同时准备了两份合同，一份合同用来应付有关部门的检查，一份用来约束从业人员。

在找到合适的工作单位，双方达成就业意向后，毕业生还需要签订《全国普通高等学校毕业生就业协议书》(以下简称就业协议书)。就业协议书的签订在形式上宣告了就业工作花开有果，尘埃落定。但近来，就业协议引发的纠纷屡有发生。有的毕业生正式到单位报到后，单位却擅自降低劳动报酬，变更原来双方约定的工作岗位，更有甚者以“试用期”(或见习期)为由不签订劳动合同，使得毕业生长期处于“试用期”，做最累的工作拿最低的报酬，从而利益受到侵害。所以，在签订就业协议以前，同样要反复斟酌，多方面考察，方可落笔。签了就业协议后同样要签《劳动合同》。

(5) 识别并防范传销、网上传销活动

① 如何识别传销。当前，传销组织往往打着“直销”、“连锁经营”、“电子商务”、“人际网络

营销”等旗号从事传销。识别传销应从以下几个方面认识：从组织方式看，传销组织者承诺给予参加者高额回报，参加者再以同样的方式介绍和发展他人加入，以此组成上下线紧密联系的传销网络；从计酬方式看，组织者以参加者发展下线的数量为依据计算和给付报酬，或以参加者发展下线的销售业绩为依据给付报酬，形成传销的“金钱链”；从销售方式看，与直销的单层次销售（即推销员直接将商品推销给最终消费者）相区别，传销是多层次网络式销售；从经营目的看，传销不以销售商品为最终目的，而以发展人员数量、骗取钱财为最终目的。

② 如何防范传销。如果被骗到外地，到达当地后朋友绝口不谈工作、生意，而只是带你游山玩水、熟悉环境，进行所谓的放松；要看你的身份证、借打你的手机等。发现情况不对时，一定要机智、冷静应对，在确保自身安全的情况下设法逃脱。如果发现该组织从事传销活动证据确凿，应设法与当地公安机关、工商行政管理机关取得联系，及时举报。

③ 什么是网上传销。网上传销是指主要利用互联网进行的传销，是近年来出现的一种新的传销形式，如：“远程教育网”、“世界互联基金”等。传销人员通过建立网站，利用互联网发布“快速致富”、高额回报等虚假信息（目前传销人员还通过垃圾邮件、网上论坛、聊天工具等大肆发送传销信息），诱骗他人通过银行或邮政汇款将钱款直接汇入传销人员的账号，购买网页空间或者所谓的“产品”、致富信息，取得加入资格。他们声称只要按照同样的方式继续发展他人加入就可以获得报酬，发展的人员越多赚的钱就越多，“月入上万”，“动动手指就赚大钱”、“坐在家里赚钱”，很快就可以成为“富翁”。他们编造自己的亲身经历现身说教，并信誓旦旦地列出所谓的赚钱公式，号称“真的不骗你”。使参加的人上当受骗，血本无归，而传销组织者及骨干分子则趁机敛取钱财。由于互联网具有虚拟性、跨地域性，不少人即使上当受骗也找不到人，难以保障自己的合法权益。

因此，不要相信网上发布的各种传销信息，不要参与网上传销，也不要在网上发布传销信息。

(6) 遭遇伤害敢于维权

大学生在就业时遭遇各类伤害时要敢于维权，善于维权。这不仅能够保护自己的合法权益，而且能协助有关部门有效及时地惩处一些不法分子，净化人力资源环境，为自己今后寻求工作和其他人寻求工作提供一个比较安全的人力资源市场。

① 认真学习有关保障劳动者权益的法律法规，学会保全证据。和用人单位签订的《劳动合同书》及其他协议都是重要证据。不用担心其中一些显失公平的条款因为员工签字就得不到《劳动法》保护的问题，恰恰相反，对这些不合法的条款仲裁机构不予支持。如果没有签合同，只要存在事实劳动关系，工资单、员工卡、工作证、押金条、考勤记录、工作量记录等都是有效证据，在日常生活中要注意保留，这样申请劳动仲裁时才能维权。

② 在遇到劳动侵权现象时，主要有两种途径维权：第一，向当地劳动保障监察机构进行投诉，由其进行查处；第二，向当地劳动争议仲裁委员会提出申诉。这两个程序的好处在于按照《劳动争议调解仲裁法》的规定，劳动者申诉不用缴仲裁费；劳动者不直接跟用人单位发生冲突，避免了用人单位的报复；行政执法时间较短，效率较高。如果劳动监察部门不去查处，还可以通过申请法院仲裁，或找政府部门、信访部门投诉。

③ 注意时效性。如劳动争议申请仲裁的时效期间为 1 年。仲裁时效期间从当事人知道或者应当知道其权利被侵害之日起计算。因工受伤的职工申请工伤认定是有明确时效规定的，即应当在 1 年内申请，如果超过 1 年将被视为放弃工伤认定的权利。

④ 发现传销行为，应当向传销行为地的工商行政管理机关和公安机关举报。对将他人骗

往异地、限制人身自由从事传销的，向传销行为地公安机关举报。举报传销时，应当尽可能了解掌握传销活动的详细线索，包括上课的具体地点、时间；传销头目、骨干和参与人员的住宿地点，传销活动的公司名称；其具体运作的方式及书证、物证等，以便执法机关更加及时、准确、有效地打击传销行为。

⑤ 对涉嫌诈骗的企业或中介也可以向公安部门报案。

## 6.2 大学生就业权益与法律保护

大学生的就业权益是在大学生就业的过程中，依法享有的权益。它由多种法律法规共同界定，并由多种法律法规共同维护。恰当地认识这些权益，对于增强大学生就业的安全性，防范大学生就业过程中的未知风险，具有重要的意义。

### 6.2.1 大学毕业生就业权益的主要内容

#### 1. 平等就业权

平等就业权渊源于我国宪法，是劳动权和平等权共同派生的一个权利，平等就业权综合了生存权和发展权的基本人权特征，是一项具有社会性的重要权利。大学毕业生作为中国公民，享有宪法上规定的基本权利。宪法第 32 条第二款明确规定："中华人民共和国公民在法律面前一律平等。"第 42 条第一款规定："中华人民共和国公民有劳动的权利和义务。"这两条规定是平等就业权的宪法依据。我国《劳动法》第 12 条对该权利做出了具体的规定："劳动者就业，不因民族、种族、性别、宗教信仰不同而受到歧视。"因此，当大学生在就业过程中受到歧视时，完全可以依法据理力争。

2008 年 1 月 1 日施行的《就业促进法》也亮出保护劳动者的利剑。一份针对西南政法大学女性就业情况的调查显示，70%的受访女性认为，求职过程中存在男女不平等的情况。个别用人单位以求职者是女性、已婚和怀孕等为由，拒绝录用。对此，《就业促进法》第一次明确提出了"就业歧视"的概念，规定；劳动者依法享有平等就业和自主择业的权利，劳动者在就业时不因民族、种族、性别、宗教信仰等不同而受歧视。农村劳动者进城就业享有与城镇劳动者平等的劳动权利，禁止对农村劳动者进城就业设置歧视性限制。这使现行的规定、政策上升到法律的层面，如果今后劳动者在求职时遇到就业歧视的情况，将可以起诉用人单位，维护自身合法权益。

#### 2. 民法上规定的民事权利

大学毕业生作为年满 18 周岁的公民，作为签订就业协议书的一方，其权利受《民法通则》以及《合同法》的保护。民法的平等、自愿和等价有偿原则与诚实信用原则对毕业生就业权益保护有重要意义。毕业生和用人单位之间是一种平等的民事关系，双方法律地位平等。就业协议书是在平等协商的基础上签订的，用人单位不能凌驾于毕业生之上，签订带有"霸王条款"的用人协议。按照诚实信用原则，毕业生有知情权，用人单位必须如实介绍自身的真实状况。就业协议书本质上是一种合同，它一经双方签订就具有法律效力，对合同双方都有约束力。当用人单位违约或不按照合同兑现义务时，毕业生可以到法院起诉，要求用人单位履行合同或者承担违约责任。

作为普通劳动者，大学生就业过程中也享受民法规定的权利。法规以各种措施保护劳动者的权益，这些权益大学生也依法享有。如许多大学生就业时也曾遭受“试用期”的难题，试用期本来是求职者和用人单位彼此直接了解的一种方式，但现在有些企业的做法让试用期变了味。有些企业随意拉长试用时间，待遇有时只有正式职工的一半，直接以“试用期不合格”为由随意解雇员工，其实只是为了降低人力成本，这种情况在一些企业的“旺季”表现得尤为明显。

《劳动合同法》在《劳动法》的基础上明确了使用期的期限、最低工资以及用人单位不得随意解聘试用期员工。《劳动合同法》规定试用期最长不得超过六个月；劳动合同不满一年，试用期不得超过一个月；一年以上不满三年的，试用期不能超过两个月。同一用人单位与同一劳动者只能约定一次试用期。以完成一定工作任务为期限的劳动合同或者劳动合同期限不满三个月的，不得约定试用期。试用期包含在劳动合同期限内。劳动合同仅约定试用期的，试用期不成立，该期限为劳动合同期限。

对于试用期内员工的待遇，《劳动合同法》也做了明确的规定。试用期的工资不得低于本单位相同岗位最低档工资或者劳动合同约定工资的80%，并不得低于用人单位所在地的最低工资标准。

合同法还就职业危害、无固定期限劳动合同、用人单位违法用工、降低裁员对劳动者的影响、保障劳动者择业自由等方面做了详细规定，这必然对保护劳动者起到保驾护航的作用。

### 3. 受教育权

大学毕业生作为高校的教育对象，理应享有受教育权。这种权利来自我国的《教育法》、《高等教育法》的有关规定。高等学校除了传授大学生应有的专业知识外，还有对大学生进行就业指导，平等推荐毕业生，积极获取并提供就业信息，保护大学生就业权益等义务，以保证大学生顺利就业。高校党政领导要高度重视毕业生就业工作，把毕业生就业当作学校发展的重点问题，当作学校发展的关键问题。加强就业指导课程建设，把就业指导课列入必修课或必选课。因此，作为高校毕业生应该享有获取就业信息权、接受就业指导权、被公平推荐权。

### 4. 获取职业信息的权利

高校毕业生依法享有获取职业信息的权利。将就业信息公开、及时、全面地传递给毕业生，是学校和就业部门应尽的义务。毕业生有全面获悉用人单位信息、了解用人单位的工作环境、福利待遇、发展前景等情况的权利；用人单位有义务向毕业生和学校如实介绍本单位的真实情况；任何发布虚假招聘信息、对毕业生隐瞒本单位实际情况的做法，都是对毕业生就业权利的漠视和侵犯。

### 5. 被推荐就业的权利

学校推荐往往会在较大程度上影响用人单位对毕业生的取舍，毕业生在就业过程中有权得到学校的如实推荐。高校在就业工作中的一个重要职责就是向用人单位推荐毕业生。

毕业生享有的被推荐权应包含这样几方面内容：如实推荐、公正推荐、择优推荐。

### 6. 自主择业权

《中华人民共和国劳动法》第三条规定，劳动者享有选择职业的权利。因此，作为求职方的毕业生（委培生、定向生除外），在就业市场上享有自主选择职业的绝对权利，可以按照自己的兴趣、爱好和能力去选择自己将要从事的职业。

家长、学校和用人单位,可以为初出校门、缺乏工作经验的毕业生,提供择业意向方面的建议、参考、推荐和引导,但不能强迫或限制他们选择职业。

在某市"2009 东方讲坛·职业生涯系列讲座"期间,有关部门对 3000 名前来听讲的青年学生调查:"您认为家长与青年学生成功就业是否存在一定的关系?"结果显示,90%以上的学生认为家长与学生的成功就业存在一定的关系,这充分说明了家长对于学生就业的巨大影响作用。

为此,家长需要认识到自己对子女就业的干涉,可能不仅不能使子女选择到满意的职业,还侵犯了子女的择业自主权,是一种违法的行为。为此,家长在指导子女就业时要做引导,不是做"领导";要做指导,不是代替;要多关心,不是作陪伴;要多关爱,不是经常唠叨;要与子女多分析,不是代子女做决定。只有这样,才能既帮助子女进行职业选择,又充分尊重了子女的权利。

## 6.2.2 大学毕业生就业权益的保护措施

### 1. 建立、健全保护大学生就业的相关法律法规,完善立法保护

目前,大学生的平等就业权在实体法和程序法中规定得都不够明确,当平等权受到侵犯时,缺乏有效、及时的救济;在我国,对侵犯平等就业权的行为也缺少一个专门的机构来监管。因此,平等就业权仍处在应然状态,在实践中没有得到很好的维护。第十届全国人民代表大会常务委员会 2007 年 8 月 30 日通过了《中华人民共和国就业促进法》,明确规定了"劳动者的平等就业权;实施就业歧视的,劳动者可以向人民法院提起诉讼"。这是一个可喜的进步。但是,综观全文,可以发现该法过于原则和笼统,特别是对于用人单位实施就业歧视缺乏有效的监督和制裁措施,很难使劳动者的平等就业权落到实处,建议尽快制定《大学生权益法》,或在其他法律中把大学生就业权益作为单独章节加以规定,明确用人单位的法律责任;进一步完善现有的《劳动法》,拓宽其对就业歧视范围规定过于狭隘的状况,使其和国际人权文件接轨;尽快出台《中华人民共和国就业促进法》配套的实施细则,达到充分保障大学生平等就业权利的目的。

政府相关部门还要对现行大学生就业模式进行调查研究,在掌握第一手资料的基础上,对扩招以来的就业方式进行总结反思,结合当前新情况、新问题、新现象,出台相关行规,规范就业行为,有效防止和杜绝就业过程中的种种不良行为。特别是要发挥由各地政府经营并领导的就业场所或人才交流中心的主导作用,对进入招聘场所或人才交流中心的用人单位进行事前资格审核,将不符合条件的用人单位拒之门外,以防患未然,改变现行的交摊位费就可进场招聘的做法。建立奖惩机制,如对那些诚实守信、遵章守法的用人单位授予奖牌,并张贴于招聘市场醒目位置,并为其提供好的摊位等优惠条件,也可印成相关资料,发给入场招聘的大学生,供其参考。对少数行为违规,设置招聘陷阱的用人单位,给予必要的惩戒。如在一定时限内取消进入人才市场招聘人才的资格,并将其列入黑名单,上榜张贴或发给进场招聘的大学生引以为戒。事中发挥交流中心的监督协调作用,一经发现违规行为,即可进行制止,对招聘过程中发生的问题、矛盾或纠纷进行协调,回答大学生的各种询问。事后加强反馈与抽查,如建立专线举报电话,开通网站主办专门举报网页,发放问卷调查表,派人进行抽查等途径,促使用人单位严格履行相关法律法规及各种制度。

## 2. 国家设立专门的平等就业保障机构

国外很多国家在 20 世纪七八十年代纷纷建立起促进就业机会平等的机构。这些机构中，有政府机构，也有非政府组织。1964 年，美国的《民权法》(草案)还提出了设立平等就业机会委员会(EEOC)，该委员会成立 40 多年来，平均每年处理超过 70 万件就业歧视案，至于其为受害人所争取的补偿金额，为数相当可观。在我国，根据国情，此机构可以设在劳动人事部门，作为其内部的一个专门机构。其主要职能是：对就业歧视问题进行调研，提出立法建议；接受就业歧视举报，对实施就业歧视行为的单位进行处罚等。

## 3. 高校要强化对大学生的教育

(1) 进一步健全大学生就业指导机构。尽管各高校相继建立了相关大学生就业专门机构，如就业指导处等，但往往存在人力不足，配备不齐，任务过重，经费有限，与用人单位缺乏广泛联系等问题，从而导致用人单位找合适的人才难，大学生找工作难。

(2) 加强教学的针对性。作为高校和高校各专业的教师，要经常考虑一些问题：我们所传授的知识到底有何用？对哪些单位或职位有用？社会需求怎样？用人单位需要什么样的毕业生？我们培养的学生与用人单位需要的是否相符，差距在哪里？怎样去改进？等等。要切实改变目前存在的教用脱节的现状。有一些高校已找到了有效解决这一问题的办法，即根据用人单位对人才要求，建立校企合作的订单式培养模式，这样既可以有效防止大学生在求职过程中落入各种陷阱，又可以从根本上改变教用脱节的现象。

(3) 不断提高大学生的法律意识和自我保护意识。高校要进一步重视对大学生的求职教育，选派包括法律、人力资源管理在内的专业人才充实到高校就业指导机构，建立一支专兼结合的职业教育师资队伍，以确保对大学生进行针对性的教育。同时，学校就业指导机构要选编一些相关资料供大学生阅读，如劳动法、合同法、常见的就业陷阱案例等，以示提醒。

## 4. 高等学校设立专门的大学生维权、服务部门

随着高等教育的发展，高校学生事务出现了许多新情况新特点，高等学校要落实“以人为本”的理念，强化服务职能。高校应该成立大学生就业权益保障与服务中心等专门机构，其主要职能是：对大学生进行就业权益保护教育、个案咨询、就业权益指导、就业维权等，这必将对维护大学生的合法权益起到重要作用。例如，北京联合大学就成立了大学生就业权益服务中心，它是北京地区最早成立的维护大学生就业权益的专门机构，取得了良好的社会效果。笔者认为，通过在高校内部设立专门的大学生就业维权、服务部门，可以使大学生接受快捷、及时的帮助，极大地促进就业权益的保护。

学校要结合大学生就业管理部门利用手中掌握的宣传媒体，每当大学毕业生就业期时，在广播、电视上抽出一定时段播映相关内容；在报纸上开辟就业专栏，定期向社会公布相关用人信息，曝光不良行为及企业，登载招聘黑名单，列举就业陷阱等，这样既可以引导学生就业行为，又可以有效制止招聘过程中的不轨行为。

## 5. 毕业生在求职过程中要保持清醒的头脑和法律意识

对于毕业生而言，应该增强法规意识，如用人单位违反劳动法规定，求职毕业生就要勇于说“不”。对招聘单位的实际情况要了解清楚，可以通过熟人去打听招聘单位的情况或者通过

工商部门、学校就业指导中心核实单位的真实性。此外，要通过各种渠道对单位进行实地考察，以摸清应聘单位的发展前景。签订就业协议书或者劳动合同时，一定要注明双方谈妥的福利、保险、食宿条件等，这样双方产生纠纷时就不会空口无凭了。如果遇到与中介招聘信息所列的待遇、薪酬情况严重不符合的，求职者可以向争议仲裁委员会申请劳动争议仲裁。求职者千万不要心存“撒大网捞大鱼”的心理，要有目的，有针对性地应聘，对自身资料要加强保密，最好到具有公信力的网站，特别是公益性的政府网站求职。这类网站管理规范，对个人信息处理极为谨慎。

#### 6. 大学生就业权益受到侵害时，应寻求司法救济

英美国家有句法律格言“无救济则无权利”。司法救济是权利的法律保护的最后一道防线。但根据我国的司法传统，我国没有宪法诉讼，致使很多侵犯平等权的案件得不到受理，使公民的平等权得不到有效保障。第十届全国人民代表大会常务委员会2007年8月30日通过了《中华人民共和国就业促进法》，明确规定：“实施就业歧视的，劳动者可以向人民法院提起诉讼。”该法的颁布实施，使得法院在审理侵犯平等就业权的案件时，有了明确的法律依据。当大学生和用人单位因就业协议产生纠纷时，因为就业协议书具有合同的性质，大学生完全可以根据《合同法》、《劳动法》的相关规定，到法院起诉，维护自己的合法权益。例如，四川大学1998级学生蒋某状告中国人民银行成都分行招录行员“身高歧视”案，被媒体称为宪法平等权第一案；公民张某诉芜湖市人事局招录公务员“乙肝歧视”案，在全国也引起较大反响。蒋某、张某敢于拿起法律武器捍卫自己的就业权利，其勇气可嘉，所以，当大学生就业权益受侵害时，不应选择沉默和逃避，而应该举起法律这一正义之剑。

### 6.2.3 就业协议书与劳动合同的签订

按照我们国家《劳动合同法》的规定，毕业生走上工作岗位，就要签订劳动合同法。需要说明的是，目前政府公务员和军队等是不用签订劳动合同法的，大部分国有事业单位还在按照原来的体制进行编制管理，还没有与刚进单位的毕业生签订正式劳动合同。但所有的企业和其他非国有单位都应与员工签订正式劳动合同。

大学毕业生在找工作时使用了高校毕业生就业协议书，就业协议与劳动合同都是与就业有关、具有法律效力的文件，但就业协议不等同于劳动合同。就业协议书仅是体现毕业生与用人单位之间就业意向的契约，主要作为毕业生人事关系接转和户籍迁移的依据。它的有限期限应该是从协议签订之日起至毕业生去单位报到为止。而劳动合同主要规定着劳资双方在劳动时间、岗位、报酬、劳动保护等方面的权利和义务，是劳动者保护自己合法权益的依据。劳动合同从严格意义上来说应该在毕业生到单位报到后签订。因此，毕业生到用人单位工作时，都应当与用人单位签署有效的劳动合同。

#### 1. 就业协议书与劳动合同的区别

(1) 适用的法律、法规不同。劳动合同适用《劳动法》《劳动合同法》及人力资源部门颁布的有关劳动人事方面的规章。就业协议适用《合同法》和教育部的普通高校毕业生就业有关的政策。

(2) 适用主体不同。劳动合同是劳动者与用人单位之间确立劳动关系的协议，只要双方当事人协商一致，符合国家的法律、政策和法规，无欺诈、胁迫等手段，经双方签字盖章，合同即

生效。就业协议目前除毕业生与用人单位双方签字、盖章外，还有学校参与。在有些特殊的地区或特殊的情况，人力资源和社会保障部门也会要求参与。

(3) 内容不同。劳动合同的内容依据《劳动合同法》的规定比较详细。就业协议的条款比较简单，主要是毕业生如实向用人单位介绍自己的情况，愿意在规定期限内到用人单位报到，用人单位如实向毕业生介绍本单位情况，同意录用该毕业生等。

(4) 适用的人员不同。劳动合同可以适用与各类人员，凡是中华人民共和国公民只要有劳动能力并符合法律规定的条件，经过供需见面，双向选择，一经录用都可以与用人单位签订劳动合同。就业协议只适用于高校毕业生。

(5) 签订时间不同。一般来说，就业协议签订在前，劳动合同订立在后。就业协议是毕业生在找工作过程中落实用人单位后签订的，就业协议的签订在学生离校前。劳动合同是毕业生到用人单位报到后订立的，如果毕业生与用人单位在工资待遇、住房等方面有事先约定，可在就业协议的约定条款中注明，附后补充，日后订立劳动合同时对此内容应予以认可。

从法律角度看，虽然就业协议书与劳动合同二者一经签订都具备法律效力，不论是毕业生还是用人单位，都应当按照约定履行。但毕竟就业协议书仅仅是毕业生与用人单位确定就业意向的依据，它只是双方下一步确立劳动关系的前提和准备。从内容上看，就业协议书中规定的条款大多是些框架性内容，毕业生与用人单位有关劳动权利和义务的具体内容还有待双方在劳动合同中详细约定。因此，如果毕业生在报到之后与用人单位始终未签订劳动合同，双方一旦发生纠纷，由于举证不能等方面的原因，即使毕业生主张自己的权利，法律最终也很难保护其合法权益不受侵害。劳动合同是劳动者与用人单位确立劳动关系、明确双方权利和义务的协议，应当以书面形式订立。在应当订立劳动合同的情况下，如果用人单位以种种借口不与毕业生订立劳动合同，毕业生也可以拿起法律武器维护自己的合法权利。

### 2. 劳动合同内容及签订

劳动合同是劳动者与用人单位确立劳动关系，明确双方权利和义务的协议。

一般合同包含两个方面的内容：一是劳动合同的法定条款；二是双方协商的内容。

常见的协商条款有：试用期条款、培训条款、保密条款等，在此需要提到的是，试用期是劳动合同中的一项约定，没有单独的试用期合同，用人单位和大学生约定试用期考察合格后才签订正式的劳动合同，这是明显违反法律规定的。

根据《劳动合同法》的规定，毕业生在与用人单位签订劳动合同时，应注意以下几个原则。

(1) 合法原则。

(2) 公平原则。

(3) 平等自愿、协商一致原则。

(4) 诚实信用原则。

在签约的基础上，毕业生完成大学学业领取了就业报到证之后，去用人单位上班，此即为正式报到。为了更好地保障自己的权益，毕业生应及时和用人单位签订劳动合同，此时劳动者与用人单位之间依据劳动合同形成了法律上的权利义务关系即劳动关系。

### 6.2.4 不同的就业陷阱的法律维权

#### 1. 骗取劳动力

有的公司纯粹出于节约劳动力成本的打算而招取工作人员，在试用期过后又将其辞退。有些企业在招聘时，并不明确告知试用期，试用期的工资往往很低，企业承诺转正后工资会大幅度上涨。但是，试用期即将结束时，企业便以各种理由炒求职者的"鱿鱼"。如果长期耗在某个企业的试用期内，不仅会让求职者蒙受很大的经济损失，同时也对求职者的职业发展不利。

**专家建议**：在确定去这家公司之前，最好找到该公司的员工打听消息，询问那里的工作情况。如果已经去了公司，更应该主动和同事交流这些情况，及时采取措施避免做"冤大头"。一般同一单位在短时间内连续刊登相同的招聘广告，说明该企业招聘的人数多且急，求职成功的可能性较大。若一个单位数周后再次刊登同样的广告，说明该单位可能在用人方面存在一定问题。

另一种骗取劳动力的方式则是粉饰招聘岗位，提供不实的招聘信息。招聘单位在招聘广告上把职位写成"市场总监"、"保险事业部经理"，结果到了岗位，应聘者却发现其实是去做"业务员"、"保险代理员"等。有的单位也会以"到基层先锻炼锻炼"为幌子，欺骗求职者，使他们继续工作下去。粉饰招聘岗位使得求职者就职后往往大失所望，心理落差很大。但是有些求职者由于种种原因，可能选择安于现状，继续这份工作，从而对自己的职业生涯产生很大的负面影响。

**专家建议**：在求职的时候要搞清楚职位的具体内容，仔细分析，询问工作细节。某些用人单位提供的虚假职位，常常冠以好听的头衔，但是却强调无需经验，这里面肯定大有文章。有一些招聘单位虽在招聘广告中列出要招聘的多种职位，其实这些职位都是做业务的，甚至是没有底薪的业务。

**相关法条**：《劳动合同法》第十九条、第二十条规定劳动合同期限三个月以上不满一年的，试用期不得超过一个月；劳动合同期限一年以上不满三年的，试用期不得超过二个月；三年以上固定期限和无固定期限的劳动合同，试用期不得超过六个月。同一用人单位与同一劳动者只能约定一次试用期。以完成一定工作任务为期限的劳动合同或者劳动合同期限不满三个月的，不得约定试用期。试用期包含在劳动合同期限内。劳动合同仅约定试用期的，试用期不成立，该期限为劳动合同期限。最低工资不少于当地最低水平。第二十一条则规定，在试用期中，除劳动者有本法第三十九条和第四十条第一项、第二项规定的情形外，用人单位不得解除劳动合同。用人单位在试用期解除劳动合同的，应当向劳动者说明理由。这一条规定可以说是给广大处于试用期的新手吃了颗定心丸。《劳动合同法》第八条规定：用人单位招用劳动者时，应当如实告知劳动者工作内容、工作条件、工作地点、职业危害、安全生产状况、劳动报酬，以及劳动者要求了解的其他情况；用人单位有权了解劳动者与劳动合同直接相关的基本情况，劳动者应当如实说明。以往那些以粉饰招聘岗位，提供不实的招聘信息来吸引求职者的手段被法律明文禁止，为求职者的就业路铲除了障碍。

#### 2. 不签订就业协议书

**案例**

2011 年，长春市某大学 10 名学生集体到广西的一家民营企业做食品检验工作。当时该企业给学生的口头承诺是：月薪 4000 元，外加年终分红；工作满一年，分房；工作满三年，配车。所有人都认为这几个学生遇到了天上掉馅饼的好事，这 10 人没有和该企业签订任何的书面合同，就去了广西。

到了广西之后，急于求成的学生们草率地与该企业签订了工作合同。一个月之后，所有人都大呼上当。他们的月薪确实定在了 4000 元，但是在工作中他们经常违反合同上的“霸王条款”。例如，迟到一次罚款 500 元；在食堂吃饭，剩饭、剩菜罚款 100 元。结果，大家一个月工作下来，扣掉各种罚款，实际发到手里只有可怜的三四百元钱。学生集体反抗，说要辞职不干了，该企业拿出工作合同，要求每个学生交 8000 元的违约金。学生说，在学校谈的时候可不是这么说的，该企业则表示，请拿出证据来，众学生木然。

**专家建议**：就业协议书是转递毕业生人事关系的依据，如果不签订该协议，毕业生的人事档案、户籍等人事关系就无法转入工作单位及所在城市。而这些关系的办理涉及毕业生切身利益，如办理社会保险、购买经济适用房、评审职称等。因此，单位不与毕业生签订就业协议书，对毕业生的工作、生活、职业发展是不利的。毕业生应主动要求单位解决这些问题，并可通过当地的人才交流中心协助办理人事档案、户口等关系的接收。在招聘环节就应该多加注意，求职在与用人单位洽谈时，要大胆地和用人单位商谈有关工资、保险等相关内容，洽谈成功后，一定要和他们签订具有法律效用的书面合同，与用工单位签订用工合同，对双方权、责、利等有所规定；对一些远期承诺，也应写进合同中，合同可办理公正手续；签订正式工作合同时，要注意条款的设置，切勿签订“霸王条款”。

**相关法条**：《劳动合同法》第十条建立劳动关系，应当订立书面劳动合同。已建立劳动关系，未同时订立书面劳动合同的，应当自用工之日起一个月内订立书面劳动合同。用人单位与劳动者在用工前订立劳动合同的，劳动关系自用工之日起建立。

劳动者要积极为自己争取权利，在法律相对完备的情况下，求职者要大胆主张，争取劳动者应得的法益。因为合同是劳动者的保障，是对合同双方中较为弱势一方保护的依据，所以应该得到特别的重视，求职者要大胆商谈。

### 3. 以招聘为借口骗取财物

此种类型皆属以招聘的名义施展骗术，种类之多让人防不胜防。

#### 案例

华南理工大学某大学生收到某公司的一条短信，请其尽快到公司来面试，但该同学都没向这个公司投过简历，就打电话去询问，对方答复在某人才网上看到的。该学生按时赴约，但找不到地方，就再次联系公司。很快一个骑摩托的人过来接他。车刚开，骑摩托的人就让大学生通知公司说很快就到了，在电话中公司对大学生说让骑摩托的人接电话另有事安排。大学生刚把电话递给骑摩托的，一份文件就从车上落了下来，出于礼貌大学生下车帮忙捡文件，等捡起文件，摩托车已经不见了，手机和包也跟着去了。

小刘很顺利地通过了一家公司的面试，并参观了公司，觉得很正规。很快公司通知其参加培训，并缴纳 250 元的培训费。小刘觉得机会难得，交了钱并参加了培训。培训后公司又组织进行体检，体检费 100 元，但却因为视力较低被公司拒绝录用。后来小刘发现差不多每次招聘会这个公司都在招人，这才知道受骗。

某大学韩同学在一招聘会上投了一家科技公司，经过简单的现场交流，即被通知下午去公司面试。下午，接待她的还是上午的招聘人员。招聘人员把她领进一个办公室，当着她的面给“经理”打电话，然后对她说“经理”要等会儿才来，让她先等一会儿。过了约五分钟“经理”还没过来，招聘人员就欲再次打电话给“经理”，不巧他手机没电了，随就借小韩手机一用，小韩也没多想就直接给了他，招聘人员称室内电话听不清楚就出去了，结果一去不复返。

**专家建议**：首先，大学生找工作时，一定要了解清楚所求职单位的真实背景和性质。投简历前，可以通过自己的朋友、工商部门、学校就业指导中心等各种关系核实单位的真实性。其次，应该进入信誉度高的招聘会和专业人才网站应聘。但对自己的一些个人信息应做必要的保留，尤其是在网络上。现在好多毕业生都通过网络找工作，但有些专业人才网络缺乏严格的审查制度，容易出现违法招聘。而且学生的个人资料也是公开的，甚至自己的详细住址和手机号码也是公开的，这为骗子提供了有利的条件。最后，国家明令禁止在招聘过程中以任何名义收取费用，包括培训费等。因此，凡要求缴纳费用的都应该警惕。凡学历要求过低，而薪酬却高的要注意。

初入职场的新手面对的是无处不在的陷阱。求职人员之所以屡屡中招，除了缺乏工作、社会经验以外，一个重要的原因就是在面对就业的巨大压力时，许多人都失去了冷静的判断力，慌不择路，最终陷入了骗子精心设计的陷阱之中。下面就让我们来听听就职方面的心理咨询师的经验之谈。

## 6.3 大学生就业维权案例

 **案例**

（一）

2010年，兰州市公安局城关分局破获了一宗特殊的诈骗案，几名无业游民以招工为由，骗取前来求职的大学生的钱财。根据公安机关近日的最新调查结果，在此案中被骗大学生共有150余名。

2009年5月中旬，马上要从甘肃省服装院校毕业的大专生韩某开始为找工作忙活了，为了找到一个合适的工作，韩某连日奔波于各类人才市场。

这时，一家名为“武汉市广彤贸易有限责任公司兰州分公司”的企业招聘启事进入了她的视野，韩某经过初步了解，这家公司提供的岗位是商场里的营业员，两个月的见习期，月工资600元加提成，转正后月工资800元加提成，如果营业情况好，每个月的收入可以达到2000元左右。作为一个刚刚毕业的大专生，这样的待遇对她来说，着实是很大的诱惑。但韩某了解到，进这家公司，每人要收取200元的服装保证金，用于制作工作服，离开公司的时候，200元可以如数退还。

“现在社会上各种招工骗局比较多，都是要收各种保证金，会不会是骗局?”韩某想。但她又一想，广彤公司是在一家比较正规的人才市场发布的消息，应该不会有问题。为了慎重起见，韩某决定等一等。接下来的几个星期里，她发现，这家公司仍然一如既往地在人才市场上招聘工作人员，不仅如此，兰州市一家较有影响力的地方报纸也发布了广彤公司的用工启示。

不愿放弃这样一个好的机会，韩某决定去试一试。5月下旬的一天，她来到了位于兰州市城关区某大厦广彤公司的办公地点参加面试，同时前来应聘的人有100多名，有些还是重点大学的毕业生。她说，一些应聘者为了安全，还专门到工商部门看了广彤公司的营业执照，没有问题。在这种情况下，韩某和许多应聘者对这个公司深信不疑。

“公司面试中有心理测试，很像一些大公司的招聘。公司要求非常严格，如果没有相关知识、不适合公司工作的一概不予录用，在这个过程中，一些重点大学的学生都被刷掉了。”韩某告诉记者，在面试中她是第一个站出来按照要求介绍公司产品的，还受到工作人员的表扬。

“看到很多人都被刷掉了，而我的表现还不错，就更加珍惜这个来之不易的机会。”于是，在面试完以后，韩某心甘情愿地交了 200 元服装保证金。

6 月 5 日，韩某按照公司的约定来到广彤公司的办公地点参加培训。但却发现，广彤公司和主管人员早已经人去楼空。

发现上当受骗，韩某和被广彤公司“录用”的其他大学生向公安机关报了案。公安机关接到报案以后，立即立案侦查，经过三个多月的努力，于 9 月 7 日，在成都公安机关的配合下，将逃往成都的三名犯罪嫌疑人抓获。

记者了解到，在广彤公司诈骗案中，有 150 多名像韩某这样的求职者上当受骗，其中除了个别社会待业青年外，其他都是刚刚毕业的大学生或在校大学生。

在一切似乎“合法”的外衣下，三名施骗者从头假到脚。据兰州市公安局城关分局一些办案人员讲，三名施骗者均是外地无业人员，今年 5 月，三人密谋以后相继从陕西、昆明、重庆流窜来兰州，并分别化名为马某、俞某和胡某，伪造了俞某的假身份证件和相关资料，在工商部门注册了武汉广彤贸易有限责任公司兰州分公司，租赁了兰州市城关区西关什字某大厦作为办公地点。

5 月，三人利用该公司的名义几次在兰州一家报纸和人才市场发布虚假的招聘信息，以推销化妆品为幌子，同一百多名求职者签订了虚假的“兼职促销用工协议”或“专职员工用工协议”，并要求每人交 50 元到 500 元不等的服装保证金，三人行骗 28000 多元以后，携带赃款逃离兰州。

**问题：**

1. 试分析本就业陷阱的特征。
2. 针对这样的骗术，大学生应如何防骗？
3. 接下来，韩某等同学应该如何维权？

（二）

江西省南昌市某高校学生小戴在日前看到一则招聘兼职办事员的广告，便按照广告上的信息来到了人才交流中介广场，并缴纳了 30 元的报名费。在经过了一家科技公司所谓的“面试”后，又向中介缴纳了 200 元的中介费。与该科技公司签订合同时，对方称必须交 300 元的押金，否则就不签合同。接下来的 3 天“锻炼期”内，招聘单位让他每天走访 30 家化妆品店，统计近 10 类资料，并提交工作报表、不少于 1000 字的工作记录。小戴觉得自己无法完成，提出要中止合同，用人单位即以违约为由，扣下了 300 元押金。

类似的问题不止出现在小戴一个人身上，记者在调查时发现，不少大学生都有在应聘时遭遇陷阱的经历。一些单位利用大学应届毕业生把个人资料公开于各大招聘网站上的做法，主动致电求职人称其已被选中，待大学生上门面试时才发现该公司承诺的“理财专员”、“营销助理”，其实只是一些无任何权益保障收入、全靠推销提成的“保险推销员”、“服装售货员”。一些大学生在用人单位起早贪黑地干了近一个月后才被告知，虽干得不错，但专业知识不足，公司需要对其进行培训，先交 300 元培训费，如不交培训费即走人，但此前一个月的薪水免谈。

以上我们分析了就业时常见的陷阱和专家的点评，希望能为同学们求职提供有用的建议，千万不要被眼花缭乱的表面现象所迷惑，陷入陷阱之中。而毕业生们也可不必过分担心，畏手缩脚，以致停滞不前，失去了年轻人果断、热血激昂的优势。毕业生在求职时只要适当注意即可。不要相信天上掉馅饼的神话，但遇到好的机遇时就要毫不犹豫地及时出手。避开就业陷阱，每个求职者都能在事业之路上走出一条优美的弧线。

# 第7章 初识大学生创业

要永远相信：当所有人都冲进去的时候赶紧出来，等所有人都不玩了再冲进去。

——李嘉诚

**学习目标**

(1) 大学生创业的概念。

(2) 大学生创业应具备的基本素质。

(3) 当代大学生的创业环境。

**案例导入**

陈某毕业于北京大学，十多年前放弃了让人羡慕的公务员工作毅然下海，倒腾过白酒和房地产，打造了“天地壹号”苹果醋。在他悄悄进入养猪行业后，不到两年的时间内在广州开设了近100家猪肉连锁店，营业额达到2亿元，被人称为广州千万富翁级的“猪肉大王”。

实际上，之所以能在养猪行业里，在很短时间取得骄人成绩，成为拥有数千名员工的集团董事长，还在于陈某此前经历过的几次创业的“实战经验”。陈某卖过菜，卖过白酒，卖过房子，卖过饮料。这使得他有着这样的独到见解：很多事情，不是万事俱备、前途光明时去做才能做好，事实上这样的情况也不会出现，即使等上一辈子。而是应该在条件不充分的时候就开始做，这样才能抓住机会。

虽然他的公司走的还是“公司＋农户合作”的路子，但他却能够针对学生、部队等不同人群，选择不同的农户，提出不同的饲养要求。比如，为部队定制的猪可肥一点；学生吃的可瘦一点；而为精英人士定制的肉猪，据传每天吃中草药甚至冬虫夏草，使公司的生猪产品质量与普通猪肉“和而不同”。在这样的“精细化营销”战略下，陈某终于在很短的时间内叫响了“壹号土猪”品牌，成为广州知名的“猪肉大王”。

大学生创业群体主要由在校大学生和毕业生组成，由于大学扩招引起大学生就业难等一系列问题，一部分大学生通过创业形式实现就业，这部分大学生具有高知识高学历的特点，但是由于大学生缺乏相对应的社会经验，所以需要全社会的关注和帮助。大学生创业逐渐被社会所认同和接受，创业者同时也肩负着提高大学生毕业就业率和社会稳定等历史使命。在高校扩招之后，随着越来越多的大学生走出校门，大学生创业就成为大学生就业之外的一个社会新问题。

# 7.1 大学生创业教育的概念

创业教育的概念是在 1989 年联合国教科文组织在北京举办的“面向 21 世纪国际教育发展趋势”研讨会上正式提出的。从广义上说。开展创业教育是为了培养具有开拓性的个体，创业教育对培养个人的首创和冒险精神、创业和独立工作的能力、杜交、管理技能都非常重要。我国大学生创业教育始于 1997 年的“清华大学创业计划大赛”。2002 年 4 月，教育部确定了清华大学、北京航空航天大学等 9 所大学为创业教育试点院校，开始了推行商校创业教育的实质性工作，已取得了一定的成绩。但从总体上看，由于起步晚，目前我国的创业教育尚处于探索阶段。

创业教育是指结合专业教育，传授创业知识，培养学生的创业能力和创业品质，使学生毕业后大胆走向社会，实现自主创业和自我发展的教育。事实上，创业教育应该是一种教育理念，这种理念应贯穿于高等学校的专业教学和课外活动之中，旨在对学生激发一种意识，使他们的创新思维在创业过程中得以迸发和发展。创业教育的本质是提高学生的创业素质，让学生了解什么是创业、如何创业、怎样创业，而并不是让学生在学习期间创业或一毕业马上进行创业，是要在学校期间培养他们的创新能力和开拓意识，以期在今后的工作岗位中不断创新。

大学生创业教育，就是通过教育使大学生掌握自我创业的方法和途径，造就自我发展的能力，变被动的就业观念为主动的创业思维，大胆地走向社会，以积极的姿态迎接市场的挑战。创业教育的核心是提高大学生的创业能力、择业能力和适应能力，创业教育的关键是培养学生的创新能力。

## 7.1.1 高校创业教育兴起的背景

### 1. 创业教育的国际背景

20 世纪 70 年代以来，国际经济形式发生了变化，一些大企业无法迅速调整以适应变化的经济环境，而以高科技为主导、运行机制灵活、不断创新的中小企业迅速发展，不仅支撑了各国的经济增长，而且为社会创造了更多的就业机会。

在美国，雇员少于 500 人的中小企业雇用了 53%的私人劳动力，占有 47%的市场销售份额，占美国国内生产总值的 51%。在当前就业已成为制约各国经济发展难题的情况下，大企业不仅没有创造新的就业，反而制造了更多的失业。中小企业的创业实践在引发经济领域变革的同时，也对整个社会产生了深远的影响。一个国家的竞争力主要依靠企业和个人从事创新活动和参与新经济活动的能力，而创业的核心要素就是创新。因此创业增强了国家的核心竞争力，新企业以创新为核心，导致了科技的进步，提高了生产效率；以变革和竞争为手段，改变了市场结构，促进了经济的持续繁荣。创业作为一种全新的理念已经全面渗透到社会生活的各个领域。创业的内涵远非建立新的企业，创业已成为一个整合的概念，成为一种思维方式和行动模式。创业精神如寻求机会的能力、创新的倾向、承担风险的意愿及把想法付诸行动的坚韧性，不仅渗透到创业者的创业活动中，也渗透进经济领域之外如政府部门、医疗机构、大学等非营利组织之中。随着知识经济的发展和全球经济一体化进程的加速，世界范围内的经济结构也随着高新技术的发展、各国间的融合渗透产生了重大的调整、变革，创新改变了经济发展模式和经济运行态势，产生了许多新的职业。

创业教育兴起的另一动因来自学生的需求。在美国18～29岁的青年中超过60%的人想拥有自己的企业,80%的18～34岁的青年想成为企业家。英国的一项调查显示,25%的学生有经营企业的想法,41%的学生希望成为自我雇用者。而在这些有创业愿望的学生中真正具有创业知识和技能,了解创业过程的却寥寥无几。学生所表达的修习创业课程的愿望促使越来越多的大学将有关创业的课程和创业项目融入商学院或管理学院课程体系之中,并引入非商业课程中。

经济领域的创业活动要求教育肩负起培育创业文化、培养创业人才的使命。创业教育,特别是高等教育的创业教育培养具有冒险意识和创业精神的人才,是大学与外部社会特别是企业界建立密切联系的必然要求。创业能力被视为未来的人应掌握的"第二本教育护照",要求把创业教育提高到与目前学术性教育和职业性教育同等的地位。

1998年召开的世界高等教育大会进一步强调指出:"为使毕业生就业,高等教育应主要培养创业技能和主动精神,毕业生将不仅仅是求职者,而首先是工作岗位的创造者。"创业教育作为一种面向未来的教育思想,昭示了高等教育改革和发展的方向,即面向未来,把培养学生的事业心、创新和创业精神作为高等学校教育新的价值取向。

目前,美国、英国、加拿大和澳大利亚等国家都形成了一套相对成熟的创业教育与创业支持体系。以美国为例,1974年,全美只有75所大学开设了创业课程;而20世纪90年代,越来越多的大学开设了这方面的课程,目前开设创业教育课程的院校已经超过1100所。以百森商学院、麻省理工大学、哈佛大学等为代表的高等院校已经建立了50多个创业研究中心。1983年,德克萨斯州立大学奥斯汀分校成功举办了世界上第一个商业计划竞赛。如今,商业计划竞赛成为美国创业教育的重要组成部分。创业教育帮助美国培养了一大批创业型人才,为美国经济创造了新的优势,促进了美国经济的持续增长,使得美国在知识经济时代独领风骚。美国等发达国家的高等院校在创业课程的设计与开发上,也越来越趋于成熟和系统化。早在1967年,百森商学院就在全球第一个推出了研究生创业教育课程。1973年,东北大学开设了全美第一个创业学本科专业。杰佛里·蒂蒙斯等学者所编写的创业学教材风靡一时。在创业教育逐渐普及的今天,这些国家青年人的创业意识有了很大提高。

## 2. 创业教育的国内背景

我国高等教育对创业教育理念的正式回应始见于1999年1月公布的《面向21世纪教育振兴行动计划》。该计划提出要"加强对教师和学生的创业教育,鼓励他们自主创办高新技术企业"。实际上,从高校毕业生就业制度改革以后,创业教育的外部环境条件也在逐渐形成之中。我国大学生创业活动,最早见于清华大学研究生于1997年发起的首届"清华大学创业计划大赛",之后,这一活动被推向全国。1999年3月,举行了首届"挑战杯"全国大学生创业计划大赛,并且产生了数家学生公司。2002年年初,教育部确定中国人民大学等8所高校为创业教育试点学校,允许大学生、研究生休学保留学籍创办高新技术企业,以增强学生的创业意识和实践能力,许多学校也都采取了相应措施,开展创业教育,支持创业活动。清华大学将写字楼半价出租给学生创办公司;复旦大学专门拨出100万元资金,支持学生实施科技创新的行动计划,学校还与浦东张江高科技园区合作,专门为学生设立1000万元的创业基金;华东师范大学开设了"创业教育课"。东华大学开设了"创业与风险投资"的选修课程。

与国外相比,我国大学创业教育开展较晚,在创业教育的课程开发、创业教育的理论与方法的研究方面,基本上还处于引进、吸收和本土化的探索阶段,创业教育在大部分高校甚至是空白。

## 7.1.2　高校启动大学生创业教育的必要性

### 1. 是知识经济社会发展的基本需要

科学技术是第一生产力。加强知识创新和技术创新，发展高科技，实现产业化，是我国经济发展面临的深层次的问题，是提高国民经济整体综合实力，实现跨越式发展的紧迫要求，也是应对国际竞争，确保我国在 21 世纪立于不败之地的战略抉择。据科技部提供的资料表明，我国科技成果的转化率仅有 6%～8%，而发达国家达 50%左右，即使是在中关村这样一个人才密度远高于美国硅谷的地方，科技成果的转化率也仅有 20%，而硅谷却高达 60%～80%。目前全国 5100 多家科研院所，每年完成的科研成果近三万项，其中能够转化并批量生产的仅有 20%左右，形成产业规模的仅 5%。许多科研机构的成果因无人购买而派不上用场，使其经费缺乏的矛盾更加突出，形成恶性循环。与此同时，我国的许多企业技术落后，效益低下，没有竞争力，甚至面临关门倒闭的危机，却得不到能起死回生的技术成果。造成这种局面的原因很多，其中缺乏创业意识、创业技能是主要制约因素之一。由于缺乏创业意识和创业技能，单纯的技术发明或创新没有创造原动力，方向感也不强，因此难以转化。

21 世纪将是知识创新驱动经济发展的世纪，是知识经济占国际经济主导地位的世纪。在知识经济的时代，用知识创业是新的模式，也是必然的趋势。在科学技术迅猛发展、信息产业日新月异的今天，现有的企业不可能永远站在技术与市场潮流的最前沿，也不可能穷尽一切新兴的产业领域。因此，优秀的大学生完全有可能凭借自己的技术创新成果，创办高新技术企业，在降低能源消耗的同时，提高经济效益，全面促进社会经济科学发展。

当今的社会已是知识经济的社会。这种经济形态不同于劳力经济和资源经济，它是以知识生产者的智力的充分发挥为支撑，以信息化和网络化为基础通过企业持续、全面地创新，最合理、最有效地利用资源。促进科技、经济和社会的和谐统一，实现可持续发展。在当今社会中，知识和信息广泛地渗透到一切活动中；社会需求公共化、多样化、个性化。社会越来越多地需要创新产品；它赋予教育新的内涵：教育是经济意义上的“对人的投资”。作为教育的受体——大学生在日益高涨的创业浪潮中，学会创业已是时代的需要。因此，高校有必要顺应知识经济社会发展的需要对在校大学生开展创业教育。

### 2. 是缓解当前大学生严峻就业形势的需要

据教育部网站公布的数据表明，1998 年中国各类普通高校招生 108 万人。从 1999 年起高校开始扩招，至 2004 年。我国高校招生人数已达 420 万人，是扩招前的 4 倍。随着高校扩招，大学毕业生数量也在逐年增加，2013 年更是达到 699 万人。而与此同时。就业市场供需状态已发生变化：一方面，在就业供给市场（岗位提供方）上，就业岗位因政府部门人员下岗分流、国企结构调整和产业化改制而实际增加规模并不大；另一方面，在就业需求市场（职位的需求方）上，除了应届与往届毕业生相互竞争外，他们还面临下岗失业人员和农村劳动力的冲击。在这种就业市场供需状态下。高校有一半的大学毕业生找不到有固定工资的工作。面临着严峻的失业问题，而解决此问题的关键就是要为高校毕业生开辟多种就业渠道。高校在此时实施创业教育，帮助毕业生树立新的就业观念，引导学生创业。这可以说是一种比较现实的解决办法。

### 3. 是改变大学生实际创业困境的重要举措

目前，大学生的自主创业陷入困局，在为数很少的自主创业的大学生中失败率竟高达85%。对于在校大学生来说，创业还是一件比较遥远的事情。对于大学毕业生来说。很少有人将自主创业作为理想职业。而就业、考研则是毕业后的首选。其次，毕业生实际创业比例比较低，不到毕业总数的1%，而发达国家一般占20%～30%。在传统的应试教育下，大学生的素质偏低，普遍缺乏创业意识和创业心态，实际创业能力偏低。创业失败自然是情理之中的事情。而最本质的原因，则是大学生缺少创业教育和创业引导。高校如果普及创业教育，并善加引导，必然能在一定程度上缓解大学生自主创业的困境。

### 4. 是弥补创业教育缺失和高校传统教育弊端的有效举措

目前我国的高校基本上进行的是就业教育，创业教育仍处于短缺状态。当今高校多围绕学生的就业施教，但也仅仅限于信息的提供、政策法规的解释以及具体的应聘技巧，从怎样找到一份好工作以及求职切忌挑挑拣拣等方面进行引导，极少开展创业方面的针对性指导。即使有一些高校开设了创业之类的课程和竞赛，但多流于表面形式，能实际解决大学生自主创业的措施并不多，实际效果不明显。创业教育也对传统高校教育提出质疑。在传统教育下，高校教育仍停留在应试教育阶段。缺乏素质教育和创造教育，造成大学生理财技能、推销意识和沟通技巧缺失，实际创业能力低下，且眼高手低，高不成低不就。

### 5. 实施创业教育有利于推进高等教育改革，培养高层次的复合型人才

高校开展创业教育，除了可以填补创业教育空缺外，还可以在一定程度上敦促高校的教育改革。扩招使高等教育面临着一次重大的转轨，高校培养人才将由主要满足公有制企业、事业单位和行政单位部门的需要转向提高全民的科学文化素质。因此，当务之急是要大力推进高等教育改革，转变教育思想，改革人才培养模式，变应试教育为素质教育。在教学内容、教学方法、课程设置等方面进行探索、革新，以培养适应社会需要的高素质的复合型人才。创业需要综合素质，特别需要高素质的人才。通过开展创业教育，可以开发和提高大学生的创业基本素质，培养和提高大学生的生存能力、竞争能力和创业能力等，使其成为高素质的复合型人才。因此，大学生创业教育是高等学校创新教育与素质教育的重要体现，有利于促进高等学校教育观念的转变，推进教育改革的深入发展，促使教育适应经济、社会发展的需要。

## 7.2 国外的大学生创业教育

国外大学生创业教育正式起步于20世纪60年代，之前一些著名高校如哈佛商学院曾经尝试引入企业家精神的课程教学，虽然这一内容始终未引起人们的高度重视，但为后来的创业教育提供了宝贵经验。

### 7.2.1 国外创业教育的发展

进入20世纪60年代后期，百森商学院的以蒂蒙斯教授为代表的一些远见卓识者敏锐地

预感到美国正处在一场“静悄悄的大变革”中，即所谓的“创业革命”，从而率先提出了“创业教育”的新思维。由此，当绝大多数高校还致力于为大企业提供人力资源时，百森商学院便独树一帜地开始尝试创业教育，在未来人才身上植入“创业遗传代码”，培养适应“创业革命”需要的创业型人才。

美国是较早进行创业教育的国家。1947 年，哈佛商学院的 MvlesMace 教授率先开设的“新创企业管理”(Management of New Enterprises)被众多的创业学者认为是美国大学的第一门创业学课程，是创业教育在大学的首次出现。1968 年，百森商学院(Babson College)第一个在本科教育中开设创业方向(Entrepreneurship Con-centration)的课程。南加州大学于 1971 年设立了有关创业的硕士学位。经过 50 多年的发展，创业教育已成为美国教育体系中的一个重要组成部分，发挥着越来越重要的作用。英国的大学生创业教育自 20 世纪 80 年代兴起以来获得了长足发展，政府将其作为优先领域，在政策上给予支持、引导和规范。法国把创业教育视为增强国家竞争实力的一项重要活动，专门成立了创业计划培训中心。德国的创业教育起源于 20 世纪 50 年代职业院校的“模拟公司”。“模拟公司”是指人为创造的经济活动仿真模拟环境，作为经济类专业的实践教学场所和组织形式，“模拟公司”是创业教育中最早、最有影响力的实践教学方法之一。20 世纪 90 年代，瑞典开始关注创业教育，高校出现了越来越多的创业教育方面的教授、新的创业课程、创业训练项目和学术专著。

**知识链接**

国外的创业教育最先起步于欧美发达国家。至今已有近 60 年历史。有些学校专注于创业研究和教学，将创业教育作为学校的策略重心及竞争优势。有些学校甚至将商科学生必修的“管理学”改为“创业管理学”。发达国家的创业教育以美国最为领先，故这里主要讨论美国大学的创业教育。哈佛大学 1947 年开始创业教育，斯坦福大学 1949 年开始创业教育，百森商学院 1967 年开始创业教育，加利福尼亚大学洛杉矶分校 1970 年开始创业教育。美国大学的创业教育位于全球前列。据美国新闻报道，2004 年 4 月的创业教育排名：百森商学院已连续 11 年位列第一，哈佛商学院位列第三，斯坦福大学位列第四，加利福尼亚大学洛杉矶分校位列第五，仁斯里尔的创业教育排在全美第八。

同时，大学也进行了一系列针对实施创业教育的机构改革。目前，瑞典突破了传统创业教育满足个体需要的教育理念，更多地强调在创业教育中开展团队合作环境下的“做中学”活动。澳大利亚的大学生创业教育已经进行了 40 余年。澳大利亚 TAFE(技术与继续教育学院)针对创立的企业大多是小企业，积极开展小企业创业教育。日本特别重视创业教育，其高校于 1994 年创设“综合学科”，课程结构由必修课目、选修科目和自由科目组成，其中“产业社会与人”作为学生的必修创业课程。印度在 1966 年曾提出过“自我就业教育”的概念，鼓励学生毕业后自谋出路。使他们“不仅是求职者，还应是工作机会的创造者”。到了 20 世纪 80 年代。“自我就业教育”再次引起了印度社会的重视，1986 年，印度政府在《国家教育政策》一文中要求大学要培养学生“自我就业所需的态度、知识和技能”。新加坡是亚太地区进行创业教育较早并走在前列的国家，近 10 年来，新加坡建立起一套完整的创业教育体系，大学期间，通过与科技园区的互动进行创业实践教育，除了面向社会人员设立的创业培训之外，还有面向本科生设置的创业辅修专业，面向研究生设置的“创新与创业”硕士学位课程。韩国大学生创业热潮始于 20 世纪 90 年代，亚洲金融危机以后，是在政府的积极策动下形成的。其对大学生创业问题的界定是从国民素养与企业活力的角度进行考虑的，所以在大学生创业项目选择上有非常严格的筛选程序，专注于知识型创业的扶持，在制度、组织、社会团体等方面有系统的设计，并设立了专门的服务机构进行推动。

## 7.2.2 国外大学创业教育的特点

经过近50年的发展，国外大学生创业教育不断走向成熟，新的创业课程和学习模式不断开发，创业理论研究不断深化，创业教育从课堂延伸到课外，形成了诸多鲜明的特点。

### 1. 以提升创业能力和素质为导向的创业教育目标

创业教育目标是创业教育的宗旨所在，也是创业教育内容和课程设计的基本依据。过去，国外大学生创业教育目标主要集中在创业知识的传授，今天，更多的大学将创业目标集中于大学生的创业意识和创业能力的培养。例如，百森商学院将创业教育目标定义为："理论联系实践，通过课程和创业实践活动把学生时刻浸泡在创业思想和创业行为中，培养能够塑造创业机会、评估财务可行性、有创业心态的学生。"剑桥大学贾奇管理学院定义培养目标："培养能够识别并抓住创业机会，或者创造机会的潜在创业者，促使他们增强能力，为有创业兴趣的人提供良好的背景。"威斯康星大学麦迪逊分校商学院定义培养目标："促使学生完成主修课程如工程学、生命科学、城市景观、政治学后对创业产生浓厚的兴趣，培育一批有创业热情的企业家。"创业教育目标的这种转变直接带来了大学生创业教育内容和课程设置的改变。

美国大学生创业教育是大学关于"为了每个学生的自由发展服务"的承诺，目标是为学生的多元化发展服务，并非仅仅为获得一份工作的"就业式教育"。百森商学院强调发展适应"创业革命"时代的大学创业教育，不以追求眼前的功利为目的，而着眼于为美国的大学生"设定创业遗传代码"，以造就"最具革命性的创业一代"为其价值取向。英国政府认为，创业教育不仅仅是创建企业的教育，更重要的是培养学生的创业技能和创业精神，以适应全球化、知识经济时代的挑战，并将创业作为未来职业的一种选择。法国则把创业教育视为增强国家竞争实力的一项重要活动。德国政府更明确地提出，高等学校要成为"创业者的熔炉"。早在自治时期的1959年，新加坡就确立了"发展实用教育以配合工业化和经济发展的需要"的指导思想，后来又确立了"教育必须配合经济发展"的教育方针，其大学的创业教育虽然起步较晚，但是由于政府、学校、企业的通力合作，实现了跨越式发展。

### 2. 系统的教学计划和各具特色的课程设计

教学计划和课程设计是实施创业教育的总体规划和行动指南。国外大学的创业教育计划大多是综合性的教学计划，其教学内容系统地涵盖了创业教育的核心课程和一系列知识与能力拓展课程。例如，百森商学院的核心课程包括战略与商业机会、创业者、资源需求与商业计划、创业企业融资和创业成长五大内容，非核心选修课程涉及外国文化、历史研究、文学艺术、伦理道德、自然科学以及社会分析六大领域，充分体现了科学教育与人文教育的有机整合。一些大学由于培养方向的不同，特地开设了一些差异化创业课程，如麻省理工大学的创业教育注重高科技创业；印第安纳大学 Bloomington 分校注重新企业创立和创新；路易斯安纳州立大学 BatonRouge 分校注重家族企业、连锁经营以及妇女创业；华盛顿大学圣路易斯分校注重生命科学应用、大型机构创新和创业。

### 3. 整合的教育资源

美国的政府、社会、学校为大学生创业者提供了便利的条件，包括简便的新公司申请手续、健全的信用制度、充足的资金支持、广泛的社会援助等。同时灵活的教育体制还为大学生创业提供了充裕的时间。这样就形成了一套“政府、社会、学校”相结合的、良性互动的创业教育生态系统，为大学生创业提供了有力保障。高校管理层对创业教育的高度重视有力地推动了创业教育的发展，很多学校的校院级管理者都在创业教育体系中担任重要职务。在丹麦，不仅每个高校建立了模拟公司，而且还建立了一个全国的模拟中心，为所有的模拟公司提供商贸支持。英国大学在创业人才培养的实践中，重视制度化的工作网络建设，包括校外、校内两个层面，如一些大学联合设立“创业奖学金计划”，向这些会员单位中有志于创业的师生员工和校友开放，为他们提供包括场地、经费资助和指导建议在内的支持，校内层面旨在推动学生创业的网络。包括学生创业论坛、学生创业管理者、创业课程讲师，以及由商学院为全校学生提供的小企业教学模块等。

法国把创业教育视为增强国家竞争实力的一项重要活动。为此，法国专门成立了创业计划培训中心(CEPAC)。在培训方式上，充分体现个人自主学习、课堂传统教学、生产实习操作、教师个别辅导等多形式的结合。教学内容以最大限度满足学员办企业的需要为出发点。CEPAC 中心要求每位学员从入学开始就制作创业计划书，培训的过程就是创业计划完善的过程。理论培训结束后被 CEPAC 认可的创业计划书，可作为学员向政府有关部门、基金会、银行申请贷款的有效依据之一。

### 4. 正式教育与非正式教育有机结合

教育方式是实施创业教育活动的具体行动方案。国外大学生创业教育不仅有着系统而完整的教学计划和课程体系，而且在实施教学计划过程中注重多种资源的整合，包括合作开发网络化创业课程、创业课程与课外创业活动整合、创业课程与各种创业援助整合、创业课程与创业研究整合等。上述整合内容可以基本概括为正式教育方式与非正式教育方式的整合。正式教育主要指课程教育，不少课程教学手段灵活，教学内容模块化，旨在系统强化学生的创业知识。非正式教育主要指大学设立的各种创业实践项目，通常称为创业竞赛。许多高校的创业竞赛活动直接孵化出一批新企业，这种非正式教育对参赛学生有着深远的影响，它将创业意识深深根植在参赛者心中，非常有助于学生毕业后自行创业。为激励大学生踊跃参加各种非正式教育的创业竞赛，一些大学还设立了丰厚的奖金计划。如曼彻斯特大学分设两类创业项目：一是针对创业主意的“初级创业项目”，向获胜者提供 150～10000 英镑的奖金；二是针对创立新企业的“深度创业项目”，向获胜者提供 2.5 万英镑的创业奖金。

1983 年美国奥斯汀德州大学举办的首届大学生创业竞赛(商业计划竞赛)拉开了大学生创业活动的帷幕。这项比赛的举办使高校开始认识到创业教育既是一种教育理念也是一种教育实践，并开始以战略性的创业教育理念指导具体的教育改革活动。

英国政府 1998 年启动大学生创业项目，该项目是专门为 18～25 岁在校大学生设计的，项目就是开办公司。学生自己设计商业构思，组建创业团队，筹集资金，开拓市场，开发产品或提供服务，从而获得创建企业整个过程的经验。

### 5. 系统性地设置课程

随着创业教育扩展到不同层次和不同专业的学生，创业教育面临一个重要的挑战，即如何将创业理念融入大学的核心价值体系，如何将创业整合到大学的其他课程之中，促进教学模式、教学态度和教学方法的改变，构建完整的创业教育教学体系。

澳大利亚政府积极实行创业教育课程结构的改革与调整，开发出了四套模块化教材，即综合性介绍类教材、工业类教材、商业发展类教材和远程教育教材。

英国高等教育学会为大学提供创业技能教学的材料，利用学会的各种小组以及各个学科中心的工作为高校创业教育提供学术支持。

美国大多数院校都将创业教育作为一个专业领域或研究方向，因而具有完整且成系统的教学计划和课程结构体系。与传统的商业教育相比，创业教育的迫切性源于创办企业的不确定性，因而美国创业教育课程中包含了培养沟通、领导、新产品开发、创造性思维、技术创新等技能的内容以及包括创业意识、创业者特质、风险资金的筹集、知识产权等相关知识。美国从小学、初中、高中、大学直至研究生阶段，都普遍开设就业和创业教育课程。在基础教育中，创业教育主要以提高职业兴趣为目标。除了开设创业课程外，还按照个人兴趣自行学习某些职业技能。特别到了高中阶段，每人必须修满 10 个学分的职业教育课程。截止到 2006 年，美国已有 1600 多所高等院校开设有关创业课程，并且已经形成了一套比较科学、完整的创业教育教学和研究体系。斯坦福大学在课程体系构建中始终坚持文科和理科结合、教学和科研结合、文化教育与职业教育结合的原则，将创业教育渗透到课程设计当中。在基础课方面，注重拓宽基础性课程，减少专业课程。在课程设置上注重文、理、工多学科相互渗透，增加综合性跨学科课程。鼓励学生跨学科选修其他领域的课程。单独开设的创业教育课程，会有较完善的教育实践体系，注重培养学生的科研能力和职业技能。

肯尼亚政府教育主管部门开发了创业教育课程大纲，明确规定了创业的内容，如创业机遇、创业意识、创业动机、创业能力、企业经营管理等。除注重培养职业学校学生的创业意识外，还要求学生在学完课程后对创业和自谋职业有明确的认识，并具有一定的创业知识和能力。

### 6. 全方位的大学生创业教育支持体系

国外大学生创业教育的蓬勃兴起还有赖于全方位的社会支持。许多大学都成立了创业中心或创新中心。这些中心能有效整合学校师资、经费和课程供给，并能跨越传统的学术边界，成为高校与外界保持联系的重要纽带。美国的创业教育得到了社会资金的大力支持，如考夫曼创业流动基金中心、国家独立企业联合会、新墨西哥企业发展中心等机构以提供经费赞助创业大赛、奖励创业教育的优秀学生、开发创业教育课程等方式对创业教育提供资金赞助支持。比如，康奈尔大学于 1992 年成立了“创业精神和个人创业项目”(EPE)，支持全校学生创业精神的培养和个人创业技能的提升，9 所学院的院长组成 EPE 管理委员会，统一协调和指导全校的创业教育活动。拉夫堡大学的创新中心是创新知识或技术型新企业与成长企业的商业孵化器，向创业者开放图书馆等学校的主要资源，提供办公场所、实验室各类办公服务以及各类咨询服务。杜伦大学的蒙特桥科技园区内创业者除获得各类办公服务外，还可在学校帮助下向当地政府申请相关资助。英国科学创业中心和全国大学生创业委员会实际上充当着大学与外界联系的桥梁，在英国大学生创业教育中发挥着举足轻重的作用。此外，国外政府、企业、媒体、非盈利组织等也积极支持大学生创业，对大学生创业给予各种支持和援助，已经形成多层次的大学生创业支撑网络。

在英国，青年创业计划针对青年的特点，提供发展债券式的创业启动金，这种资助方式不同于银行贷款或者小额信贷，因为青年在申请资助时不需要任何财产抵押和担保，而且手续简便。但它也不是无偿的创业赠款，青年要支付利息（利息通常低于银行利息），并按规定分期还款。当然，如果青年人确实经营困难或者经营失败，也可以减免或者延期还款。这种独具特色的资助方式在英国取得了较好的效果。

**知识链接**

新加坡高校创业教育采取文凭教育模式，如新加坡南洋理工大学的创业教育定位在专业教育的范畴。学校开办专业的文凭课程——科技创业和创新课程（Techno-preneurship Innovation Program，TIP）。他们每年在应届毕业生和有创业志向的在读生中招考生源，收取学费。课程为期 16 周，由南大和华盛顿大学合办。

学员学习分为两个阶段。第一阶段在南大接受为期 10 周的密集式的创业知识和能力培训，包括《创业和商业计划》、《新企业市场营销》、《新企业金融》、《知识产权和技术管理》等 10 门课程和团队拓展训练。教学师资聘任创业教育学的专家、企业家、咨询顾问、知识产权律师、风险投资商、商业领袖、新加坡政府经贸部门的高官等，教学方式以开放式研讨体验学习为主。第二阶段赴美留学 6 周，学员要到斯坦福大学参加系列研讨会，走访硅谷著名企业和刚刚起步的创业公司学习实战经验，随后在华盛顿大学学习 5 周，学会学以致用。合格学员将获得南大和华盛顿大学联合颁发的研究生文凭。

## 7.3　国内大学生创业教育的现状

### 7.3.1　当前中国高校大学生创业教育的现状

我国对大学生进行的创业教育系统性还远远不够，可以说只是起步阶段，还没有形成系统完善的创业教育理论与培训体系。虽然在这一领域进行探索的院校与专家不在少数，但并没有形成一套适合我国国情与教育发展现状的行之有效的方案，因此在毕业时自主创业的学生终究还只是少数。主要问题表现在两个方面：一是理论研究不够；二是教育教学实践中存在诸多缺陷。在理论研究方面，目前学界对创业教育的理论研究还是零散的、不系统的，相关论述停留在搞好全面发展教育、主体性教育、素质教育、创新教育、就业与创业等理论层面，集中、系统、全面地探讨创业教育的科学研究十分欠缺。在教育教学方面，许多高校尚未建立起完善的创业教育体系，缺乏对实施创业教育的计划、模式、课程设置、师资队伍建设、教学资源配置等的研究和探讨。具体体现在下述几个方面。

#### 1. 高校的创业环境还处于起步阶段，无法为创业教育提供完备的保障

与美国的创业教育相比，我国高校的创业教育环境落后。这一问题主要表现在以下两个方面。一是高校环境与社会环境脱节，产、学、研断层明显。中国高校的创业教育还未形成相对成熟的理论体系与框架，无法从理论的高度解释创业活动的各种问题，探索创业产生和发展

的规律,或概括出具有普遍意义的成功创业经验。学校与学校之外的企业、研发机构缺乏联系,无法根据社会的需要调整教学体系。在这种大环境下,高校培养的毕业生必然不能适应社会的需要,更不用说在社会上成功创业。大多数高校并未设置专门负责创业教育的机构,目前,绝大多数高校的创业教育主要由学生处或团委负责,国内的创业教育主要是为大学生毕业分配提供服务。近几年,虽然许多高校迫于大学生就业市场的压力,纷纷开设了大学生就业指导课程,但也只是学生临近毕业时匆忙上阵。学校此举的目的也仅是使毕业生顺利就业,找到一份好工作而已。很少院校能够将就业指导纳入学校的必修课程体系,为学生提供包括职业生涯规划、创业指导、就业信息指导等各个方面的服务。二是缺少专门从事创业教育的师资队伍。在高校承担创业教育教学任务的教师基本上缺少创业知识、缺少创业经历和创业经验。即便如此,这种不太专业的专门从事创业教育的师资队伍仍显稀缺。

### 2. 高校创业教育观念落后,创业教育未正式纳入课程体系

高校创业教育观念落后主要表现在以下两个方面。一是对于创业和创业教育,学校、教师的观念还相对滞后。目前,就业率是大家公认的评定一所高校教学质量好坏的重要指标。在这种意识形态的引导下,大部分高校追求学生就业率,对大学生创业教育动力不足,是情理之中的事情。而处于此漩涡之中的教师的教学也必然是围绕就业服务。二是学生的自主创业意识淡薄。许多大学生在家长认为"自主创业没有面子",将公务员和白领工作作为理想职业,若这种理想职业无法找到,则以考研来规避,自主创业一般是大学生最后的被动选择。此外,创业教育未正式纳入高校的课程设置体系。目前虽成功举办了几届创业"挑战杯",但发展到现在,其培育大学生创业的性质已发生改变,一些学校在活动中推出的创业计划多由教师代做,学生成为参赛代表。创业教育在高校的普及推广率比较低,至今还仅是少数人的创业活动,而不是多数人的"创业教育"。

### 3. 创业教育在实施中存在界面障碍,使得实施困难

在我国高校创业教育的实施中存在四种界面障碍:"高校—社会"界面、"制定人—教师"界面、"制定人—学生"界面、"教师—学生"界面。"高校—社会"界面的存在,使得创业教育脱离实际需要,无法培养出符合社会需求的真正创业人才,无法充分发挥高校的人才与企业的资金优势,实现人才与资本的有机结合;"制定人—教师"界面的存在,使得教师只能按照学生管理部门的需要和学校提高就业率的目标去开展教学,无法从本质上引导大多数学生创业;"制定人—学生"界面的存在,使得创业教育课程趋于条框化、理论化,缺乏实际操作性,无法从根本上激发学生的创业热情;"教师—学生"界面的存在,使得创业教育课程在选择教材方面也存在很大的局限性和滞后性,无法适应学生和时代的需要,学生则仅作为一个被动的接受者,其主动性和创造力无法得到充分发挥,最终使得本来具有创业天赋的30%在校大学生的创业激情消失殆尽。在上述四种界面障碍的综合影响下,这种缺乏系统性的创业教育必然不能够获得理想的效果。

### 4. 高校课程设置的共同弊病,制约了创业教育的深入发展

重理论、轻实践是我国高校课程的共同弊病。这种弊病造成我国的教材大多比较晦涩难懂,学生的学习兴趣不高。理论脱离实际,造成特定教学内容滞后于形势的发展,过时和陈旧的现象严重。在教学中,教师对许多反映现实变化和面貌的新理论、新观点,没有及时普遍地

采纳，对新兴、交叉、边缘、综合学科的知识，没有合理充分地运用。创业教育是鼓励学生的创造性、自立和个人的主动性，涉及的知识更涵盖了人文社会科学和自然科学等一系列的知识内容。目前大部分高校的"创业教育"形式单一，缺乏多样性、系统性与层次性课程设置，也缺少指导学生正确面对逆境、设法摆脱逆境的教育，这必然会使创业教育的效果大打折扣，学生的应用有限。

### 5. 创业教育尚未形成科学的理论体系

目前，关于创业教育的理论研究还没有引起社会的足够重视，现有的理论研究还是零散的、不系统的。从研究成果上看，20 世纪 90 年代初，江苏省教科所等单位承担了国家级"创业教育"类课题，发表了一批研究论文，出版了系列丛书。但是，创业教育的研究并没有因此形成"热潮"，而是"冷却"下来。近几年，随着社会对人才吸纳力的减弱，就业压力增大，毕业生就业滞后或无法就业的现象直接威胁着高校的生存与发展，少数院校才开始这方面的研究。也就是说，在过去相当长一段时间内，创业教育的课题几乎无人问津，认为这类课题的研究缺乏客观实践条件与软环境，是对现行教育观念、教学行为的冲击，阻力大，难操作，所以只是喊喊口号而已。相关文献不多，没有形成科学的理论体系，不足以指导教学实践。

目前，多数高校对大学生创业能力的培养还仅仅停留在组织一些与创业有关活动的层次，有的高校虽有毕业生创业指导中心，但也仅仅停留在对创业团队、创业过程的扶植上。如鼓励学生自办公司、开展创业计划竞赛等。这对学生创业能力的提高会有一定帮助，但并不能从根本上解决问题。从高校的创业教育课程设置来看，工商管理专业本身开设的有关工商管理创业课程，其目标是培养"白领"而不是培养"老板"；而其他专业尚未开设完整的"创业管理"等创业教育系列课程。

### 6. 创业教育资源配置不足，创业实践环节薄弱

实施创业教育不能仅仅停留在教材和课堂上，更重要的是开辟产学合作基地、实习基地，切实开展创业实践活动。但由于各方面的原因，进行产学合作存在着各种各样的问题，这些问题包括：企业对实习或见习学生的要求过高，希望即时就能给企业带来利益；学生对实习也有要求，认为实习或见习就是工作，应该得到报酬；一些学校缺乏对于产学合作建设的支持，教师不愿过多地参与这些工作。这些原因导致学校在实习环节管理松散，学生自律不足，收获不大。

### 7. 创业教育和创业激励方面存在政府缺位

近几年，地方上的经济发展和教育改革都取得了巨大的成就。但政府部门在引导高校推进创业教育和鼓励大学生开展创业方面没有发挥应有的作用，存在着缺位现象，主要表现在以下两个方面。一是政府职能部门不能有效地利用信息优势和行政职能，在高校中有步骤地组织和推行创业教育。由于区域、渠道和观念等诸多因素，各高校自发获取信息的能力有差别，各自为政搜寻信息，成本太高。相对于有正规、畅通信息渠道的政府职能部门，这些高校显然在获取创业教育和整合相关资源方而存在信息不对称和能力方面的约束。在这种情况下，政府的信息发布、政令传递和行政推进就特别重要。由于政府在组织和信息发布方面缺位，加上许多高校工作重心尚在扩招和建设新校区，对正在兴起的创业教育和大学生创业活动并未有足够的关注，致使不少高校的师生对创业教育没有基本的了解。二是政府有关部门没有明确

鼓励大学生创业的政策实施细则，一些鼓励创业的政策由于各种原因在实施的过程中阻碍重重，各部门由于没有具体规定不敢贸然做出决定，致使大学生创业路程艰难险阻，创业成功不易。有些大学生寒窗苦读多年，毕业之日即是失业之时，又由于他们没有“再就业优惠证”，不能享受到如下岗职工再就业和创业方面的种种待遇，更不用说参加政府提供的创业培训，这显然对加强高校的创业教育是不利的。

总体而言，创业教育在中国还只是处于起步阶段，时至今日，创业教育在大部分高校中还处在边缘化状态，进行系统的创业教育不够，没有得到足够的重视。

但是，也不可否认，自 2005 年以来，随着人们对创业教育认识的加深，不少有识之士开始了大学生自主创业的有益探索，全国高校也已有多所开设了创业学院，如中山大学、河北大学、暨南大学、华南师范大学、内蒙古大学等。而以电子商务网上商店为主体的义乌工商学院的创业学院尤其具有代表性。

### 7.3.2 中国创业教育实例——义乌工商学院创业学院批量“制造”淘宝富豪

义乌工商学院创业学院批量制造“淘宝富豪”，学校有四分之一的在校生创业，创业者中60%的人生活费自理，创业的主要方式就是利用淘宝的网上商店。由于网上商店资金门槛低，知识要求灵活，成为大学生创业的高效途径之一。学校根据学生的网上商店进行评级，网店级别可代替学分，截止到 2011 年年底，创业者中已有多名 90 后的百万富翁。

在大学生就业异乎艰难的当下，一所地方高校独辟蹊径，批量复制“淘宝富豪”。这是一段传遍网络的新闻导语。这个神话般的学校——义乌工商学院——被称为制造富豪的院系有很直接的名字：创业学院。义乌工商学院创业学院于 2008 年开设，学院不仅制造富翁，还制造话题：学生开设的淘宝店铺级别可以充当学分；很多课程的内容为网店开设的学习；上课时可以出去拿货；毕业成绩可以用淘宝网站的业绩衡量；甚至可以随时搬出学校成立公司做生意……并且，学院还为义乌的未来量产电子商务方面的专业人才，在这个人人喊转型、处处经济紧张的年头，其成功经验为江浙中小型实体企业开辟了新路径。然而，学院教育本身的转型也存在着颇为艰难的路径：有探索、有过程，但结果也备受争议。他们教授电子商务，却无法兼顾知识与实践，这看似简单的教学要求，在创业学院教育的过程中却难以实现。人才培养的环境对创业学院来说，不算好也不算坏，大环境支持，但小环境下，并不是每个人都可以德才兼修地成为富翁。但显然，学院的诞生是在全国上下都开始注重大学生创业，电子商务又蓬勃发展的社会背景下，学生在电子商务事业上有着无穷的动力，学生和教师在教学过程中有着不同的身份，每种身份都有其独特的内涵。

#### 1. 创业学院的商人

像这所学校之前的创富英雄一样，创业学院的周谨然同学沉稳地诉说着自己的财富故事，并用实际的数字去感染身边的人——这足够创造一种“所有人都努力赚钱”的气场，而实际情况也基本如此。整整一个夏天，周谨然的生意都不是很好，他在为冬天做准备。2010 年的这个时候，南方寒潮来得早，几场雨过后，秋天就被湿冷的空气终结。周谨然在吐着寒气的早晨，将大包的连裤袜放进“仓库”，这种厚实的“袜子”在南方的秋末冬初很畅销——女孩们还没为冬天的衣着做打算，出于爱美的心态，尽管不是非常保暖，但也足够抵御过渡期的寒冷，连裤袜让他在去年整个冬季的销售额达到 400 万元。周谨然因此参透了长尾理论这样的经济名词，在学校里，这种概念性的术语不常用，但他会用另一种方式添加解释——薄利多销。因此，这个冬天，他打算仍用这样的产品复制这种模式。在一个夏天的储备中，他还跑到国际商贸市场，煞有介事地谈下了两个连裤袜品牌的代理。他个子不高，南方人的长相，说话口齿伶俐。他将自己在淘宝上的两个网店给连裤袜公司的销售经理看，一个达到皇冠级别，另一个进入了淘宝商城。他还说了自己去年令人羡慕的销售业绩。实际上，这是一场公对公的谈话，周谨然已经有了自己的商贸公司。这一点甚至让销售经理刮目相看：眼前这个 20 岁出头的学生，穿着也并不那么体面，但淘宝商铺上明摆着的销售业绩，遍布全国每个角落的客户，和他本身沉着稳当的谈吐。看起来，这单生意如果不给他，损失实在太大了。但眼下，作为商人的周谨然，在冬天到来之前，凭借一己之力显然无法抵抗另一种早已光顾义乌的经济寒冬。尽管对外界来说，他的创富故事足够引起诸多兴趣，甚至对于义乌工商学院本身，周谨然的销售额俨然不是一组数字，它看起来更像是一种对榜样的包装，他被推到媒体镜头前，不厌其烦地接受采访，像这所学校之前的创富英雄一样，沉稳地诉说着自己的财富故事。虽然光环很耀眼，但周谨然没有被这过早到来的荣誉冲昏头，他时常深沉地双手交叉在鼻子前，若有所思地坐在那里，他向老师请教问题。尽管他们的财富可能不对等，但周谨然依然需要从老师那里获得帮助，他想创办一个品牌，但还在找方向。他以商人的眼光考量一切，尽量摆脱自己这个年龄段的思考方式。而仅仅两年前，在他来到义乌工商学院之前，他甚至没有接触过淘宝，他说自己对身边的女生每天叽叽喳喳地谈论网购感到厌烦。在他离义乌不远的家，父母继承江浙人从商的传统，做贸易加工厂。他从他们那里继承了与生俱来的经商头脑，并固执地认为实体经营方式才是正路。直到他来到学校，带着不屑的态度顺从地开了一家网店——这是创业学院学生必须做的一门功课——并赚得了第一笔钱后，原先的固执才被打破。网络开始让他的生意变得富有戏剧性，周谨然相信，公司在他的指导下，正生机勃勃地成长，而那些为他打工的人，很多是来自同学校一样经营网店的同学，他们有一样的理念和成长历程，甚至相似的家庭背景，这给了他不小的信心，让他能够利用网络这个平台，在经济不景气的年头和“线下”经济分庭抗礼，并最后像那些网络英雄一样，创造出一家特立独行的公司。

### 2. 创业学院的学生

工商学院的高考分数线仅仅是 300 多分，学校曾经是为省内考不上高等学府的学生留的一条后路，它可能提供不了卓越的知识，但却独辟蹊径地让企业小老板们眼前一亮——让孩子学会怎样使现在的生意转型并赚钱才是硬道理。周谨然作为财富的拥有者，在义乌工商学院不是个例。这所大专院校中出奇制胜设立的创业学院，正期望夜以继日地制造富翁。这个系 300 多名学生中，60％的人学费、生活费自理——他们依靠炙手可热的淘宝店铺来货通天下，赚取利润。可能作为榜样，周谨然的钱赚得比别人快些。但他的“前辈”，已经毕业的学生中，创造的神话包括开着凯迪拉克离开学校、坐拥千万房产而非富二代的奋斗典型，这看起来妙极了。在学校的官方口径中，这些富学生被冠以“英雄”的头衔，而他们也有自己的“前辈”。在教学楼走廊里，传统学校墙壁上华罗庚、贝多芬、马克思等不同领域的精英领袖挂像，被统一换成马云、马化腾、李想、张朝阳等网络领袖。并且，他们也被称为英雄，这是一种再好不过的激励手段，如同北京唐家岭蚁族家中的唐骏和李开复一样，照片以一种财富先驱的隐喻，向每个学生不断地灌输财富英雄主义的成功信条，即不断努力、抓住机遇，敢想敢拼。但现在，作为学生的周谨然，面临的最大问题已经不是财富，而是如何在拥有了初级财富的情况下，用脑子里的知识去赚钱，在这一点上他明显有些“先天不足”。然而，这样的问题并不是个例。如果抛开

"英雄"们所拥有的财富而窥探他们本身的生活状况，就会发现，创业学院90%的学生来自江浙地区。他们当中，多数家境富足，有自己的家族实业，能提供可靠的项目启动资金。即便如此，这些父辈的财富积累也因遇到经济寒冬而出现瓶颈。在温州老板出逃事件背后，江浙一带的中小企业问题被放大，或因资金链出现断裂导致入不敷出，或因整体经济环境下滑导致商品堆积。总之，他们的孩子，带着一种为家族生意求得解决之道的使命，考入这个学校。现在，学生们面临的一个巨大的问题就是他们对国家的宏观经济状况了解不够，对经济危机仅仅是知道而已，也鲜有了解政策改变及世界格局变化的，这与老一辈企业家在创业时期天天拿着《人民日报》分析文章的情况有些背离。但周谨然也承认，他有时候会很矛盾，总觉得一切来得太快，应该停下脚步想一想再学点什么。与此同时，同样作为学生的卢畅显然走得不如周谨然顺利。以从商的角度来看，大二的卢畅还没有一家经营成功的淘宝店，这种情况若继续下去，到毕业时，如果没有一个等级达到3钻的淘宝店铺，卢畅将很难拿到毕业证书。他来自浙江金华地区，家里做五金生意。现在他有些消沉，整日在教室里看电影、聊天，他身边堆积如山的货物很少与他有关，而他经营的淘宝店铺，也没有一种产品的销售具有延续性。按照卢畅自己的话说："杂七杂八卖点什么。"一天最多两三单的生意，好在他认为，到毕业时达到三钻等级几乎没什么问题。但实际上，至今他都不认同网络销售的方式。起初，卢畅和周谨然都站在同一个起跑线上，但很快就出现了差别。卢畅一面消极地不认同，一面又否定自己对市场观察的不敏锐。他期望一毕业就回家接手家族生意，并请人专门做网络营销——这弥补了他在这方面的不足。他声称，自己在这两年里学到的知识仅仅是与人交流的方式，至于其他课程，"太浅"。他也不喜欢班内的环境——至少在他们班，那些店铺做得好的学生都在单打独斗，很少组建团队，即便分享经验，也不够深入。他说这是个以团队为核心的时代，以后接手家族生意，也要以团队为重。他是那种还没脱离学生稚气的男孩，对于未来的路很明确，但至于实体营销未来还能走多远，他说："不知道，还得学。"

### 3. 创业学院的改革者

学院的教学管理者和教师扮演着改革者的角色，为刚起步开网店的学生免费配有一间供上网的教室和一间储存货物的仓库，并且教授学生摄影和照片处理技巧，以便让商品在网络上展示得更好看；那些接触过市场的老师，会用经验告诉学生如何与客户洽谈、如何寻找更合适的货源。事实上，作为班级里的"沉默者"，卢畅这种情况属于大多数。这表现在开店的等级、赚钱的多寡和社会活动能力及范围大小。这是这所学校创业学院的老师和高层——也作为改革者最为担忧的问题。没人愿意用金钱来考量学生的学业，但是学校以创业学院的姿态出现，却出现了"毕业即失业"，这被认为是一种失职。这所学校的高层——副校长贾少华被称为"马云的知音"。其中的原因在于，他将马云创立的淘宝网用到了极致。他是一个英雄主义至上的人，反对传统教育，并善于拿高等教育的就业率和媒体说话，动辄就是："我们的学生是生存型创业。"2008年年底有100多万高校毕业生不能就业，而2009年有将近611万大学生面临就业。但是在义乌工商学院，最近3年毕业生的自主创业率达到了11%。但显然，这一令外界刮目相看的就业率，"出产"在义乌——这个全球最大的小商品交易市场，为创业的学生们提供了最为方便的平台。这看起来就像是一个巨大的实验室，学生们将市场上的商品搬到网上卖，他们甚至不需要启动资金，仅仅简单复制图片挂在淘宝店里，卖出去哪样东西转身就可以从市场里拿到。这种成就，在义乌当地的教育人士中，有人也嗤之以鼻。最为尖锐的批评是：学生毕业后虽然赚到钱了，但究竟学到了什么知识呢？另外一些人，也对创业学院的模式表示怀疑："如果这个学院在西安或在北方的大多数城市中，都无法达到义乌的效果。"这当中的一些问题，终究是贾少华无法解决的。但他的理念是，上完学后不就业，上学有什么用？因此，从2005 年电子商务开始崛起，淘宝 2007 年发力，2008 年创业学院成立，从初期开始，这个学院的外向和"不守规矩"就成为它的标签。学生在"淘宝"上的业绩可以折算成实践课的学分——一个钻顶两个学分；而学生想进入创业学院也不容易，必须达到在校月收入不少于 8000 元，网店信用等级达到四颗钻。"创业学院的学生都是当老板的。"贾少华说。同时，质疑创办创业学院的声音，实际上在内部也出现过。学院创办早期，多数传统教师反对"学生无视课堂的教学方式"。那时，老师们对于学生上课淘宝的诉状塞满校长信箱。他们不理解的是，这种问题得不到抑制，反而愈演愈烈，最后竟然成了一种解决方法和教育手段；而另外的一部分教师则认为不育人教书让学生学知识，有违传统。当然，相当一部分这样的意见，后来都被改革者强硬地压制下去。因为没有人能对每况愈下的毕业生就业率拿出更好的解决方法，而眼下学生们的淘宝网店创业，确实为这个棘手的问题提供了解决的路径。而最终平息质疑的是浙江省教委，一纸文件宣称官方支持创业学院，并将其设立为试点。这样，改革者与保守者的博弈，才算告一段落。但话说回来，问题依然存在。作为商人或学生的周谨然们被视为英雄，原因是英雄毕竟是少数。仅仅作为学生的卢畅们，却表示仅仅得到了"创业的氛围"。卢畅更加现实的表述是：他们是创业者，我毕业后要回去守业——这一部分学生不在少数。

### 4. 创业学院的教师

每个授课教师都在淘宝上开了店铺——在这一点上，他们甚至是自己学生的学生，因为不缺乏理论，所以上手可能会比较快，但每每到淘宝规则更新的时候，教师与学生不分伯仲的研究，恰似体现了这个稍显"乱套"学院的另一面——每个人都是生意上的学生。到底应该教学生什么？这是所有创业学院老师面对媒体既能侃侃而谈又无法触及核心的问题。这可能会招致学生的不快，他们把没有学到更多东西归罪于教师。然而教师更强调，学习开网店，老师仅仅起到指导和理论帮助的作用，更多地在自己。这不是一种敷衍的说法。赚了钱的学生，因为经营网店的缘故，大多搬去校外住，也无暇上课，更谈不上受到帮助，只有遇到经营管理上的问题时，才会请教老师。而走不出去的学生始终找不到成功的方法，蜗居教室，或者因没有良好的合作伙伴而气馁——这近乎成为一个社会两极分化的缩影。所以，重在引导，这是教师口中常提到的词。他们修改了《电子商务概论》这本基础教材，埋头寻找时效更强和更有力的案例来激发学生对电子商务的认知。在这本新教材中，第一章"电子商务绪论"里的案例，由原先的"戴尔电脑网络营销"，变为"出版社上淘宝实体书店末日将至"这样耸人听闻的标题。教材的主编、创业学院的老师郑庆良，用半年的时间编了这本教材。为了使文字更能激励学生创业——尽管这本教材依然使用了乏味的"概论"题目，但在实际编写中，却有不少创业学院本身的案例。这近乎是病毒式的营销方式，以身边的英雄为榜样，去制造一个轰轰烈烈赚钱的大环境。尤其是一些潜在的、臆想着创业成功的学生，会毫不犹豫地投入这个被渲染过的商业气氛中。之前他们不得不忍受父母对于就业的警告而接受自己无法胜任的工作，但眼下，就连很多曲高和寡的晦涩课程都被去掉，这包括离散数学和数据结构，而那些轻松的，诸如如何装修店铺的课程，则让学生们兴致盎然。"离散数学他们用得到么？他们以后当老板回去用数据结构研究编程么?"郑庆良反问。话虽如此，但部分学生乃至他们的父母，认为学科技更为重要。有学生也表示失望，认为三年没有学到什么。这是个急需解决却暂时没什么方法的问题。不可否认，无论是课程创新还是教授环境的近西方化，创业学院都做到了几乎史无前例的表现。但如何具体指导学生的生意经，特别是在面对那些网店做得很成熟的学生时，学院的老师至今尚未展现出更不凡的洞见。一位教师说：如果你需要创业，我可以告知你方法和流程，比如注册公司的流程、招聘等流程，但无法为你的生意提供具体的指导，这是很大的问题。学院的高层对问题的重视，在磨合般的教学中展现出成果：每个授课教师都在淘宝上开了店铺——其中包括郑庆良这样看起来有些古板的中年老师。但终究，让教师们为难的是，那些有了生意的学生就像高速增长的中国经济一样，开始尝到了甜头，便一往无前地快速飞奔，怎么也慢不下来——直到遇到了障碍，才发现自己对宏观环境的认知不足，因此教师们也建议学生，先打好理论基础，再尝试做得更大，否则很容易变得不可收拾。但如何彻底解决这样的问题，让大专生去了解本科生乃至社会上才能学到的知识，这个庞杂的命题被抛出后，教师的回答除了"引导"外，也无法给出解决方法。

## 5. 创业学院之学校

事实上，与义乌工商学院学生的竞争已经出现。那些在金融风暴中想爬上网络海岸的老板们，通过关系拜托创业学院的老师为其建立网络渠道，教师则带着学生，利用课堂为企业提供服务。不可否认的一点是，因为录取分数低的缘故，义乌工商学院的学生，通常是高考失利的学生，贾少华承认这一点："他们不会去做研究，但会对身边的新鲜事物很敏感。"这一点，恰恰成为学生们创造力的源泉，他们用自己的成功——尽管目前还属于少数，彰显了传统教育中的不足。更重要的一点，那些义乌商业领域的老牌领袖，对他们做的事情有极大的兴趣。在义乌工商学院，这个传统意义上的大学之外——社会大学——义乌的经济并没有因为其规模庞大而躲过金融风暴。在 2008 年，义乌市年出口虽然实现 13.94%的增长，但相比 2007 年增幅已是放缓不少；而 2010 年的这一数据显示为 34%，但该年度劳动力成本和原材料价格都有大幅增长，出口利润受到很大程度的压缩。正因如此，更多的义乌企业开始转型。义乌双童吸管厂董事长娄仲平，也是义乌工商学院的客座教授。一方面，他将庞大的吸管生意遍布全球任何一个哪怕荒凉的角落；另一方面，还组织了强大的互联网销售团队。"实际上，仅是为本地企业，创业学院就能提供很多人才。"娄仲平说。而义乌的另一大企业，浪莎袜业也在电子商务上与工商学院有来往。其总裁翁荣弟甚至将浪莎的产品在网络上的销售作为业务重点。对于那些即将毕业的创业学院的学生，走出校门的那条路，就像是铺满了鲜花的迎宾道，在义乌的大街上，到处张贴着电子商务的广告，仿佛在告诉世界——义乌的下一站就是网络。这样看来，这所大学，并不像传统意义上的学校，为自己营造一个美丽且封闭的"围墙花园"，而是更加面向社会，以至于在创业成功的学生中，有人走出学校并立足，后来甚至成了千万富翁——尽管凤毛麟角，但其制造的社会效应，却能给当地的中小企业带来一些新的动力。义乌当地的一位皮革制造企业老板也说："经济越萎靡，依附实体经济出现的衍生经济就越发达，其人才的受众也就越广泛。"而当下，义乌工商学院的创业学院还仅仅只是一个开始。学院教给学生们——或者可以说是学生在一个商业氛围下自学——通过网络把一切义乌可能贩卖的小商品兜售出去。他们期望做得更加精准，视野更加宽泛，贾少华说："电子商务不是只有淘宝网，应该绕过去。"

知识链接

**大学生创业教育风起云涌 温大创业学院开设先锋班**

创业理念已不再局限于职场先锋，如今象牙塔内的莘莘学子也正热衷于此，在校园里储备创业的知识已成为他们进入社会、投身创业大军的“热身”。昨天，温州大学创业学院作为全省首个实体学院，开设“创业先锋班”，来自全校不同院系专业的60名学生，怀揣创业梦想走入课堂。

成立于2009年6月的创业学院，现有校内外专兼职专家、教授、教师70多人，企业家创业指导师32人。创业先锋班主要面向温州大学20余个二级学院招收优秀创业人才。据了解，在为期一年的学习中，他们的创业教育分为三大模块，一块是学习人力资源管理、市场营销、财务管理等创业基础课程；另一块是参加经济、管理、法律、心理等方面专家的讲座；还有一块就是到学校创业园和企业实践。完成300个课时后，学员考核合格将颁发温州大学“创业教育”辅修专业证书和温州大学“创业先锋班”结业证书。

温州大学相关负责人表示，温大在创业教育方面一直走在国内高校的前列，去年，还被教育部评为国家级创业教育人才培养模式创新实验区。新近成立的创业学院，无论在学院设置理念上，还是在课程设计、教学改革、队伍建设、科学研究上，都体现了全方位推进创业教育的初衷，是学校系统培养创业精英人才的又一新举措。

“既学习理论知识又不乏实践机会，‘先锋班’系统并富有针对性的课程，对我们创业必然有很大的帮助。”创业先锋班班长刘聪说，先锋班里的同学，近半数具有创业经历或正在创业，他自己也是在去年加入创业行列的。专门的创业班，不仅教授专业知识，还能解决他们在现实中遇到的难题，确实大有裨益。

加强创业教育是今年市委、市政府加强和改进我市大学生思想政治教育九件实事之一。如今，创业教育的人气在温州各大高校中一路走高，创业团体也是风起云涌。浙江工贸职业技术学院、温州职业技术学院、温州东方职业技术学院和温州科技职业学院等高校，都展开了各具特色的创业教育，鼓励、扶持大学生进行创业尝试。

昨天，由市委高校工作领导小组办公室、市教育局主办的温州市大学生创业论坛同时启动。该论坛借助温大创业学院的资源优势，邀请知名专家学者给大学生作经济、管理、金融等方面与大学生创业紧密相关的知识讲座，邀请工商界人士介绍实践经验，邀请相关政府部门领导解读相关政策，通过各种形式和活动，帮助创业大学生在学习中成长。

资料来源：温州日报，2009-11-19

## 7.4 大学生创业环境

大学生创业应该是有无限的机会、无比的困难、无尽的回报。但是创业环境对大学生创业具有十分重要的影响。在大学生就业形势日益严峻的社会背景下采取有效措施，为大学生创业营造良好的环境，这对促进大学生创业并带动其就业具有十分重要的作用。中国教育原本就缺乏创业教育，中国学生不仅承担风险的经济能力很脆弱，而且承受挫折的心理素质也较差，这使得自主创业这条需要冒险的就业之路，少有人问津。

### 7.4.1 大学生创业环境分析

现在大学生创业所面临的宏观环境和微观环境都十分的复杂。所谓创业环境，实际上就是创业活动的舞台。任何创业活动都是在一定的社会环境下进行的，在我们的大学生迈向社会进入创业阶段的时候，呈现在面前的就是一个巨大的时空舞台。在这个舞台上，诸多事物和要素互动联系、碰撞，形成了一个面面俱到的现实环境系统，因此创业环境对大学生创业具有十分重要的影响。在大学生就业形势日益严峻的社会背景下，采取有效措施，为大学生创业营造良好的环境，对促进大学生创业并带动其就业具有十分重要的作用。

1. 宏观环境分析

(1) 人口环境

人口环境与大学生创业密切相关，研究我国的人口环境，有助于大学生找准市场，确保创业成效。中国的人口一直是世界之最，为世界提供了巨大的消费市场，形成了巨大的消费力，但我国人口普遍存在一些难以解决的问题，包括以下方面。

① 年龄结构的问题。随着生活条件和医疗条件的改善，人口的平均寿命大大延长，这使得我国的老年人口增长速度较快，到 2020 年我国将步入老龄化严重阶段，到 2040 年达到峰值年龄的老年人口比例将超过 17%；这在一定程度上加剧了我国人力资源市场上的劳动力短缺，不利于我国的经济增长，但另一方面也为创业者提供了一定的市场机会，即老年服务与老年用品市场。

② 新生人口的性别比例失调。2004 年 7 月 15 日，国家人口和计划生育委员会公布，全国男女出生性别比为 116.9∶100，有的省份竟达到 135∶100。到 2020 年，我国处于婚龄的男性人数将比女性多出 3000 万～4000 万，这意味着平均五个男性中将有一个找不到配偶，将有数千万的男子无妻可娶，成为传统意义上的“光棍”，而且这一现象从 2010 年开始将逐渐显现出来。

③ 人口将逐步进入负增长阶段。目前，我国的一些地区，如上海、武汉，以及浙江的余姚、常德、闽中等都出现了人口的负增长，尤其是上海，已连续十几年出现负增长，这已经拉开了我国人口负增长的序幕。同时，人口地区分布不平衡仍没有得到有效的解决。

④ 资源环境约束问题日益严重

随着人口增长，自然资源日趋紧缺，有些资源已接近资源承载极限。我国资源的人均占有量短缺，与世界平均水平相比，人均耕地面积仅为 1/3，人均森林面积不足 1/6，人均草原面积不足 1/2，人均矿产资源也只有 1/2。随着人口增长，各种有限资源的人均占有水平还将持续下降，对资源的需求却会大幅度上升。同时，经济发展中的资源空心化现象仍将是一个长期面临的问题。尽管科学技术进步将缓解一部分压力，但总体上仍将加重资源负荷，特别是加重了对土地和淡水资源的压力。我国环境资源系统的主要生物资源承载能力已接近超负荷的临界状态，一些有限资源已进入了承载力的临界点，如农业资源日益紧张，已接近资源承载极限。

我国的人口数量、质量和结构的变动也直接影响着环境，尤其是人口数量长期持续增长，引起不同程度的环境恶化，已经开始危及人类自身的生存和发展。我国的人口增长和快速经济增长，对环境的压力也超乎寻常的增长。我国正以历史上最严峻的生态环境，担负着最多的人口和最大的人口活动量，生态环境压力超越了大自然许多系统的临界平衡极限。它直接威胁着当代以及子孙后代的生存条件，并将不断深化成为下个世纪上半叶我国人口生存与发展的主要危机之一。

面对这样的人口环境，大学生创业时要进行科学的规划，高科技、低资源能源消耗的项目在各地都受到欢迎。同时，面向老龄人口、青年学生的创业项目也会有较大的市场空间。

(2) 政策法规环境

资金是大学生创业的第一难题，大学毕业生有的刚工作不久，有的甚至连工作都还没有，而大多数家庭又没有足够的实力来支持家中的孩子来创业。在相关的调查中，学生普遍认为，难以获得资金是大学生创业道路上始终存在的最大难题。在有过创业经历的学生的融资过程中存在这样一些问题：一是优惠政策难落到实处。尽管政策规定学生可以从银行获得创业贷款，但我国未形成一套完善的金融信用体系，大学生实际上很难以自身的信用获得资金。二是获取资金方式单一。国内大学生的创业资金来源主要是家庭、银行借贷、风险投资。由于家庭条件限制和信用体系不完善，许多学生创业者都把希望寄托在风险投资这一融资方法上，试图通过参加创业大赛和其他一些竞赛来获得风险投资。但实际上这个渠道远不能满足创业者对资金的渴求；即使争取到风险投资，也可能在融资时过分出让自己的股权和利益，甚至导致核心技术产权的流失。三是几乎没有专门针对学生的小额贷款机构。其实不仅仅是大学生创业，这对于大多数想要创业的人来说都是很难跨越的一个障碍。

**知识链接**

国家出台了相关的大学生创业贷款政策，主要优惠政策内容如下。

(1) 各国有商业银行、股份制银行、城市商业银行和有条件的城市信用社要为自主创业的各大高校毕业生提供小额贷款。在贷款过程中，简化程序，提供开户和结算便利，贷款额度在 10 万元左右。

(2) 贷款期限最长为两年，到期后确定需要延长贷款期限的，可以申请延期一次。

(3) 贷款利息按照中国人民银行公布的贷款利率确定，担保最高限额为担保基金的 5 倍，担保期限与贷款期限相同。

大学生创业贷款办理方法如下：大学毕业生在毕业后两年内自主创业，需到创业实体所在地的当地工商部门办理营业执照，注册资金(本)在 50 万元以下的，可以允许分期到位，首期到位的资金不得低于注册资本的 10%(出资额不得低于 3 万元)，1 年内实际缴纳注册资本如追加至 50%以上，余款可以在 3 年内分期到位。如有创业大学生家庭成员的稳定收入或有效资产提供相应的联合担保，信誉良好、还款有保障的，在风险可控的基础上可以适当加大发放信用贷款，并可以享受优惠的低利率。

大学生自主创业第二个受到关注的地方在于税务方面的问题。我国的赋税属于比较高的国家，而且税收项目比较多，除了企业必须缴纳的国税、地税和所得税以外，根据企业所从事的不同行业还会有一些其他的税需要缴纳。

但是，国家在大学生创业优惠政策中对于税收方面做出了以下规定。

新成立的城镇劳动就业服务企业(国家限制的行业除外)，当年安置待业人员(含已办理失业登记的高校毕业生，下同)超过企业从业人员总数 60%的，经相关主管税务机关批准，可免纳所得税 3 年。劳动就业服务企业免税期满后，当年新安置待业人员占企业原从业人员总数 30%以上的，经相关主管税务机关批准，可减半缴纳所得税 2 年。这些大学生创业优惠政策是为了鼓励大学生自主创业，国家针对全国所有自主创业的大学生所制定的。另外，各地政府为了扶持当地大学生创业，也出台了相关的政策法规，而且因为更有针对性,所以更加细化,更贴近实际。

具体不同的行业有不同的税务优惠。

(1) 大学毕业生创业新办咨询业、信息业、技术服务业的企业或经营单位,提交申请经税务部门批准后,可免征企业所得税两年。

(2) 大学毕业生创业新办从事交通运输、邮电通讯的企业或经营单位,提交申请经税务部门批准后,第一年免征企业所得税,第二年减半。

(3) 大学毕业生创业新办从事公用事业、商业、物资业、对外贸易业、旅游业、物流业、仓储业、居民服务业、饮食业、教育文化事业、卫生事业的企业或经营单位,提交申请经税务部门批准后,可免征企业所得税一年。有了众多免税的创业优惠政策扶持,相信广大自主创业的大学毕业生,在创业初期就能省下大量资金用于企业运作。

企业运营管理方面的创业优惠政策相对于贷款优惠和税收优惠政策来说,并不受到大多数大学生创业者的关注,甚至有的自主创业大学毕业生根本不知道有这一优惠政策。这方面的优惠政策如下所述。

(1) 员工聘请和培训享受减免费优惠。对大学毕业生自主创办的企业,自当地工商部门批准其经营之日起1年内,可以在政府人事、劳动保障行政部门所属的人才中介服务机构和公共职业介绍机构的网站免费查询人才、劳动力供求信息,免费发布招聘广告等。这一点有助于在创业初期获得相关行业所需求的人才资源。能够帮助自主创业的大学毕业生以最低代价,更容易地获取所需专业人才。

(2) 参加政府人事、劳动保障行政部门所属的人才中介服务机构和公共职业介绍机构举办的人才集市或人才、劳务交流活动时可给予适当减免交费;政府人事部门所属的人才中介服务机构免费为创办企业的毕业生、优惠为创办企业的员工提供一次培训、测评服务。

(3) 市场经济环境

改革开放以来,中国的经济发展迅速,对外开放进一步加深,加入 WTO,成功举办奥运会、世博会,与世界的进一步接轨为中国的广大创业者也带来了巨大商机。随着社会经济发展,科学技术的进步,人均收入大大提高,此时的大学生创业无疑是不错的环境。

近几年,中国经济发展的问题也日益暴露。GDP 的增长以巨大的资源负担为代价,国外的大型跨国企业挤占中国市场,新生的大学生创业者面临的是更为激烈的竞争环境和来自国内外的双重挑战。

同时,虽然国家实施了许多鼓励创业的政策。但目前的经济现实是大量的政府补助的资金流向本已财力雄厚的国有企业,各中小企业经营在税收等各个方面都没有国有企业的优惠,使其经营更为困难,创业就更为不利,权力资本的暴利在扩大而中小企业普通民众的盈利空间被挤压。这是大学生创业面临的市场经济和金融环境。

(4) 社会文化环境

从 1999 年 7 月华中科技大学的李玲玲领到了中国大学生创业风险金成为中国大学生创业第一人,到如今政府呼吁"全民创业",大学生创业的社会文化环境已发生了重大变化。现在,政府和学校都在积极引导大学生正确创业,着力营造鼓励创新、允许失败的宽松环境,既鼓励、赞赏成功,更关注、体谅失败,不以成败论英雄,对大学生创业者做出的努力和创业精神都予以积极的肯定和尊重。社会文化环境整体而言比较理想,与大众媒体在大学生创业过程中所起的重要作用密切相关。大众媒体是大学生取得信息的重要媒介,大众媒体以事实为依据,不过分夸大创业中的成功事例，客观报导、全面分析，并详细地向大学生提供创业的知识和信息，会使大学生创业的社会文化环境更为优越。这样一来，就能形成大学生创业者与社会文化环境之间的双向良性互动。创业环境得到了优化，社会鼓励大学生创业与大学生渴望创业成功之间也就找到了更加合理的契合点。

### 2. 微观环境分析

(1) 家庭环境

在大学生是否选择自主创业这个问题上，学生的家庭情况会有相当大的影响。调查显示，参加过创业活动的学生中，82.16%认为家庭对他们创业产生过影响。这一影响又可分成物质影响和非物质影响两类。物质影响包括初期资本积累和信息、人脉资源等；非物质影响包括家庭教育和榜样效应。在各种家庭因素中，家庭经济条件和家庭教育是最主要的两种影响因素。

① 家庭经济条件。家庭经济条件好的大学生在创业遇到困难时会更加自主，敢于冒更大的风险；而家庭条件较差的创业者会更加在乎创业的成败，考虑创业将会给家庭带来的影响。在家庭经济条件方面，中外家庭均有贫富，因此对大学生创业而言，中外没有太大差别。

② 家庭教育。家庭是创业者早期接受启蒙教育和健康成长的摇篮，家庭教育是向下一代传授“生存能力”的教育。生存能力包含知识、技能、习惯、人品等。如果能获得创业意识的培养，无论家庭条件好坏，对创业者来说都有可能成为有利因素。调查显示，在参加过创业活动的学生中，5.24%表示家庭给自己的创业提供最初指导，7.79%表示家庭教育使自己形成独立进取的精神。总的来看，在自立能力、坚强意志、独立人格、理财意识的培养方面，中外差距尤其明显。

(2) 个人素质

创业者的个人素质往往对创业成功起着决定性作用。调查中，受访学生无论是否进行过创业活动，都表示“企业家精神”十分重要。对于大学生创业者最应具备哪些素质与能力，14.85%选择较好的组织能力，15.08%选择专业的背景知识，20.90%选择较好的沟通能力，16.03%选择良好的心理素质和适应能力。

① 知识理论往往与实践脱轨。我国教育更偏重于理论知识的传授，学生所拥有的实践的机会较少。大学生所学的都是书本知识，有的甚至是无法直接用于市场实践的纯理念，要通过独自考察来选择一个有投资创业前途的项目，实在很难。经验不足将会带来投资高风险，也使他们自主创业的意愿冷却，最终选择放弃。

② 对政策了解利用不足。创业初期如果能搭上政策的“顺风车”，将会起到事半功倍的效果，甚至对行业的选择都有重要的指导意义。但是许多大学生只是模模糊糊地了解政府和学校的优惠政策，更别提有效利用了。

③ 缺乏必要的经济方面知识。经济和管理相关专业的大学生，要进行自主创业，相对于其他专业的毕业生来说有一定优势。而非经济管理专业类的毕业生，对经济市场比较陌生，尽管他们一走出校门就有独立创业的愿望与热情，但真正面对激烈的市场竞争局面，还会因自身底气不足而却步。

(3) 学习环境

创业课程可以为学生的创业提供思路，但部分高校的创业教育课程开设不足或没有开设，这封闭了学生认识创业、产生创业激情的道路。校企合作的人才培养模式也可以为学生感性地认识企业创造机会，为学生将来的自主创业提供经验，这就要求学校与企业之间有良好的合作互动。大学生创业要花费大量的时间和精力,但学校的教育设计不能随时变通,也成为学生自主创业的阻碍。许多进行过创业的学生都反映自己在学业与事业两头奔波,相当辛苦,他们中许多人不得已选择学业而放弃事业。最后,学校与社会组织应该有良性的互动,大学生的创业活动和创业教育需要得到社会的关注和支持,只依靠政府和学校的努力无法长久维持。

### 7.4.2 大学生创业环境 SWOT 分析

2013 年,我国高校应届毕业生大约 699 万人,加上历年未就业的大学生。需就业的大学生接近千万,再创历史新高。面对如此困境,大学生自主创业将成为重要的就业形式。因此. 有必要利用 SWOT 方法对我国大学生创业的环境进行综合的分析,找出制约创业成功的问题所在。

#### 1. 大学生创业的优势

(1) 当代大学生自主创业意识较强,对创业有着浓厚的兴趣,渴望成功,充满生命活力,有创业的激情和梦想。

(2) 大学生想通过创业展示自我生命的价值和才能,为社会和自己创造财富。

(3) 当代大学生有较好的文化素养和创业潜能,他们往往在人际交往、协调沟通、想象空间、运动空间、团队合作、组织管理、敢想敢干等方面表现出较强的才华和活力,在非智力因素和创业心理素质方面有较大的优势。

#### 2. 大学生创业的劣势

(1) 大学生创业的积极主动性不够。很多大学生都是在找不到合适的工作前提下,才会去考虑创业。

(2) 当代地方高校大学生对自己的创业能力缺乏客观的评价,在心理上对创业的难度准备不足,很多学生都带有急功近利的思想,总是希望自己能通过创业快速发财,缺乏长期创业心理准备,对在创业过程中将会遇到的风险和困难预计不足。

(3) 不少地方高校大学生对创业有心理障碍。主要表现在如下几方面:怕苦怕累,怕竞争,不愿从基层干起,在做人做事方面欠缺等方面。害怕失败,怕出差错。怕丢脸,死要面子,对自己缺乏自信,低估自己。不敢接受挑战,不敢尝试冒险。总担心自己不行,缺乏敏感度,事事漠不关心。不善观察和思考。

#### 3. 大学生创业的机会

(1) 具备一定的创业环境和条件。国家的相关法律制度和政策逐步健全和完善,为大学生创业提供了法律制度保障。大量的基础服务机构和设施如电力、通信、交通、金融、保险等条件也得到改善并逐步完备,为自主创业提供了较好的环境和条件。

(2) 高校的支持。为解决大学生就业难的问题,各高校及其就业指导部门也作了大量的工作。如开设大学生创业选修课。邀请创业成功人士谈创业经历,让大学生掌握创业的基本政策和知识;开展大学生创业策划大赛、创业论坛等活动,培养学生创业兴趣,在实践中锻炼学生的创业能力。

#### 4. 大学生创业的威胁

(1) 越来越大的创业竞争压力。大学生创业,可能会面临同学、校友的竞争,传统从业者的竞争,来自中国内地以外地区和国家大学生的创业竞争,尤其是港、澳、台地区的大学生的竞争。

(2) 大学开设的创业教育课程少,也缺乏对大学生创业能力的训练,造成大学生自主创业缺乏相关的氛围和环境。

(3) 经济危机的威胁。在这种全球经济衰退的大环境下,社会创业政策保障不力、创业环境不善也是一个不容忽视的原因。

(4) 从家庭来看。很多家长要求自己的孩子有一份安稳的工作,而不要一进社会就承担太大的风险。这种潜在的对创业不信任的社会心理对想创业的大学生来说无疑是一种巨大的心理压力。

现在大学生创业是一种趋势,虽然有优势和机遇但同时也存在劣势和威胁。大学生在创业的同时要根据自己的特点,抓住机遇发挥优势,要找出具体的不足,制订方案解决威胁与困难,从而实现自己的人生目标。

# 第8章 大学生创业准备

创业门槛不高，就怕你不创新。

——尹明善

**学习目标**

(1) 了解创业者必备的心理素质。

(2) 熟悉创业者的知识结构。

(3) 熟知创业者必备条件。

**案例导入**

西安理工大学2007届毕业生小黄曾参加了陕西市政府举行的全市落实创业政策恳谈会。会上，他一道出自己想建立一个大学生求职网站的想法就得到了市长陈宝根的赞赏和支持。在市长的鼓励下，这个充满了创业激情的小伙子迅速完善了先前酝酿许久的创业计划书、架构起未来网站的基本框架。但一个绕不开的问题是，由于自己并不会写计算机程序，网站的建立必须由专业的技术人员来完成，这名技术核心人物在哪里？苦苦寻找数月无果，小黄只好暂时收起创业梦想，先找份工作，给别人打工。

"对创业条件分析不足，这是我最大的失败。"小黄这样总结自己失败的起步。

大学最后一学期，迎接小黄的是一场接一场的招聘会、一次又一次的失望而归。"我们不停地奔波于各种招聘会，在海量的招聘信息里想要找到一个适合自己的企业却很难。"在与企业的接触中，小黄了解到企业也存在类似的烦恼。因为缺乏对学生的了解，企业仅通过一次招聘会或一次简单的面试就签订用人协议，事后却发现招聘来的员工并不适合这份工作，为此浪费了大量人力物力。于是，他萌发出这样一个想法——办一个不同寻常的求职网站。

小黄介绍说，在网站中，他将为企业和大学生搭建起一个长期稳定的接触平台，只要大学生和企业登录注册，双方就可以通过这个平台相互了解，企业甚至可以跟踪大学生在校期间的各方面表现，决定毕业时是否录用。

接下来的几个月，小黄开始了广泛的市场调研。他造访20多家企业，与人力资源管理部门负责人沟通了这一想法，网站的特色服务内容得到70%的人的肯定。"我会用两到三年的时间向外界推广网站，吸纳大学生和企业登录，并向企业收取一部分会员费。三年后，点击量有了一定提升，广告将成为网站盈利的又一渠道。未来，在继续完善网站服务内容的基础上，推出一系列连带产品，我相信这会有更大的发展前景。"实际上，小黄已明确了网站的盈利模式。至于网站的长远规划，小黄表示他已制订了相应的计划。

尽管制订了自己的创业计划、确立了盈利模式、进行了市场调研，也得到了父母兄长的资金支持，但小黄却忽视了创业最为关键的因素之一——组建得力的团队。(因为社会经验的缺乏，难免考虑不到，有时候竟把最重要的东西给忽略了。)

"刚开始我以为这不是问题，懂程序的人多，肯定能吸引到这样的人。"直到制订创业计划的后期，小黄才向身边好友发布信息，结果只找到一个做网站的高中好友。"人太少了，编好这个网站的程序至少要两年。"小黄说，目前高校内具备这方面技术的人太少，而有丰富经验和能力的人却不愿意放弃工作跟他一起创业，好比没有左膀右臂，小黄孤军奋战的结果只能是退下阵来。

"合理的创业方案、资金和团队是创业的三大要素，缺一不可，之前我却没有认识到这一点。"小黄感到有些后悔。他说，如果当初有人给他指导和提醒，或许就不会出现这样的错误，"学校应该开设创业指导选修课，给有创业想法的大学生一定的指引。"

目前，小黄暂时放下了自己的创业计划，开始忙于找工作。"等有了几年工作经验，我还会继续完成创业梦想。这几年，我会构建自己的生活圈，寻找创业的最佳团队。"

# 8.1　创业者的心理素质

## 8.1.1　大学生自主创业意识的培养

所谓创业意识，是指一个人根据社会和个体发展的需要所引起的创业动机、创业意向、创业愿望，是以提高物质和精神生活的需要为出发点，这种需要在很大程度上取决于具体的社会历史条件。创业意识的激发、产生是受历史条件制约的，具有社会历史的制约性。科学家对人类大脑的研究表明，不同人的大脑潜能几乎是相同的。我们必须明白，每个人都具有创业的潜能，这是自然属性。但是，从创业实践中不难看出，人与人创业能力的差异很大，既受各种社会环境、家庭环境和个人环境的影响，又受社会机制和历史条件的限制。这就是说，创业意识又分为显意识和潜意识，它好比一座冰山，浮出水面的部分属于显意识范围，约占整个意识的1/8；而剩下的7/8隐藏在水面以下，这就是我们常说的潜意识。每个人的潜意识是自己的"自然资源"，这种"资源"与地球上的自然资源截然不同。地球上的自然资源是你开发利用了(包括浪费了)它才能耗尽；而我们每个人的"自然资源"就不同，只有你没发现或发现了而未被利用时，才是真正的浪费。

## 8.1.2　创业者应具备的基本素质和条件

由于创业的背景、动机、资源以及所具备的条件不同，我们对初级创业者应具备的基本素质所提出的要求也不同。但是，通过大量的成功案例分析发现，成功的创业者具有多种共同的特质。其中，适合初级创业者借鉴的也是最为重叠和最为重要的素质有七项：欲望、自信、人脉、忍耐、眼界、谋略、资源。

### 1. 欲望，成功创业的原动力

首先要明确什么是"欲"。欲实际就是一种生活目标，一种人生理想。创业者的欲望在很大程度上是为了体现自身的人生价值，为了回报社会，为社会创造更多的就业机会和财富。当然，创业者的欲望与普通人的欲望也有不同之处，那就是创业者的欲望往往超出他们的现实，有许多是来源于现实世界的刺激，是在外力的作用下产生的。因为他们想展示自己的才能，想拥有财富，想出人头地，想获得社会地位，想得到别人的尊重。而凭自己现在的身份、地位和财富是得不到的，所以要去创业，要靠创业“改变身份，提高地位，积累财富”，这便构成了许多创业者的人生“三部曲”。因为强烈的欲望而不甘心，而行动，而创业，而成功，这是大多数白手起家的创业者走过的共同道路。一个真正的创业者一定是具有强烈欲望的人。所以，创业者的欲望往往伴随着行动力和牺牲精神。

### 2. 自信，成功创业的心理支柱

经常有人问第一桶金怎么来，从哪里得到。其实，人生第一桶金是自信。即使你没钱也不要怕，自信就是你的资本。之所以不敢自信，是因为在我们还很小的时候，就把“自己”理解成“自我”，“自我”是一个贬义词，“自私”就更不是什么好词了。于是，就有人把自信误以为是自我和自私。其实，与自我有关系的词语还很多，比如，自信、自强等。自信是使无穷智慧配合明确目标的一种适应表现，自强是一种困难压不倒、厄运不低头、危险无所惧的拼搏精神。自信自强的创业者才有激情、有冲动，才能勇往直前赢得成功。所以，一个人不能自卑，千万不要划分什么层次，更不要把自己归为很低的层次来限制自己的能力。

自信从哪里来？自信是从去掉胆怯开始的。美国第26任总统罗斯福曾经说过：“很多事我起初都很害怕，可是我假装不害怕去做，慢慢地，我真的不害怕了。”

敌人的残暴源于自我内心的懦弱，霸王的骄横起自我们跪拜的双膝，没有自信就不能战胜自我，不能战胜自我，就要成为对手的奴隶。

创业犹如一条直线，没有始点和终点，只要你想创业，任何时候起步都不算晚。当你错过了一次创业机会，并不等于错过了一生的机会。“你没有摘到的，仅是春天里的一朵花，别忘了整个春天还属于你。”这句话送给自信的创业者。

### 3. 人脉，成功创业的必要基础

创业者需要外部资源，其中最重要的一点是人脉资源的创建，即创业者构建其人际网络或社会网络的能力。一个创业者如果不能在最短时间内建立自己最广泛的人际网络，那么他的创业之路一定会非常艰难。即使初期能够依靠领先技术或者自身素质，比如吃苦耐劳或精打细算获得某种程度上的成功，我们也可以断言他的事业不会长久。

创业者的人际资源，按其实效性来看，第一是同学资源。同学之间因为接触比较密切，彼此比较了解，同时因为少年时不存在利害冲突，成年后则大多数从五湖四海走到一起，彼此也甚少存在利害冲突，所以友谊一般都较可靠，纯洁度高。周末的时候，到北大、清华、人大等校园走走，会发现有很多看上去不像学生的人在里面穿梭。其中有许多人是交纳高额学费从全国各地来进修的。他们学知识是一方面的原因，交朋友是更重要的原因。

拥有同学资源，将是你一生不可忽视的宝贵财富。与同学相似的是战友，可以与同学和战友相提并论的是同乡。共同的人文地理背景，使老乡有一种天然的亲近感。中国历史上最成功的两大商帮——徽商和晋商。不管走到哪里，都是老乡成群结伙地做生意。正是同乡之间互为犄角，互为支援，才成就了晋商和徽商历史上的辉煌。

可以说，同学资源和同乡资源，是创业者最重要的两大外部资源。

### 4. 忍耐，成功创业的必备品德

成语里有一句“艰难困苦，玉汝于成”，还有一句“筚路蓝缕”，意思都是说创业不易。不易在哪里呢？首先是要忍受肉体上和精神上的折磨。

国内英语培训的头牌学校新东方的创始人俞敏洪是“忍者”的代表，曲折的经历使俞敏洪具备了忍受孤独、忍受失败、忍受屈辱的三种能力。俞敏洪的人生与创业经历本身就是一部励志教材，他能成功就在于，每次遇到困难与绝望，都能再次站起来，这也是新东方的精神——从绝望中寻找希望。

俞敏洪成功创业的过程，体现了一个成功者艰难的创业和奋斗历程。在某种意义上，俞敏洪对于希望创业和正在创业的年轻人而言，并不在于他身价多少，而在于他贯穿了整个新东方创业过程的种种难能可贵的精神：忍受孤独是成功人士的必经之路；忍受失败是重新振作的力量源泉；忍受屈辱是成就大业的必然前提。

对一般人来说，忍耐是一种美德，对创业者来说，忍耐却是必须具备的品格。欲想创业，一定要先在心里问一问自己，面对从肉体到精神上的全面折磨，具备那样一种宠辱不惊的“定力”与“精神力”。

## 8.1.3 创业者必备的心理品质

### 1. 独立思考、判断、选择、行动的心理品质

创业既为社会积累物质财富和精神财富，又是谋生和立业。创业者首先要走出依附于他人的生活圈子，走上独立的生活道路。因此，独立性是创业者最基本的个性品质。这种品质主要体现在：一是自主抉择，即在选择人生道路，选择创业目标时，有自己的见解和主张；二是自主行为，即在行动上很少受他人影响和支配，能按自己主张将决策贯彻到底；三是行为独创，即能够开拓创新，不因循守旧，步人后尘。

当然，我们提倡创业者具有独立性的人格，但这种独立性并不等于孤独，也不是孤僻，因为，创业活动尽管是个体的实践活动，但其本质是社会性的活动，是在人与人之间的交往、配合、协调中发生、发展并且取得成功的。因此，创业者具有独立性品质的同时还应具有善于交流、合作的心理品质。

### 2. 善于交流、合作的心理品质

在创业道路上，必须摒弃“同行是冤家”的狭隘观念，学会合作与交往。通过语言、文字等多种形式与周围的人进行有效的交流与沟通，可以提高办事效率，增加成功的机会。在创业过程中，需要与客户和顾客打交道，与公众媒体打交道，与外界销售商打交道，与企业内部员工打交道，这些交往、沟通，可以排除障碍，化解矛盾，降低工作难度，增加信任度，有助于创业的发展。

### 3. 敢于行动、敢冒风险、敢于拼搏、勇于承担行为后果的心理品质

在市场经济大潮中，机会与风险共存；只要从事创业活动，就必然会有某种风险伴随，且事业的范围和规模越大，取得成就越大，伴随的风险也越大，需要承受风险的心理负担也就越大。立志创业，必须敢闯敢干，有胆有识，才能变理想为现实。只要瞄准目标，判断有据，方法得当，

就应敢于实践，敢冒风险。对瞄准的目标敢于起步，对选定的事业敢冒风险的心理品质又称敢为性。

具有敢为性的人对事业总是表现出一种积极的心理状态，不断地寻找新的起点并及时付诸行动，表现出自信、果断、大胆和一定的冒险精神；当机会出现的时候，往往能激起心理冲动。敢为不是盲目冲动、任意忘为，不能凭感觉冲动冒进，而是建立在对主客观条件科学分析的基础上的。成功的创业者总是事先对成功的可能性和失败的风险性进行分析比较，选择那些成功的可能性大而失败的可能性小的目标。创业者还要具备评估风险程度的能力，具有驾驭风险的有效方法和策略。

#### 4. 敢于克服盲目冲动和私利欲望的心理品质

在创业过程中，创业者要善于克制，防止冲动，克制是一种积极的有益的心理品质，它可使人积极有效地控制和调节自己的情绪，使自己的活动始终在正确的轨道上进行，不会因一时的冲动而引起缺乏理智的行为。

创业者在创业过程中要自觉接受法律的约束，合法创业、合法经营、依法行事；自觉接受社会公德和职业道德的约束，文明经商、诚实经营、互助互利。当个人利益与法律和社会公德相冲突时，要能克制个人欲望，约束自己的行为。

#### 5. 坚持不懈、不屈不挠、顽强努力的心理品质

创业者需要百折不挠、坚持不懈的毅力和意志。能够根据市场的需要和变化，确定正确而且令人奋进的目标，并带领员工战胜逆境实现目标。创业者必须有一颗永远持之以恒的进取心，三心二意、知难而退，或虎头蛇尾、见异思迁，终将一事无成。

创业者的恒心、毅力和坚韧不拔的意志，是十分可贵的个性品质。遇事沉着冷静，思虑周全，一旦做出行动决定，便咬住目标，坚持不懈。创业过程是一个长期坚持努力奋斗的过程，立竿见影，迅速见效的事是极少的。在方向目标确定后，创业者就要朝着既定的目标一步步走下去，纵有千难万险，迂回挫折，也不轻易改变初衷，半途而废。

#### 6. 善于进行自我调节、适应性强的心理品质

“水因地而制流，兵因敌而制胜。故兵无常势，水无常形；能因敌变化而取胜者，谓之神。”面对市场的变化多端，竞争激烈，创业者能否因客观变化而“动”，灵活地适应变化，成为创业成功的关键所在。因而，创业者必须以极强的信息意识和对市场走向的敏锐洞察力，瞅准行情，抓住机遇，不失时机地、灵活地进行调整。在外部环境和创业条件变化时，能以变应变。善于进行自我调节还应处理各种压力。能用积极态度看待来自工作和生活的压力，冷静分析、控制压力，找出原因，缓解压力，甚至消除压力。能够保持良好的心理，勇敢地面对压力，力争将不利变有利，将被动变主动，将压力变动力。具有较强的适应性，还应做到“胜不骄，败不馁”。

在创业之初，就应做好失败的准备。要善于总结和吸取失败的教训，承认暂时的失败现实，做出适当的调整和“退却”，为将来的“进攻”积蓄力量。准备失败，认识失败，承认失败，利用失败，在困难和挫折中前进，才能步步为营，转败为胜。在创业中，面对取得的成绩和阶段性的成功，要善于总结，看到存在的问题，明确今后努力的方向，找出保持成功势头和继续发展壮大的成功经验，避免骄傲自满，方能做到“善胜者不败”。

良好的创业心态，是每个创业者理智步入成熟、走向成功的基础。成功得意而不忘形，遇

挫临危而不慌乱，这些都是创业者保持良好心态的准则。

 案例

(一)“不安分者”眼中的商机

高中毕业后干起家电维修的小胡和小姜，每天都以修收录机、电视机为生，但前者是一个经营上的“不安分者”，后者则是一个循规蹈矩的“老实人”。不久前，小胡突发奇想，寻找到新的商机：他发现当地的农民用上自来水后，将来就有可能使用洗衣机，有洗衣机便会有维修洗衣机的业务。于是，他买回本地市场上常见品牌的洗衣机供周围的人使用，目的之一是让人们尝尝洗衣机的甜头，目的之二是学习洗衣机的结构、保养和维修方法。果不其然，一年后，一台台洗衣机进入农村，维修业务几乎全被小胡包揽了，而小姜只能眼睁睁看着自己失去一次扩大维修范围的机会。

一般人总是等机会从天降，而不是通过努力工作来创造机会。殊不知，人们遇到的问题和未满足的需要总是不断提供新的商机。优秀创业者的一个基本素质，就是善于从他人的问题中发现机会，主动把握机会。对照一下你自己，又作何感想?

(二)不懂政策，怎能吃“螃蟹”

刚从学校毕业的小吴，是第一位从市工商局副局长手中接过“个人独资企业营业执照”的小老板。但是，就在他迈出第一步时，他几乎对国家大幅度放宽私营企业投资条件、降低投资门槛等鼓励政策一无所知，这无疑对跃跃欲试的小吴来说，预示着一系列的创业风险。

每一位创业者都必须充分了解国家的有关政策和法规，否则，不懂规则，盲目出击，又哪里会有希望!

## 8.2 创业者的知识结构

创业是就业之基。特别是在人均 GDP 已突破 1000 美元的结构调整集中期，大学生们面临着很多新的创业机会。但青年创业既需要开拓创新的激情，也需要面对挫折的理性，更需要创业榜样的引导。多数成功的创业者经历过创业初期的艰难和困惑，也见证了历经风雨后的灿烂彩虹，必将给接受创业教育的大学生以深深的启迪。

### 8.2.1 创业的概念

创业是创业者对自己拥有的资源或通过努力能够拥有的资源进行优化整合，从而创造出更大经济或社会价值的过程。

创业是一种劳动方式，是一种需要创业者运营、组织、运用服务、技术、器物作业的思考、推理和判断的行为。根据杰夫里·提蒙斯(Jeffry A. Timmons)所著的创业教育领域的经典教科书《创业创造》(*New Venture Creation*)的定义：创业是一种思考、推理结合运气的行为方式，它为运气带来的机会所驱动，需要在方法上全盘考虑并拥有和谐的领导能力。

创业作为一个商业领域，致力于理解创造新事物(新产品、新市场、新生产过程或原材料、组织现有技术的新方法)的机会，如何出现并被特定个体发现或创造，这些人如何运用各种方法去利用和开发它们，然后产生各种结果。

科尔(Cole)1965 年把创业定义为：发起、维持和发展以利润为导向的企业的有目的性的行为。

### 8.2.2 创业者必备的心理条件

#### 1. 心理素质

所谓心理素质是指创业者的心理条件，包括自我意识、性格、气质、情感等心理构成要素。作为创业者，他的自我意识特征应为自信和自主；他的性格应刚强、坚持、果断和开朗；他的情感应更富有理性色彩。成功的创业者大多是不以物喜，不以己悲。

#### 2. 身体素质

所谓身体素质是指身体健康、体力充沛、精力旺盛、思路敏捷。现代小企业的创业与经营是艰苦而复杂的，创业者工作繁忙、时间长、压力大，如果身体不好，必然力不从心、难以承受创业重任。

#### 3. 知识素质

创业者的知识素质对创业起着举足轻重的作用。创业者要进行创造性思维，要做出正确决策，必须掌握广博知识，具有一专多能的知识结构。具体来说，创业者应该具有以下几方面的知识，做到用足、用活政策，依法行事，用法律维护自己的合法权益；了解科学的经营管理知识和方法，提高管理水平；掌握与本行业本企业相关的科学技术知识，依靠科技进步增强竞争能力；具备市场经济方面的知识，如财务会计、市场营销、国际贸易、国际金融等。

#### 4. 能力素质

创业者至少应具有如下能力：①创新能力；②分析决策能力；③预见能力；④应变能力；⑤用人能力；⑥组织协调能力；⑦社交能力；⑧激励能力。

当然，这并不是要求创业者必须完全具备这些素质才能去创业，但创业者本人要有不断提高自身素质的自觉性和实际行动。提高素质的途径：一靠学习，二靠改造。要想成为一个成功的创业者，就要做一个终身学习者和改造自我者。

成功需要条件，而去追求成功就要努力地让自己获得相应的条件，这是一个艰苦努力的过程，同时也是一个提高自己的过程。

### 8.2.3 创业者应具备的基本商业知识

(1) 合法开业知识：有关私营及合伙企业、有限公司的法律法规；怎样进行验资；怎样申请开业登记；哪些行业不允许私营；哪些行业的经营须办理有关行业管理手续；怎样办理税务登记；纳税申报有哪些规定和程序；如何领购和使用发票；银行开户程序和有关结算规定；成为一般纳税人有哪些条件；你应该交哪些税费，如何交纳；怎样获得税收减征免征待遇；怎样进行账务票证管理；国家对偷漏税等违反行为有哪些制裁措施；增值税率及计征方法；工商管理部门怎样进行经济检查；行业管理部门如何进行行业管理和检查。

(2) 营销知识，市场预测与调查知识；消费心理特点和特征知识；定价知识和策略；产品知识；销售渠道和方式知识；营销管理知识。

(3) 货物知识：批发、零售知识；货物种类、质量和有关计量知识；货物运输知识；货物保管贮存知识；真假货物识别知识。

(4) 资金及财务知识：货币金融知识；信用及资金筹措知识；资金核算及记账知识；证券、信托及投资知识；财务会计基本知识；外汇知识。

(5) 服务行业知识：服务行业管理的法律法规；各专业服务行业的行业规则、业务知识。

(6) 经济法常识。

(7) 劳动用工及社会保障知识。

(8) 公关及交际基本知识对自谋职业者来说，上述知识不需要全部都掌握，只需掌握与你选择的挣钱方法有关的知识，各取所需，学以致用。

上述知识的取得，可以通过专业培训，就业指导咨询，广播电视媒体讲座，自学或向别人请教等多种方式获得。可以边干边学，边学边干，带着问题学，学以致用，逐渐了解和掌握。

"合法经营、劳动致富"是每一个自谋生路人员应该确立的基本观念。无论做什么，都应遵纪守法，不能靠投机取巧，坑骗顾客致富，也不能偷偷摸摸地干，因此，办理必要的合法开业手续是合法经营的前提。当然，目前来看，有些自由职业者开展的业务或许还无须办理合法开业手续，如自由撰稿人、作家、画家、演员、作曲家、家教、家庭保姆和钟点工，上门服务从事简单维修服务的人员等，但也必须依法纳税，同时也要考虑以合法形式和手段保护自己作为自由职业者的合法权益。

### 8.2.4 创业成功的要点

创业是一种劳动方式，是一种需要创业者组织、运用服务、技术、器物作业的思考、推理、判断的行为。创业必须贡献出时间、付出努力，承担相应的财务的、精神的和社会的风险，并获得金钱的回报、个人的满足和独立自主。

#### 1. 必不可少的创业计划书

创业不是仅凭热情和梦想就能支撑起来的，因此在创业前期制订一份完整的、可执行的创业计划书应该是每位创业者必做的功课。通过调查和资料参考，要规划出项目的短期及长期经营模式，以及预估出能否赚钱、赚多少钱、何时赚钱、如何赚钱以及所需条件等。当然，以上分析必须建立在现实、有效的市场调查基础上，不能凭空想象，主观判断。根据计划书的分析，再制订出创业目标并将目标分解成各阶段的分目标，同时制订出详细的工作步骤。

#### 2. 周密的资金运作计划

周密的资金运作计划是保证有粮吃的重要步骤。在项目刚启动时，一定要做好3个月以上或到预测盈利期之前的资金准备。但启动项目后遇到不可避免的变化，则需适时调整资金运作计划。如果能懂得一些必要的财务知识，计划好收入和支出，始终使资金处于流动中而不出现断链现象，那么在项目的初期就能为未来发展打好基础。

#### 3. 不断强化创业能力与知识

俗话说不打无准备之战，创业者要想成功，必须扎扎实实做好充分准备和知识的不断积累。除了合理的资金分配，创业者还必须懂得营销之道，比如何进货，如何打开产品的销路，消费者对产品的需求，都要进行充分的调查研究。这些知识获取渠道可以是其他成功者的经验，也可以是书本理论知识。同时还要学会和各类人士打交道，如工商、税务、质检、银行等，这些部门都与企业的生存发展息息相关，要善于同他们交朋友，建立和谐的人脉关系。

### 4. 培养一个执行力强、效率高的团队

无论是做什么事情，都是需要由人去完成的。有了创业计划和创业能力及知识后，还需要组建一支执行力强，动作效率高的团队。团队是创业项目成功的基础的基础。

### 5. 为自己营造一个好的氛围

由于缺少社会经验和商业经验，大学生创业总是显得心有余而力不足。不如给自己营造一个小的商业氛围，比如加入行业协会，就可以借此了解行业信息，学会借助各种资源结识行业伙伴，建立广泛合作，提升自己的行业能力。千方百计给自己营造一个好的商业氛围，这对创业者的起步十分重要。

### 6. 学会从走到跑

在创业的初期，受资金的限制，或许很多事都需要创业者本人亲自去做，不要认为这是跌份或因此叫苦不迭，因为不管任何一个企业，从走到跑都要经历一个过程，只有明确目标不断行动，才能最终实现目标。同时在做事的过程中，要分清主次轻重，抓住关键的事情先做。每天解决一件关键的事情，比做十件次要的事情会更有效。当企业站稳脚跟，并有了资金后，就应该建立一个团队。创业者应从自己亲力亲为，转变为发挥团队中每一个人的作用，把合适的工作交给合适的人去做。一旦形成一个高效稳定的团队，企业就会跨上一个台阶，进入一个相对稳定的发展阶段。

### 7. 盈利是做企业最终的目标

做企业的最终目的就是盈利，无论你的点子有多少，不能为企业赢利就不具备商业价值。因此无论是制订可行性报告、工作计划还是活动方案，都应该明确如何去盈利。企业的盈利来源于找准你的用户，了解你最终使用客户是谁，他们有什么需求和想法，并尽量使之得到满足。

### 8. 在失败中学会成长

从创业成功的案例中不难发现，创业者往往都有见了南墙挖洞也要过去的信心。从小就知道“失败是成功之母”这个真理的大学生创业者，又有多少人真正体会到其中的力量呢？如果创业失败了，你又应该怎样面对失败？充分地准备和不断地学习，就能够在很大程度上降低失败的概率。与此同时调整方案，换个方式和方法继续前进，永远不要停止前进的脚步。经历过一个死而复生的过程，就能在未来的发展中脚步更加坚定。永远要记住一点：信心是企业迈向成功的阶梯。

对于一个真正的创业者，创业过程不但充满了激情、艰辛、挫折、忧虑、痛苦和徘徊，而且还需要付出坚持不懈的努力，当然，渐进的成功也将带来无穷的欢乐与分享不尽的幸福。

# 8.3　创业的能力准备

## 8.3.1　创业者应具备的能力

一个创业者要具备什么样的素质才能提高创业成功的概率呢？答案是不确定的。在各种创业成功的现实案例中，从创业者个人素质到创业环境与命运机缘，非共性要多于共性。

作为一个创业开拓者，必须具有优良的道德品质、坚韧不拔的精神、坚定不移的信念、丰富的经验、渊博的知识、充沛的体力和精力等优秀素质。

对于大学生创业者来讲，具备良好的创业素质是事业成功的基本条件。

(1) 要有明确的理想和志向。一个真正的创业者一定具有强烈的创业欲望和明确的实践目标。作为创业者，都想拥有财富、出人头地、获得社会地位、得到别人的尊重。然而更重要的是必须有为实现自己的理想而奋斗的思想准备和不畏艰难曲折勇往直前的勇气。

(2) 要有良好的意志品质。"艰难困苦，玉汝于成"，对大学生来说，创业并非坦途。要想获得成功就必须有坚韧不拔的意志品格。"吃得菜根，百事可做"，大学生创业者要学会吃苦，要培养自己的忍耐力、冒险精神和旺盛的斗志，笑对人生，正视失败，走出一条属于自己的成功之路。

(3) 要有宽阔的眼界。做事必先谋事，创业活动需要高水平的"谋"和"断"，广博的见识，开阔的眼界，可以很有效地拉近自己与成功的距离，使创业活动少走弯路，而其前提不仅是宽厚扎实的专业知识、丰富的管理和经营经验，更重要的是把握企业所面临的复杂形势和外部条件的变化，把握影响对企业发展带有全局性、根本性和长远性的问题，从而确立科学的发展战略。

(4) 要有拓展资源的能力。创业者资源分为如下两种：一是以创业者所占有的生产资料、知识技能等构成的内部资源；二是以创业者构建其人际网络或社会网络的能力为基础的外部资源，亦称"人脉"资源。所以说，创业者不仅要丰富自己的知识结构、提高自身素质，而且要与他人、与外界沟通，捕捉各种信息，努力扩大资源占有的数量和质量。

(5) 要懂得与他人分享。一个不懂得与他人分享的创业者，不可能将事业做大。美国心理学家马斯洛的需要层次理论，提出人最高层次的需要是自我实现。因此作为创业者要做到与员工共同分享，满足职工不同层次的需要，激励员工做更多的事，赚更多的钱，做更大的贡献。另外，要恰当处理竞争与合作的关系。对创业者来说，有时合作比竞争更重要，有了合作，才能达到"双赢"，才能把自己的蛋糕做大。

(6) 自我反省的能力。反省其实是一种学习能力。创业既然是一个不断摸索的过程，创业者难免在此过程中不断地犯错误。反省，正是认识错误、改正错误的前提。对创业者来说，反省的过程，就是学习的过程。有没有自我反省的能力，是否具备自我反省的精神，决定了创业者能不能认识到自己所犯的错误，能不能改正所犯的错误，以及能否不断地学到新东西。

## 8.3.2　创业者应具备的意识

我们当今创业的时代是信息经济时代。时代要求每一个创业者必须培养和具备现代创业意识和品格。因此，创业者应该掌握以下现代创业意识。

## 1. 创业主体意识

创业是艰难的事业。过去中国普通百姓没有创业的条件和可能,更无法想象能成为创业的主体,但是改革开放的深入发展、下岗再就业大潮的推动和党的富民政策,将人力资源的潜能最大限度地发挥了出来,使普通人成为创业的主体。

这种创业的主体意识,主体地位,主体观念,就会成为创业者在风口浪尖上拼搏的巨大力量。这种力量会鼓舞他们抓住机遇,迎战风险,拼命地去实现自身的价值,同时也会使他们承受更多的压力和困难。

因此,这种创业主体意识的树立,就成了创业者在创业中必须具有的、十分宝贵的内在要素。我们只有理解了这一点,抓住了这一点,培育了这一点,提升了这一点,才能深切地认识到:创业是人生路上的一个转折点,是知识增量,能力提升的极好机会。只要抓住了重新崛起的支点,灿烂的明天、美好的未来,就会向你走来。

## 2. 迎战风险意识

风险经营意识是中国企业在国际接轨中应着重增强的一种现代经营意识,也是创业企业和创业者急需培养和增强的一种重要的创业意识。

创业是充满风险的。创业者对可能出现和遇到的风险准备和认识不足,是我国当前群体创业活动中的一个普遍现象。这种创业风险意识的缺位,突出表现在以下四个方面。

(1) 在心理准备上,表现为:对创业可能出现和可能遇到的困难准备不足。

(2) 在决策上,表现为:不敢决策,盲目决策,随意决策。

(3) 在管理上,表现为:不抓管理,无序管理,不敢管理。

(4) 在经营上,表现为:盲目进入市场,随意接触客户,轻率签订商务合同。

这种没有风险经营意识的做法,恰恰是创业者无正确风险经营意识的典型表现。正确的做法是从害怕风险、不敢迈步之中解放出来,敢于去市场经济的大潮中劈风斩浪;又要在商海的历练和锻打中,善于规避风险,化解风险;使自己在迎战风险的过程中站立起来,成熟起来,成为商海的精英和栋梁。

## 3. 知识更新意识

创业者创业后面对的第一个,也是最普遍的问题就是知识恐慌。原有的知识底蕴和劳动技能,已经不足以支持他们应对创业中大量的新情况和新问题。这就需要面对知识更新的繁重任务。

因此,创业者应该随时注意进行知识的更新,才能适应和满足繁重的创业需求。在天津市妇女创业服务中心的入驻企业中,不仅进行常规的科学文化知识和营销管理理念的学习,还进军电子商务,走信息化创业之路,以满足创业者对现代创业理念的需要。这种做法在社会上引起了很大的震动和反响。

学员张艳,家住静海,每天坚持往返 150 里地来学习,表现出了极大的学习热情。经过现代网络知识的学习和培训,很多下岗女工高兴地说:莫愁产品无销路,网上自有大市场。网络给她们打开了眼界和思路,真的发现:外面的世界很精彩,外面的商机很丰富。

### 4. 资源整合意识

整合理念是现代营销学中的崭新理念，是在全球经济一体化的新形势下，跨国集团寻求企业最大利润空间的一种战略能力，一种进击能力。任何一个创业者也不可能把创业中所涉及的问题都解决好，也不可能把一切创业资源都备足。这里关键的一点在于学会进行资源整合。因此资源整合的原则不仅是创业设计中的一个重要原则，也是在创业中借势发展，巧用资源，优势互补，实现双赢的重要方法。

创业者刚刚开始创业，资金不足，资源缺乏，没有经验，不会经营。在银行开了账户，有了支票都不知道图章盖在哪儿。可以说每一步都可能撒下一把泪，碰出一头疙瘩。在这种情况下，给他们一座金山，不如给他们一种能力。使他们放眼看到现代企业的发展趋势，把握崭新的创业理念，并以此为武器，去进行各种最佳创业要素的整合，才能开拓自己的未来之路。这种现代创业意识，必将成为创业者快速崛起的一种特效武器。

### 5. 进行创业战略策划意识

市场的竞争在某种意义上说，就是经营韬略的竞争。策划是一种智力引进，是一种思维的科学。它是用辩证的、动态的、发散的思维来整合行为主体的各种资源和行动，使其达到效益或效果最佳化的一个智力集聚的过程。大到企业发展战略，小到一句广告语，都要经过策划的过程。因此，从本质上讲，策划就是对其进行战略设计的过程，也是对每一个具体事件和行动进行战略思索的过程。可是，相当多的创业者，习惯忙于两眼一睁，忙到三更，却不善于研究企业发展战略，不善于进行市场策划，走弯路的例子屡见不鲜。

很多创业企业能够快速崛起，一个十分重要的原因就是他们十分注重策划。寰昊科技有限公司经过两年的发展迅速崛起，计划投资 2000 万元上马 RO 膜中小生产线。公司总经理感到心里没底，就聘请了专家和博士、研究生等八人组成了策划班子，历经 30 余天，进行了大量的调查研究，帮助其写出了两万多字的项目策划方案。项目顺利实施，少走了很多弯路。

### 6. 开发信息资源意识

信息是资源，是财富。但是，很多的创业者不懂得信息的价值和信息资源的重要，不会寻找和利用信息资源，更不懂得去开发信息资源中的价值。正如一个创业者所讲的：刚创业时，我不懂得摸信息、找商机，每天只懂得“傻愣愣地站着，傻愣愣地喊”。结果，一天下来，腰酸腿疼，还不挣钱。

后来，知识产权局的同志来给创业者做报告，还带来了 20 多万条的过期专利。提供给创业者进行筛选。从对这些信息的筛选中，这个创业者获知国际上需求超薄型针织服装的信息，她立刻加紧运作，从香港引进了用细羊绒和蚕丝制成的冬暖夏凉而重量十分轻的超薄型针织面料，还添置了先进设备，培训员工，充实了技术人员，很快就让自己生产的春、夏、秋、冬四季超薄型针织服装上市，深深尝到了开发信息资源的甜头。自此，她懂得了信息的重要性，不仅订阅了大量信息刊物，还参加了社会上开办的“下岗女工零起步电子商务培训班”，听专家讲解和介绍网络营销的技能和技巧，学会利用网络技术去搜索信息，捕捉商机。

**案例**

日前，山东大学生十大创业之星网络评选结束，菏泽市推荐的渠振营名列前十，他的勇气和睿智让人不敢相信他仅仅是个"90后"。12月20日，记者见到渠振营时，他正与同伴在坑塘中查看黄河鲤鱼的长势。只见他步伐灵活地在竹竿支撑起来的网箱上来回移动，让人胆战心惊，可他却从容自若："刚开始的时候，我经常会掉进水中，现在已经适应了，动作灵敏多了。"

当记者被小船载到鱼箱旁边的时候，恰逢渠振营跟同伴拉起网箱，大大小小的鲤鱼在水面上欢蹦乱跳，煞是喜人。

大学开办创业社，初尝创业甜头。

1991年出生的这个大男孩，看起来似乎还有点腼腆、稚气未脱的神情——他便是这个养殖基地的负责人渠振营，刚刚毕业5个月。

渠振营出生在东明县陆圈镇五霸岗行政村的一个普通农民家庭，2010年9月考入淄博师范高等专科学校语文教育专业。毕业后，他之所以放弃大学所学的专业，搞起养殖，还要从大学的经历说起。

2011年上半年，渠振营进入大一下学期，一直很有想法的他开始了自己的第一次"创业"。他发现，大学生很喜欢图"省劲"，怎么方便怎么办，便创建了"一线文体学生服务社"，专门经营学习用品、体育用品和日常生活用品，从中小赚了一笔，初尝创业甜头。然而，他却并没有把钱装进口袋，而是赞助给了学校优秀社团"人文讲坛"。

随着渠振营在学校的影响力越来越大，团委老师帮助他成立了"一线精英创业社"，并任命他为首任社长。此后，渠振营便奔波于诸多公司跟同学中间，为大家寻找兼职的机会。或许是他原本就有经营头脑，创业社前前后后为400多人次介绍了工作，一时间，他在校内名声大噪，先后获得"优秀团干部"、"优秀社团社长"等荣誉称号。校内特殊的创业经历，更坚定了他毕业后独自创业的决心和信心。

2012年国庆假期，渠振营跟同学去东营黄河口生态风景区旅游，那里的美景、美食让渠振营很受触动。他想，为什么不利用家乡的滩区环境改变家乡面貌呢？这个问题一直萦绕在他心头。

2013年劳动节，他与朋友回到家乡的黄河滩区。几天的时间，他们走遍了滩区的荒滩、坑塘，访问了无数个农户和渔民。经过深入了解，他终于捕捉到这样一条信息：黄河滩区非常适合运用网箱进行集约化养殖。于是，他连夜奔赴威海市学习考察。在威海一家养殖场，他有幸认识了老实敦厚的渔民尚秀旺，经过彻夜长谈，他下定决心回家乡东明黄河滩区创业。

一回到家，他就一次又一次地走访河务局和当地乡政府，并多次到市、县人力资源和社会保障局向创业指导师咨询政策和创业办法，人社部门对其进行了系统化的创业培训和指导，并帮助他办理了小额贷款。

## 8.4 创业的资金准备

### 8.4.1 大学生创业贷款相关介绍

大学生创业贷款是国家给大学生提供的创业优惠措施，为支持大学生创业，国家各级政府出台了许多优惠政策，涉及融资、开业、税收、创业培训、创业指导等诸多方面。要具有一定生产经营能力或已经从事生产经营活动的个人，因创业或再创业提出资金需求申请，经银行认可有效担保后而发放的一种专项贷款。符合条件的借款人，根据个人的资源状况和偿还能力，最高可获得单笔 50 万元的贷款支持；对创业达一定规模或成为再就业明星的，还可提出更高额度的贷款申请。创业贷款的期限一般为 1 年，最长不超过 3 年；为了支持下岗职工创业，创业贷款的利率可以按照人民银行规定的同档次利率下浮 20%，许多地区推出的下岗失业人员创业贷款还可以享受 60%的政府贴息。

## 8.4.2　贷款申请管理

### 1. 企业申请管理

(1) 程序更简化

凡高校毕业生毕业后两年内申请从事个体经营或申办私营企业的，可通过各级工商部门注册大厅"绿色通道"优先登记注册。其经营范围除国家明令禁止的行业和商品外，一律放开核准经营。对限制性、专项性经营项目，允许其边申请边补办专项审批手续。对在科技园区、高新技术园区、经济技术开发区等经济特区申请设立个私企业的，特事特办，除了涉及必须前置审批的项目外，试行"承诺登记制"。申请人提交登记申请书、验资报告等主要登记材料，可先予颁发营业执照，让其在 3 个月内按规定补齐相关材料。凡申请设立有限责任公司，以高校毕业生的人力资本、智力成果、工业产权、非专利技术等无形资产作为投资的，允许抵充 40%的注册资本。

(2) 减免各类费用

除国家限制的行业外，工商部门自批准其经营之日起 1 年内免收其个体工商户登记费(包括注册登记、变更登记、补照费)、个体工商户管理费和各种证书费。对参加个私协会的，免收其 1 年会员费。对高校毕业生申办高新技术企业(含有限责任公司)的，其注册资本最低限额为 10 万元，如资金确有困难，允许其分期到位；申请的名称可以"高新技术"、"新技术"、"高科技"作为行业予以核准。高校毕业生从事社区服务等活动的，经居委会报所在地工商行政管理机关备案后，1 年内免予办理工商注册登记，免收各项工商管理费用。

### 2. 申请条件

(1) 应届毕业大学生，以及毕业两年以内的大学生。

(2) 大专以上学历。

(3) 18 周岁以上。

### 3. 申请流程

(1) 受理。申请人向大学生创业园管理服务中心提出申请，并提交相关申报材料，由大学生创业园管理服务中心进行初审。

(2) 审核。对初审通过的商业贷款贴息对象及金额，由人事局会同财政局等有关部门按产业导向、企业规模、就业人数、注册资本和利税等要素对申请商业贷款贴息对象的资料进行审核，并核定贴息金额。

(3) 公示。经评审通过的商业贷款贴息对象和贴息金额由人事局和申请人所在单位或社区进行公示，公示期为 5 个工作日。

(4) 核准。经公示后无异议的，由人事局下发核准通知书。

(5) 拨付。根据相关部门核准通知书,财政局在贴息对象提供付息凭证后从扶持大学生自主创业专项资金中拨付资助资金。

(6) 大学生创业贷款申请材料。

申请材料包括:《大学生创业资助(商业贷款贴息)申请表》一式 3 份,另备电子文档;《大学生创业企业人员情况表》1 份;《大学生企业申请创业资助资金情况表》1 份;法人身份证、户口本或户籍证明、毕业证(学生证)复印件各 1 份;企业营业执照、税务登记证、组织机构代码证复印件各 1 份;会计师事务所出具的验资报告复印件 1 份;贷款合同、复印件 1 份;公司章程复印件 1 份;技术合作协议、专利证书、专利申请受理通知书等复印件各 1 份,若无可不提交;相关的获奖证书等复印件各 1 份;导师或风投、创投机构及相关企业推荐书等复印件各 1 份。

#### 4. 申请资料

(1) 身份证明。

(2) 在校学生需提供学生证、在校成绩单。

(3) 已毕业学生需提供毕业证、学位证。

(4) 常用存折或银行卡过去 6 个月对账清单。

(5) 其他资信证明(若有):奖学金证明、班干部证明、社团活动证明,以及各种荣誉证明/回报社会证书如献血、义务支教等。

(6) 大学生创业贷款申请者个人或家庭收入及财产状况等还款能力证明文件。

(7) 大学生创业贷款申请者及配偶身份证件(包括居民身份证、户口簿或其他有效居住证原件)和婚姻状况证明。

(8) 大学生创业贷款申请者担保材料:抵押品或质押品的权属凭证和清单,有权处分人同意抵(质)押的证明,银行认可的评估部门出具的抵(质)押物估价报告。

(9) 大学生创业贷款申请者营业执照及相关行业的经营许可证,贷款用途中的相关协议、合同或其他资料。

#### 5. 申请程序

(1) 大学生创业申请贷款相关事宜请向银行部门咨询。

(2) 办理营业执照程序如下:到市工商局及各分县工商局登记注册大厅领取登记表格;向登记机关申请公司名称预先核准登记;填写公司登记表格并提交验资报告、公司章程及场地证明,向登记机关递交公司登记申请。

### 8.4.3 大学生创业贷款细节及流程

#### 1. 贷款要求

(1) 毕业后 6 个月以上未就业,并在当地劳动保障部门办理了失业登记。

(2) 大学专科以上毕业生。

#### 2. 贷款方式

大学毕业生自主创业的小额贷款方式为担保、抵(质)押贷款。

### 3. 贷款期限

国家为大学毕业生提供的小额创业贷款是政府贴息贷款，其期限为 1～2 年，2 年之后不再享受财政贴息。

### 4. 其他大学生创业政策

(1) 从事个体经营的 1 年内免交工商登记类和管理类行政事业性收费。

(2) 自主创业、自谋职业者还可将户口档案托管在市大中专毕业生就业指导服务中心。

对于大学毕业生自主创业的各项具体政策应向各相关部门咨询。

### 5. 注意事项

据省工商局个体处的工作人员介绍，有关政策已经执行，大学毕业生在办理自主创业的有关手续时，除带齐规定的材料，提出有关申请外，还要带上大学毕业生就业推荐表、毕业证书等有关资料。

### 6. 在读申请

在读大学生可以提供第三方保证，申请担保贷款，要求担保人有良好的经济能力，和较好的信用。一般小额担保贷款可以获贷 5 万元左右，担保人的资质越好，获贷的额度就越高。如果在读大学生的父母有房产，可以将房产抵押给银行，申请房产抵押贷款，这样获贷的额度和几率都会比较高。另外，在读大学生还可以通过寻找风险投资来筹集资金。

**知识链接**

**创业融资之前需要考虑的四个问题**

(1) 你的公司接下来的发展对额外资本的需求是否为必需的？VC 对投资的企业通常都期望“快速做大”或“快速复制”。你的公司要做大是靠资本的增加实现的吗？还是资本只是为你的公司的做大提供了更稳妥的保障或底气？如果是后者，你应当考虑借贷资本(比如银行贷款)，这对公司来说成本较低。因为风险投资的钱是用你公司的股权换来的，如果日后公司真的做大了，股权的价值要远远高于银行贷款的成本。

(2) 你对你接触的 VC 做功课了吗？在选择投资方之前，你需要对投资方做些具体的调研。比如，你了解他们的投资理念、合伙人资历、行业经验吗？他们在过去投资项目有哪些？你是否与其中几家和企业负责人交谈过，听听他们的感受？有的风险投资在资本投入后除了参与一年几次的董事会，其他很少参与企业的事情；有的则不同，参与所投资企业的事情挺频繁，包括推荐高管人员、介绍业务合作伙伴、贯彻高管的期权分配等。

(3) 你接触的 VC 是否要求有投资后的附加条款？比如，类似“对赌协议”的对未来几年的业务增长速度、利润额、上市时限的要求？此类要求越多、越具体，对企业的压力也就越大。有的风险投资对以后的股权收购还提出“优先权”等要求，这些只有当事人能判断是否合理、是否可行。如果只是急于融资到位，匆匆答应这类附加条件，日后反悔代价会巨大。

(4) 你的公司的一些关键能力是否具备在资本额大幅度增加后的扩张要求？比如一个企业的组织能力(Organizational Capability)、业务拓展能力(Business Development)、管理控制能力(Management Control)等。这些方面的能力很重要，是你的公司迅速做大的基础。国内有个案例，创业者在取得风险资本后过度地去快速扩张，完全不考虑公司的管理基础，结果全国性扩张的战略带来的是市场竞争力的大幅度下滑。如果你的公司有强大的家族企业背景，你则需要慎重考虑"去家族化"的难度以及你的公司规范化和流程化的难度。最近几年的一些融资案例表明，许多风险投资和创业者的矛盾来自公司的制度化过程和犹豫不决，投资方的专业要求为家族企业的管理流程和制度化带来了不适应。这不能归咎于投资方的错误，更多地应当是创业公司的问题。

## 8.5 创业者心理素质测试题

1. 你在哪一种条件下，会决定创业？(　　)
   A. 等有了一定工作经验以后
   B. 等有了一定经济实力以后
   C. 等找到天使或 VC 投资以后
   D. 现在就创业，尽管自己口袋里没有几个钱
   E. 一边工作一边琢磨，等想法成熟了就创业
2. 你认为创业成功的关键是(　　)。
   A. 资金实力
   B. Good idea
   C. 优秀团队
   D. 政府资源和社会关系
   E. 专利技术
3. 以下哪项是创业公司生存的必要因素？(　　)
   A. 高度的灵活性
   B. 严格的成本控制
   C. 可复制性
   D. 可扩展性
   E. 健康的现金流
4. 开始创业后你立刻做的第一件事情是(　　)。
   A. 找钱、找 VC
   B. 撰写商业计划书
   C. 物色创业伙伴
   D. 着手研发产品
   E. 选择办公地点
5. 创业公司应该(　　)。
   A. 低调埋头苦干
   B. 努力到处自我宣传
   C. 看情况顺其自然

D. 借别人的势进行联合推广

6. 招聘员工时最重要的是(　　)。

A. 学历高低

B. 朋友推荐

C. 成本高低

D. 工作经验

7. 产品进入市场的最佳策略是(　　)。

A. 价格低廉

B. 广告投入

C. 口碑营销

D. 品质过硬

8. 和投资人交流最有效的方式是(　　)。

A. 出色的现场PPT演示

B. 详细的商业计划书和财务预测

C. 样品当场测试

D. 有朋友的介绍和引荐

E. 通过财务顾问的代理

9. 选择投资人的关键因素是(　　)。

A. 对方是一个知名投资机构

B. 投资方和团队不设对赌条款

C. 谁估值高就拿谁的钱

D. 谁出钱快就拿谁的钱

E. 只要能融到钱,谁都一样

10. 你认为以下哪一项是VC投资决策中最重要的因素?(　　)

A. 商业模式

B. 定位

C. 团队

D. 现金流

E. 销售合约

11. 从哪句话里可以知道VC其实对你的公司并没有实际兴趣?(　　)

A. "我们有兴趣,但是最近太忙,做不了此项目"

B. "你们的项目还偏早一些,我们还要观察一段时间"

C. "你们如果找到领投的VC,我们可以考虑跟投一些"

D. "我们这个行业不熟悉,不敢投"

E. 上面任何一句话

12. 创业团队拥有51%的股份就绝对控制了公司吗?(　　)

A. 正确

B. 错误

13. 创业公司的CEO,首要的工作责任是(　　)。

A. 制订公司的远景规划

B. 销售、销售、销售
C. 人性化的管理
D. 领导研发团队
E. 搞进投资人的钱来
14. 凝聚创业团队的最好办法是(　　)。
A. 期权
B. 公司文化
C. CEO的魅力
D. 工资和福利
E. 团队的激情
15. 创业公司的财务预测中最重要的是(　　)。
A. 销售增长
B. 毛利率
C. 成本分析
D. 资产负债表
16. 创业公司的日常运营中,以下哪项工作是最重要的?(　　)
A. 会议记录的及时存档
B. 业绩指标的合理安排和及时跟踪
C. 团队的经常性培训
D. 奖惩制度
E. 管理流程的ISO 9000认证
17. 创业公司的日常运营中,最棘手的问题是(　　)。
A. 人的管理
B. 销售增长
C. 研发的速度
D. 资金到位情况
E. 扩张力度
18. 创业公司产品市场推广效果的衡量标准是(　　)。
A. 广告投入量和覆盖面
B. 营销推广的精准程度
C. 产品出色的品质保证
D. 广告投入和产出比例
E. 产品价格的打折力度
F. 品牌的市场渗透率
19. 防止竞争的最有效手段是(　　)。
A. 专利
B. 产品包装
C. 质量检查
D. 不断研发新产品
E. 比竞争对手更快地占领市场

20. 创业公司的第一个大客户竟然是个土财主，你会(　　)。

A. 一视同仁地对他提供你公司的标准服务

B. 指导他如何来积极配合你的工作

C. 修理他，给他些颜色看看是为了他的提高

D. 提供全面服务 + 免费成长辅导

21. 你认为创业公司中的最大风险是(　　)。

A. 市场的变化

B. 融资的成败

C. 产品研发的速度

D. CEO 的个人能力和素质

E. 决策机制的合理性

22. 当创业公司账上的现金低于三个月的时候，应该采取的措施是(　　)。

A. 立刻启动股权融资

B. 通知现有公司股东追加投资

C. 立刻大幅削减运营成本，包括裁员

D. 打电话给银行请求贷款

E. 把自己的存折和密码交给公司会计

23. 创始人之间发生矛盾时，你会(　　)。

A. 坚持原则，据理力争

B. 决定离开，另起炉灶

C. 委曲求全，弃异求同

D. 引入新人，控制局势

24. 投资创业公司的理想退出方式是(　　)。

A. 上市

B. 被收购

C. 团队回购

D. 高额分红

E. 以上都是

## 试卷答案

| | | | | | | | |
|---|---|---|---|---|---|---|---|
| 1. D | 2. C | 3. E | 4. D | 5. B | 6. D | 7. D | 8. C |
| 9. E | 10. C | 11. E | 12. B | 13. B | 14. B | 15. A | 16. B |
| 17. A | 18. D | 19. E | 20. D | 21. D | 22. C | 23. C | 24. E |

(1) 如果你的得分是 1～8 分：还不具备创业的基本知识，不要贸然创业哦！

(2) 如果你的得分是 9～16 分：游走在创业的梦想和现实之间，继续打磨打磨吧。

(3) 如果你的得分是 17～24 分：已经做好了创业的基本准备，大胆往前走喽！

# 第9章　创业项目理性选择

在创业过程中，如果说压力，我认为选择不做什么是非常大的压力。因为在这个过程中受到的诱惑太多了，每一个新的概念都可以做很大的东西。在商业上的策略不是决定做什么，而是决定不做什么。

——黄明明

**学习目标**

(1) 了解寻找创业项目的途径和方法。

(2) 掌握创业项目选择的原则。

(3) 学习识别与评估创业机会的方法。

**案例导入**

### 大学毕业凑钱开店卖菜

毕业等于失业，这是在大学中间比较流行的一句话。大学生创业项目选择做什么呢？毕业一年多来，郭高林从一个一无所有的大学毕业生，到大胆创办自己的蔬菜连锁超市，再到现在拥有4家连锁店，每天1万多元的营业额是他当时想都不敢想的，这也让他更加坚定了创业的信念。

让郭高林欣慰的是，他的创业，不仅带动了自己的女朋友和妹妹就业，而且也帮助同学王彦峰、肖冰、武亮亮等就业并有了用武之地。如今，4家连锁店共有员工20多人。

"80后"的郭高林，是河南省教育学院2007级管理学院人力资源管理专业的毕业生。

郭高林说，他的创业之路是从大三练摊卖衣服开始的。在郑州牧专外面的那条路上，流动人口多，一到晚上就热闹非凡，路两边满是卖小吃、卖衣服、卖杂货的地摊。郭高林和女朋友姜茵也在那里摆地摊卖起了服装。姜茵做老板和销售，郭高林的任务是进货。

"练摊"虽然只是小打小闹，但在这个过程中，郭高林学会了基本的经营技巧。

郭高林爱琢磨。有一次，他发现自己身边卖菜的，虽说生意不错，但因为零星分散，又没有品牌，蔬菜的质量、价格、信誉总不能让一些顾客放心。"我就琢磨，肉类可以有品牌店，蔬菜为什么不能打响自己的品牌？"他萌发了开蔬菜超市的心思，"以品牌蔬菜为主，兼营五谷杂粮、冷鲜肉等，附带一些副食。"

在面临毕业的那段日子里，在众多同学焦头烂额地忙于找工作的时候，郭高林并没有慌乱，因为他已决心创办自己的蔬菜超市。2007年6月底，郭高林回学校领取毕业证时，将想法告诉了好友，结果顿时在年级里炸开了锅。大学毕业生卖菜？很多人认为他根本吃不了这个苦。

开业第一天，他们甚至都不会用收款机，还丢过东西。做蔬菜生意在时间上很特殊，别人吃饭的时候他们最忙，过了高峰期才能轮流吃饭。进入冬季，屋里既没暖气又没空调，因为要净菜、剁肉，还未入冬，几个人的手都不同程度地冻伤了。

但是他们从来没有想过放弃。"这些都是很正常的事情，做什么事都需要有一个过程，坚持是有难度，但万事开头难，我们要用一颗平常心去做事。"郭高林说。

郭高林和大伙儿一起起早贪黑，不怕吃苦受累，认真做市场调查，虚心向同行和前辈"取经"。

在几个年轻人的不懈努力下，"咱地里"的生意越来越好。走进"咱地里"蔬菜超市，货架上的蔬菜码得整整齐齐，品种齐全，黑板上的价格标得清清楚楚，价格低廉。除了蔬菜，店里还有副食品、杂货和冷鲜肉，吸引了不少顾客。大学生热情的态度，也使很多顾客成为回头客。

就这样，"咱地里"蔬菜自助超市逐渐形成了自己的特色。"我们还是有优势的，跟小商贩比，我们的优势是菜价便宜、种类多、干净、不缺斤短两；与大超市比，我们的优势是价位低、离家近。"蔬菜超市在几个大学生的精心操持下逐渐走上正轨，并加盟了双汇集团，经营双汇冷鲜肉。

那段时间，超市每天的营业额是 1000 元左右，但除去成本和开支，他们的盈利非常有限。"创业初期，我们就没打算赚钱，首先是学习和积累经验，培养客户群，赚钱是以后的事。"郭高林说。

随着生意逐渐走上正轨，郭高林决心扩大规模。2007 年 12 月，郭高林在郑东新区成立了第一家分店。这家店面附近，是一个有 1000 户人口的住宅小区，一间只有 80 平方米的毛坯房成了郭高林事业的又一个起点。

规模扩大了，对新环境的适应、员工素质、管理模式、产品质量等问题也接踵而来。"新店开业后，销售状况并不理想，新店的寂静，理想与现实的落差，影响着我们的情绪，毕竟我们都是年轻人。但是，真诚的倾诉和相互安慰、鼓励，让我们的心贴得更紧，我们咬着牙走过来了。"郭高林说。

在迎接挑战的过程中，他们研究制定了一系列管理模式和管理制度，包括收银制度、招聘培训制度、采购制度、仓管制度。这些正好是他们在大学所学的知识。这些知识，成为"咱地里"发展的基础。

## 9.1　创业项目的寻找

### 9.1.1　创业项目的市场调查

不少大学生创业者不习惯对其产品或项目做市场调查，而是进行理想化的推断，例如："如果有 3 亿人需要我们的产品，每件售价 100 元，我们就有 300 亿元的销售市场。"这种推断方法是站不住脚的，而且常常起着误导作用。对大学生来说，在决定是否开始某个领域创业的准备期，一项基本的程序必不可少，这就是——市场调查。

#### 1. 市场调查

(1) 市场调查的内容

一般来说，市场调查主要有以下内容。

① 环境调查。这里的市场环境主要是指市场所在地的政治法律环境、经济环境、社会文化环境、科学技术环境以及地理气候环境等因素的总称。这些环境直接决定了市场所在地的市场生态,也是创业者进行新产品开发,尤其是为产品开拓新的市场时必须考虑的因素,不能不加以考察。

在进行宏观市场调查时,创业者要详细考察目标市场所在地有关创业以及创业所在行业的政策及法律法规,例如对于创业及创业项目是否有优惠政策或措施,是否有法律法规禁止进入的事项等;考察在市场所在地的经济科技水平下,创业具有多大的发展空间,例如当地的经济发展水平、消费水平、科技水平等是否能为创业提供广阔的市场和相关支持;考察当地历史文化长期积累的社会心理对于自己创业所在行业的心理接受程度,例如当地人的消费习惯和偏好如何,多少人可以成为自己的现实消费者和潜在消费者等。此外还要考察当地的地理和气候对于自己的创业有什么样的影响,例如,一般情况下在险峻崎岖的山区销售自行车未必能赚得大钱,而在热带地区销售羽绒服也并非一个明智的选择。

② 产品调查。创业者总是以一种产品或服务进入某个目标市场,进行自己的掘金活动,那么对于创业者而言,必须了解自己的产品以及产品所在行业的状况,深入调查目前市场的容量和产品在当地的消费方式、增长情况。

在产品调查时,一般需要了解以下信息。首先,了解同类产品在目标市场中销售的具体数字和品牌、规格、来源、生产厂家、价格,并根据当地的有关统计人口、社会经济统计数据,寻找过去和现在发生的变化情况,预测将来可能发生的变化。

其次,了解当地市场有关产品的消费变化,主要调查当地同类产品的生产数量和可能发生的变化、当地产品的销售数量、当地的经济收入水平、消费习惯等,在此基础上分析产品今后可能出现的消费变化趋势。

再次,调查同类产品在当地的年消费量、消费者数量和产品的消费方式、产品消费范围的大小、消费频度、产品用途,以及具有什么竞争性代用品等因素。

最后,为了预测产品未来的消费变化趋势,还应了解产品在当地市场上的生命周期状况,并结合相关因素进行综合分析和判断。如前所述,产品的生命周期一般分为5个阶段,并总是以某种形式在流通当中反映出来:萌芽期,产品刚进入市场,销售增长缓慢;增长期,产品销路渐开,如果产品适销对路,在今后一定时期内销售将会有迅速的增长;成熟期,产品销售增长势头不明显,并有迹象表明产品销售即将下降;停滞期,产品销售已达顶点,并逐渐出现缓慢下降的趋势;衰退期,市场对产品的需求减少,产品销量持续下降。即使可能形式不同,但几乎所有的产品都必然经历生命周期的5个阶段,不同类型的产品或同类产品中不同品牌的变化速度各不相同,因此,调查产品在市场周期中所处的阶段十分必要。另外,按照经济学的观点,产品销售利润的下降通常要比销售量下降得早,也下降得更快。

同时,在进行产品调查时,还应该对产品市场进行细分,从而了解在当地市场上什么类型的消费者可能会购买自己的产品,准确地估计当地市场的发展潜力,正确地选择产品销售的目标市场,进而了解不同类型的消费者对各种产品的需求,有针对性地采取改进产品的策略和措施,使之适销对路,以扩大产品的销路。

③ 行业调查。对大多数创业者来说,进入一个热门行业或者潜在的热门行业会是一个不错的选择,那么何谓热门行业?

“热门行业”是一个相对模糊的概念,而且具有明显的地域和时代特征,不可一概而论,但总体而言,“热门行业”一般具有以下特征。

a. 热门行业是新兴的朝阳产业，发展迅速，机会较多。

b. 热门行业顺应市场经济发展趋势，具有巨大的市场需求或潜在市场需求。

c. 热门行业竞争激烈，人才需求量大。

d. 热门行业的收入水平较高，工作环境较好。

e. 热门行业具有良好的发展前景。

当然，行业的热门与否只是一个相对的概念，随着时间的推移，旧有的行业格局可能被打破，行业间利润的分配面临重新洗牌，而且就创业而言，也并非所有的创业者都适合在热门行业摸爬滚打。所以对创业者来说，与盲目追求热门行业相比，选择一个适合自己的行业也许更有意义。

那么这里就有一个问题，创业者如何选择合适的行业？

这个问题也许只有经过行业调查才能够回答。行业调查是与产品调查相对应的一个概念，创业者以产品进入市场，以行业获得生存发展的空间，所以行业调查也是市场调查的一项重要内容，下列问题能帮助创业者大致了解一个行业的具体情况。

——我属于哪个行业？

——该行业有什么特点？

——国家与各级政府对于该行业有何政策及法律规定？

——哪些公司或企业已经进入该行业？它们的经营状况如何？市场占有率多少？

——进入该行业需要多大的成本投入？我是否有足够的资金？

——该行业是否存在壁垒？我是否能顺利进入？如何进入？

——我进入该行业有什么优势和不足？

——近年来该行业总体的经营状况如何？

——该行业的供需状况如何？市场空间多大？

——该行业的竞争状况如何？

——该行业目前的平均利润如何？

——未来该行业发展趋势如何？

④ 顾客调查。联合利华公司的冲浪超浓缩洗衣粉在进入日本市场前，做了大量的市场调查。经过预测试，Surf的包装按照日本人装茶叶的香袋模样设计，很受欢迎；另外调研发现，消费者使用Surf时，方便性是很重要的性能指标，于是联合利华又对产品进行了改进。同时，消费者认为Surf的气味也很吸引人，联合利华就把“气味清新”作为Surf的主要的顾客诉求。可是，当联合利华雄心勃勃地准备进军日本市场并当产品导入日本全国后，却发现市场份额仅能占到2.8%，远远低于原来的期望值，一时使得联合利华陷入窘境。

问题出在哪里呢？调研人员经过深入调查发现了以下两个问题。

第一，消费者发现Surf在洗涤时难以溶解，原因是日本当时正在流行使用慢速搅动的洗衣机。

第二，“气味清新”对消费者基本没有吸引力，原因是大多数日本人都是露天晾晒衣服。

显然，Surf进入市场时实施的调研设计存在严重缺陷，调研人员没有找到日本洗衣粉销售中应该考虑的关键属性，而提供了并不重要的认知——“气味清新”，导致了对消费者消费行为的误解。

由此可见，对经营者而言，顾客调查是完全必要的。一般而言，顾客调查主要内容包括顾客构成、顾客购买力、消费心理、消费行为、消费动机、消费决策过程以及信息获取渠道等，可以作为企业产品的市场定位以及营销决策的重要依据。

⑤ 竞争调查。竞争可分为直接竞争和间接竞争两种。直接竞争是指经营同类或类似产品的行业之间的竞争，例如可乐与可乐之间的竞争；间接竞争则是指经营种类不同但用途相同的企业间的竞争，例如可乐与茶之间的竞争。在竞争性调查中，需要了解市场竞争的结构和变化趋势、主要竞争对手的情况以及本企业产品竞争成功的可能性等情况。

(2) 市场调查的步骤

条条大路通罗马，市场调查没有固定的"格式"，不同规模的企业、不同的经营要求，市场调查的方法各不相同。但总体来说，就其共性而言，市场调查的步骤一般可分为 4 个阶段，即准备阶段、调查阶段、分析阶段、总结阶段。

① 准备阶段。准备阶段是整个市场调查的基础，这一阶段准备工作的充分与否直接决定了整个调查活动的成败，所以在这一阶段必须充分做好调查活动的各项准备工作。市场调查准备阶段要做的主要工作包括以下几个方面：

a. 明确调查目标。

b. 选定调查范围、调查对象。

c. 确定调查方法。

d. 其他内容：除了以上准备工作之外，还需确定收集和分析资料的方法、做好调查的组织分工、编制调查预算、安排调查时间等。

② 调查阶段。调查阶段是市场调查研究方案的执行阶段，主要是按照准备阶段调查方案所确立的调查计划、调查方式和调查方法进行资料和信息的收集，具体贯彻调查设计中所确定的思路的活动，这是整个市场调查过程的核心。

这一阶段是调查者与被调查者直接接触的唯一阶段，其中可能由于种种外部因素的制约而无法完全控制调查工作的进程，为了顺利完成调查任务，调查者必须对调查活动进行不间断的外部协调。调查者在调查过程中要注意以下两点：一是紧急依靠目标领域、行业或单位，努力争取他们的支持和帮助，合理安排调查任务和进程，尽量避免或减少调查活动给他们的正常工作带来的不利影响；二是密切联系全部被调查对象，尽力获得他们的理解和合作，绝不损害他们的利益，并在必要的情况下，为他们提供力所能及的帮助。

③ 分析阶段。这一阶段的主要工作是审查、整理资料、统计分析和思维加工。

④ 总结阶段。总结阶段是社会调查的最后阶段，这一阶段的任务主要是撰写调查报告，评估、总结调查工作。

(3) 市场调查的方法

调查方法也就是调查中各种具体的资料或信息的收集方法。总体而言，市场调查方法可分为两大类，即直接调查方法和间接调查方法。其中前者包括访谈法和观察法两种；文献法、问卷法则属于间接调查方法的范畴。

(4) 市场调查应避免的误区和应该注意的问题

一般认为，市场调查能够为企业的经营决策提供重要依据，但市场调查往往出现偏差，因为当新产品问世时，最初的市场调查也许根本不能反映实际的消费需求，所以应辩证地看待市场调查的作用，以免因过度迷信市场调查而陷入以下误区。

① 市场调查误区。

a. 市场调查是反映产品或服务能否成功的有效方法。市场调查只能简单反映过去和当今消费者关于某种产品或服务的看法，其结果不一定适用于未来。如果人们不熟悉某种产品或不了解其特性，市场调查结果的准确性就会大打折扣。索尼公司的随身听在 20 世纪 80 年代风靡世界，成为当时最受欢迎的消费品之一，但最初的调查结果表明，人们不喜欢这种产品，因为他们认为对于一个神经正常的人来说，没有人愿意带着录音机到处乱走。如果索尼公司完全据此调查结果进行决策，就不会有后来索尼 walkman 的风行以及随之而来的巨额利润。

b. 市场调查是一种经济有效的管理方法。市场调查的各种弊端都可能降低调查结果的准确性，所以市场调查不能够作为有效的经济管理方法。

c. 市场调查作为一种公正科学的方法，其调查结果也是公正科学的。市场调查结果并非期望的那样公正科学，而往往带有一定的倾向性。作为一种复杂而微妙的艺术，市场调查可能会有多种结果，因为即使对于同一个问题，不同的人会有不同的观点，而调查者总是倾向于接受或利用与自己相对一致的观点或资料，这样难免使调查结果也具有某种倾向性。

d. 市场调查可以促进企业的繁荣发展。企业的成功取决于产品的特性和差异性，但市场调查往往使企业随波逐流，提供与其他企业相同或相似的产品或服务。因为市场需求可能在一定时期内相对稳定，以此为内容进行的市场调查可能得出相同或相似的结果，不同企业据此制定的经营策略往往惊人地相似，于是我们看到现实投资中的一窝蜂现象，这立刻使该市场需求趋于饱和。

所以市场调查指导我们市场需要什么就提供什么，却从来不告诉我们去引导市场甚至创造市场，事实上后者恰恰是企业成功的关键所在。

② 市场调查应注意的问题。尽管市场调查在认识和操作上存在很多误区，但市场调查对于了解市场状况仍然具有不可忽视的积极意义，因此，我们在做市场调查时，应注意以下几点。

a. 市场调查应该持续不断地进行。

b. 调查者尽量避免个人倾向，确保调查结果的准确性。

c. 市场调查可用来了解市场对某种产品或服务的反应，而不要以其决定投入何种产品或服务。换句话说，企业应更多关注产品或服务的质量和差异性。

d. 企业要盯住市场，不能只盯住市场调查。要注意规划未来市场，不能完全以顾客需求为导向，还要注意引导顾客创造需求。

### 2. 市场预测

所谓市场预测是指企业在通过市场调查获得一定资料的基础上，针对企业的实际需要以及相关的现实环境因素，运用已有的知识、经验和科学方法，对企业和市场未来发展变化的趋势做出适当的分析与判断，为企业营销活动等提供可靠依据的一种活动。

(1) 市场预测的内容

市场调查的目的就是通过调查工作研究曾经出现的各种变化情况和目前市场的具体状况，以了解和掌握在今后一定时期内市场可能发生的变化趋势，这也是市场预测的基本内容。具体而言，市场预测主要有以下内容。

① 市场需求变化预测。市场需求变化预测主要是指商品的购买力及其投向的预测，包括生产资料市场购买力预测和消费市场购买力预测两方面的内容。

除现实购买力以外，对市场需求变化的预测还需要研究社会潜在购买力。潜在购买力包括两种情况：一是受货币支付能力或商品供应量的限制而未能实现的需求；二是居民手中因为种种原因而持有的现金以及居民银行存款。

另外，预测市场需求的变化还必须考虑人口变动、基本建设规模、生产力水平、文化水平、货币流通速度以及消费者行为的变化等因素。

② 消费结构变化预测。消费结构变化预测的主要内容是预测消费品市场的产品构成以及其相应比例关系。包括消费者的消费支出在不同商品之间的分布比例，变动趋势。其中最为关键的是居民消费的恩格尔系数的变化。

③ 产品销售预测。产品销售预测是指企业本身对产品销售前景的判断，包括对销售产品的品种、规格、价格、销售量、销售额以及销售利润等方面变化的预测。其目的在于使产品适销对路，满足消费需求，提高企业经济效益。

④ 产品价格预测。产品价格预测是指根据企业产品的市场价格以及同类产品的市场价格对企业产品未来市场价格变化的预测。影响产品价格的主要因素有市场供求状况、市场竞争状况、产品价值规律以及价格规律等。

⑤ 产品生命周期预测。产品生命周期预测主要是对企业产品在生命周期中所处阶段即产品萌芽期、成长期、成熟期与衰退期的预测。

⑥ 资源预测。为了保障企业生产的顺利进行，必须对企业所需要的原材料、能源等资源的供应状况及其变化趋势进行合理的预测，明确资源供应的数量、规格、质量、价格与渠道等，寻找降低资源成本的途径，增强企业竞争力。

除了要对物力资源的供应进行预测，企业还应该注意对企业财力与人力资源状况进行预测。

⑦ 市场占有率预测。产品的市场占有率是企业产品的市场竞争能力的综合表现，市场占有率的预测包括企业绝对市场占有率与相对市场占有率两方面的预测。

企业不仅应该预测本身产品的市场占有率及其变化趋势，还应该对同类产品、替代产品的市场占有状况及其变化趋势进行预测。

⑧ 生产技术变化预测。生产技术的变化对企业的生存与发展有着十分重要的影响。企业必须时刻关注内外部生产技术的发展趋势，并不断进行技术改革，保持与外界技术的同步发展。技术变化的预测包括企业生产技术变化的预测、国内行业技术发展变化的预测以及国际先进技术发展变化的预测等。

(2) 市场预测的步骤

市场预测要遵循一定的程序和步骤，一般而言，它有如下几个步骤：①确定预测目标；②选择预测方法；③搜集市场资料；④进行预测；⑤评估预测结果。

(3) 市场预测应注意的问题

① 市场预测必须持续不断地进行。市场是不断发展变化的，与之相适应，市场预测也应该在企业经营的每个阶段持续不断地进行，因为尽管每次市场预测可能反映出未来一段时间的发展趋势，但这种反映是有一定的时间限制的，没有哪一次市场预测可以一劳永逸地解决企业经营决策的问题。市场预测涉及“假设”、“证实/否定”、“修正”3 个过程，只有经过多次的积累和修正，企业才能真正把握市场的“脉搏”，预测的精度也随之不断上升，这也是老牌的大公司竞争优势的一个方面，它体现了一个企业对市场、顾客和竞争的了解程度和把握市场的能力。

② 市场预测必须包括对各种不确定因素，变量与风险的评估与分析。市场在不断变化中成长，这种变化有时可能风云莫测，这就有可能出现计划赶不上变化的情况，所以市场预测应该尽量将各种变数及其动态范围、变化区间等影响因素考虑进去，并设置相应的“警戒线”，避免一旦出现大的偏差就会产生措手不及，拿不出应急方案的问题。

③ 破除市场预测迷信。有人认为市场预测是企业经营决策的指南针，市场预测一定可用来作为企业经营决策的依据。不错，市场预测确实可以在某种程度上反映某段时期的市场变化情况，但市场预测不是万能的，市场预测在很多情况下也可能"撒谎"。据美国研究机构 Baruch college 的资料显示，美国在 1960 年到 1980 年的 90 项产品预测中，竟有 53%的预测是失败的，所以市场预测也会出现"失灵"。

市场预测之所以失败，原因常常是多方面的，其中以下两方面因素值得注意。一是不少企业界人士过分依赖甚至迷信看起来"非常有说服力"的定量统计数字，把它作为市场预测和制定营销策略的重要基础。但许多统计数字即便是准确的，那也只能或主要说明"过去发生的事情"，况且有些统计本身就不准确，甚至"水分"含量相当大。二是企业环境因素，诸如社会趋势、经济走向、竞争状况、科技进步、消费心理和市场需求等皆处于变动之中，常常在不知不觉中发生很大变化，由简单到复杂，由单变量到多变量，由可预见变为难以预见和不可预见，特别是某些环境因素的不定性和快速变化，如突如其来的政策、法规的出台和变动，令企业更难把握，往往使企业此前的大量统计结论和据此制定的预测和策略完全失去意义，从而使企业陷入困境。

## 9.1.2　适合大学生的创业模式

美国戴尔电脑公司总裁麦克·戴尔曾说："创业没有准则。"那么就创业而言，也没有哪一种固定的模式可以保证我们一劳永逸地接近成功。生活有多种可能，成功也并非只有一种途径，邯郸学步、东施效颦从来都只能贻为笑柄。创业者只有避免盲从，根据自身的实际情况选择适当的创业模式，才有可能取得成功。下面列出几种可行的创业模式，供大学生创业者参考。

### 1. 互联网创业——网中自有黄金屋

没有人会否认，互联网的出现开启了一个崭新的信息时代，这个时代在深深地改变我们的生活与行为方式的同时，也提供了一种全新的创业方式。当陈天桥、张朝阳在互联网世界里快意恩仇时，当李想、戴志康在"后互联网时代"锋芒初露时，我们发现，原来我们可以如此便捷地接近成功。

毕竟，互联网创业不同于传统的创业模式，它不需要雄厚的资金支持，也未必需要丰富的创业经验，而是凭借一种对互联网的由衷热爱，一套扎实的专业技术就可利用现成的网络资源创造一个神奇的创业神话。虽然 20 世纪 90 年代末的互联网泡沫破灭曾让整个互联网界一片风声鹤唳、草木皆兵，但对于拥有专业知识而缺乏足够资金与创业经验的大学生而言，互联网创业仍然具有难以抵挡的吸引力。

目前的互联网创业，主要有两种形式：①网上开店，即在网上注册成立网络商店；②网上加盟，以某个电子商务网站门店的形式经营，利用母体网站的货源和销售渠道。

这种创业模式主要有以下优点：门槛低，成本少，风险小，方式灵活，特别适合初涉商海的创业者。像易趣、淘宝、阿里巴巴等知名商务网站，拥有较为完善的交易系统、交易规则、支付方式和成熟稳定的客户群，加盟这些网站，可谓近水楼台。此外，网络创业还得到了政府的重视和支持，在政策和服务上给予诸多的优惠和帮助。例如，上海已经在普陀、静安两区建立了电子商务创业园，为创业者提供优质的创业环境和服务。

对初次尝试网络创业的大学生而言，互联网创业事先要进行多方调研，以选择既适合自己产品特点又具较高访问量的电子商务平台。相比较来说，网上加盟的方式可能更为适合大学生，这样能在较少的投入下启动创业，边熟悉游戏规则，边依托成熟的电子商务平台发展壮大。

## 2. 加盟创业——站在巨人的肩上

牛顿曾有句名言："我能看得更远一些，那是因为我站在巨人的肩膀上。"对于大学生创业者而言，也不妨尝试一种"站在巨人肩膀上"的创业模式——加盟创业。

加盟创业以其分享品牌、分享经营、分享资源等诸多优势，而逐渐成为备受青睐的创业新方式。目前，连锁加盟有直营、委托加盟、特许加盟等形式，投资金额根据商品种类、店铺要求、技术设备的不同从6000元至250万元不等，可满足不同需求的创业者。

加盟创业的最大特点是利益共享，风险共担。创业者只需支付一定的加盟费，就能借用加盟商的品牌优势，利用现成的商品和市场资源，并能长期得到专业指导和配套服务，分享总部提供的支持、培训、管理、广告、促销等，而不必摸着石头过河，从而大大降低了创业风险。

(1) 对初次尝试加盟创业的大学生而言，加盟创业要经过以下步骤：①选准行业；②找对品牌；③查看直营店业绩；④查看是否具有完善的加盟机制；⑤查看是否具有健全的培训体系；⑥对总部与加盟店进行实地考察；⑦对合同文本仔细阅读；⑧提升创业能力。

(2) 初次创业的大学生选择加盟创业务必慎重，小心提防以下加盟陷阱。

① 投身的行业"钱景"不佳。如果这个"行业"或这种"店"的产品，是民生必需而非一时流行并且处在成长阶段，意味着目前的竞争尚不激烈，未来整个市场的成长空间很大。越早投入，获利的空间就越大，赚钱的概率也越高。

土家烧饼曾经在全国不少地方风靡一时，在其刚开始"发烧"的时候，看准时机第一个月开业的烧饼店，一到两个月之内就可以回收成本，但土家烧饼热潮只持续了不到半年，加上各地一窝蜂地开连锁店，其利润已经微乎其微，如果说在第三、四个月开店的创业者还能够勉强收回成本，那么后期开店的人很多则是血本无归。

② 加盟总部的经营管理经验和知识不足。管理经验是创业者从加盟总部获得的重要资源之一，而许多连锁加盟总部的管理者并不具备经营管理的经验和知识，只是因为开了几家生意很好的店，遇到别人加盟开分店的要求，便草率地成立一个加盟总部，这种类型的总部以餐饮业最多。

连锁加盟总部需要具备的管理知识很多，包括商品的开发与管理，商圈的经营、行销与广告宣传活动、人员的招募与管理、财务的规划与运作。而有些总部甚至没有开设直营店，不具备店务的经营管理知识，也就不能协助加盟创业者很好地长期经营店务。

如果加盟店选址较好，依靠大量的客流也可以维持较好的生意，但如果开店的地点比较普通，销售的商品"过气"而导致生意下滑，那么店务的经营管理马上就会出现问题。

例如前几年炙手可热的500cc红茶店，在流行风潮衰退后，选址地点比较普通的门市，现在大都经营惨淡。

③ 加盟总部过于强势，合约对加盟者限制较多。一般而言，比较强势的加盟总部，能在管理模式、财务结构、行销活动等方面给予加盟者实质的帮助。但俗话说"店大欺客"，其实不止"欺客"，有时实力强大的加盟总部还会以一种强势的姿态，凌驾在加盟店主之上，对后者动辄刁难、罚款，甚至以解约相威胁。

此外，许多强势的总部在加盟合约上的限制条款很多，而且单方面突出对总部有利的内容，淡化加盟店主的权益，甚至在合约上会出现一些违法条文。大多数的创业者，尤其是大学生，由于经验与时间不足，无法深入了解合约上的陷阱与不公平，再加上心中急于创业，往往匆匆签约而着了对方的“道儿”。所以大学生创业者需要在签约前多走访几家加盟店拜访请教，了解总部在签约之后的服务和总部人员的心态，存不存在刁难、欺诈加盟店主的情况。例如国内有些规模较大的便利商店系统，总部人员非常强势，刁难加盟店并威胁解约的事情时有发生，法院经常会接到加盟主的控告申诉。

④ 加盟总部的财务结构不健全。从某种程度上说，财务结构是一家企业的生命线，直接决定了企业的生死存亡，大学生创业者选择加盟总部时，要尽可能了解其财务状况。总部的财务结构是否健全，很难在外表上一览无余。一种最简单的测试方式就是：看加盟签约时要支付给总部的履约保证金是要求现金，还是商业本票或者不动产抵押。

一般来说，刚成立不久的加盟总部由于财力单薄，资金的压力大，所以往往要求加盟店提供的履约保证金为现金。这样就有可能出现由于总部财务结构不健全，导致公司资金周转困难而倒闭，总部应该提供的后勤支持无法继续完成，而加盟店主的保证金也拿不回来的问题。所以除了在同行业间调查了解之外，加盟创业者最好选择以不动产抵押方式提供履约保证的加盟企业，尽量避免现金流失。

此外，加盟者还应注意加盟总部是不是存在对加盟店的收款期限缩短、对供货厂商的付款期限延长、积欠或者已经开票支付的货款要求换票的情形。如果出现以上情况，除了说明总部的商品采购管理机制存在问题外，更大的可能就是总部无法正常支付货款而使得厂商停止供货，这时加盟者务必要提高警惕。

⑤ 加盟总部缺乏“应变能力”。一般而言，门市经营行业的店面风格要针对主力商品的消费模式来设计，但市场是不断变化的，商品也有固定的生命周期，所以门市的装潢与格调也要能够随时根据这些变化做出相应的调整。如果加盟总部不具备这种商品开发的应变能力，那么当现有的商品组合走到衰退期，不能迎合消费者新的需求变化时，加盟门市就不能跟上竞争者的调整步伐，生存能力就会大打折扣。

以目前颇为流行的咖啡店为例，消费者的年龄结构有下降的趋势，而且商品的变化也呈现出从原来以传统口味咖啡为主，到意式咖啡、花式咖啡的需求提高以及花果茶口味的饮品不断增加的趋势。所以咖啡店主想要提高营业额，除了要在商品结构上进行调整之外，咖啡店的装潢格调也要变得更年轻、更新潮，色泽由以往的深暗色系转向较为明亮的色系。如果创业加盟者所选择的总部对于外在环境变化的敏锐度、应变力过低，这个品牌的集客能力就会大大下降，营业额和销售利润也会迅速减少。

⑥ 加盟总部设计的盈利计算方式存在缺陷。一些加盟总部常常为了简化计算公式，或者要让加盟者获得一种诱人的高额获利的假象，并未将实际营运时所需的开办费用、租押金、营运周转金列入公式中计算，从而使得加盟者低估资金投资总额。

另外，加盟总部提供给加盟者参考的门市获利计算方式往往只有一种呆板模式的算法，不能够针对不同的经营规模、不同的商圈环境，提供各种不同的营收分析评估体系。这会使得加盟者无法准确计算将来可能产生的收入、费用及盈亏状况，增加了加盟者创业的不确定性风险。

因此，加盟者需要注意的是：正确的经营观念必须将收入低估，费用高估，准备预留 3～6 个月的营运周转资金，并将这些都列入营运计划的资金流量计算当中。且在与加盟总部洽谈时，加盟者务必要将这些一定存在的费用核查清楚，才不会在实际经营时发生资金不足的困难。

除了要注意门市的获利计算公式之外，加盟者也要仔细考察加盟总部的收入与利润是如何创造出来的。如果加盟店赚钱而总部不赚钱，那么总部很可能就因为连连亏损而被拖垮。例如曾经昙花一现的养老乃泷，因为总部收入与利润来源设计上存在瑕疵，致使大多数的门市都赚钱，但是总部的收入却很有限，久而久之，总部便也难以支撑。

⑦ 加盟体系的发展速度过快。生活中我们常常可以看到这样一种现象：有些加盟总部因为一炮走红而广受欢迎，于是开始不断攻城略地，加盟店数量剧增，规模扩大，一派形势大好的局面。但欣欣向荣的背后也可能早已暗流涌动，急速的规模扩充，除需大量资金投入外，还可能会因为规模不经济而造成一段时间的亏损，部门及人员的增加也会产生沟通不协调的问题，从而增加工作失误、降低效率。

因此加盟创业者一定要注意，当自己所投身的连锁总部一旦出现这种现象，就预示着企业很可能即将遭遇上述陷阱④——加盟总部的财务结构不健全。最终的结果很可能是原先精心构筑的貌似金碧辉煌的事业大厦因不堪负重而轰然倒塌。

⑧ 加盟大品牌一定可以赚钱。俗话说“背靠大树好乘凉”，于是一些创业者认为：加盟大品牌就一定能赚钱。因为如此可以通过特许经营借助品牌优势减少广告宣传开支，分享总部经营经验，定期获得总部支持等。这让一些没有相关行业经营背景的加盟者尝到甜头的同时也让另一些人产生了错觉：只要有特许商的支持，任何领域都可以大胆涉足。于是我们可以看到：有些人尽管对餐饮业一窍不通，但眼见别人加盟大品牌后获利颇丰，便飞蛾扑火一般投身其中，结果自然不尽如人意。其实当前特许经营行业多种多样，涉及各行各业。如果投资者想要加盟特许经营企业，首先要对市场有一定了解，前期要对整个市场需求做初步的调查。其次，要从自身的资金状况出发，挑选适合自己的加盟项目。最后，还要尽可能选择自己熟悉、适合自己的行业和领域。唯有如此，创业成功的梦想或可期待。

⑨ 低成本、高回报指日可待。现实生活中，我们经常可以看到一些诸如“2万元开快餐店，轻松当老板”、“零费用加盟，一年回收成本”等夸大特许经营的广告宣传。在这些诱人广告的狂轰滥炸之下，有些人便以为特许经营市场进入门槛低，无须太多的资金投入，就能轻易获得高额回报。

其实这种宣传手段根本不符合特许经营的特点，因为在特许经营过程中，不论品牌大小，任何特许者甚至都不能保证加盟者加盟后能够成功盈利，更不用说高额回报了。加盟者加盟的是一个品牌，一个特许经营体系，并非一旦加盟就胜券在握、高枕无忧了。

现实中就有很多不规范的特许各以特许经营为幌子，承诺短期回收成本，变相高价推销产品，甚至非法敛财。因此，在决定选择特许经营模式之前，加盟者要对这种模式以及特许者有充分的认识与了解，以免被那些不切实际的虚假广告所蒙蔽。具体来说，可以采取以下几种措施。

a. 实地考察特许总部的情况。特许者的宣传往往天花乱坠，加盟者当然不能照单全收，所以加盟者要通过实地考察去了解这个企业的经营情况，做到“任他巧舌如簧，我自心中有数”。对加盟者而言，最重要的是考察商标。因为加盟本质上是品牌的加盟，品牌的特许，特许最核心的要素是品牌、技术与服务。特许经营商独有的东西才能够拿出来收取一定的加盟费，使得加盟者在最短的时间内获得最大的利润，此时品牌就显得尤为关键。所以加盟者要了解商标注册的具体情况，如是否有商标注册证，注册时间多长，特许者的品牌在多大范围内被人接受或了解等。

b. 通过加盟店了解实际经营情况。加盟店能够反映特许经营企业的真实情况，包括经营情况、服务情况等，加盟者如果能够获得第一手资料，考察加盟店能否盈利，无疑是对自己的投资提供了一个重要参考。

c. 考察特许经营企业的自身实力情况。加盟者可以到工商局查询公司的注册情况，包括注册地点、注册资金、研发新品能力、能够提供何种服务、专有技术和专有服务的核心内容等。此外，还可以通过观察其直营店的经营状况的方式去了解总部的经营管理能力。

d. 了解相关的政策、法律法规。2004 年年底，商务部出台了新的《商业特许经营管理办法》(以下简称《办法》)，并于 2005 年 2 月 1 日正式施行。该《办法》首次明确提出了特许者应该承担的责任，如特许者的信息披露义务等。了解类似的政策、法律法规，加盟者可以更好地保护自己的合法权益。

⑩ 加盟"成功"模式能够轻易互制。邯郸学步、东施效颦尽管为人诟病已久，但现实生活中仍然不乏重蹈覆辙者。例如，一旦某个加盟店获得成功，便有大批投资者蜂拥而至，纷纷效仿，虽然偶尔也有幸运者脱颖而出，而大部分追随者却都折戟沉沙，败走麦城。因为一些加盟者认为依靠成熟品牌特许就能坐收渔利，但他们没有考虑到，对于经营者来说，在获取利益的同时必须承担相应的风险，而简易的模仿很少能够创造奇迹。

说到底经营还得依靠自己，虽然很多特许经营品牌的商业模式是现成的，品牌大小也可能对经营有一定的作用，但市场最终还是要靠自己摸爬滚打，探索出一种适合自己的经营模式，所谓"因地制宜"，也就是这个意思。

一言以蔽之，加盟创业虽然广受欢迎，但也绝非轻易做到一本万利。总的来说，这种创业模式应注意以下 3 点。

第一，选择行业门槛低但回报高的行业，例如房产中介等。

第二，选择新兴产品，一旦竞争产品增多，营业额下降时，应立即转向。

第三，整体投资不宜过大，尽量寻找利润高、投入少的小产品加盟，没有经验的人切忌盲目加盟大的连锁项目。

### 3. 兼职创业——鱼和熊掌或可兼得

孟子曾告诉我们说："鱼，我所欲也，熊掌，亦我所欲也，二者不可得兼，舍鱼而取熊掌者也。"但就创业而言，我们未必不可以尝试一种鱼与熊掌兼得的方式——兼职创业。

大学生兼职创业可分为两个阶段：其一是大学期间通过兼职，获得创业经验甚至创业资金；其二是工作后利用工作外的空余时间兼职创业。

#### 案例

华南师范大学美术系大三学生阿非，有感于大学生就业形势的日益严峻，未雨绸缪，大一寒假就开始了自己的兼职生涯。阿非早为自己定下了明确的目标：毕业时赚取人生第一桶金，然后开个小公司或者做点小项目，开创一份属于自己的事业。

大一暑假前阿非同时接了 3 份兼职工作，每天都忙得不亦乐乎。阿非先在网上找到了一份幼儿园兼职美术老师的工作，教小朋友水彩画。一周两个课时，下午和晚上上课。

此外阿非还接了一些平面设计的散单，同时还到一个广告公司兼职上班，负责策划设计之类的工作。一天辗转好几个地方，阿非只能利用在公交车上和中午饭后的时间偷空休息片刻。身兼三职，压力和辛苦可想而知，但为了梦想奋斗，又怎么能不苦中作乐并乐在其中呢？

这样辛辛苦苦一个月下来，阿非居然赚了 8000 多元。阿非现在已经挣了几万元，虽然数目不大，但也已经远远超过了他的预期。阿非准备下学期好好策划一下创业计划，用他的话说：毕业的同时也是创业的开始。

大学生在校兼职创业有多种途径，如家教、导游、促销员、礼仪、翻译、校对、服务生等，这些工作看似低端、辛苦，但不是有句话叫做“宝剑锋从磨砺出，梅花香自苦寒来”吗？

2004 年 7 月，上海试行在职人员可向各类企业（外资企业除外）出资入股的政策后，使个人创业又多了一种选择。其实不只上海，从全国范围来看，兼职创业因其进退有据的优势，已经为越来越多的人，尤其是知识层次较高的白领阶层所接受。

**案例**

张萌两年前大学毕业后被分配到政府机关，工作轻松。大学期间就喜欢写作的她便在工作之余爬起了格子。如今报社的稿酬比过去提高了许多，收获颇丰的张萌惊喜地发现原来爱好也可以变成一份不错的兼职。于是她买了电脑，连上网，并订阅 30 多份报纸，开始把写稿当成一份“事业”来做，有针对性地给各家报社投稿。现在张萌每月的稿费收入 2000 多元，和工资不相上下。更重要的是，由于兼职，张萌的生活变得快乐而充实。现在的张萌，又开始打算自学互联网知识，在适当的时候做一家文学网站或一份电子杂志了。

这种方式一般是利用自己的专业经验和自身的厂商资源在上班时间外进行创业尝试并增加收入，好处是没有任何风险，但应该处理好本职工作与创业的关系。

对于大学生和上班族来说，兼职创业的优势在于无须放弃本职工作，又能充分利用在工作中积累的商业资源和人脉关系创业，实现鱼和熊掌兼得的梦想，而且不必面对背水一战、进退维谷的窘境，大大减少了创业风险。但兼职创业需要在几条战线上同时作战，对创业者的精力、体力、能力、耐力都是极大的考验，因此要量力而行。此外，兼职创业者最好选择自己熟悉的领域，分清事业发展的主次，在重点做好本职工作、不损害所在单位利益的前提下开展创业活动。

### 4. 团队创业——众人划桨开大船

美国硅谷流传着这样一条规则：由两个 MBA 和 MIT 博士组成的创业团队，几乎就是获得风险投资的保证。虽然这种说法有些夸大其词，却揭示了这样一种事实：创业已告别个人英雄主义时代，团队创业渐入佳境。一个由研发、技术、市场、融资等各方面组成的优势互补的创业团队，更有可能获得创业的成功。

另据媒体报道，团队创业因其将资本、人力化零为整的优势，使一些有着相似经历、背景的创业者们因为某种吸引而聚集在团队创业的大旗之下，由退役军人、大学校友、下岗工人组成的创业团队迅速壮大。

发轫于清华大学的“大学生创业计划大赛”为大学生团队创业提供了一个新的创业孵化器，这个平台孕育了包括 Yahoo、Netscape 等知名企业，以及清华大学王科、邱虹云等组建的视美乐，上海交大罗水权、王虎等创建的上海捷鹏在内的一大批新兴企业。

需要注意的是，这一模式在组建创业团队时，最重要的是要考虑成员在知识、资源、能力或技术等方面的互补性，充分发挥个人的知识和经验优势，这种互补将有助于强化团队成员间的相互协作。一般来说，团队成员的知识、能力结构越合理，团队创业成功的概率就越大。

### 5. 概念创业——从点子中挖掘金矿

“一沙一世界，一叶一菩提”的哲理想必早已为人所熟知，但是如果有人告诉你点子就可以成就一项事业，你相信吗？

比尔·盖茨在总结自己的成功经验时曾说：“是什么使微软从小人物一跃而起呢？我们拥有当时巨人没想到的点子。我们总是在思考，曾经遗漏过什么可以使我们保持胜利的东西。”美国视算科技公司董事长艾德·麦克肯的感触如出一辙：“我觉得我真正擅长的是当我有了一个点子，然后和一个真正的企业家一起去做，在形成小团队后，越做越大，一路发展下去。”

这种凭借创意、点子或想法创业的方式催生了一种新的创业模式——概念创业。当弗雷德·史密斯隔夜传递的想法成就了全球最大的快递运输公司——联邦快递；当贝利把旧报纸当作礼品，出售给生日日期与报纸出版日期相同者从而改变了旧报纸的命运；当大卫·H. 克罗克“会飞的邮件”的离奇想法变成了为人们普遍利用的电子邮件；当第一家网络书店、第一个搜索引擎网站 Yahoo、第一个拍卖网站 eBay 不断刷新了人们的思维和视野，于是很多人开始相信：灵光一闪的奇思妙想竟然也可以成为创业梦想开始的地方！

对具有强烈的创新意识而又缺乏资源的创业者来说，概念创业无疑是一条实现梦想的终南捷径。但需要注意的是，创业需要创意，然而创意绝不等同于创业，概念创业要求点子必须标新立异，但这些超常规的想法还必须具有可操作性，天方夜谭从来不可能变为现实。此外，创业还需要在创意的基础上，融合技术、资金、人才、市场经验、管理等各种因素，如果仅凭着点子盲目行动，创业成功无异于痴人说梦。

一个点子固然能够成就一项事业，但要实现概念创业的成功，把脑中概念变为财富金矿，还要经过以下 3 个步骤。

(1) 科学分析

当产生了创业灵感之后，创业者应对创业点子进行冷静而细致的分析，了解自己的创意是否独具匠心，是否具有广阔的市场需求，是否具有可操作性，在推行过程中有无防止“克隆”的保护措施等，在此基础上选择最有发展前途并且风险相对较小的创业方案。

(2) 多方咨询

很多时候，我们总是在别人的目光里认识自己，因为很多时候我们总是“当局者迷”。所以创业者除了要对自己的创业灵感自我审视之外，最好在行动前多听听各方面的意见和建议，如成功的创业者、风险投资家、创业咨询机构等。他们提供的宝贵经验和专业指导，不仅能起到拨云见日的作用，还可以避免个人意见可能导致的片面性。

(3) 积极行动

创业不等于幻想，创业是实干家的实践活动而非空想家的思维过程，因此概念创业最终还是要落实在积极行动上。一个新颖别致而又切实可行的创业想法只有落实在一些具体的实践活动中才有获得成功的可能性，其中技术、资金、人才、市场经验、管理方法等各种资源的获得必不可少。

### 6. 内部创业——员工到老板的轻松起跳

人才流失是许多企业面临的最为棘手的问题之一，于是很多企业主或管理者开始以高薪酬和高福利为筹码、希望借此解决人才流失的难题。但伴随着薪酬和福利的不断提高，这样一个悖论也开始逐渐浮出水面：不断提高的薪酬和福利待遇水平并没有成为留住员工的制胜法宝，依然有不少优秀人才相继离开。美国行为科学家弗雷德里克·赫茨伯格对这种现象进行充分调查后，提出了著名的“激励因素—保健因素”理论。保健因素就是指那些类似于工资、福利、良好的工作条件等有利于员工安心工作的必要条件因素。对于一个优秀的企业员工而言，他们不甘于在为企业创造大量财富的同时却无法满足自身的创业欲望。当传统的保健因素达到一定程度，如工作待遇、福利等环境因素对员工的吸引力不再起决定性的激励作用时，企业的成长速度往往落后于这些精英分子的成长速度。久而久之，这种状况将导致两种后果：自我消沉和跳槽离职。当然这两个结果都是企业主所不愿意看到的。此时能够对员工产生积极效果的只有“激励因素”，也就是那些能够满足自我实现需要的因素，包括成就、赏识、更加富有挑战性和成长发展机会的新工作等。于是，“内部创业”概念应运而生。

所谓内部创业，就是由一些有创业意向的企业员工发起，在企业的支持下承担企业内部某些业务内容或工作项目，进行创业并与企业分享成果的创业模式。作为一种激励方式，内部创业不仅可以满足员工的创业欲望，同时也能激发企业内部活力，改善内部分配机制，成为员工和企业双赢的一种管理制度。

### 案例

2000 年，深圳华为集团为了解决机构庞大和老员工问题鼓励内部创业，将华为非核心业务与服务业务，如生产、公交、文印、餐饮业以内部创业方式社会化，先后成立了广州市鼎兴通讯技术有限公司、深圳市华创通公司等。华为免费提供一批产品供员工所创公司销售，并给予一定时间的支持(至少一年)。据说，免费提供的产品价值总额为员工所持华为内部股的1.7 倍。2003 年，很多人离开华为，用创业的办法将自己拥有的华为内部股套现。这些内创公司依托华为强大的经济网站实力与市场占有率为其产品提供相关技术服务，同时也成就了企业内部优秀员工的创业梦。其中，李一南的创业活动可圈可点。

2000 年年底，曾被认为是任正非接班人的李一南离开华为，创办了北京港湾公司，主管数据通信产品。据透露，华为当时给了他不小的支持，其中之一就是将他持有的华为内部股兑换成相应的华为数据通信产品。北京港湾成立第一年销售额就以数亿元计。而现在，北京港湾甚至已成为华为的竞争对手。

相对于另立山头、自力更生的创业方式，内部创业在资金、设备、人才等各方面资源利用的优势显而易见。由于创业者对于企业环境非常熟悉，在创业时一般不存在资金、管理和营销网络等方面的问题，可以将精力集中于新市场领域的开拓。同时由于企业内部提供的创业环境较为宽松，即使创业失败，创业者也只需承担较小的责任，从而大大地减轻了创业风险。

但是内部创业的受惠面比较有限，一般只有大型企业的优秀员工才有机会一试身手。此外，因为这是一种以创造“双赢”为目的的创业方式，创业者要做好周密的前期准备、选择合理的创业项目、保证最大化的利润回报，才能引起企业高层的关注与支持。同时，要想获得创业成功，也需要创业者和企业两方面共同努力。

### 7. 工作室创业——“躲进小楼成一统”

目前，一种新的创业形式——工作室创业，正在全国各地悄然兴起。“录音工作室”、“形象设计室”、“摄影工作室”、“服装设计室”等雨后春笋般不断涌现。据报道称，工作室创业正在引发新一轮创业热潮，而大学生以其观念新、魄力大、技术强的优势，已经成为工作室创业的主力军。

**案例**

当周围同学都在忙于实习、找工作的时候，贵州师范大学美术系大三年级的付业兴却整日沉迷于他的“漫画工作室”。这位 20 岁出头的小伙子曾自信地说：“干吗找份工作绑住自己？我的事业已经开始。”

付业兴的漫画工作室成立于 2005 年下半年。所谓工作室，就是在网上申请一个个人主页，然后不断加入自己的漫画作品和漫画业内自己感兴趣的一些动态消息。通过网络，他不仅结识了很多志趣相投的朋友，还收到不少报刊、杂志的约稿函。小付每天起床第一件事就是上网进入自己的工作室，论坛中内容丰富的帖子总能让他兴奋不已。他会不厌其须地搜集各种动漫新闻和自己喜欢的漫画作品与网友分享。现在他已在《视野》、《艺林》、《文化博览》和《现代快报》等报刊上开设了漫画专栏或不定期发表作品，平均每月都能获得 2000 元以上的稿费，工作室成为他生活开支的主要来源。

工作室创业的好处是手续简便，正规一点可以到工商局办理登记，实际上很多工作室没有也无须办理任何手续，也没有办公场地等费用支出，在家即可投入“生产”。由于工作室几乎没有其他成本，因而其服务价格具有相当强的竞争力。

工作室创业要求个人拥有较新的创意或较强的专业技能，因为大部分工作室都是以“大脑”或技术为产品，性价比是在市场上制胜的关键，但价格便宜也要以高质量产品为支撑才能维持经营。而且在创业初期也必须通过各种关系，主动开展业务，积极联系有产品需求的客户。

工作室创业应该注意以下几点。

(1) 团队组建。一个比较活跃的工作室团队人数应该在 5～10 人，其中 2～5 名专职，3～8 名兼职，还应有 2～3 个业务过硬的“核心人物”。这样才能给工作室带来较多的业务，并保证业务的完成令客户满意。

(2) 业务开展。工作室成立初期的业务开展应该采用主动出击的方式，努力利用各种关系，向市场推介产品，争取尽可能多的客户并与之建立信任合作的关系。此外，还可以采取守株待兔的办法。工作室可以在媒体上刊登广告或在互联网上发布帖子，等待有需求的客户上门合作。

(3) 经营策略。

① 保持工作室创意或技术上的优势。创意或技术是工作室创业的“本钱”，所谓“留得青山在，不怕没柴烧”，创业者只有保持自己创意或技术上的优势，创业之火才能经久不息，乃成燎原之势。

② 做好多方面宣传推广工作。由于创业方式的特殊性，工作室创业的宣传推广工作必不可少。首先，要立足地方，面向地方做好宣传工作，努力形成一定地域的知名度；其次，要与媒体建立广泛的联系，利用媒体渠道扩大影响；最后，还要充分利用互联网宣传自己。例如到各种网站上发布工作室的相关信息，到各种网站的潜水区发布帖子等。

### 9.1.3　创业项目寻找的基础

**案例**

**识时务者终为俊杰**

张明正拿到计算机硕士学位后，选择了被世人称为“旁门左道”的防病毒软件作为主攻方向。1999 年 4 月，第一个通过电子邮件传播的“梅丽莎”病毒忽然爆发，正当众多 IT 企业无计可施时，张明正的“传奇故事”诞生了，他的“解药”被大量使用，他创立的趋势科技公司目前市价已逾 100 亿美元，张明正本人也先后两次被美国《商业周刊》推选为“亚洲之星”。

生意场上，眼光起了决定性作用。很多资金不多的创业者，都是依靠准确抓住某个不起眼的信息而挖到“第一桶金”。市场经济刚起步时，机会特别多，好像做什么都能赚钱，只要你有足够的胆量和能力。但如今每个行业、每个领域都有人做，激烈的市场竞争宣告“暴利时代”已经结束，取而代之的是“微利时代”。因此，创业机会必须靠创业者自己挖掘。

在经过了充分的心理准备之后，创业者就开始寻找与挖掘自己的创业机会。在商品经济日渐发达的今天，尤其是改革开放以来和加入 WTO 之后，中国的创业环境日益改善，创业机会可以说俯拾即是，近年来在各个领域不断涌现的创业英雄就是一个明证。不管是下岗工人、农民、知识分子还是刚毕业的大学生，只要选定目标不断努力，创业成功绝不在少数。尽管创业环境改善了，也有许多创业者成功了，但对一个刚开始准备的创业者来说，还是要认真对待、精心准备，只有经过充分的准备，才会得到机会的垂青。

### 1. 基于解决实际困难，选定创业项目

创业者如果善于调查分析人们在工作和生活中的实际困难，就不难找到合适的创业项目。“别人的困难往往就是创业成功的机会”。创业者通过为他人提供有益的服务、为他人解决工作和生活中的困难可以获得正当合法的盈利。

王码电脑公司的创始人王永民先生，就是为解决人们工作中汉字录入速度慢的困难，开发了五笔字型汉字输入软件，一举创业成功。有人针对现在城市中大多为三口之家，夫妻两人上班经常为接送孩子上学和孩子吃饭的事发愁这一困难，开办了托教服务项目创业，不仅投资少、见效快，而且有生命力，也取得了成功。还有人针对城市双职工上班时间紧，不愿为做饭和厨房清洁多花费时间的现实，开办净菜商店或清洁公司创业，也获得了成功。

只要创业者能够掌握这一选定创业项目的基本策略，并能灵活运用这一策略，可以说，处处有创业项目，时时有创业项目。

### 2. 利用市场细分，选定创业项目

所谓市场细分，就是根据整体市场上顾客需求的差异性，以影响顾客需求和欲望的某些因素为依据，把某种商品的整体市场划分为若干个消费者群的一种市场分类方法。通过市场细分划分出的每个消费者群就是一个子市场。每个子市场都是由具有相同或类似需求倾向的消费者构成的群体。属于同一子市场的消费者对同一商品的需求极为相似；分属不同子市场的消费者对同一商品的需求则存在着明显的差异。因此，进行科学的市场细分有利于发现市场机会，选定目标市场，确定创业项目，有利于集中人力、物力和财力，生产经营适销对路的商品，有利于制定和调整市场营销策略。

### 3. 从其他商品忽视的细节中寻找项目

市场上销售的商品并非十全十美，总会存在这样或那样的问题。有的样式呆板，有的颜色单一，有的在功能方面不够完善，有的在结构方面不够合理等。创业者经过调查分析，针对这些商品存在的问题，结合自己的兴趣、特长和熟悉的行业，选择一种有不完善处的商品进行改进、完善和提高，以此作为创业项目往往成功率很高。

### 4. 基于市场供求差异，选定创业项目

从宏观上看，任何产品或服务的市场需求总量和市场供给总量之间往往都会存在一定的差距。创业者通过调查分析，若发现哪个产品或服务的市场供给不足，就可以从中找到创业机会，选定创业项目。市场需求不仅是多样化的，而且是不断变化的，因此，即使有时市场供求总量平衡，但结构也会出现不平衡，这样就会有需求空隙存在。创业者通过分析供需结构差异可以从中发现创业机会，选定创业项目。

## 9.2　创业项目的考察

### 9.2.1　发现创业项目的商机

好项目是成功的第一步，能否找到好项目关键在于能否发现商机，在激烈的市场竞争中，一条有价值的信息常常可以获得价值可观的经济效益。而我们一些企业的经营者之所以感到"市场难找，生意难做"，主要原因是缺乏从各种信息中分析、研究、预测市场的敏锐性以及观察消费者各种不断变化需求的能力。平时，看似一些平凡且不起眼的现象，其背后往往隐含着某种市场信息，如果经营者不重视开发和利用，或不能用心去分析和筛选信息里所蕴藏的大市场，就会导致许多有价值的信息从我们的眼皮底下悄悄地流失，错过许多赚钱的良机。

#### 1. 从变化中发现商机

这里所说的变化主要包括：产业结构的变动、消费结构升级、城市化加速、人口思想观念的变化、政府政策的变化、人口结构的变化、居民收入水平提高、全球化趋势等诸多方面。比如居民收入水平提高，私人轿车的拥有量将不断增加，这就会派生出汽车销售、修理、清洁、装潢、二手车交易、陪驾等诸多创业机会。

**案例**

**乡下娃北京卖泥土成就大事业**

梁天雄出生在重庆市郊区的一个贫苦的农村家庭，1995 年他高考落榜后，只好回家务农。1997 年 3 月，梁天雄和表哥来到北京，他发现卖泥土可以赚钱，于是注册了"天雄牌"花盆土，并且在泥土的配方上狠下工夫，还专门聘请了一名农科院的研究员做质量顾问，市场销售非常不错。2000 年 7 月梁天雄的表哥原来当保安所在的那家宾馆要了他一批泥土，仅这一笔生意梁天雄就挣了 3000 多元。这件事对梁大雄的触动很大，他意识到和一些单位的合作更能挣钱，于是他买了一辆面包车主要给单位送泥土。有一次，一家大型国有企业一次就在他那里买了30 000 元钱的泥土，他除掉成本开支足足挣了 10 000 多元钱。2002 年 6 月，梁天雄又在东城区、宣武区、崇文区、朝阳区等地方建立了分公司，他的泥土推销网络已遍布京城。如今，梁天雄的总资产已超过 1000 万元。

#### 2. 锁定目标客户群，从需求中发现商机

对于创业者来说，无论你提供的是一种产品还是一项服务，需要了解的第一个问题，就是

产品和服务的对象问题。只有了解你的服务对象,才能够通过分析他们的消费习惯和消费心理,生产和提供适合他们需要的产品和服务。对于在寻找创业机会阶段的人来说,把握住目标客户的需求是非常关键的步骤。但是,市场上的顾客需求多种多样,那些对创业方向一无所知的创业者,可能会觉得无从下手。其实,如果对这些客户进行有效的分类,就会发现,对于某一类顾客来说,他们的基本需求是相似的。年轻创业者,没有必要把目光集中到所有的顾客身上,而是要有目标、有重点地把目光集中在某一类顾客的需求上,比如政府职员、大学老师、小学生、单身人士、残疾人、老年人。市场中蕴藏着无限的商机,对于年青创业者来说,即便是一个很小的顾客群体,如果能够满足他们的需求,都会是一个很大的市场。

 案例

**初中生做老外的菜总管**

北京有一家专门针对老外的蔬菜连锁店,令人称奇的是,北京几十万外国人的“菜总管”卢旭东并不是什么商界奇才,而是一位只有初中文化的普通打工仔。

卢旭东1992年年初来到北京后,意外地发现外国客人挑选菜品与中国人的习惯非常不同。此后,卢旭东专门针对这部分需求开了一家叫“JENNY LOUS SHOP”的蔬菜连锁店,到目前为止,在京城已经有11家连锁店。为了保证最优质的货源,他在北京大兴县承包了一片土地,建立了自己的蔬菜基地,并从美国引进蔬菜新品种。果然,这些“洋品”从基地配送到京城各个店铺后,马上受到了老外们的青睐。2000年年底,卢旭东的资产就达到了100万元。尝到了开发新品种的甜头后,卢旭东于2001年春天,又在大兴县租了10亩土地,开始不间断地引进国外的时尚蔬菜。不到两年,基地培育的蔬菜新品种就超过了40种。此时的卢旭东已成为名震京城的“蔬菜王子”了,当上了北京几十万外国人的“菜总管”。

### 3. 从市场空白点中发现商机

可以根据自己对某一行业的分析,直接从市场中发现和分析需求的空白,并通过创业来满足这种需求。

 案例

**招牌补字补出大事业**

湖南省桃江县青年龙卫东,到深圳打工时发现深圳由于台风多,很多店面的广告牌缺字,通过他调查后发现深圳还没有为专业广告牌补字和清洗的公司,龙卫东从这些广告牌的“尴尬”中发现了商机,于是成立了“卫东招牌清洁公司”,推出了招牌清洗和补字的业务,客户不需要花太多的钱,就可以使自己破损、残旧的招牌焕然一新。仅此一招,就让他财源滚滚。后来又在长沙、广州、东莞和中山成立了分公司,正式把自己的“卫东招牌清洁”开成了一家大连锁公司。几年的时间他的资产就积累到了几百万元,他的目标是把自己的“卫东招牌清洁公司”开遍全国各大城市。

### 4. 从生活细节中发现商机

着眼大众在生活中苦恼或困惑的事,发现商机。我们常常推崇“勤劳致富”,但勤劳只是成

功的必然条件，能否取得最后的成功，也许更取决于有一双捕捉商机的慧眼。在现实生活中，有许许多多的事例证明这样一个道理：任何一件不起眼的商品都有可能蕴藏着巨大的商机，关键是看你能否发现它。

案例

**小提手做出大市场**

胡振远先生去商场买东西时发现，由于买的东西较多，提在手中感觉到越来越勒手，很不舒服。因此留心观察其他提着东西的人，发现他们手中拿着很多东西或提着几个方便袋都显得很不自然。于是他心想，如果能生产出提袋子不勒手的产品，应该很畅销。回到家中，他便认真地分析设计，并通过大量的试验，终于运用压力学原理设计出最为满意的袋用小提手。为了检验这种产品的市场销售情况，他先小规模地生产了一批。在一个周日他带上 200 个提手来到一个菜市场试销。他一边示范表演一边给大家讲解，几个小时的时间，就以每个 1 元的价钱全部卖完，净赚 100 多元，当场还有几个人要求销售他的产品。为了保护自己的劳动成果不被别人剽窃，他马上到国家专利局申报了专利。市场打开后，从这个小小产品上，三年的时间赚到了 100 多万元。

### 5. 根据当地的资源来选择项目

案例

**巧用资源 20 岁农村青年爱情事业双丰收**

烟台农村青年林豪华考入北京体育师范学院后因家境原因，最终无缘大学梦。退学后，经过反复权衡，林豪华决定购买一辆微型面包车，既跑个体出租，又能拉货。当父母知道他的想法后，很支持他，把家里所有的积蓄拿出来，向亲戚乡邻借一些，再到农村信用社以果园抵押贷款一部分，最后凑足了这笔钱。2003 年，林豪华拿到了驾驶执照，并用父母借款和贷款凑来的 6 万元，购买了一部刚刚上市的“五菱之光”商用车。五菱之光除了它的外观漂亮外，车辆的发动机性能、提速能力以及载货空间在当时的同类车型中都是非常不错的。

林豪华发现苹果、樱桃、梨等水果在城市超市的价格要比那些小商小贩的收购价格高很多。由于当地大部分果农没有自己的销售渠道，每到水果成熟期，很多果农只能把水果以极低的价格卖给前来收购的小贩。林豪华跟父亲商量扩大果树种植面积，同时，在保证自己利润空间的前提下，以高于小贩收购的价格，从乡亲们那里收购水果。利用自己的五菱车送往烟台、威海等地的超市。几年下来，他已经成为烟台 12 家超市的水果供应商。从个体运输，到水果批发，再到女性饰品店，林豪华拥有了自己的事业。

林豪华的成功，得益于他充分利用了两个资源，其一是他利用当地丰富的水果资源，做起了水果批发生意。其二是他买了一辆商用车，有了这辆车，他就有了成本优势。试想一下，如果他当时没有买这辆车，同样也做水果批发生意，他是不是要花钱雇别人来送货呢？那么从时间和成本上就没有优势可言了。

## 9.2.2 选择创业项目的原则

 案例

**李维斯发明牛仔裤**

牛仔裤的发明人是美国的李维斯。当初他跟着一大批人去西部淘金，途中一条大河拦住了去路，许多人感到愤怒，但李维斯却说“棒极了！”他设法租了一条船给想过河的人摆渡，结果赚了不少钱。不久摆渡的生意被人抢走了，李维斯又说“棒极了！”因为采矿出汗很多饮用水很紧张，于是别人采矿他卖水，又赚了不少钱。后来卖水的生意又被抢走了，李维斯又说“棒极了”，因为采矿时工人跪在地上，裤子的膝盖部分特别容易磨破，而矿区里却有许多被人抛弃的帆布帐篷，李维斯就把这些旧帐篷收集起来洗干净，做成裤子销量很好，“牛仔裤”就是这样诞生的。李维斯将问题当作机会，最终实现了致富梦想，得益于他有一种乐观、开朗的积极心态。

对于大学生来说，创业项目的来源是多渠道的。可以是高校本身或者有关研究机构自主研究开发的成果，也可以是自身的创业构思或创业竞赛的作品，还可以是社会上的各种发明专利。把这些项目作为创业的目标，可以加快科技成果的转化，推进教学、科研与生产的联系；可以促进大学生创新能力的提高，激发更多的创业灵感；还可以把众多的发明专利应用到实践中，创造更多的社会财富。

虽然可以选择的项目很多，但是也并不意味着“捡到篮里都是菜”，创业计划能否顺利实施，能否取得成功，和项目本身是否能够具有市场、是否能够吸引风险投资有关。因此，在选择项目时还必须慎重考虑如下几方面原则。

### 1. 必须坚持新颖、独特的原则

创业项目的发展前景和预期收益是决定投资商是否投入资金的关键因素。一个具有较大发展潜力、较高新技术含量的项目不仅能够生产出满足市场需求的产品，而且还能给投资者带来较大的价值。如果选择平常的项目，面对的是遥遥无期的回报；或者进入的是已经比较成熟的市场甚至是开始衰退的市场，面对极低的利润和获利能力，不仅对投资者没有吸引力，创业者本人也会失去创业的兴趣。因此，新兴的产业、独特的项目是创业成功的保证。

### 2. 必须坚持符合政策导向的原则

生产力和社会经济发展的差距，使得我国的产业结构和生产方式呈现多元的局面，既有工业化初期的社会化大生产，也有知识经济时代的高新技术产业，传统的农业生产也依然处于十分重要的地位。但是国家政策对于不同的产业，给予了不同的扶持和帮助。对于创业者来说，只有使自己创业的项目符合国家政策的导向，才能够提高成功的机会。

### 3. 必须坚持单一、集中的原则

在创业初期，面对激烈的市场竞争，选择专一的发展方向和集中优势资源加以保障是十分必要的。这是提高企业竞争力的重要措施。经营项目的选择必须单一化，不要什么钱都想赚。“四面开花”的结果只会是“四面楚歌”。要避免企业资源配置过于分散，应该集中优势“兵力”打好“歼灭战”，把每一个项目做好，做成功。因为企业只有把资源集中运用到所选择的有限的

经营范围之内，才有可能获得较大优势，同时也可以增强抵抗风险的能力。

### 4. 坚持“不熟不做”的原则

创业不同于一般的就业，它面临着极大的风险。创业的失败不仅会导致经济的损失，还会给个人的信心和未来发展造成影响。因此，在创业项目选择上必须谨慎行事。一般来说，首次创业就贸然进入一个完全陌生的领域是不妥当的。合适创业者发展的项目是有一些熟悉和了解的项目。例如，自己曾经有过相关的工作经历，对业务比较了解；或者与自己的专业具有一定的相关性，对技术比较了解；或者自己对同类项目比较关注，对市场比较熟；或者自己对项目具有比较好的物资、人力方面的资源优势等。只有这样，才可能为做好创业项目奠定基础。

## 9.2.3　选择创业项目应考虑的因素

 案例

**创业项目与专业优势的发挥**

某学院市场营销、商务英语等不同专业的几名大学生一起注册了一个创业团体，开展商务咨询活动。他们看准了会展业有前途，便将公司业务圈定在会展和策划。一年多来，他们代理了多种场所和多项会议的布展工作，小到承接学院广场的各种广告、宣传、展台联系、布置和搭建工作等；大到承接当地企业或高校开展的一些大型活动等。现在，就连当地政府举办的一些会议也会请他们帮忙布展。公司的业务已经由会展和策划逐步拓展。在创业活动中，这些学生的专业优势得到了较好的发挥，同时，创业也为他们的学习提供了更直接的动力。

### 1. 个人爱好、特长与创业目标的结合

创业者在创业之前一定要首先明确自己的个人目标，而且要定期审视自己这些目标是否发生了变化。许多创业者声称自己创业是为了自由独立和掌握自己的命运。其实这样的目标非常模糊。如果他们认真考虑，多数创业者都能确定更具体的目标。例如，希望获得施展个人才华的机会，过上丰富多彩的生活，或者从创建一家企业中得到成就感并体现个人的深层价值，这些都是明确而且实际的创业目标。

一个人只有从事他喜欢做又有能力做的事情，他才会自觉地、全身心地投入到工作中去并忘我地工作，才有可能在遇到困难和挫折时，百折不挠、勇往直前，千方百计克服困难，实现创业目标。所以，选择自己感兴趣、有特长的项目，明确创业目标，是创业道路上的关键一步，它决定了今后的发展方向以及发展规模，是创业能否成功的基石。

### 2. 对拟进入市场的熟悉程度

被世界上誉为经营之父的松下幸之助，创业之初之所以选择生产电器插座项目，是因为他在这一行当过学徒工，对这一行熟悉并且有特长；被誉为“领带大王”的企业家曾宪梓之所以选择生产经营领带创业，是因为他曾在其哥哥的领带厂里打过工，对领带的生产技术和经营管理都很熟悉，而且只需少量的资金就可以开业经营。类似这样的实例不胜枚举。由此可见，创业之初选择自己熟悉的行业和项目是创业成功的关键。

一般来说，创业者应在自己熟悉的行业里选择创业项目，这样才能提高创业成功的把握。

大量的经验证明，许多工作需要的不是天才，而是熟悉，譬如开饭店、开茶馆、经营服装鞋帽、开办文化娱乐业等，并不需要太高的智商，只要深入地了解、熟悉，动动脑筋就可以总结出行业的规律，就可以找到生财的窍门，再加上勤奋和信心就能够取得创业的成功。如果你想去创业，但对哪个行业都不熟悉，怎么办？比较现实可行的方法是选择一个你感兴趣的行业先去打工。这样一方面可以先解决自己的生活问题，另一方面可以通过打工了解并熟悉你感兴趣的行业和项目，待积累一定的经验，掌握了一定的技术后就可以自己创业了。

### 3. 能够承受风险的能力

创业是有风险的，经常可能面临亏损倒闭的风险。创业过程会受到太多的不可控制因素的影响，一旦把资金投入进去，谁也不敢保证一定能够成功。因此，在你选择创业项目投资之前，无论你对该项目多么有把握，都必须考虑：未来最坏的情况可能是什么？最坏的情况发生时，我能不能承受？如果以上问题的答案是肯定的，那么，只要项目预期报酬率符合你的预期目标，就可以投资。反之，如果最坏的情况发生时，你无法承受，那么，不管项目的预期报酬率是多么迷人，都要断然拒绝投资。提倡慎重考虑创业风险，绝不是让创业者畏惧风险、裹足不前，而是要创业者正确对待风险，既要勇于进取，又不能盲目冒险，尽可能把创业风险控制在能够承受的范围之内。

## 9.3 创业项目的确定

### 9.3.1 创业项目确定的前提

不论你的具体情况怎样，如果你要选择创业项目，在遵循普遍原则的基础上，还要做到五个“要”。

#### 1. 要选择国家政策鼓励和支持，并有发展前景的行业

想开创自己的事业，就要知道哪些行业是国家政策鼓励和支持的，哪些是允许的，哪些是限制的，等等。我们要选择国家政策鼓励和支持，并有发展前景的行业。目前，政府大力提供和鼓励发展的非公有小企业类型主要有科技型小企业，为支柱产业化（钢铁、汽车、通信设备、石化、电话设备、家用电子电器、生物、医药、信息）配套服务的小企业，服务型小企业。政府也出台了一系列的优惠政策，对资金有限的创业者建议可以从这样几方面考虑自己的行业选择。

(1) 选择所需投资不多的劳动密集型行业（即都市型行业），如服装、食品加工、印刷包装、工艺品、电子仪器。

(2) 选择为某些大企业进行零配件加工的行业，既可保证产品销售，又可节省投资。

(3) 选择信息、咨询、广告等服务行业。

(4) 选择维修、快递、家政、清洗、保健等便民、利民服务行业。

(5) 选择开餐厅、面店、小百货店、文具店等餐饮业、商业。

(6) 选择加盟连锁经营。

#### 2. 要认真进行市场调研，适应社会需求

有的创业者认为，办企业是为了赚钱，什么行当赚钱、热门，就搞什么行当，这种想法是不

正确的。创业者必须树立这样一个观点,即"企业是为解决顾客的问题而存在的",没有满意的顾客就没有公司的存在。项目的选择必须以市场为导向,就是说搞什么项目不能凭自己的想象和愿望,而要从社会需要出发。要知道社会需求,就要作调查,特别是第一次创业,创业者更是要作详细的了解,要了解市场需要什么,需要多少,你的顾客是谁,谁会来购买你的产品或服务,竞争对手有哪些等。

请记住:市场调研是正确决策的重要前提。

### 案例

上海有一位创业班学员,在松江九亭镇购置了一套房子,想开餐饮店,但是他对当地的投资环境、需求情况并不清楚。指导老师就和他一起到松江九亭镇做实地考察,在深入调研中,指导老师发现该小区规模还不大,而且已有一家餐饮店,经营状况比较稳定。按照现有人口一家餐饮店已经足够。这里的居民不少是外地来的大学生,连一间小商店也没有,居民抱怨购物难。于是,这位学员接受了老师的建议,放弃开餐饮店的打算,改为开小百货店。结果开业后生意红火,很受居民欢迎。著名管理大师法雷尔说过:"制造满足顾客需要的产品和服务,是永远成功的秘诀"。

顾客的需求有现实需求和潜在需求之分。作为一个成功创业者,不仅要了解、满足顾客的现实需求、适应市场,更要创造需求,创造市场。

为了创办能盈利的新企业,识别机会的最好办法就是倾听你周围人们的不满、抱怨和困难。人们所抱怨的每一个问题都可能意味着一个潜在的生意机会,越是难以解决的问题,它可能带来的机会就越大。我们创办的企业如果能解决一般人抱怨的问题,关注社会特殊群体的困难,或者着力为其他企业解决问题,那么成功的可能性就很大。

### 案例

上海有位创业班学员,她想办个为母婴服务的服务社,但具体搞什么她心里没底。通过市场调研,她了解到上海每年有 12 万男女青年结婚,有几万个婴儿出生,不少年轻妈妈抱怨"月子保姆"很难找到。她从这种抱怨中看到了需求,于是她成立了"乐帮生活指南配送服务社",专门为孕妇介绍经过培训、有上岗证的母婴护理员,受到了社会欢迎,业务不断扩大。

### 3. 要充分利用优势和长处,干自己有兴趣的、熟悉的事

市场是一个海洋,创业有人叫下海。我们每个人都是沧海一粟,是独具自己特点的一粟。每一个人都有自己的长处、优势。比如,有的对某一行业、某一领域、某种产品比较熟悉,有的在技术上有专长,有的有某种兴趣爱好,有的善于公关和沟通,这就是自己的长处。

请记住:能充分发挥自己的长处和优势,选择自己有兴趣的、熟悉的事,创业就成功了一半。

### 案例

上海创业培训班学员孙建麟,原来是上海江湾机械厂的一位车间主任,1995 年因厂里经济效益不好下岗了。下岗后,干什么?孙建麟想到自己的优势和长处:当过车间主任,懂技术,会管理,有一批客户。他觉得要做自己熟悉的事。于是他带了 30 来个工人搞生产自救,在生产自救的 3 年里,他们瞄准机械产品的市场需求,进行无定型化生产,只要客户需要,随时进

行设计、制模、生产。1998年3月，小企业个人承包已露端倪，孙建麟正式向厂里提出承包小企业，成为个体经营户。他正式申办私营企业执照，成立了由22名下岗工人集资组成的"强威机械制造有限公司"。他们加工的显微镜、复印机等部件受到客户好评，产销两旺。他的目标是经过3～5年的奋斗，使自己的公司成为本市小企业里的佼佼者。

还有这样一位成功创业者，他叫杨宗杰，下岗后四处找工作，当过食品推销员、音响安装工，也做过服装生意，但都失败了。为此杨宗杰开始冷静思考，应当选择一条更适合自己今后长期发展的道路。鉴于他从小对园艺有着相当浓厚的兴趣，工作之余也曾搞过绿化种植和绿化装饰设计，经过一番市场调研，他和同厂下岗职工自筹资金，选择在上海浦东新区租了6亩土地，办起了园艺场。

到目前为止，他们种植了包括7个大棚、2间暖房在内的6亩地的盆花和观赏植物，花卉品种达百余种，拥有30多家固定客户，资产近20万元。创业最好是"不熟不做"，充分利用自身的资源优势，从事自己熟悉的行业，这是不少创业成功者的共同体会。

### 4. 要量力而行，从干小事、求小利做起

创业是一种有风险的投资，必须遵循量力而行的原则，应该尽量避免风险大的事情，将为数不多的资金投到风险较小、规模也较小的事业中去，先赚小钱，再赚大钱，聚沙成塔，滚动发展。

古今中外，许许多多企业家开始搞的都是不起眼的小本买卖，然后不断扩大发展。微软的比尔·盖茨起步时只有3个人，1种产品，年收入16 000美元。在我们身边，改革开放以来，从不起眼的小事做起，逐渐滚动，逐步积累而富甲一方的大有人在。

#### 案例

"拖鞋大王"胡志勇创业成功的经历对想创业的人是很好的启示。1994年原在上海市一家船舶公司做防疫工作的胡志勇下岗了。他选择了摆地摊，做点小生意，从城隍庙福佑街批来袜子、玩具等日用品到集市设摊去卖。几个月下来他发现每年4～7月，拖鞋特别好销，2～4元一双批来，7～8元一双卖出。他想拖鞋属于小商品又是易耗品，一个夏天一过，第二年又有市场需求，风险较小。于是他集中全部资金，去做拖鞋生意。1996年到福建直接批货。下海后，他通过为福建一家规模很大的拖鞋生产厂家做代理，在4、5两个月就卖出16万双拖鞋。

自此他的拖鞋生意越做越大，目前他的"通盈鞋业公司"从过去的一个小摊子发展到现在在10多家百货公司设有自己的专柜，且拥有300多家较稳定的二级代理商，还注册了自己的"千里马"商标，在大超市销售。6年他共卖掉1000多万双拖鞋，现在为上海拖鞋市场供应30%～40%的货源。

### 5. 要坚持创新，做到"人无我有，人有我优，人优我特"

创新是企业的生命，管理大师汤姆·彼得斯认为"商业世界变幻无常，持续创新才是唯一的生存策略"。创新也是创业成功的关键。创新的概念是著名经济学家熊彼特提出的，他将其定义为"企业家对生产要素的重新组合"，它包括以下五种情况：①开发新产品或改造老产品；②开辟一个新的市场；③采用一种新的生产方法；④获得原料或半成品新的供给来源；⑤实行一种新的企业组织形式。

对创业者来说，创新更具紧迫性、重要性。这是因为：一是目前市场上不缺大路货的商品

和一般的劳务，缺的是特殊的商品和特殊的服务。创业者只有加强市场调研，刺激和创造需求，生产适合需求的新的具有特色的产品和服务，才能使企业得以生存发展。二是一般创业的行当，投资较小，容易进入但是竞争十分激烈。只有创新，才能在产品和服务上形成竞争优势。

有人说："现在市场竞争如此激烈，就业形势如此严峻，创业谈何容易。"这种说法不能说没有道理，但如仔细推敲也并非完全在理。事实上，只要存在尚未被满足的需要，就会有创业的机会，而人们未被满足的需要可以说是无限的，因此，商机也是无限的。据悉目前世界市场上的产品有一百万余种，而国内仅十八万种。目前我国供求平衡或供大于求的是实物产品，而在服务领域存在许多"供不应求"的现象，人们在生活中也有诸多的抱怨和不便。这说明只要善于观察，善于创新，机会就在创业者的身边，路就在你的脚下。

请记住：创业项目的选择最终是由创业者自己决定的。当然创业者可以广泛听取专家、成功企业家的建议，使自己的决策更切实可行。

**建议**：选择创业项目时，建议按以下条件去选择。

(1) 行业要求。新兴，具有大的发展潜力，竞争少——成功的机会大。

(2) 投资要求。投资小，见效快，风险小，有长远的收益——避免每隔几年就要重新创业。

(3) 产品要求。产品独特，需求面广，最好是消耗性产品——保证持续稳定的收入。

(4) 经验要求。有良好的销售培训和销售团队的支持——大大减少走弯路的机会。

(5) 前景要求。花了很多的时间去干一项事业，一定要有良好的发展前景，最好代表一种时代的潮流和趋势——把事业做大。

(6) 合法性要求。歪门邪道的绝不能做。

(7) 其他要求。时间和地域的限制越少越好——有钱有闲的人才真的叫财务自由。

请记住：以上是客观条件，主观条件也很重要，就是至少要有勇气接受挑战，有能力学习新东西，有耐心坚持到底，这样才能成功。

### 9.3.2　创业项目确定的程序

选择创业项目没有一个固定不变的程序，一般可以按照以下基本程序进行，即"选行业＋选产品＋选公司＋认清你自己＋选地域＋选时机"。

#### 1. 选行业

很多人往往只知道选产品，其实第一要选择的是行业！如果你在 1985 年选择了电器销售、1988 年选择了炒股、1990 年选择了卖计算机、1995 年入股高速公路、1997 年选择装修行业、2000 年投资房地产……你不用很努力，不用很聪明，这一次选择就决定了你的财富。产品重要吗？不管是卖 286 还是 386，也不管你是投资上海楼盘还是北京楼盘，都只有一个结果：成功。

选择行业要选那种成长性好的，要选未来会发财的，要喝第一口汤。那些已经发了财的行业，所谓零风险的劝你不要去尝试。零风险要么是骗人，要么就是零收益，不投入不承担风险还能"年入百万"，这个世界的钱也未免太好赚了。要喝第一口汤，因为如果你看着别人已经成功地吃到肉，这时想跟进，晚了，怕连骨头渣都没得吃了。我们曾经亲眼看着很多人做网吧发财，生意普通的半年就能收回投资，有一个河北的农民 3 年就成了千万富翁。于是北京的王先生，花了 5 个月时间选地址，网吧一开张生意火爆，粗算一下，有 3 个月就能回本，可惜一个月后北京某一网吧发生火灾，导致全国的网吧都被整顿了，房租装修、机器折旧再加上疏通关系的钱，赔了几十万元。

痛定思痛，这个行业是已经进入成熟期了，已经有太多的人吃饱肉了，等王先生来的时候只剩骨头渣了。正在创业的朋友和准备开始创业的朋友，请你问自己几个问题：你选的行业有潜力吗？符合国家政策吗？是未来发展的趋势吗？

### 2. 选产品

选好行业，就要选大家最关心的产品。这个产品是工业品还是民用品？产品的优势在于价格还是功能？产品有没有国家权威机构的认证？产品的成长性如何？产品的市场容量有多大？产品的相关竞争品价格、性能、优劣势、市场现状如何(这个是重点)？产品与竞争品相比差异化到底有多大？产品的外形设计如何？产品的包装如何？产品的代理权我能拿到独家的吗？关于产品，有太多的问题等着每个创业者去回答。

### 案例

小刘在大学三年级的暑假期间，从 20 个产品中选出一个专利产品电器：15 分钟快速充电器。

这个产品因为销售不好已经停产了，仓库里还有一千多个。小刘经过调查分析认为：这个产品因为外形设计很差，所以在市场上销售不好；但是它是清华大学的几个博士发明的，所以容易被消费者认可；产品的性能特别，是个差异化极强的产品——普通充电器 15 小时充满电，快充也需要 2 个小时，而它却只需 15 分钟就能充满。

于是小刘拿自己的 3000 元生活费，再加上借来的 17 000 元买断了这个产品，独家经销它！因为小刘扫了仓库的尾货，价格翻一倍卖还很便宜。虽然产品本身有很多缺陷，却很能赚钱，小刘只用了一个学期的课余时间就卖掉了 722 个，赚了 10 000 元。

### 3. 选公司

选完行业选产品，选完产品选公司。

如果你 24 年前选择了海尔，20 年前选择了联想，12 年前选择了娃哈哈，那么你已经因为自己的眼光准而成为千万富翁了。说到这儿，实际上懊悔的人比开心的人多一千倍！因为当初的海尔、联想、娃哈哈们，在发展代理商的过程中，会被别人拒绝一千次，才会被一个独具慧眼的人相中。

那时的海尔还是新公司，没有成型的销售网络，没有雄厚的资金，也没有钱一上来就去打央视的广告，更没有现今家喻户晓的品牌……他们也是几个业务员，沿着中关村的大街去膜拜，央求向人家展示他们的样品，而拒绝他们的那些所谓大代理商们的傲慢成了今天的一个笑话。

选公司，不是说让你选今天的一个成名大公司，而是让你从这 4000 万个中小企业中选出未来的海尔们！成名的大公司，拥有成熟产品线，拥有知名品牌，同样也拥有强势的话语权，给你的也就刚刚够你活，而且往往还不是很看得上你。而那些成长中的小企业，才最有可能成为你最亲密的合作伙伴，跟你一起打拼未来。

不过，从 4000 万个里面挑出一个 24 年后的海尔来，好像比中 500 万大奖的概率还要小，但是如果我们遵循一定的原则来选取，难度就会降低很多。

原则一：选公司。如果这个公司的行业前景黯淡，又没有什么差异化明显的产品，它已经死了一半了。

原则二：选领导者。中国每个企业都带着企业领导者深深的烙印：海尔的背后站着张瑞敏，联想的背后站着柳传志，娃哈哈的背后站着宗庆后……如果一个企业的领导者没有国际化的视野，没有几十年如一日的事业心，没有对中国社会各阶层的亲身感悟，他，又有什么资格领导 20 年后的海尔呢？

原则三：选团队。20 年前很多企业家凭着一己之力成就了事业，但更多的是克服了不团结的劣根性。既然我们现在说的是 20 年后的事情，那么可以肯定的一点是，团队的力量是一个重要的因素。

原则四：选研发和销售。研发和销售是企业微笑曲线的两端，研发和销售都做得好，企业就必然能够持续地发展——研发的实力可以保证企业在产品线上持续的技术领先，销售的实力可以保证给下游经销商持续的支持。

### 4. 认清你自己

到此，已经有一个公式了：好的行业＋好的产品＋好的公司＝好的项目。这个公式只是一种粗浅的理解，“知彼知己，百战不殆。”前三步，只是帮助你“知彼”，更重要的却是后三步“知己”。

刚上大学的比尔，选择了一个好行业——计算机，选择了一个好产品——DOS 软件，选择了一个好公司——他毅然退学开了家公司。结果他迅速成了世界首富——比尔·盖茨。可是，就算把你用时空机器放到 1975 年的西雅图，很有可能，你也仍然没有办法成为那个酷爱计算机编程的 20 岁年轻人——比尔。

每个人有每个人的情况，有每个人最擅长的，有你自己特质中最具有核心竞争力的那一点，好，抓住它，让它带着你实现你的梦想！在我们的创业历程中，理性的人首先要问自己一个问题“我是谁？”——这是成龙主演的一部电影的名字，电影中的他失忆了，但是他的身手、他的正义感、他的开朗幽默的生活方式仍然存留，因此，他的失忆，却帮他找回了真正的自己。如果我们失忆了，我们又会存留下些什么呢？

你在创业的过程中，必须重视的一系列问题是：我是谁？我想做什么？我适合做什么？我擅长做什么？我有什么资源？我在压力来临的时候到底能有多大的承受能力？我想得到的究竟是什么……

### 5. 选地域

作为一个创业者而言，地域很重要。大到开办工厂要考虑原料、市场、人工、地价，小到办个小吃店，选址都要考虑人流多少、档次和规模。

（一）

小张曾经开过一个网吧，选址时花了很多心思。小张选的地方在北沙滩桥附近，周围有 8 个民办高校，已经在当地开办的 3 个网吧个个火爆，从总量来看也远远没有饱和。他把场所选在了二楼，一楼是个舞厅和一个饭店。饭店价格便宜、饭菜可口，可以给上网的人提供质优价廉的服务，小张能抽 15% 的佣金。网吧开办以来每日爆满，二楼还有一个天台，小张放了一台背投免费放映 VCD,每天都有 20 多个排队上网的人一边看 VCD 一边等着上网。想上网的最怕网吧人满了白跑,又要换地方再去另外一家,这个免费放映 VCD 的天台,在很大程度上争取了客流。

(二)

小赵同学的父亲承包了一个 2000 平方米的商场,生意怎么也做不起来,请小赵去参谋。小赵看了之后告诉他,坏就坏在门口的 7 棵树上了。他说,树很好啊,绿化也好,夏天给消费者乘凉也好,但是他忽视了这 7 棵树让他的商场没法"开面",这 7 棵树让消费者觉得商场地址很背,后来想方设法砍了这 7 棵树,销售额当月就提高了 20%。

现在,你客观上存在着一个地域的限制,你需要仔细思考你所在的那个地区适合做什么,你那个地区最需要什么,什么行业在你那个地区会有发展,这个行业在你那儿的发展空间究竟有多大,你注意到这些问题了吗?

#### 6. 选时机

凡·高是先知,他的画超出了他的时代,所以毕生都不被社会接受,直到他死后多年,他的画成为世界上最珍贵的宝物——这是领先时代太多的结果。德国坦克群冲向波兰首都的时候,受到的攻击来自于挥舞着马刀的骑兵,波兰骑兵很快就覆灭了——这是落后时代太多的结果。所以,看准了时机就大胆上吧。所谓时机,有时候只是一分钟的犹豫,只是一小时的耽搁,只是一天的徘徊。

今日之中国,乃是创业者的中国,无限的机遇召唤着我们去拼搏,无数的陷阱也警示着我们要慎重。

### 9.3.3 创业项目的评估

在你已经选择了创业项目并有了创办企业的构思后,你还需要对它进行检验。你需要知道它是否可行,是否能使你的企业具有竞争力和赢利能力。通过对构思的筛选,形成创业者值得开发的项目。但这些项目还需要进一步进行评估,最后才能决定选择一个最合适的创业项目。

测试创业构思的有效方法是进行 SWOT 分析,即对企业的长处、弱点、机会、威胁进行分析。

#### 1. 什么是 SWOT 分析

SWOT 是长处(Strength)、弱点(Weakness)、机会(Opportunity)和威胁(Threat)四个英文单词的首字母拼写。进行 SWOT 分析时,要考虑你自己的企业,并写下所有的长处、弱点、机会和威胁。

(1) 研究长处和弱点,是分析你的企业内部可改变的因素

长处指你的企业的优势所在。例如,你的产品比竞争对手的好;你的商店位置非常有利;你的员工技术水平很高。

弱点指你的企业的劣势所在。例如,你的产品比竞争对手的贵;你没有足够的资金按自己的愿望做广告;你无法像竞争对手那样提供综合性的系列服务。

(2) 关于机会和威胁,是你了解企业外部无法影响的因素

机会指周边地区存在的对企业有利的事情。例如,你想制作的产品越来越流行;附近没有和你类似的商店;潜在顾客的数量将上升,因为许多新企业正在向这个地区迁移。

威胁指周边地区存在的对你企业不利的事情。例如，在这个地区有生产同样产品的其他企业；原材料价格上涨将导致你的产品成本提高；或者你不知道你的产品还能流行多久。

### 2. SWOT 分析的结果

当你做完 SWOT 分析，你应该能评估你的创业构思，并做出决定：坚持自己的创业想法并进行全面的可行性研究；修改原来的创业构思或完全放弃这个创业构思。

请记住：你必须运用 SWOT 分析法对你的创业构思进行独立分析，并独立做出判断(决策)。

在评价创业项目时，应考虑以下几个主要因素。

(1) 盈利时间

有价值的创业机会可能是项目在两年内盈亏平衡或者取得正现金流。如果取得盈亏平衡和正现金流的时间超过 3 年，那对于创业者的要求就高了，因为大多数创业者支撑不了这么长的时间，其他的投资者和合作伙伴也没有这么长时间的耐心，这种创业机会的吸引力就大大降低了。除非有其他方面的重大利好，一般要求创业机会具有较短的获得盈利时间。

(2) 市场规模

所选择的项目最好是大规模和成长型的市场，即获得很小的市场份额，就可以产生极大的、持续增长的销售量市场。要明确回答以下问题：我能得到多大的市场份额？可能的营业额有多少？可能获得多少毛利？该项目的市场寿命周期有多久？在新竞争者进入之前有多长时间可以利用？等等。

一般而言，理想的毛利率是 40%。当毛利率低于 20%的时候，创业机会就不值得考虑。

(3) 资金额需要量

要有效地开发这个项目需要多少投资，是否有能力筹集所需资金。大多数有较大潜力的创业机会需要相当大数量的资金来启动，只需少量或者不需要资金的创业机会是极其罕见的。如果需要过多的资金，这样的创业机会就缺乏吸引力。有着较少或者中等程度的资金需要量的创业机会是比较有价值的，创业者需要根据自身的资金实力和可以动用的资源来评价创业机会，超出能力范围的不应考虑。

(4) 投资收益

创业的目标就是要获得收益，这要求创业机会能够有合理的盈利能力，包括较高的毛利率和市场增长率。毛利率高说明创业项目的获利能力强，市场增长率表明了市场的发展潜力，使得投资的回报增加。这一创业项目能带来多少利润？投资回报率比投资国债或购买企业债券所获利息率高多少？需要多长时间才能收回本钱？该项目的机会成本是多少？

考虑到创业可能面临的各项风险，合理的投资回报率应该在 25%以上。一般而言，15%以下的投资回报率，是不值得考虑的创业机会。

(5) 退出机制

所有投资的目的都在于回收，因此退出机制与策略就成为一项评估创业项目的重要指标。企业的价值一般也要由具有客观鉴价能力的交易市场来决定，而这种交易机制的完善程度也会影响新企业退出机制的弹性。由于退出的难度普遍要高于进入，所以一个具有吸引力的创业项目应该要为所有投资者考虑退出机制及退出的策略规划。

通过本章学习，我们知道，正确选择合适的创业项目，是创业成功最重要的基础。每一位创业者对创业项目的选择都应抱以谨慎的态度，要按照自身的条件、技术、经验、资金实力等实际情况，对各类项目加以甄选。选择创业项目一般应在一定的原则指导下，根据创业项目的选择条件和程序要求，发现商机，确定创业项目，并检验你的创业构思是否可行。

知识链接

## 新创业者不宜进入的行业和项目

虽然针对创业机会提出许多评估准则，但由于创业本身就是一件具有高度风险的活动，没有一个创业机会是完美的，因此是否决定投入创业，仍然是一件比较主观的决策。其主要还是由创业者根据自己的自身条件、项目的效益与风险平衡以及外部环境状况等因素综合考虑后做出相对比较理性的选择。

以下为新创业者不宜进入的行业和项目：

(1) 竞争已结构化的行业：领导者、挑战者、追随者层次明确，这类行业不宜进入，除非有独到的优势。

(2) 竞争已泛化的行业，如价格、式样、质量、服务、品牌等全方位竞争。

(3) 纵向一体化程度较高的产业。

(4) 投资额巨大的项目，如保险、航空运输、道路建设项目、机场建设项目。

(5) 该行业存在较大程度的规模经济的现象。

此外，产品的差别化和产品的信誉已经形成，顾客的转换成本较高，销售渠道已被现有企业掌握，原有企业可能会有打击行为或有联合打击新加入者历史的行业等也不宜进入，或应谨慎进入。

## 较好商业机会的特征

(1) 在前景市场中，前5年的市场需求稳步又快速增长。不难设想，如果某个商业机会的市场需求不能稳步而快速增长，新创企业将不可能驻足于足够大的盈利空间之中，也就不可能迅速成长起来，在激烈的市场竞争中，新创企业无疑会纷纷落马，这对创业者是极为不利的。

(2) 创业者能够获得利用特定商业机会所需的关键资源。这里所称的资源，包括利用特定商业机会所需的技术资源、资本资源、财力资源、资讯资源、公共关系资源等。

(3) 创业者不会被锁定在“刚性的创业路径”上，而是可以中途校正自己的创业路径。市场千变万化，科技日新月异，政府政策不断调整，创业者需要根据这些变化不断调整自己的“创业路径”。创业路径，即创业的战略思路、组织结构、运营策略、市场技巧、技术路线等。如果创业者利用特定商业机会的创业路径是不可调整的，无论是主观的原因，还是客观的原因，创业者都不可能真正抓住和利用相应的商业机会。

(4) 创业者可以通过创造市场需求来创造新的利润空间，牟取额外的企业利润。市场是可创造的；企业要占领市场、获取利润，往往需要靠自己去创造新的市场需求。

(5) 特定商业机会的风险是明朗的，至少有部分创业者能够承受该机会的风险。在风险面前无所作为，是创业的大忌之一。然而，如果某一商业机会的风险不明朗，无法搞清风险的具体来源及其结构，那么创业者就无法把握风险、规避风险或抑制风险，就无法降低风险损失、提高风险收益。

## 创业者信息收集渠道

对于创业者来说，可从以下几个主要渠道收集信息。

(1) 互联网上。利用 Google、百度等搜索引擎输入你需要的信息的关键词，将会得到很多你想要的信息；在互联网上，还有各行各业的行业信息、商家(厂)信息，有博客、网站等都可以找到各种信息。

(2) 统计部门与各级各类政府主管部门公布的有关资料。国家统计局和各地方统计局都定期发布统计公报等信息，并定期出版各类统计年鉴，内容包括全国人口总国民收入、居民购买力水平等，这些均是很有权威和价值的信息。这些信息都具有综合性强、辐射面广的特点。

(3) 各种经济信息中心、专业信息咨询机构、各行业协会和联合会提供的市场信息和有关行业情报。这些机构的信息系统资料齐全，信息灵敏度高，为了满足各类用户的需要，他们通常还提供资料的代购、咨询、检索和定向服务，是获取资料的重要来源。

(4) 国内外有关的书籍、报刊、杂志所提供的文献资料，包括各种统计资料、广告资料、市场行情和各种预测资料等。

(5) 有关生产和经营机构提供的商品目录、广告说明书、专利资料及商品价目表等。

(6) 各地电台、电视台提供的有关市场信息。近年来全国各地的电台和电视台为适应市场经营形势发展的需要，都相继开设了市场信息、经济博览等以传播经济、市场信息为主导的专题节目及各类广告。

(7) 各种国际组织、外国使馆、商会所提供的国际市场信息。

(8) 国内外各种博览会、展销会、交易会、订货会等促销会议以及专业性、学术性经验交流会议上所发放的文件和材料。

## 9.4 思考与练习

1. 如何选择适合自己的创业项目？
2. 市场调查对创业的现实意义有哪些？
3. 创业商机如何把握？
4. 你有清晰的创业思路吗？实现的可能性有多大？
5. 案例讨论。

**梁伯强的指甲钳**

梁伯强，广东中山圣雅伦公司总经理，中国“隐形冠军”形象代言人。这位被誉为“指甲钳大王”的梁伯强，决定生产指甲钳却是因为朱镕基总理的一句话。1998 年年底，梁伯强在看报纸时发现了一条新闻，这篇名为《话说指甲钳》的文章让他的命运从此改变。文章写道，当时的朱镕基总理在参加一次会议时讲道：“要盯住市场缺口找出路，比如指甲钳子，我没用过一个好的指甲钳子，我们生产的指甲钳子，剪了两天就剪不动指甲了，使大劲也剪不断。”朱镕基总理以小小的指甲钳为例，要求轻工企业努力提高产品质量，开发新产品。梁伯强从这一句话中发现了指甲钳的商机。

梁伯强调查发现指甲钳每年的产值达到了 60 多亿元人民币，韩国只有 5 家工厂，他们居然占了 20 亿元的产值。但在中国，据在册登记摸底就 500 多家企业，营业额才在 20 亿元左右。那么从数量来对比,韩国 5 家主要企业加上 10 来家配套企业就可以和中国的 500 多家企业打个平手,这种反差令梁伯强非常惊讶。

梁伯强对全国市场进行考察后意外地发现,很多生产指甲钳的工厂都倒闭了,如果中国真有 20 亿元的市场份额,为什么几个大厂会倒闭呢?一方面,商场零售都被外国品牌占据,国内老厂不断倒闭;另一方面,批发市场群雄逐鹿,热火朝天。抱着试试看的态度,梁伯强生产出第一批指甲钳,没想到,产品还没正式面世,就有几千万元的订单找上门。

小组讨论,并尝试回答下列问题:

(1) 试分析本案例中指甲钳市场的特点。

(2) 你认为小小的指甲钳上潜藏着哪些商机。

(3) 你认为发现商机需要创业者具备哪些素质和敏感度。

(4) 你认为本案例中的指甲钳市场存在着哪些风险。

(5) 如果你想在某领域创业,试评估你所发现的商业机会。

# 第 10 章 大学生创业可能遇到的风险

创业意味着风险，所有创业的人都会承受一定的风险，关键是谁能通过风险。这犹如古代神话中所讲述的，如果您要拿到山上的宝葫芦，您就要通过多少关，打败多少妖怪。在穿越风险的过程中，有的人积累了知识，有的人积累了经验，但我认为更重要的是积累了心理的素质。

——零点调查集团董事长　袁岳

**学习目标**

(1) 了解创业风险的概念及分类，了解识别创业风险的途径与方法。

(2) 理解创业风险评价的内容、原则和方法。

(3) 了解风险监控的重要性，掌握应对风险的方法与策略。

**案例导入**

**创业反思录**

"大学生创业需要激情，但更需要技巧和韧性。"提起大学时期的创业经历，毕业一年的小于感慨万千。作为大学生创业大军中的一员，他和室友携手开办的酒店，在创造了短暂的辉煌之后迅速泯灭。

回头反省创业失败的原因，目前已在某公司工作的小于总结说，眼高手低、脱离市场、忽略细节、缺乏韧性，几乎是多数大学生创业者的通病。

1. 高价盘下店面

眼看着大学生活即将结束，而工作仍无着落，小于和同寝室两个朋友一合计，决定携手创业开酒店。三人盘下学校附近的一个酒店，转让费和一年的房租近4万元，装修近3万元，添置冰箱、锅碗瓢盆等基础设施2万元，2名厨师和7名杂工、服务员的工资就达到1万多元，加上万余元的流动资金，三人前后共投入11万元。"现在想想，其实很多东西可以买二手的，价格会低很多。"小于直言，当初投入成本较高。

开业之初，店里就推出了全场八折的优惠活动，男士就餐送一瓶啤酒，再加上"干锅手撕鸡"、"火焰排骨"等特色菜可口，酒店经营迅速走上正轨。连续两个多月，小店每天的毛利近3000元。

2. 没有控制成本

看着酒店生意日渐红火，朋友们纷纷前来祝贺，免费招待的客餐几乎天天都有。虽然大家都知道此举会增加成本，依然碍于面子硬撑。

此外，酒店每天的原料都由大厨按实际需求，就近到酒店旁的菜市场购买。这样做的缺陷是，菜市场的价格比大市场的批发价高很多，加上厨房的配菜工是新手，配菜、洗菜时“丢头”也很大。这样一来，成本很难降下来。

3. 经营出现分歧

随着客流量加大，两个炉灶明显不够用，但厨房空间有限，要增加炉灶就必须对厨房进行较大改造。

对此，三个合伙人意见不同，有人认为不加炉灶会影响服务质量，等待的客人会因此流失；有人认为上菜速度稍慢没关系，来客爆满排队反而更吸引顾客。考虑到工程较大，炉灶最终没有增加。渐渐的，由于不满上菜速度，就餐客人越来越少。

4. 无奈亏本转让

眼看生意渐差，三人开始相互抱怨，争吵日渐频繁。员工们见此，工作也日渐涣散，服务态度变差。酒店勉强维持到7月份学校开始放暑假时，已没多少生意。无奈之下，三人决定将门面转让。

原先在门面上的投资近9万元，经过几个月与下家的交涉，最终仅以5万元低价转让出去，光这一笔就损失惨重。“大学生选择创业之前，一定要充分了解市场行情，做足心理准备。”小于告诫初创业者，如果采取合伙经营，对合作伙伴的选择必须慎重，经营理念一致是前提条件，否则很难成功。

小于三人的创业经历提示我们：大学生的创业之路必然存在着不可预知的风险。

## 10.1 创业风险概述

### 10.1.1 风险概述

#### 1. 风险的概念

《现代汉语词典》把风险定义为“可能发生的危险”；《韦伯字典》中将风险定义为遭到伤害或损失的可能性；美国 Cooper D. F. 和 Chapman C. B. 在《大项目风险分析》一书中给出了较权威的定义：“风险是由于从事某项特定活动过程中存在的不确定性而产生的经济或财务的损失，自然破坏或损伤的可能性。”因此，风险是指由于环境的不确定性、客体的复杂性、主体的能力与实力的有限性，而导致某一事项或活动偏离预期目标的可能性。

在现实生活中，人们要对各种各样的事情做出决策，而决策往往带有一定的风险。一些研究指出，决策风险主要与三个方面的因素有关：决策后果的种类、后果的严重程度和各种后果发生的概率。一般而言，决策后果的种类越多，后果的严重程度越大，后果发生的概率越大，相应的风险水平就越大。

#### 2. 风险的基本特征

(1) 风险存在的时间性。风险无时没有，时间是导致风险的主要因素，只有当人们在某一时点上观测未来发生的事件时才存在风险。这是由于在未来发生的事件会因客观不确定性而导致与时间有关的客观信息表现不充分，以及因主观不确定性而使观测者对已存在的客观信息不能准确把握，不能正确运用，从而形成风险。因此说，在某一时点上对过去已发生的事件的观测是不存在风险的。

(2) 风险存在的客观性。风险是客观存在的，无法避免和消除。人们通常所说的回避风险、消除风险有两重含义：一是改变或消除所从事的活动，由于对象改变了，风险也就自然不同了；二是指将风险所造成的经济损失通过各种经济的、技术的手段进行转移或扩散。

(3) 风险的可测性。如果一项风险事件可以反复，则可以预测其风险会随着可反复次数的增加而递减。就概率性风险事件而言，如果活动可以反复，则整体的标准差会随着反复的次数而递减。极端地说，当反复次数为无穷大时，按照大数定理，其风险将趋近于零。就不确定性风险事件而言，反复次数的增加会导致对该事件的有效信息量的增加，进而根据风险性质，使风险减小。

(4) 具体风险发生的偶然性。客观世界在运动过程中充满着大量的不确定性，带来风险的各种因素，无论来自自然界、人类社会还是经济主体的决策，无不处于复杂的变动之中，在这种情况下，其结果自然呈现出千变万化的态势。风险对于具体的生产销售者而言，具有偶然性，既可能遇到，也可能不会遇到。在不确定性风险中，风险的大小与事件的变化范围大小有关；在概率性风险中，风险的大小与分布的离散度有关。在不确定性风险中，事件的结果变动范围越大，不确定性程度会越高，人们对该事件的结果估计会越困难，导致预测不准的程度及时间的偏差加大；在概率风险中，风险分布的离散程度越高，说明风险越大。如在投资风险中，投资风险的大小与其投资收益率的标准差有关。

### 3. 风险的分类

风险可以从不同角度、根据不同的标准来分类。

(1) 按风险来源划分，可分为自然风险和人为风险

自然风险，是指由于自然力的作用而导致发生损失的可能性，如地震、火灾、台风、海啸等人力不可抗拒因素所导致的损失。人为风险，是指造成物质毁损和人员伤亡的直接作用力与人的活动有关的风险，其中包括行为风险、经济风险、政治风险和技术风险。

(2) 按风险后果划分，可分为纯粹风险和投机风险

纯粹风险，是指只有损失可能而无获利机会的风险，即造成损害可能性的风险。其所导致的结果有两种，即损失和无损失。例如交通事故只有可能给人民的生命财产带来危害，而绝不会有利益可得。在现实生活中，纯粹风险是普遍存在的，如水灾、火灾、疾病、意外事故等都可能导致巨大损害。但是，这种灾害事故何时发生，损害后果多大，往往无法事先确定，于是，它就成为保险的主要对象。人们通常所称的“危险”，也就是指这种纯粹风险。

投机风险，是指既可能造成损害，也可能产生收益的风险，其所导致的结果有 3 种：损失、无损失和盈利。例如，有价证券，证券价格的下跌可使投资者蒙受损失，证券价格不变无损失，但是证券价格的上涨却可使投资者获得利益。还如赌博、市场风险等，这种风险都带有一定的诱惑性，可以促使某些人为了获利而甘冒这种风险。在保险业务中，投机风险一般是不能列入可保风险之列的。

(3) 按决策主体的角度划分，可分为系统风险和非系统风险

系统风险源于公司或企业之外，如战争、经济衰退、通货膨胀、高利率等与政治、经济和社会性联系的风险，不能通过多角度投资而分散，因而又称为不可分散风险或市场风险。非系统风险则源于公司或企业本身的商业活动和财务活动，如企业的管理水平、研究与开发、广告推销活动等，其可以通过多角度投资组合而分散，因而又称为可分散风险或公司特有风险。

(4) 按风险是否可管理划分，可分为可管理风险和不可管理风险

可管理风险是指由人为因素造成的，在一定程度上可以预测和可以控制或部分控制的风

险，它主要指人们对此类风险的运行规律已有较多的了解并能较好地把握，或者随着科学技术的发展，人们对此已找到相应的有效方法进行预测和控制。

不可管理风险是指人们自身无法左右和控制的风险，它主要指人们仅仅依靠自身的力量不能预防、抵御和较难进行管理的风险。这类风险大多为突发的、难以预测的自然风险和社会风险。

(5) 按可影响范围划分，可分为特定风险和基本风险

特定风险是指与特定的人有因果关系的风险，即由特定的人所引起，而且损失仅涉及个人的风险。例如，盗窃、火灾等属于特定风险。

基本风险是指其损害波及社会的风险。基本风险的起因及影响都不与特定的人有关，至少是个人所不能阻止的风险。例如，与社会或政治有关的风险，与自然灾害有关的风险，都属于基本风险。

特定风险和基本风险的界限，对某些风险来说，会因时代背景和人们的观念的改变而有所不同。例如，失业在过去是特定风险，而现在是基本风险。

(6) 从形态上划分，风险可以分为静态风险和动态风险

静态风险是指由于自然力的不规则作用和人们的错误判断、错误行为等而导致的风险。如火灾、疾病、人身伤害、车祸等，对当事人来说，静态风险有的可以回避，有的则不能回避。

动态风险主要是指以社会或经济结构变动为直接原因的风险，如生产技术、股市行情、产业结构等因素变化带来的风险。对经济单位来说，动态风险就是投机风险。

(7) 按风险损害的对象划分，可分为财产风险、人身风险、责任风险、信用风险

财产风险是导致财产发生毁损、灭失和贬值的风险。例如，房屋有遭受火灾、地震的风险，机动车有发生车祸的风险，财产价值因经济因素有贬值的风险。

人身风险是指因生、老、病、死、残等原因而导致经济损失的风险。例如，因为年老而丧失劳动能力或由于疾病、伤残、死亡、失业等导致个人、家庭经济收入减少，造成经济困难。生、老、病、死虽然是人生的必然现象，但在何时发生并不确定，一旦发生，将给其本人或家属在精神和经济生活上造成困难。

责任风险是指因侵权或违约，依法对他人遭受的人身伤亡或财产损失应负的赔偿责任的风险。例如，汽车撞伤了行人，如果属于驾驶员的过失，那么按照法律责任规定，就须对受害人或家属给付赔偿金。又如，根据合同、法律规定，雇主对其雇员在从事工作范围内的活动中造成的身体伤害承担经济给付责任。

信用风险是指在经济交往中，权利人与义务人之间犯罪而造成对方经济损失的风险。

### 10.1.2 创业风险的定义与特征

**一个农夫的故事**

有个农夫，庄稼种得好，村里人都夸他聪明，说他做生意一定能发财。农夫的心一痒，和妻子商量要做生意。妻子知道他不是做生意的料，就劝他打消念头。但劝说无用，妻子就说，做生意总得有本钱吧，你明天牵一只羊和一头驴进城去换点本钱吧。第二天，农夫高兴地上路了。妻子找来了三个人偷偷地跟在他的身后。农夫贪睡，第一个人乘农夫打盹之际，把羊牵走

了。不久，农夫发现羊不见了，急忙寻找。这时第二个人走过来，问他找什么。农夫说羊被人偷走了，问他看见没有。第二个人说看见一个人牵着一只羊刚从林子中走过，快去追吧。农夫急着去追羊，把驴交给这位"好心人"看管。等他两手空空地回来时，驴与"好心人"都没了踪影。农夫伤心极了，边走边哭。当他来到一个水池边时，却发现一个人坐在水池边，哭得比他还伤心。农夫很奇怪，就问那人哭什么。那人说，他带着一袋金币去买东西，走到水边洗脸时，不小心把袋子掉进水里了。农夫说，那你赶快下去捞呀。那人说自己不会游泳，如果农夫给他捞上来，愿意送给他 20 个金币。农夫一听喜出望外，连忙脱光衣服跳下水去。当他空着手从水里爬上岸时，他的衣服、干粮也不见了。当农夫回到家，惊奇地发现羊和驴竟然还在家中，他的妻子说："没出事时麻痹大意，出现意外后惊慌失措，造成损失后急于弥补。你连这些基本的风险都预料不到，又怎么能在商海里征战呢？"

### 1. 创业风险的定义

所谓创业风险是指由于创业环境的不确定性，创业机会与创业企业的复杂性，创业者、创业团队与创业投资者的能力与实力的有限性，创业活动偏离预期目标的可能性及后果。

一位成功的创业者曾说过，创业时要从最坏的结果打算，你能承担多大的损失，支撑多长的时间，如何应对创业瓶颈阶段，如何应对风险，这些才是最重要的。

要创业就一定要在风险与收益之间进行抉择与权衡，不能为了收益而不顾风险的大小，也不能因害怕风险而失去了目标。在明确认识了风险之后，创业者就要认真地分析自己创业过程中可能会遇到哪些风险，这些可能的风险中哪些是可以控制的，哪些是不可控制的，哪些是需要极力避免的，哪些是致命的或不可管理的，一旦这些风险出现，你应该如何应对和化解呢？

### 2. 创业风险的特征

(1) 创业风险的客观存在性。像地震、台风、洪水、瘟疫、意外事故的发生等，都不以人的意志为转移，它们是独立于人的意识之外的客观现象。人们只能在一定的时间和空间内改变风险存在和发生的条件，降低风险发生的频率和损失程度，而不能彻底消除风险。客观性要求我们正视创业风险，并积极对待创业风险。

(2) 创业风险的不确定性。影响创业的各种因素是不断变化、难以预测的，这就造成了创业风险的不确定性。这种不确定性是风险的本质，但这种不确定性并不是指对客观事物的全然无知。人们可以根据以往发生的一系列类似事件的统计资料，经过分析，对某种投资风险发生的频率及造成的经济损失程度做出主观上的判断，从而对可能发生的风险进行预测和衡量。风险的测量过程就是对风险的分析过程。它对风险的控制与防范、决策与管理具有举足轻重的影响。

(3) 创业风险的损益双重性。如果能正确认识并充分利用风险，反而会使收益有很大程度的增加。例如，开发一个房地产项目，若预期收益很大，那么风险也必定大，如果形势不好，极有可能发生亏损。若形势转为有利，收益也会大为增加，这就是损益的双重性。风险结果的双重性说明对待风险不应该消极地预防，更不应该惧怕，而是要将风险当作一种经营机会，敢于承担风险，并在同风险斗争中战胜风险。

(4) 创业风险的相关性。相关性是指投资者面临的风险与其投资行为及决策是紧密相连的。同一风险事件对不同的投资者会产生不同的风险，同一投资者由于其决策或采用的策略不同，会面临不同的风险结果。

实质上,风险空间是由决策空间和状态空间结合而成的。状态空间是客观必然,人们无法自由选择;而决策空间是人们根据状态空间自主选择的结果,决策正确与否,直接影响人们面临的风险及其程度。

(5) 创业风险的可变性。风险在一定条件下是可以转化的。这种转化包括:①风险量的变化;随着人们风险意识的增强和风险管理方法的完善,某些风险在一定程度上可以控制,其发生频率和损失程度可降低;②某些风险在一定的空间和时间范围内被消除;③新的风险产生。

(6) 创业风险的可测性。个别风险的发生是偶然的,不可预知的,但通过对大量风险事件的观察,则可以发现其规律。根据大量资料,利用概率和数理统计的方法可测算风险事故发生的概率及损失程度,并构造出损失分布模型,作为风险估测的基础。

### 10.1.3 创业风险的识别

#### 1. 创业风险的识别

既然创业风险是创业过程中不可避免的现象,那么,直面风险并化解之,将是创业者在创业过程中的重要任务。

所谓创业风险识别,是指创业者依据企业活动,对创业企业面对的现实及潜在风险,运用各种方法加以判断、归类并鉴定风险性质的过程。应该说风险识别是管理一切风险的基础。

(1) 培养并树立风险识别的基本理念

作为创业者,应该正确树立识别企业风险的基本理念,主要应具备以下意识:①有备无患的意识;②未雨绸缪的观念;③持之以恒的思想;④实事求是的精神。

(2) 学会掌握风险识别的基本途径

创业风险的识别途径,重点应从创业风险的来源入手,即从自然因素和人为因素两大方面入手。

① 自然因素。如在地震多发区、台风多发区和炎热地区,这些自然因素与企业的选址、项目都有着密切关系;又如对许多行业来说,必须注意影响原材料供应的矿产、能源、农产品及交通问题。

② 人为因素。主要应了解企业周边的营运环境以及一个国家或地区的政经制度、法律政策、民情民俗以及创业者管理者自身因素等。

#### 2. 了解识别风险的方法和步骤

在风险识别以后,就必须进行风险评估,这需要一定的专业知识,必须根据不同性质与条件,按照一定的途径,运用一定的方法或者借助一定的工具来实施。

(1) 基本方法

一般而言,风险识别的方法包括:信息源调查法、数据对照法、资产损失分析法、环境扫描法、风险树分析法、情境分析法及风险清单法,有能力的企业也可以自行设计识别的方法,如专家调查法、流程图分析法、财务报表分析法及 SWOT 分析法等。

(2) 实施步骤

① 信息收集。首先,通过调查、问询及现场考察等途径获得信息;其次需要敏锐的观察和科学的分析对各类数据及现象做出处理。

② 风险识别。根据信息的分析结果，确定风险或潜在风险的范围。

③ 重点评估。根据量化结果，运用定量分析、假设和模拟等方法，进行风险影响评估预计可能发生的后果，提出方案选择。

④ 拟订计划。提出处理风险的方法和行动方案。

(3) 实施中要注意的问题

① 信息收集要全面。收集信息可以通过两个途径，一是内部积累或者专人负责，二是借助外部专业机构的力量。后者可获得足够多的信息资料，有助于较全面、较好地识别面临的潜在风险。

② 因素罗列要全面。根据企业在运营过程中可能遇到的风险，逐步找出一级风险因素，然后再进行细化，延伸到二级风险因素，再延伸到三级风险因素。如管理风险属于一级风险因素，管理者素质属于二级风险因素。

③ 最终分析要进行综合，既要定性分析，也要定量分析。

## 10.2 创业风险的来源与类型

### 10.2.1 创业风险的来源

#### 1. 资金

来自资金方面的风险会在创业初期一直伴随在创业者的左右。是否有足够的资金创办企业是创业者遇到的第一个问题，企业创办起来之后，能否有足够的资金支持企业的日常运作也是一个重要的问题。对于初创企业来说，如果几个月内连续地入不敷出或者其他的原因导致企业的现金流中断，都会给创业者带来极大的威胁。

#### 2. 竞争

如果创业者所选择的是一个竞争非常激烈的行业，那么在创业之初极有可能会受到业内同行的强烈排挤。一些行业内的大企业为了能把同行中的小企业吞并或挤垮，常会采用低价销售的手段。对于大企业来说，由于规模效益或实力雄厚，降价并不会在短时间内对它造成致命伤害，而对初创企业来说，低价则可能意味着彻底的毁灭。因此，考虑好如何应对来自同行的残酷竞争是创业者生存的必要准备。

#### 3. 团队的分歧

创业企业大多是弱小的，它们在诞生或成长过程中最主要的力量来源一般都是创业团队，一个优秀的创业团队能让创业企业迅速地发展起来。但与此同时，风险也就蕴含在其中，团队的力量越大，产生的风险也就越大。一旦创业团队的核心成员在某些问题上产生分歧而不能达到统一时，极有可能会对企业造成强烈的冲击。

#### 4. 业务骨干

有些生产或经营性企业需要面向市场，大量的高素质的业务员队伍是这类企业成长的重要基础。如何防止业务员的流失应该是创业者时刻注意的问题。而对那些依靠某种技术或专利创业的企业而言，拥有或掌握这一关键技术的业务骨干的流失则更是创业失败的主要风险源。

### 5. 核心竞争力的缺乏

对于那些有雄心的创业者来说，他们的目标是使企业不断地发展壮大，因此企业是否具有自己的核心竞争力就是最主要的风险。一个依赖别人的产品或市场来打天下的企业是永远不会成长为优秀企业的。核心竞争力在创业之初可能不是最重要的问题，但要谋求长远的发展，就是最不可忽视的问题了，没有核心竞争力的企业终究会被淘汰出局。

## 10.2.2 创业风险的类型

按照不同划分方法创业风险可分为以下几类。

### 1. 按风险来源的主客观性划分，可分为主观创业风险和客观创业风险

主观创业风险，是指在创业阶段，由于创业者的身体与心理素质等主观方面的因素导致创业失败的可能性。客观创业风险，是指在创业阶段，由于客观因素导致创业失败的可能性，如市场的变动、政策的变化、竞争对手的出现、创业资金缺乏等。

### 2. 按创业风险的内容划分，可分为技术风险、市场风险、政治风险、管理风险、生产风险和经济风险

技术风险，是指由于技术方面的因素及其变化的不确定性而导致创业失败的可能性。市场风险，是指由于市场情况的不确定性导致创业者或创业企业损失的可能性。政治风险，是指由于战争、国际关系变化或有关国家政权更迭、政策改变而导致创业者或企业蒙受损失的可能性。管理风险，是指因创业企业管理不善产生的风险。生产风险，是指创业企业提供的产品或服务从小批试制到大批生产的风险。经济风险，是指由于宏观经济环境发生大幅度被动或调整而使创业者或创业投资者蒙受损失的风险。

### 3. 按风险对所投入资金即创业投资的影响程度划分，可分为安全性风险、收益性风险和流动性风险

创业投资的投资方包括专业投资者与投入自身财产的创业者。安全性风险，是指从创业投资的安全性角度来看，不仅预期实际收益有损失的可能，而且专业投资者与创业者自身投入的其他财产也可能蒙受损失，即投资方不会蒙受损失，但预期实际收益有损失的可能性。流动性风险，是指投资方的资本、其他财产以及预期实际收益不会蒙受损失，但资金有可能不能按期转移或支付，造成资金运营的停滞，使投资方蒙受损失的可能性。

### 4. 按创业过程划分，可分为机会的识别与评估风险、准备与撰写创业计划风险、确定并获取创业资源风险和新创企业管理风险

创业活动须经历一定的过程，一般而言，可将创业过程分为四个主要阶段：机会的识别与评估；准备与撰写创业计划；确定并获取创业资源；新创企业管理。这四个阶段都有风险。

(1) 机会的识别与评估风险，是指在机会的识别与评估过程中，由于各种主客观因素，如信息获取量不足，把握不准确或推理偏误等使创业一开始就面临方向错误的风险。另外，机会

风险的存在，即由于创业而放弃了原有的职业所面临的机会成本风险，也是该阶段存在的风险之一。

(2) 准备与撰写创业计划风险，指创业计划的准备与撰写过程带来的风险。创业计划往往是创业投资者决定是否投资的依据，因此创业计划是否合适将对具体的创业产生影响。创业计划制订过程中各种不确定性因素与制订者自身能力的限制，也会给创业活动带来风险。

(3) 确定并获取创业资源风险，指由于存在资源缺口，无法获得所需的关键资源，或即使可获得，但获得的成本较高，从而给创业活动带来一定风险。

(4) 新创企业管理风险，主要包括管理方式，企业文化的选取与创建，发展战略的制定，组织、技术、营销等各方面管理中存在的风险。

### 5. 按创业与市场和技术的关系划分，可分为改良型风险、杠杆型风险、跨越型风险和激进型风险

改良型风险，是指利用现有的市场、现有的技术进行创业所存在的风险。这种创业风险最低，经济回报有限，即风险虽低，但要想生存和发展，获取较高的经济回报也比较困难，一方面会遭遇已有市场竞争者的排斥或进入壁垒的限制。另一方面即便进入，想要占有一定的市场份额非常困难。杠杆型风险，是指利用新的市场、现有的技术进行创业存在的风险。该风险稍高，对一个全球性公司来说，这种风险往往是地理上的，常见于挖掘未开辟的市场，如彩电行业，利用原有技术进入农村市场。跨越型风险，是指利用现有市场、新的技术进行创业存在的风险。该风险稍高，主要体现在创新技术的应用方面，往往反映了技术的替代，是一种较常见的情况，常见于企业的二次创业，领先者可获得一定的竞争优势，但模仿者很快就会跟上。激进型风险，是指利用新的市场、新的技术进行创业存在的风险。该风险最大，如果市场很大，可能会带来巨大的机会。对于第一个行动者而言，其优势在于竞争风险较低，但是知识产权保护力度很弱，市场需求不确定、要确定产品性能有很大的风险。

其中具体的有如下几个方面。

(1) 机会风险

当一个人选择了创业时，就意味着放弃了原来的职业或丧失了其他的选择机会，这就是机会成本的风险。尤其是对于目前具有稳定工作、良好福利的人们来讲，机会成本的风险更大。一个人抛弃现有的一切去开始创业，成功了就有自己的事业，可以实现自己的理想；失败则不仅失去了原有的福利待遇和资历，随着年龄的增长还会减少新的机遇。因此，这种风险值得每个创业者认真考虑。如果当时机来临，技术领先，市场成熟时，就要痛下决心，果断出击，实施创业。如果机会不合适，自身尚未准备好，就可以在正常工作之余多加留心，学习创业的知识和经验，切不可勉强，仓促上马。

(2) 市场风险

所谓市场风险是指在经济活动中面临的盈利或亏损的可能性。

① 市场的类型很多。有处于萌芽时期的早期市场、快速成长中的主流市场、处于完全竞争中的成熟市场。创业者要考虑哪一种类型的市场适合自己创业。但不同类型的市场具有不同的特点，面临的风险也截然不同。主流的市场和成熟的市场在不确定性这方面风险低，市场需求相当明确，但竞争者多，先行进入者已经稳居市场优势。早期市场竞争者非常少，但市场前景的不确定性很高，需求也不明确，目前没有明显的利润。由于新创企业很难在主流市场形成竞争优势，他们往往采取全力关注早期市场的发展的态度。

② 市场的需求直接决定了生产的发展。在创业初期科学估计市场容量是十分必要的。如果容量太小，不仅生产规模上不去，而且短期内无法收回投资。

③ 市场对产品的接受程度，也要求创业必须有合适的时机。落后于时代或过分超前于时代的产品，市场都不能认可。世界著名的贝尔实验室在20世纪50年代就推出图像电话，但直到20年后才有了商业应用。

### 案例

铱星移动通信系统是美国铱星公司委托摩托罗拉公司设计的一种全球性卫星移动通信系统，它通过使用卫星手持电话机，透过卫星可在地球上的任何地方发送和接收电话信号。从高科技而言，铱星机会的确是一个美丽的故事，它开创了全球个人通信的新时代，被认为是现代通信的一个里程碑，使人类在地球上任何“能见到的地方”都可以相互联络，然而，如此高的“科技含量”却好景不长，价格不菲的“铱星”通信在市场上遭受到了冷遇，用户众多时才5.5万，而据估算它必须发展到50万用户才能盈利。由于巨大的研发费用和系统建设费用，铱星背上了沉重的债务负担，整个铱星系统耗资达50多亿美元，每年的维护费用就要几亿美元，2000年3月，铱星背负40多亿美元的债务正式破产。谁也不能否认铱星的高科技含量，但用66颗高科技卫星编织起来的世纪末科技童话在商用之初却将自己定位在了“贵族科技”，铱星手机价格每部高达3000美元，通话费用极其昂贵，而事实上，随着地面网络的广覆盖，移动电话的国际漫游已成为可能，卫星移动电话的市场无疑在被不断地压缩，用户群的规模也相应地不断减少，没有了市场，也就没有了收益，也就失去了控制自己命运的能力，最终只能以失败而告终。

(3) 技术风险

技术风险是由于技术因素而导致创新失败的可能性。任何一种技术要转化为生产力都不是轻而易举的，任何一个环节或局部存在问题，都可能使产品开发与创新流于失败。新技术的不完善性和效果的不确定性，都会给创业带来直接威胁。有的产品生产出来以后，达不到预期的功效，市场反应不佳，企业会因此而陷入困境。

(4) 管理风险

一些大学生创业者虽然技术出类拔萃，但理财、营销、沟通、管理方面的能力普遍不足。要想创业成功，大学生创业者必须技术、经营两手抓，可从合伙创业、家庭创业或从虚拟店铺开始，锻炼创业能力，也可以聘用职业经理人负责企业的日常运作。

创业失败者，基本上都是管理方面出了问题，其中包括决策随意、信息不通、理念不清、患得患失、用人不当、忽视创新、急功近利、盲目跟风、意志薄弱等。特别是大学生知识单一、经验不足、资金实力和心理素质明显不足，更会增加在管理上的风险。

(5) 资金风险

资金风险是因为资金不能及时供应而导致创业失败的可能性。对创新企业来讲，往往会出现资金短缺的问题，如果不能及时解决，极易造成前功尽弃。“商场如战场”，由于资金不能及时到位，还会推迟产品上市的时间，给竞争对手提供机会，使自己的投入化为乌有。通货膨胀也是造成资金风险的重要因素。它会带来利率上升、成本增加或由于紧缩银根而无法得到充足的贷款等情况的发生。

### 案例

海涛公司、殷伟公司和中锋公司是3家系统集成商，它们的公司在同一个大厦内。有一次，它们同时中标了，而且 3 家公司在集成过程中都需要配齐下列产品：台式机(到货时间为 3 天)、服务器(到货时间为 5 天)、企业网络产品(到货时间为 8 天)、平台软件(到货时间为 11 天)。

海涛公司同时联系上述产品的上家供货商，结果 11 天配齐了产品，但台式机已经在它的仓库中放了 8 天，服务器也放了 6 天。

殷伟公司则先订了平台软件的货，3 天后再订网络产品，6 天后再订服务器，它配齐产品的时间也是 11 天，但所有产品都同时到达，没有占用其库存。

中锋公司则直接找到一家合作关系很好的总代理要货，总代理把所有产品配齐后直接送到中锋公司，所用时间是 8 天，没有占用中锋公司的库存。

从这个案例中可以看到，中锋公司更聪明，不仅最大化地节约了对自身资源的占用，而且也有效地提升了交货速度，这不仅对提高应收款有价值，而且在服务上给了客户一个积极的印象，对争取未来的订单有不同寻常的意义。

除此之外，还有管理风险、环境风险等，这些都值得我们在创业过程中加以重视。

### 10.2.3　创业风险出现的原因

关于大学生创业已不是一个新话题，面对正在兴起创业浪潮，创业正迎来前所未有的大好时机，新型商业模式层出不穷，融资渠道多元化，政府也出台了众多扶持政策，这些对于有心创业的大学生是一个很好的契机。在创业的道路上，我们可以先想再做，可以边想边做，也可以做了再想，但绝对不可以只想不做。大多数学生在全球金融危机的影响下，不敢轻易迈出创业的第一步。有关统计也表明，自创企业在一年内失败的比例高达 50%～80%。对高校学生创业来说，这个比例更高。面对如此高的创业失败率，我们应该怎么面对创业的风险并有效防范呢？我们不妨试着分析，大学生创业遇到风险的原因主要有以下几点。

#### 1. 经验缺乏，资源不足

由于大学生的年龄、阅历、心理等与有社会经验的人相比处于劣势。创业本身是一个复杂的系统工程，市场不会因为创业者是学生就网开一面，在单纯的校园环境中成长起来的大学生，在面对社会和市场时，比有社会经验的人更容易困惑和迷茫。

大学生创业的资源相对来说也是不足的，大学生创业很多起始于好的创意，但是大多数学生都缺乏创业必备的技术资源、资金资源、人才资源、社会关系资源等。没有技术：很多大学生创业从事的都是服务性产业，技术门槛较低，竞争激烈，创业更容易失败；缺乏资金："巧妇难为无米之炊"，再好的创新技术也难以转化为现实的生产力。没有人才资源：无法把好的创意落实为实施方案，把实施方案执行下去。一个企业能够正常运行，不仅要有好的项目、资金保证，还必须有一批高素质的企业管理者。这批管理者不能仅仅在书本上学过企业管理和经营的知识，更重要的是要投身企业管理的实践。大学生有理想与抱负，但"眼高手低"，对具体的市场开拓缺乏相关的经验与知识，在这种情况下大学生创业就会遇到各种不可预见的问题，以致创业困难。

#### 2. 纸上谈兵，缺乏对市场的了解

缺乏对市场的了解是目前大学生创业中普遍存在的问题。不少大学生创业者没有对其产品或项目做市场调查的意识，而只是进行理想化的推断。例如，有个大学生在估算防盗手机链

的销售量时这样算，目前使用手机的人群大概有 9 亿，就算有 1% 的人群购买我们的产品，每件产品只赚 1 元，我们也有 900 万元的利润。这种推断方法看起来很保守，其实压根儿站不住脚，如果产品设计针对性不强，目标人群定位不准，有再多手机用户，也不能说明你的产品会有市场，这样的推断只能起着误导作用。大学生在创业初期一定要做好市场调研，一些可行性研究也可委托专业机构进行，在了解市场的基础上创业，才能长久。

#### 3. 盲目扩张，如企业规模扩张、经营领域扩张、项目扩张等

当创业者初尝甜头后，往往急于求成，想更快地收回成本创造赢利，从而盲目扩张，造成企业不能与自身能力、市场需求相协调，这样是极其危险的，稍不注意就可能血本无归。

#### 4. 承受挫折的能力不足

很多创业的大学生经历是一帆风顺的，没有经历过挫折与失败，所以抗挫折能力较差。加上对创业一厢情愿，没有做好迎接困难、面对挑战的心理准备，当遇到问题时，很容易心灰意冷，停滞不前，这是从心态上来讲。另外，从创业成本上讲，很多创业的大学生对昂贵的高风险创业费用的承受能力也是有限的。

#### 5. 管理风险

企业管理应该是一个合伙企业存活的关键。大学生创业初期的合作伙伴往往是亲朋挚友，由于初涉商场，知识单一，又缺乏实践经验，往往出现决策随意、信息不通、理念不清、患得患失、用人不当、忽视创新、急功近利、盲目跟风、意志薄弱等现象。加上对合作伙伴的完全信任及交情，而忽略了企业管理的重要性。长此以往，导致企业的管理混乱不堪，最后企业的存活也就越来越艰难。

## 10.3 创业风险应对、监控及防范

### 10.3.1 风险应对的方法和策略

风险应对策略就是对已经识别的风险进行定性分析、定量分析和进行风险排序，制定相应的应对措施和整体策略。

#### 1. 风险应对的方法

（1）风险回避。通过变更项目计划，从而消除风险或消除风险产生的条件，或者保护项目目标免受风险的影响。

（2）风险转移，即设法将某风险的结果和对风险应对的权利转移给第三方，如外包、参加保险。外包就是把工作转让给别人，从而把有关的风险转移给别人。参加保险是由保险公司来承担风险的后果。

（3）风险减轻，也就是化解风险，即设法将某一负面风险事件的概率及其后果降低到可以承受的限度。例如，及早采取措施，可以降低风险发生的概率或风险对项目的影响。

（4）接受风险。它实际上是一种积极的应对措施，就是事先制订一个风险的应急计划，一旦风险发生，就可以按实施风险应急计划去执行。

### 2. 风险应对的策略

根据不同条件、不同的环境或者不同的问题可以选择不同的对策。在风险应对策略中，根据风险发生概率的高、低，后果损失的大、小，可以组成一个四维空间：①概率发生率高，后果损失较小；②概率发生率低，后果损失小；③概率发生率高，后果损失大；④概率发生率低，后果损失大。

针对四种风险情况，可以采取不同的应对策略：①针对发生概率高、损失比较小的风险，可以采用化解风险或者是风险减轻的措施；②针对发生概率比较高、后果损失也较大的风险，可以采用回避风险策略，也就是设法把工作通过保险、外包或其他方式转移出去；③针对发生概率比较低、后果损失较大的风险，设法将风险转移；④针对发生概率比较低、后果损失也较小的风险，可以接受和承担，因为它本身不会对目标产生太大的影响。

当然，风险应对策略并不是一个绝对的概念。风险和收益往往存在着对应关系，风险大，通常会带来较高的收益。如果一味地去回避高风险，有可能也就放弃了获得高收益的机会。具体采用什么样的风险应对策略，要根据项目所在的环境和不同的目标要求与项目相关人对风险的承受度决定。

### 3. 降低技术风险的一般策略

为应对技术风险，民营企业除了要加大研发投入，缩短研发周期外，还要加强市场研究，迅速获得现有与潜在市场的产品信息，引领所在领域产品的潮流。并继续开展与所在高校的研究合作，快速完成技术更新。另外，要注意申请技术专利保护，防止技术的扩散给民营企业带来的损失。

(1) 采用模仿创新战略。模仿创新就是在创新者已经成功的技术创新基础上，投入不多的资金，模仿该项技术，并对其进行补充、提高、改良、完善的过程。模仿创新虽然有跟风之嫌，但却可以节省大量的开发费用，提高成功率，缩短从技术到市场的时间，从而大大降低技术风险。

(2) 组建技术研发联合体。企业进行技术创新，特别是自主技术创新，风险大，时间长，复杂性高，单个企业往往难以承受。这时如能组建技术开发联合体，可以在一定程度上化解技术开发风险。技术联合体是指两个以上的国内外法人组织联合致力于某一技术或产品的研究开发，实现优势互补、风险共担、利益共享的一体化组织。技术联合体通常是企业和科研机构以及大学之间的联合。建立技术联合体，可以获得符合本企业特点的新技术，并能迅速将技术转化为新产品，有效避免企业与科研院所的体系脱节，或缺乏必要的中介组织所致的企业不易获得具有开发价值的新技术问题。从而在较低风险的条件下，获得自主创新的技术，形成企业的核心竞争力。

### 4. 降低市场风险的一般策略

民营企业要结合发展战略，针对目标市场要求，根据外部环境因素，最有效地利用本身的人力、物力和财力资源，制定企业最佳的市场营销组合策略，最大限度地起到缓解市场风险的作用。可以在以下几个方面采取有效措施。

(1) 树立以市场为导向的整合营销理念。要在瞬息万变、竞争激烈的市场中生存，民营企业必须树立正确的市场营销理念，重视市场营销的作用，这是企业开展一切营销活动的前提。

无论是微软、IBM,还是联想、TCL,这些成功的高科技企业不一定拥有最先进的技术和最好的产品,但他们一定拥有正确的营销理念和最好的营销策略。因此民营企业要规避市场营销风险首先应该增强现代营销观念,把市场营销工作放在重要的地位。此外,在进行产品规划、价格制定、渠道选择、促销策略制定时都要以市场为导向,从顾客角度出发,同时生产研发部门应注意与营销部门配合,响应市场需求,实现技术与市场的完美结合。

(2) 生产适销对路的产品。面对消费需求的不断变化和竞争对手产品更新步伐的加快,加快新产品研发的速度是预防产品风险的重要途径。面对业已发生的产品风险,尽快开发出符合市场需要的新产品是企业走出困境、摆脱困境的有效举措。企业应根据市场需求和企业目标,对产品组合的宽度、深度和关联度进行决策。在一般的情况下,扩大产品组合的宽度、增加产品线的深度和加强产品组合的关联程度,可以使企业降低投资风险,增加产品的差异性,适应不同顾客的需求,从而提高企业在某一地区或某一行业的声誉。

### 5. 降低财务风险的一般策略

(1) 根据企业的经营战略确定合理的债务结构。企业应当根据企业的经营战略安排企业的资产结构和负债结构,最优的资本结构是指企业综合资金成本率最低,股东投资利润率最高的资本结构,同时也是财务风险最小的资本结构。企业要根据自身生产经营发展状况来合理设计资本结构中各种比例关系,如负债和总资产的比例关系,负债中短期负债和长期负债的比例关系,通过对不同来源、不同时期、不同层次的各种资本要素的有机协调,达到降低财务风险,有利于企业发展的目的。

(2) 做好现金预算,加强财务预算控制。民营企业在借款时就应注意安排未来还本付息的资金,否则需要借新债还旧债,但民营创业企业举债能力较弱,容易发生不能支付到期债务的现金流量风险。企业可以通过编制现金预算,合理调度资金,加快资金周转,加强收支管理,加强财务预算控制,控制未来的发展规模,在现金预算和其他财务预算的监督下,避免发生由于盲目发展而陷入资金不足的困境。

(3) 保持资产流动性。企业资金流转总是周而复始地进行的,因此流动性是企业的生命。企业必须加速存货周转、缩短应收账款周转期,以保持良好的资产流动性。民营企业应降低整体资产中固定资产的比重,这样就可以大大降低产品中固定成本的比重,降低了企业的经营风险。

### 6. 降低管理风险的一般策略

企业需要建立一套完整的管理制度和科学的决策程序。

(1) 建立健全的现代企业制度。建立科学的决策和监督机制是高技术企业控制管理风险的前提,而这些又离不开合理的产权制度与健全的民营企业内部治理结构。所以,为减少企业管理风险,企业必须按照现代企业制度的要求,建立起真正的完善的法人治理结构。经营者激励机制也是法人治理结构中不容忽视的重要问题,解决好经营者特别是中高层管理人员的利益分配问题,不仅可以引导他们致力于企业利益最大化,尽可能把决策风险和操作风险降到最低程度,减少经营者的短期行为,而且可以对企业“内部人控制”现象起到遏制作用。

(2) 完善企业的内部控制制度。完善企业的内部控制制度的一个重要手段就是建立健全严密的内部控制系统。企业内部控制系统必须覆盖到企业的各项业务、各个部门和各级人员,并渗透到投资决策、执行、监督、反馈等各个环节。同时企业还必须建立科学的授权制度和岗位分离制度，对掌握企业内幕信息的人员实行严格的批准程序和监督处罚措施。

(3) 提高决策者、管理者的自身素质。对企业中高层管理人员的使用必须坚持德才兼备的用人标准，在人员甄选过程中两方面的素质都应该列入考核内容，同时还应加强员工的职业道德教育和业务培训工作。

企业在创业的过程中，机遇与风险并存。风险控制应采取分类重点控制和阶段性控制相结合，同时要进行风险的整体监控，建立风险监控体系，使风险的控制措施更趋系统化。

## 10.3.2　项目风险缓解、监控和管理

### 1. 风险缓解计划

所有风险分析活动都只有一个目的：辅助项目组找到处理风险的策略。一个有效的策略必须考虑三个因素：风险避免、风险监控、风险计划。

如果项目组对于风险采取主动的方法，则避免永远是最好的策略。这可以通过采取一个风险缓解计划来达到。例如，频繁的人员流动被标注为一个项目风险，基于以往的历史和管理经验，人员流动的概率为 70%，预测其对于项目成本及进度有严重的影响。为了缓解这个风险，项目管理者必须采取一个策略来降低人员流动。可能采取的策略有：①与现有人员一起探讨一下人员流动的原因(如恶劣的工作条件、低报酬、竞争激烈)；②在项目开始之前，采取行动以缓解那些在管理控制之下的原因；③一旦项目启动，假设会发生人员流动，应有一些技术措施以保证当人员离开时的工作连续性；④对项目进行良好组织，使得每一个开发活动的信息能被广泛传播和交流；⑤定义文档的标准，并建立相应的机制，以确保文档能被及时建立；⑥对所有工作进行详细复审，使得不止一个人熟悉该项工作；⑦对于每一个关键的技术人员都指定一个后备人员。

随着项目的进展，风险监控活动开始进行。项目管理者监控某些因素，这些因素可以提供风险是否正在变高或变低的指示。在上例中，应该监控下列因素：①项目组成员对项目压力的一般态度；②项目组的凝聚力；③项目组成员彼此之间的关系；④与报酬和利益相关的潜在问题；⑤在公司内及公司外工作的可能性。

除了监控上述因素之外，项目管理者还应该监控风险缓解步骤的效力。例如，上例中，风险缓解步骤要求定义文档的标准，并建立相应的机制，以确保文档能被及时建立。如果有关键的人物离开了项目组，也能保证工作的连续性。项目管理者应该仔细地监控这些文档，以保证文档内容正确，当新员工加入该项目时，能为他们提供必要的信息。

风险管理计划是假设风险缓解工作已经失败，风险变成现实情况时的应对措施。继续前面的例子，假定项目正在进行中，有一些人宣布将要离开。如果按照缓解策略行事，则有后备人员可用，因为信息已经文档化，有关知识已经在项目组中广泛进行了交流。此外，项目管理者还可以暂时重新将资源调整到那些需要人的地方去并调整项目进度，从而使新加入的成员能够"赶上进度"。同时，要求那些要离开的人员停止工作，进入"知识交接模式"。

### 2. 风险监控

风险监控是项目整个生命期中的一种持续进行的过程。随着项目各项工作的推进，风险会不断变化，可能会有新的风险出现，原先预期的风险也可能会消失。风险监控可以采用下列方法。

(1) 项目风险应对审计。风险审计员通过检查和文字记录来审查规避、转移、缓解或接受等风险应对措施的有效性,以及风险承担人的有效性。为了控制风险,风险审计在项目整个生命期内进行。

(2) 定期项目风险审核。项目风险审核应有规律地定期进行。在项目生命期内,风险值和优先次序可能会发生变化。任何变化可能都需要进行额外的定性和定量分析。①挣值分析。挣值用于监督整个项目相对于其基准计划的绩效,挣值分析的结果可以显示到项目完成时,成本和时间上潜在的偏差。当一个项目显著偏离于基准计划时,应进行更新的风险识别和分析。②技术绩效测量。技术续效测量将项目实际执行中技术工作方面取得的进展,与项目计划中相应的进度计划进行比较,通过比较找出偏差。例如,在某一阶段末按计划实现其功能,可能暗示实现项目存在着某种风险。

(3) 构筑风险监控体系。创业者对新创企业要建立风险监控体系,确保企业运作正常,包括设置事先、事中、事后三道防线,健全风险预警、风险控制、风险补偿二级制度;严格资金管理,严格区分客户资金和自有资金,使资金调拨安全迅速。三种管理手段并举,为公司运营保驾护航,使企业的发展规范、健康、有序和持续。

 案例

**南方基金管理公司的风险控制**

南方基金管理公司始终把风险控制摆在重要位置,通过有效的事前、事中及事后控制,最大限度地规避风险并减少风险带来的损失。

(1) 事前控制。其主要包括:从投资决策流程上控制风险;投资时,先评估风险,然后再考虑收益;集中交易制度,内嵌风险控制原则的交易管理系统;建立股票池,规避上市公司信用风险与基金经理道德风险;金融工程技术的应用。

(2) 事中控制。其主要包括:改善投资管理系统,实现风险的实时预警提示;动态计算单只基金以及基金整体的风险度;调整投资组合,严密监控交易过程;稽核部进行不定期抽查。

(3) 事后控制。其主要包括:成立风险控制委员会,审核风险控制制度、流程,检查风险控制的履行情况;信息技术部对投资组合绩效进行评估,每月提交投资风险控制报告;稽核部进行定期检查。

### 10.3.3 创业风险的有效防范

面对不同的行业有不同的风险,创业者在进行自我分析的同时,需具备一些基本的素质,如勇气、信心、专业知识、行业背景和思考能力。其中创业勇气和信心是第一位的,很多创业者历经艰辛与磨难,最终能够走出创业低谷,信念发挥了至关重要的作用。其实,对于初级创业者来说,最难过的就是“心理关”:怕失败、怕软环境不好,这种心理阻碍了无数人的创业前途。大学生必须认识到,如同漫漫的取经路一样,创业路也不是一帆风顺的,有崇山峻岭要翻越,有艰难困苦要克服。作为大学生创业者应该做好怎样的准备来面对这些创业路上的“拦路虎”呢?

#### 1. 谨慎选项

选择既有市场需求又符合自己的创业项目,这是大学生创业者必须好好掂量的。一般来

说，大学生创业者既要客观地分析自身的创业条件，更要冷静地分析创业环境，立足于技术项目，尽量选择技术含量高、自主知识产权明确的项目，并在技术创新的基础上做好产品市场化工作。在选择过程中切忌盲目跟风，还要切记一点，做熟不做生，一定要选择自己最熟悉、最擅长、最有经验、资源丰富的行业来做。

### 2. 积极利用现有资源

不少在创业者都选择了与工作密切相关的领域创业，工作中积累的经验和资源是最大的创业财富，要善于利用这些资源，以便近水楼台先得月。对能帮你生存的项目，要优先进行考虑，不要在只能改善形象或者带来更大方便的项目上乱花费用。

切不可误用资源，创业老板不能将个人生意与单位生意混淆，更不能吃里爬外，唯利是图，否则不仅要冒道德上的风险，而且很可能会受到法律的制裁。在你的地盘，时间、金钱和才能任由你使用。但是，如果乱搞一气，你的生意就会逆转而下。

### 3. 投资要谨慎

有些创业者有投资资金或有一定的业务渠道，但苦于分身乏术，因此会选择合作经营的创业方式。如果你需要用合伙人的钱来开办或维持企业，或者这个合伙人帮助你设计了这个企业的构思，或者他有你需要的技巧，或者你需要他为你鸣鼓吹号，那么就请他加入你的公司。这虽能让兼职老板轻松上阵，但要慎重选择合作伙伴。在请帮手和自己亲自处理上，要有一个平衡点。首先要志同道合，其次要互相信任。不要聘用那些虽然适合工作，却与你合不来的人员，也不要聘用那些没有心理准备面对新办企业压力的人。

此外，和合作伙伴之间的责、权、利一定要分清楚，最好形成书面文字，有合作双方和见证人的签字，以免起纠纷时空口无凭。

### 4. 细致准备必不可少

创业是一项庞大的工程，涉及融资、选项、选址、营销等诸多方面，因此创业者创业前，一定要进行细致的准备：通过各种渠道增强这方面的基础知识；根据自己的实际情况选择合适的创业项目，为创业开一个好头；撰写一份详细的商业策划书，包括市场机会评估、赢利模式分析、开业危机应对等，并摸清市场情况，知己知彼，打有准备之仗。

不要对未经试验的创意随手扔在一边。如果用这种创意来做生意，也得留心其中可能的陷阱。自问一下：你是否得花大力气来宣传你的产品或者服务？你具有足够的财经资源、技能、人手和业务关系吗？找出潜在销售客户——你没有必要在那些没有决策能力的人身上浪费你的时间。

### 5. 尽量用足相关政策

政府部门有很多鼓励创业的政策，是对大学生创业的鼓励和支持，创业时一定要注意“用足”这些政策，如免税优惠、在某地注册企业可享受比其他地区更优惠的税率等。这些政策可大大减少创业初期的成本，使创业风险大为降低。

### 6. 经商之道，以计为首

所有商业经营活动，如果从表面上来看，好像是一种仅仅同物质打交道的经营活动，但是，透过现象看本质，在今天的“食脑时代”里，商业经营活动实质上已经变成了一种人与人之间的智力角逐，是一场“斗智斗勇”的“智力游戏”，是人与人之间的谋略大比试。因此，正如古代军事家所说的“用兵之道，以计为首”一样，经商之道也应该以计为首。面对空前惨烈的市场竞争，你想要找准自己的立足点和切入点、站稳脚跟、生存下来、谋取利益、发展壮大，那么，就必须首先考虑如何运用自己的商业智慧制定全面系统的、可执行的、可操作的和切实有效的经营策略和实施方案，以便确保每战必捷，战无不胜。

### 7. 积累经验

经验不足，缺乏人事资源和管理的能力，将大大影响大学生创业的成功率。因此，大学生创业不能“纸上谈兵”，而应具备一定的社会经验，了解企业管理及市场营运知识。这也是很多高校的创业教育者不赞同大学生创业的原因。大学生一定要在社会上积累足够的社会经验，对行业、企业有初步的了解，对创业进行了充分的准备后才能抓住机会进行创业。

### 8. 勇于创新

创业的过程就是不断创造与创新的过程，没有创新，企业只会陷于激烈的竞争中，面临生存的考验。尤其是大学生创业，经验缺乏、资源不足是硬伤，更要以创新来弥补。产品创新、技术创新、赢利模式创新、营销方式创新，只有不断地创新才能使企业立于竞争的不败之地。

### 9. 组建团队

在风险投资商看来，再出色的创业计划也具有可复制性，而团队的整体实力是难以复制的，因此他们在投资时，往往更看重有合作能力的创业团队，而非那些异想天开的单干者。在创业时，要善于整合内外资源，有效借助外力或外部资源降低创业成本、加快企业成长速度、提升企业运营效率并提高企业创业成功率；要具备足够的随需而变能力，随时应对市场的不确定性变化。

### 10. 保持良好心态

盲目创业，是大学生创业的通病。在许多大学生看来，创业是一场比尔·盖茨式的“运动”。有了创意就能开公司，开了公司就会财源滚滚，而对行业缺乏深度审视，对市场缺乏深刻了解。其实，创业需要理智而不是冲动，需要冷静而不是狂热，大学生创业除了要有好的技术，更要有好的心态，千万不能视野狭窄、过于自负，而应虚心接受别人的意见，并敢于直面挫折和失败。

### 11. 建全企业管理制度，做到有章可循

企业管理分为：员工的招聘与管理、营销管理、生产管理、财务管理，任何一个环节出现漏洞都可能导致企业坠入低谷甚至倒闭。一个企业要想持久地保持活力，除了要有不断的创新意识、敏锐的市场观察能力，严格的管理制度也是必不可少的。不论合作伙伴是谁，在企业的管理制度面前都是平等的，在出现问题时都应该严格按照制度处理。

总之，要创业就一定会在风险与收益之间进行抉择与权衡，创业者要认真地分析创业过程中可能会遇到哪些风险，并学会如何应对和化解风险。

**知识链接**

**大学生创业产生风险的原因**

1. 社会资源缺乏

由于长期身处校园，大学生掌握的社会资源非常有限，而企业创建、产品推介等工作都

需要调动社会资源,大学生在这方面会感到非常吃力。

2. 缺乏创业技能

很多大学生创业者眼高手低,既不了解创业的相关政策法规,也没有在相关企业的工作、实践经历,缺乏能力和经验,却对创业的期望值非常高。当创业计划转变为实际操作时,才发现自己根本不具备解决问题的能力,这样的创业无异于纸上谈兵。

3. 管理过于随意

由于长期接受应试教育,不熟悉经营中的"游戏规则",一些大学生创业者虽然在技术上出类拔萃,但理财、营销、沟通、管理方面的能力普遍不足。此外,一些人存在一定的性格缺陷,如自以为是、刚愎自用等,这些都会影响创业成功。

4. 项目选择太盲目

目前,大学生创业的项目选择多集中在高科技领域和智力服务领域,如软件开发、网络服务、网页制作、家教中介、设计工作室等。此外,快餐、零售等连锁加盟店也是大学生青睐的创业项目。但是,大学生并不了解市场,如果缺乏前期的市场调研和论证,只是凭自己的兴趣和想象来决定投资方向,甚至仅凭一时心血来潮就决定干哪一行,一定会碰得头破血流。

5. 融资渠道单一

资金难等几乎是每一个大学生创业者都会遇到的难题。银行贷款申请难、手续复杂,如果没有更广阔的融资渠道,创业计划只能是一纸空谈。

## 规避风险有九招

规避风险的九招如下。

(1) 以变制胜。所谓"适者生存",强调的就是"变",经营者要适应外部环境的变化,随时做出调整。

(2) 出其不意,攻其不备。核心是一个"奇"字,用出奇的产品、出奇的经营理念、出奇的经营方式和服务方式去战胜竞争对手。

(3) 以快制胜。机不可失,时不再来,比对手快一分就能多一分机会。对什么都慢慢来、四平八稳、左顾右盼的人必然被市场淘汰,胜者属于那些争分夺秒、当机立断者。

(4) 后发制人。从制胜策略看,后发制人比先发制人更好,可以更多地吸收别人的经验,时机抓得更准,制胜把握更大。

(5) 集中优势重点突破。这一策略特别适用于小企业,因为小企业人力、物力、财力比较弱,如果不把有限的力量集中起来很难取胜。

(6) 趋利避害,扬长避短。经营什么产品,选择什么样的市场,都要仔细掂量,发挥自己的优势。干应该干的,干可以干的。

(7) 迂回取胜。小企业与人竞争不能搞正面战,搞阵地战,而应当搞迂回战,干别人不敢干的,干别人不愿干的。

(8) 积少成多,积微制胜。"积少成多"是一种谋略,一个有作为的经营者要用"滴水穿石"、"聚石成山"的精神去争取每一个胜利,轻微利、追暴利的经营者未必一定成功。

(9) 以廉制胜。"薄利多销"是不少经营者善于采用的一种经营策略。"薄利多销"前提是能多销,"薄利少销"则是不可取的。

## 大学生创业风险规避途径

风险控制是根据风险分析的结果，为实现创业风险管理目标，选择风险管理技术并加以实施。通常采用几种管理技术进行优化组合，使风险管理达到最佳状态。选择风险管理技术不但要考虑该项技术的经济效益状况，还要考虑与创业战略目标的一致性，以及具体实施的可行性、可操作性和有效性。常用的风险控制技术如下。

1. 风险回避

创业企业在既不能有效降低风险发生的概率，又无法降低风险损失，更无法直接承担该风险时，只有采取回避的策略主动放弃、中止或者是调整创业方案，如将经营方向从高科技领域转向常规技术领域，或采取迂回的策略等。

2. 风险预防

即事先采取相应的措施以预防和阻止风险损失的发生，防患未然。如重视信息收集，减少信息不对称性；实行民主化决策等。

3. 风险转移

即创业企业将自己不能承担的或不愿承担的，以及超过自身财务能力的风险损失或损失的经济补偿责任以某种方式转移给其他单位或个人。它可以通过如下3种途径实现转移：一是以合同的形式向其他主体转移，如业务外包和工程承包等；二是以投保的形式把风险全部或部分转移给保险公司；三是利用各种风险交易工具转嫁风险，如利用外汇期货、期权或利率期货及期权工具转嫁汇率风险和利率风险等金融风险。

4. 风险分散

创业主体通过多元化经营，使风险在不同经营活动中分散化。主要策略如下：一是多项目投资，这是风险分散通常采用的方法；二是产品多样化；三是策略组合，即同时采取多种创业策略，如联合投资、合资合营和兼并扩张等。

5. 风险利用

在风险已经出现、风险损失已经发生的情况下，积极采取措施，抑制风险的进一步扩大，变被动为主动；或者当风险后果较严重时，尽量通过各种手段减少风险所造成的损失。

## 危机处理能力测试

意外事件不是无缘无故就发生的，它是由情势与环境决定的。在紧急状态下，你的危机处理能力如何？

1. 你的家人已经上了公共汽车，可是你却挤不上去，这时公共汽车已经开了，你怎么办？

A. 追　　B. 等他下一站回来

2. 你从外面回来，发现厨房里有非常浓厚的瓦斯气味，这时你会怎么办？

A. 关闭电源开关　　B. 自行修理

3. 夜晚驱车在一乡间小路上行驶，发现一辆车停在铁路的交叉道上，车上载着人，司机在设法发动车子。你看到一辆快驶到的火车灯光，该怎么办？

A. 通知那辆车的人离开　　B. 不予理会

4. 你洗衣服时，一个孩子竟然喝了洗衣水，你会怎么办？

A. 打电话叫救护车送去医院　　B. 自行处理

5. 你在人行道上散步，一个孩子为了拾皮球，突然从你面前跑过，冲向街心，没有留意一辆汽车正在飞快驶来，你怎么办？

A. 叫住小孩或抓住他　　B. 拦住汽车

6. 你两只手拿着东西下公共汽车，车门一关把你的衣服夹住了，这时汽车开动了，你怎么办？

A. 向司机或售票员大叫并解开衣服脱掉它　　B. 用力挣扎

7. 你傍晚在海滨游泳，向一个木筏游去，游到中途的时候，天下了大雨，而且雷电交加，你怎么办？

A. 立即游回岸，找个安全的地方躲　　B. 继续游向木筏

**评分标准**

A. 正确　　B. 不正确

**测评分析**

7 个全对的：富有机智，危机应变能力强。冷静而沉着，你不但可以保身，而且能够救人。

4～6 个对的：危机应变能力还可以，基本上可以自己保身。但是，对于别人，就管不了那么多了。

3 个或 3 个以下对的：危机应变能力不佳，最好无事少出门，以免发生意外。

## 10.4　思考与练习

1. 什么是风险，它有哪些基本特征？
2. 什么是创业风险？简述创业风险的主要类型。
3. 谈谈你对创业风险的看法。

# 第 11 章　大学生创业实务指导

一个人在科学探索的道路上，走过弯路，犯过错误，并不是坏事，更不是什么耻辱，要在实践中勇于承认和改正错误。

——爱因斯坦

**学习目标**

(1) 掌握如何组建创业团队的注意要点，理解与创业伙伴在创业活动中相处的原则。

(2) 理解创业计划书的重要意义，掌握撰写创业计划书的技能。

(3) 了解企业设立时的具体法律形式及各自的优缺点和适用性。

(4) 了解企业设立手续办理的具体流程。

**案例导入**

赵女士上大学时就一门心思想自己创业做老板，工作后仍然没有放弃这一想法。经过几年的努力工作和省吃俭用积蓄了一笔资金，其中 10 万元做了注册资金，5 万元用于流动资金。她认为，个人创业必须有丰富的工作经验。所以在过去的工作中，她总是分内分外的事全都抢着干，从不计报酬。尤其是经营方面的事，她更是竖着耳朵听，目的就是多学点本事，为自己开公司做准备。另外，她认为个人创业必须有一个好的项目。她选择了一个当时的朝阳项目——房地产租赁咨询。

在办齐所有手续后，她勤勤恳恳努力工作，但因为创业初期，为压缩成本，店里只有自己一人。很多时候要外出办理事务，就要关掉店门。但她怎么也没想到，最初的 3 个月几乎没有生意，直到第 6 个月才稍有收入，可生意很不稳定，半年来，她赔了 3 万元。她开始动摇了，觉得自己是在靠天吃饭，靠运气吃饭。她认为做生意不应该是赌博，肯定是哪儿错了。她不想再这样干下去了，她认为不能等到这 15 万元都赔光的时候才行动。她要弄明白问题到底出在哪里。第 7 个月她关掉了公司。

导致赵女士失败的原因很复杂，但其中一条重要原因就在于没有一个完整的创业计划。小企业抗风险能力很低，不考虑成熟，一厢情愿，自然危机重重。要想创业成功，还要学会怎样避免“打水漂”。认真学习本章内容，会帮助你更好地吸取赵女士的失败教训。

# 11.1　创业团队的组建

## 11.1.1　创业团队的重要性

企业管理之神杰克·韦尔奇说："优秀的领导者应当像教练一样，培育自己的员工，带领自己的团队，给他们提供机会去实现他们的梦想。"一部《中国合伙人》，向我们讲述了三个年青人各自发挥所长，共同创业，最终取得巨大成功的故事。这个故事的原型就是新东方创立的故事。这个故事同时也向我们展示了组建创业团队对创业成功的重要作用。

一个好汉三个帮，一个人的能力毕竟是有限。很多事，不是一个人就能完成的，要想创业成功，就更是这样。自己一个人完成不了的创业项目，就必须找到适合的合作伙伴共同完成。"选择了正确的团队，就是完成了 80％的工作。"这是很多风险投家投资企业时的经验之谈。很多人成为创业者的主要原因之一是想把握和决定自己的命运。这个想法常常会阻碍他们去组建创业团队。但是，即便你争夺表决权的努力白费，也并不意味着全盘皆输。因为工作出色而成为不可或缺的人物才算是真正意义上的掌控。

调查发现，与传统企业家往往单枪匹马打天下不同的是，大多数活跃在新经济领域的第三代企业家，都喜欢抱团创业，他们中间 90％以上都有一个三人以上的团队。如新东方创业之初就是以俞敏洪、徐小平、王强"三驾马车"拉起来的。而小米公司则是由雷军、林斌、周光平、洪锋、黎万强等 8 个合伙人共同开创的。这 8 个创业者分别在微软、谷歌、金山等知名公司有从业经历，分别是技术开发、市场开拓、公司管理、财务运营等方面的高手，可以说，他们的创业也因为一开始就建立了一个非常专业、分工明确、互补明显的创业团队，而使企业取得跨越式发展。

因此，组建一支相互依赖、目标一致、结构互补的创业团队，不仅可以提高创业成功率，更可以促进摆脱家族企业的弊病，提升企业发展空间。这里，创业团队不是泛指所有创业时期共同工作的工作人员，而是指共同出资、共担风险、共同工作、共负责任的创业合伙人。这个概念中，并不包括创业时雇用的员工甚至高管。因为员工是可以招聘、调换的，而创业团队是起核心作用的、不可替代的合作伙伴。这个概念也不包括其他的出资人。因为共同工作、共负责任是创业团队与一般出资人根本的不同。

## 11.1.2　组建一支优秀的创业团队

创业者能否走得更远，取决于创业者和创业团队的基本素质。企业的成长是人才成长的一个集中体现。企业的成功也是人才的成功。一个结构合理、具有高度责任感、相互信任合作的创业团队毫无疑问会有利于创业成功。那么，怎样才能组建一支优秀的创业团队呢？我们需要考虑以下几个问题。

### 1. 与多少人共同创业

创业团队的人数对创业过程是有影响的。创业团队的最佳组成人数是多少？如果创业团队成员人数过多，比如七人或七人以上，他们将很难在一起工作，不仅相互意见难以统一，而且会带来太多的管理费用，从而在管理权威与股东权益之间也可能产生冲突，造成效率和效益的损失，这在企业创业之初是要尽量避免的。同时，成员越多，也许会带来更多的资源，但同时也可能限制创业企业机会的选择和成长的潜力。创业团队内部总是要有一个人充当核心人物，他能明晰企业的发展目标和发展战略，并凝聚团队其他成员力量为共同的目标去努力。核心人物的创业愿景和自我效能感要强于其他的创业团队成员，但是，其创业技能与其他团队成员并没有显著差异。因此，要完成创业的整体目标，在这个团队中除了核心人物之外，还应包括“技术专家”、“赞助人”、“项目领导者”、“守门员”等角色。所以，要使这个核心起作用，三到五人的创业团队规模将是一个较好的选择。

### 2. 与什么人共同创业

很多创业团队是由亲戚、朋友、原先的同事或同学所组成的。一些研究结果发现，在大多数情况下，团队成员都是同事关系或属于家庭成员。因此，在创业团队成员的关系结构中有两个情感起到了关键作用，一个是亲情，一个是友情。中国早期的创业者多以亲情为创业团队成员之间的纽带。而国外和近些年国内的创业团队中，友情则发挥了很大作用。创业团队成员之间的“情投意合”使他们走到一起创业，友谊是创业团队成员的来源，友谊的深度对团队的建设、团队内部职能分工、团队的稳定性、团队决策的质量以及团队的业绩等方面都有很大影响。

有媒体对天津地区的具有先前共事经验的创业团队成员刘先生进行访谈，当问到先前的共事经验对现在的合作有何影响时，刘先生回答：“我们公司两位主要创始人在创业前共同在一家公司有过长时间合作，我的合伙人是市场总经理，而我是他的市场总监。长期合作能使我们对彼此的做事风格以及能力更为了解，我们比较信任对方。我们是在合作愉快的前提下决定辞职创业的，然后组建了我们现在的公司。组建公司后，我们的合作又可以影响其他的员工，从而对团队合作氛围形成一定的影响，团队合作变得比较简单。”

对大学生创业者来说，更多的人可能会充分利用亲情和友情两种资源。在亲人的物质资助下，与多年相处，彼此信任，有着共同爱好和理想的同学共同创业也是一种不错的选择。

### 3. 他们都会些什么

创业需要的是一个系统，作为单独的一个人，不可能具备创业所需要的所有技能和资源，大量创业事例告诉我们，单个创业者通常只能达到维持生计。要想单枪匹马地创建一家高潜力的企业是极其困难的。如果创业者不顾实际情况，一门心思单打独斗，就很有可能延误企业的发展。创业者如果成为孤独的“狼”，无法与他人相处共事，那只能算是地摊式的小业主而无法成为统领千军万马的企业家。

人有所长，必有所短。创业伙伴之间的优势最好呈互补关系。选择的时候要看清其长，以后也要学会包容其短。所谓取长补短，是取别人的长补自己的短，这才是团队的真正价值。长城不是一人筑成，想做出点成绩，就得有做事情的开放心态。

假如你是内向型性格，不善于交际，只适合从事技术工作时，那你就最好找富有公关能力、会沟通、能处理复杂问题的搭档；当你是急性子，脾气比较暴躁且又自认为很难改正时，那最好找慢性子、脾气温和的搭档——因为合作中的摩擦是在所难免的，一急一缓可以相得益彰。

一般来说，在初创企业中，技术和运营专家比例要大一些，而管理、营销和财务控制专家比例要小一些。通常，作为创建者的 CEO 们都是技术背景而缺乏管理经验，因此他们在管理高层团队的管理专业方面不足。这就是说，一个创业团队应该是一个学习型团队，对成员，要给予他们时间和自由去学习，逐步培育创业团队。在国内外创业实践中也发现，创业团队大多是通过“干中学”或直接从外部招募所需人才的方式来弥补创业团队所缺的能力的。

4. 他们都做过什么

团队成员曾经的工作经验也是很重要的。小米的 8 名创业者平均年龄在 40 以上，他们要么是在 IT 行业摸爬滚打多年，要么是曾经创设过自己的企业。对创业团队的调查显示曾经有过创业经历的创业团队能更好地实现高效率的合作。

比如携程计算机技术(上海)有限公司总裁季琦告诉青年创业者，携程网的成功，除了抓住当初互联网快速发展的契机，有一个良好的创业团队是关键。携程网的团队成员来自美国 Oracle 公司、德意志银行和上海旅行社等，是技术、管理、金融运作、旅游的完美组合。大家在一起创业，分享各自的知识、经验和资源，同时也避免了很多创业“雷区”。

### 11.1.3 创业团队成员间的磨合

团队是公司的魂，是公司最终成功的重要保证。成员间彼此信任，相互团结，可以帮助企业腾飞；同样，成员间的貌合神离、明争暗斗给企业带来的只能是灾难。所以对于创业者而言，学会与合作伙伴磨合，意味着将企业未来几年的命脉与人共享。

在面对爱情时，人们常会坚持“选你所爱、爱你所选”的原则。对于一个创业团队也是这样。在精心挑选合作伙伴，建立起自己的团队后，就要用心去经营，学会与团队成员相处。

1. 志同道合，目标明确

团队的成员应该是一群认可团队价值观的人。团队的目标应该是每个加入团队里的成员所应认可的；否则，就没有必要加入。在明确了一个团队的目标时，作为团队的负责人，应该以这个共同的目标为出发点，来召集团队的成员。团队不是单个人的联合，没有一个共同的理想和目标，就不是一个团队，而是一群乌合之众。这样的团队是打不了仗的。所以，你和你的伙伴应是志同道合的，有共同的或相似的价值追求和人生观。

团队成员应该都是有梦想的人，是为了做出一番事业而非只是为了利益走到一起的。所有的团队成员都必须是对企业的创业项目有热情的人。因为任何人才，不管其专业水平多么高，如果对创业事业的信心不足，都将无法适应创业的需求。

虽然现代企业很看重团队合作，但许多创业者依然有以个人为主、个人为尊的思想意识：我的生意我的事业我做主，容不得他人染指，如果参加进来很多人，这个事业到底是算谁的，其他人不要参与到我的思想中来，更不要参与到瓜分我的利益上来。这就需要每一个团队成员懂得团队精神的重要性。俗话说：“三个臭皮匠，赛过诸葛亮。”团队精神在企业管理中也占有重要地位。微软集团在用人的时候就非常注重团队精神，理由是即使你才华横溢，有超群的技术，可是如果你不懂得与人合作，那么就不能发挥出最好的成绩，只有把企业内部里有着不同的文化背景和知识结构的各种人才有效地联合起来，才能更好地实现高效的配合，达到事半功倍的效果。

2. 加强沟通，知己知彼

绝大多数创业团队的核心成员都很少，一般是三四人，多也不过十来人，如此少的团队成员从企业管理角度来看，实在是“小儿科”，因为人数太少，几乎每个从事管理工作的人都觉得能够轻易驾驭。但实际上，这个创业团队成员虽少，但是都有自己的想法，有自己的观点，更有一股藏于内心的不服管的信念。因此，我们对创业团队中的每个成员都不能抱以轻视的态度。

优秀的创业团队的所有成员都应该相互非常熟悉，知根知底。《孙子兵法》中云："知彼知己，百战不殆。"在创业团队中，团队成员都非常清醒地认识到自身的优劣势，同时对其他成员的长处和短处也一清二楚，这样可以很好地避免团队成员之间因为相互不熟悉而造成的各种矛盾、纠纷，迅速提高团队的向心力和凝聚力。

现在，国内许多大学生选择创业，团队里也多是同学、朋友、校友，但是最终结果是以失败而告终。为什么呢？

因为团队中的成员虽然都是"熟人"，但是彼此之间缺乏交流和沟通，团队成员在心灵上是相互陌生的。甚至在网络上，有的大学生有一项新发明，或者是好创意，立即广发"英雄帖"，呼朋唤友，共同创业，但这样的朋友，毕竟没有共患难的经历，相互之间并不一定非常熟悉，这样的团队成员是缺乏凝聚力的。

这就要求团队成员平时就要注重沟通和交流，在遇到问题和矛盾的时候更要通过协商来解决。沟通和交流的方式和途径非常多，如规定每一星期开一次会，会议的方式可以是微信群、QQ 群等网上交流，也可以是面对面的会议讨论，根据大家的学习和工作时间安排来定，可以灵活处理。关键是要常规化、制度化，使每次交流都达到目的，有问题会议上彻底解决，以达成共识，在执行过程中出现的问题再另行沟通解决。记住：想一切办法让创业团队内所有核心成员变成相互非常熟悉的人。创业团队不需要陌生人！

### 3. 完善股权，照章办事

在个人创业的初始阶段，一定要具有契约意识，就是指创业主导者来寻找一些志同道合的合作人一起来合作发展，并以契约合同明确团队成员在企业中的权利和义务关系，做到利益分配公平合理、清晰明了、没有争议。

创业团队中无论有几个成员，所持有的股份上可以做到大家平均，但在统一规划方面必须确立一个主导者，不然就很容易出乱子。各人的资源不通过一个整体的框架进行调配整合，就是浪费，每个人的执行力若是没有集中在一个方向上，也是浪费，尤其是大家形成决议后，就必须确保集中所有的资源和力量，向一个确定的方向前进。这其实就是民主集中制原则的体现。

若是在形成决议后，每人的思想和行动方向没有一个主导者进行统一规划和约束，那么大家的新思想很容易就会否定老思想，新的行动方向又会不断地取代原来设定的方向，很快就会导致巨大的内耗和矛盾。

郭广昌在《赢在中国》现场告诉创业者："既然是一起创业，肯定不是雇用和被雇用的关系，那当然要有股份了。如果不是在股份合作这个层面的话，就不存在一起创业的问题。至于怎么分，我觉得你要将心比心，很好地跟你的团队去沟通，也就是合作最重要的一点，我觉得不是你看到对方的长处而是你能不能容忍对方的短处。如果怎么分变成一个很大问题的时候，我觉得可能你们之间的默契还有问题。就以我们自己为例，怎么分这个问题从来没有成问题。"

另外，创业企业的股权结构不能太复杂，或者说不能在开始阶段赋予别人太多权利，因为后续的投资人特别是风险投资人，会关注公司的股权结构，如果股权结构太复杂，谈判就很难进行。

对于创业者来说，从企业创立开始就需要制定相对完善的股东协议，从法律层面来明确各个创业者之间和原始投资人之间的关系。

现在创业,已经不是原生态的打白条年代了,而是股份＋期权的契约年代。在中国,兄弟创业也好,伙伴创业也好,能够做大、做好的企业不多,这是因为我们对于创业契约文化的不了解。在团队组合时,有一些事情是要坐下来板着面孔谈清楚,提前做好约定的。

邀朋友到公司来做事,千万别说"请你来帮我",而是要事先讲好规则。友情不能维持合伙关系,事实上生意上的合伙关系很容易破坏多年的友情。

俗话说:"亲兄弟,明算账。"凡涉及权利义务与利益分配问题,应事先讲清楚,不能感情用事,也不能回避不谈。

设计团队成员的股权分配是创业规划时的一项重要工作。创业契约是创业者在找到创业伙伴必然要思考、讨论、制定、执行的公司的第一份契约。合伙要想成功、愉快,必须在合伙之前签好创业契约。有了创业契约,大家各司其职,那么最后可能是一辈子的兄弟、伙伴。如果没有创业契约,那么最后可能很失败或者将股票分持的共存基础都失去。

典型的创业契约应该说明生意的具体目的、说明每个合伙人的有形的资产、财产、设备、专利等和无形的服务、特有技术、关系网等投入,把最基本的责权利说个明白透彻,尤其股权、利益分配更要说清楚,包括增资、扩股、融资等。这样的协议允许合伙人占有的公司股份各不相同,但一定要说明各个合伙人在公司管理中的地位和职务,是否允许合伙人从事公司以外的其他业务等。

创业是一个过程,所以还有一点也很重要,那就是合伙双方以什么样的方式结束合伙关系,对此一定要在协议中写明。即订出"退出机制"来,一开始就要先小人后君子,免得日后谁也说不明白。

任何事情都不可能在最初计划周全,事情是随时都有可能变化的,合作运营过程中,遇到新问题新矛盾一定先说清楚,立下字据,再行动,千万不要先干再说,因为事情发生后都是朝着有利于自己的一方考虑。先干再说,看似快了,其实埋下了隐患,将来就不是速度快慢的问题,而是风起云涌、企业组织颠覆性运动的根源。

### 4. 相互补充,相得益彰

创业团队虽小,但是"五脏俱全"。创业团队成员不能是清一色的技术成员,也不能全部是搞终端销售的,优秀的创业团队成员各有长处,大家结合在一起,正好相互补充,相得益彰。

相对来说,一个优秀的创业团队必须包括以下几种人:一个创新意识非常强的人,这个人可以决定公司未来的发展方向,相当于公司战略决策者;一个策划能力极其强的人,这个人能够全面周到地分析整个公司面临的机遇与风险,考虑成本、投资、收益的来源及预期收益,甚至还包括公司管理规范章程、长远规划设计等工作;一个执行能力较强的成员,这个人具体负责下面的执行过程,包括联系客户、接触终端消费者、拓展市场等。

此外,如果是一个技术类的创业公司,那么还应该有一个研究高手(甚至是研究领导者型人物),当然,这个创业团队还需要有人掌握必要的财务、法律、审计等方面的专业知识。唯有这样,团队成员才能算是比较合格的。

需要补充一点的是,在一个创业团队中,不能出现两个核心成员位置重复的可能性,也就是说,不能有两个人的主要能力完全一样,比如,两个都是出主意的人,两个都是做市场的等,这种情况是绝对不允许的。因为优势重复,职位重复,今后必然会产生各种矛盾,最终甚至导致整个创业团队散伙。这样的例子举不胜举。

那些正打算创业以及已经开始创业的人请仔细思考以上问题,看一看自己的创业团队是否真正做到了各个成员才能各异、相得益彰？如没有，那么，请早做其他打算。

### 5. 心胸博大，宽厚待人

选择好合伙人以后，就需要与合作者或合伙人很好地相处，这样才能够合作得长久，俗语“和气生财”是放之四海而皆准的一句话，否则创业是不会成功的。

创业者应该有博大的心胸，能宽厚待人，懂得如何把握“合作”，懂得“合作”的度，这样才能更多地体会“合作”带给自己的快乐、喜悦和丰收的硕果。

携程网创始人之一的梁建章说过：“我觉得包容性是很重要的，越是高层的领导，他能包容的人越多。我们几个管理层，分歧也有，但都是健康的。一开始的时候，包括模式的确立，大家都提出自己的观点。现在我们的分工非常明确，都是互补性的，大家的决策越来越准确，争吵会少很多很多。”

一个人的心胸决定了他所能达到的事业高度。宽容是合作者首先必备的一种道德品质，内讧是摧毁合作的最大杀伤力。宽容是合作的黏合剂。唯有和谐，合作才能愉快，才能使合作者激发出最大的工作热情和才智，营造一个有竞争力的团体。

在合作过程中，不要太计较小事。“大海航行靠舵手”，组建创业团队最关键的自然是企业的领军人物。企业对人的管理也要审时度势，宽严有度。该管的要管、不该管的事不要管。要“一半清醒一半醉”。要知道，“水至清则无鱼，人至察则无徒”。难得糊涂是创业合作各方的心灵鸡汤和企业运转的润滑剂，这与前面讲的照章办事看似矛盾，其实不是，前者讲的是在没有形成事实的情况下的做法，后者是说已经形成了合作关系就不要太计较了，计较也于事无补。其实，过后经常会发现双方的计较毫无实际意义。

俞敏洪笑言自己是“一只土鳖带着一群海龟奋斗”。他说：“在新东方，没有任何人把我当领导看，没有任何人会因为我犯了错误而放过我。在无数场合下，我都难堪到了无地自容的地步，我无数次后悔把这些精英人物召集到新东方来，又无数次因为新东方有这么一大批出色的人才而骄傲。因为这些人的到来，我明显地进步了，新东方明显地进步了。没有他们，我到今天可能还是个目光短浅的个体户，没有他们，新东方到今天还可能是一个名不见经传的培训学校。”

## 11.2 撰写创业计划书

有人说，创业就是一个不断试错的过程。这个说法是有一定道理的。但是，盲目的创业，不断地在创业过程中犯错，给创业者带来的伤害将是巨大的。很多创业者没能完成试错的过程，就中断了自己的创业之路，因为，他已经无力承担试错所带来的成本的增加。

古人说：“预则立，不预则废。”凡事在行事之前有一个计划安排，就会避免很多不必要的失误。在创业过程中要做到这一点，就要关注本节所讲的问题：创业计划书。

创业计划书就是创业者计划创立的业务的书面概要，它为业务的发展提供了指示图，并成为衡量业务进展情况的标准。众所周知，盖楼时要先设计工程图纸，然后才能施工。这一原则同样适用于我们大学生创业。正如美国俄亥俄州立大学创业研究中心的罗伯特 F. 谢勒(Robert F. Chelle)主任所言：“商业计划必须受到重视。创业之路如同航行在大海之上，漫无边际，深不可测，所以必须认真调查，花费时间，制订合理的商业计划。”

### 11.2.1　为什么要制订创业计划书

#### 1. 有利于创业者理清思路

创业计划书作为全面描述与创建新企业有关内外部环境条件和要素的书面文件，旨在阐述商机的意义、要求、潜在风险和收益，以及如何抓住这个商机。它涵盖新企业创建中所涉及的市场营销、生产与运营、产品研发、管理、财务、风险以及各阶段目标完成的时间表。对创业者而言，资源就像画家的颜料和画笔，只有当他们有了创作灵感的时候，才会在画布上挥毫泼墨。创业者心目中的画布就是创业计划书。单看画布本身是空而无物的，关键是要通过创业计划书的描绘，看能否以及怎样将创业思路、创业团队和资源变成一副成功的作品——新企业的清晰面貌：怎样创建这个企业、企业发展定位是什么、发展战略是什么，以及企业的预期目标又是什么。可见，创业计划书不仅是创业者成功创建新企业的运营路线图，还是管理新企业的"第一份"纲领性文件和执行方案。在撰写创业计划书时，创业者被迫系统地思考新创企业的各个因素，从而使自己的创业梦想更具可行性。当创业者决定把一个商机转变成一个完整的商业计划时，就必须思考、推理并付之行动。撰写创业计划书是一项集辛苦、创造性和重复性为一体的工作。新的见识、新的灵感常会在写作过程中"灵光一现"(即写作使人产生灵感)，起初前景尚不明朗的商机可能会显示出较大的发展潜力；同时在撰写过程中还能够促使创业团队仔细考虑企业的各个方面，使一些最重要的目标和事项达成一致。可见，撰写创业计划书的重要价值在于帮助创业者团队厘清创业思路，明晰企业发展蓝图、战略、资源以及人员匹配要求。

#### 2. 有利于创业者付诸行动

完成一份精心设计的创业计划书通常需要花上数日或者数个星期进行市场调查研究。这将迫使创业者行动起来，为客观理性地评判创业项目而采取必要的前期行动。创业计划书所包含的产业分析、市场分析以及财务分析，将使创业者更加全面、更加清醒地检查企业预期成就与现实之间的差距。这些分析不能只是停留在思考层面上，而必须要创业者做大量的市场调研和资料收集，使创业计划书的各项目标得以量化。这些前期准备将为创业者今后的创业行为提供可度量的标准。创业计划书涉及企业的诸多方面，难免有不妥或遗漏之处，作为企业的"自我推销"文件，在供外部读者评估审阅时，有机会得到他人的指导，使计划更加切实可行。一份高质量的创业计划书，既是与外部投资者沟通的桥梁和媒介，又是统一企业员工思想，齐心协力沿着新企业发展目标前进的路标。实际上，撰写创业计划书的过程也就成为一个企业形象创设的实践过程。另外，撰写创业计划书对于面临资本束缚的创新型企业来讲，不仅是相当必要的，而且是其推销自我和自己的创业项目并获得创业资本和资源的重要工具。可见，创业计划书的撰写是创业者对时间和金钱的绝佳投资。

#### 3. 有利于创业者做最后的决策

一个创业灵感往往只是一个理想的火花，没有任何别的方式比完完整整地把它写出来更能有效地检验创意的逻辑性与一致性。有些创意听起来可能很棒、很诱人，但是，当你把所有的细节和数据写下来的时候，自己就崩溃了——发觉创业项目与创业者的个人目标和期望并不一致,或根本没有实现的可能。那么,此时做出放弃创办新企业的决定,应被看作撰写创业计划书的又一种重要作用。创建新企业犹如作战,创业者如果一条路暂时行不通,应立马回头,及时调整方向,通过另一条创意之路走向成功,这又何尝不是一种胜利?这就是我们常说的"有一种胜利叫撤退,有一种失败叫占领"的应变策略。由此看来,撰写创业计划书的真正价值,不是完成计划书本身,而是源于形成完整创业计划书的过程中。

### 11.2.2 撰写创业计划书的基本准则

美国创业管理专家约瑟夫·R.曼库索(Joseph R. Mancuso)认为:"没有商业计划你不能筹集到资金……就它本身而言,一份商业计划就是一项艺术性的工作。它是表达企业和赋予企业人格化的证明。每个计划都如同雪花,个个不同,而每个都是一个独立的艺术品。每个都是企业家个性的反映。就像不能复制别人浪漫的方式,你也需要寻求区别你的创业计划与众不同之处。"

创业计划书的读者主要是两类:一类是新企业的内部人员,一类是企业外部利益相关者(即银行、潜在的投资者、服务商、供应商、应聘者等)。由于两类读者所处的地位不同,看问题的出发点不同,对创业计划书内容的偏好就各有不同。这两类读者作为创业计划书的服务对象,他们最希望看到什么样的内容,创业计划书就应该向他们呈现什么样的内容。因此,撰写创业计划书应遵循以下基本准则。

#### 1. 突出要点,抓人眼球

设计一个精彩的实施概要。创业计划书的阅读者大都惜时如金,他们快速浏览实施概要、了解新企业的概貌后,觉得计划很有说服力和吸引力,才会继续看下去。因此,一份好的实施概要应该能让投资者了解新创企业的吸引力所在,能够使投资者看到关于企业长期使命的明确论述,以及人员、技术和市场的总体情况。实施概要好比一个人的脸,而封面、目录及企业名称好比眉毛、眼睛和鼻子,最先看到的是后者。这些部分是否"修饰"得美观整洁,直接影响阅读者对创业计划书质量的"第一印象"。因此,撰写实施概要时力求做到简明扼要、条理清晰。

#### 2. 注重外观,制作精美

创业计划书中的封面、目录、实施概要、附录、图表等部分是否合理编排、美观整洁,创业计划书的排版是否规范,装订是否整齐美观……这些都直接影响阅读者对创业计划书的评价。设计、排版、装订和印刷如果显得粗糙,会让阅读者对创业者对于该项目的重视程度以及创业者个人素质产生误判。

#### 3. 文风朴实,切忌浮夸

成功的创业计划书以其客观性说服、打动读者。创业计划书要吸引人,必须切合实际,不能过分乐观。过分乐观的陈述或预测会破坏它的可信度。例如,有关销售潜力、收入预测估算、增长潜力都不要夸大。最优、最差、最可行的方案,都要在创业计划书中体现出来。实际上,许多风险投资者常使用一种"计划折扣系数",认为"成功的新企业通常只能达到他们计划财务目标的大约50%。"因此,撰写创业计划书时,应实事求是,切忌过分夸张,言过其实。

4. 正视风险，未雨绸缪

有的计划书中只谈可行性，而对面对的问题和困难估计不足。但是阐述新企业在运营过程中可能会遇到的风险因素，是创业计划书中不可或缺的部分。这部分内容是投资者和银行所关注的重点。识别并讨论新企业中存在的风险，可以证明创业者作为一名准职业经理人的综合素养，可以增加投资者对创业者团队的信任度。风险的危害性就在于其未知性，已知的风险常常不是风险。所以，主动指出并讨论风险，有助于向投资者表明，创业者已清醒地考虑过它们并且能够处理和控制好这类风险。因此，在创业计划书中讨论风险，是为了显示创业团队的风险管理能力。创业计划书中如果没有重视计划中可能存在的瑕疵，对潜在的风险避而不谈，这样的创业计划书一般很难被投资者和银行所认可。

5. 展示实力，增强信心

创业计划书中一定要让投资者接收到创业团队具有较强管理能力和资源整合能力的信号，这些信号是他们最想知道的信息。因此，创业计划书在介绍创业团队时，要通过团队成员的综合能力、先前经验、教育背景以及志向、志趣与品德等信息，塑造一个创业热情高、专业经验丰富、人脉资源广、创新能力强、专业知识优势互补的创业团队形象。

### 11.2.3 创业计划书的内容

一本创业计划书主要有三大部分。第一是项目主体的部分，就是项目的主要内容。第二是财务相关的数据，比如说预测会有多少的营业额、成本如何、利润如何，为此未来还需要多少的资金周转，等等。第三是附录，比如说有没有专利证明、有没有专业的执照或证书，或者是意向书、推荐函。通常一本计划书写下来有一百多页，所以在前面需要写份摘要。摘要的目的是快速使阅读者对本计划书有一个整体的了解，只要一页就可以了。

就具体内容来说，除了摘要和附录，一份创业计划书的主体部分可以分成如下十大章。

第一章：项目描述，就是创业项目到底是什么。必须描述所要进入的是什么行业；是买卖业、制造业还是服务业；卖什么产品或者提供什么服务；谁是主要的客户；进入产业目前的生命周期是处于萌芽、成长、成熟还是衰退阶段；要进入事业的企业是新创的还是加入或承接既有的；是要用独资的方式还是合伙或公司的形态；为何能获利、成长；打算何时开业；要不要配合节庆；营业时间有多长；是否有季节性。

第二章：产品/服务。企业提供什么样的产品或服务；有什么特色；产品的特色能带给客户什么利益；你的东西跟竞争者有什么差异；如果你的产品或服务是创新、独特的，如何使人产生购买欲；如果你的产品服务并不特别，其卖点又在哪里。

第三章：市场。就是先界定目标市场在哪里，客户的年龄层分布情况。是在既有的市场去服务既有的客户，还是在既有市场去开发新客户；是在新市场去服务既有客户，或是在新市场去开发新客户；不同的市场、不同的客户都有不同的营销方式。市场营销就是要先找到客户是谁，找出客户后想办法，让客户从口袋把钱拿出来买你的东西。销售时要知道真正的客户在哪里；产品对客户有什么样的利益；要用哪种营销方式；是直销还是要找经销商；怎样去定位、上市、促销，这些都跟市场规模多大、想要有的市场占有率和每年成长的潜力有关。当市场成长时，市场占有率会上升或下降；市场是否竞争激烈；怎么定价；预算怎么做；要采取什么样的策略，等等。

第四章：地点。地点的选择对一般公司可能影响不那么大，但是如果要开店，店面地点的选择就很重要，要不然为什么麦当劳要开在街口转角。通常一个不好的地点绝对会让你关门大吉，好的地点会使利润更多。

第五章：竞争。当要创业或要进入一个新市场时，当然要先做竞争分析。竞争有时是来自直接的竞争者，有时是来自其他的行业，所以当一个新竞争者进入在经营的市场时要做竞争分析。可以从以下几个方面展开：谁是最接近的五大竞争者；他们的业务如何；他们与项目相似的程度；从他们那里可以学到什么；如何做得比他们好。

第六章：管理。据调查，中小企业 98%的失败是因为管理的缺失，其中 45%是因为管理缺乏竞争力，目前还没有明确的解决之道；20%是因为公司内部专业不均衡，这要求提高自己的专业性；18%是缺乏管理经验，要找互补性的创业伙伴来弥补；9%是没有相关产业的经验；3%是经营者掉以轻心；2%被人家欺诈背信；1%是由于天然或人为的灾难，其他原因占到2%。可见，科学的管理对中小企业的重要性。所以，在计划书中，要以建立结构合理的创业团队为目标，依据团队成员各自的优势、劣势，明确创业团队之间如何互补，彼此间职务及责任如何分工，职责是否界定明确以及是否有其他资源可分配和取得等。

第七章：人事。要明确现在、半年内、未来三年内的人事需求；还需要引进哪些专业技术；人才引进的方向；人才的结构情况；员工的薪水、福利状况；员工的教育培训；人事成本的情况等。

第八章：财务规划。财务规划一般要包括以下内容：创业项目计划书的条件假设；未来3 年的损益表、资产负债表和现金流量表预估情况（第 1 年报表要以每月为基础，第 2、3 年则以每年为基础）；筹资/融资款项的运用以及筹融资款对利润的贡献；供货商、规格、品牌、价格、数量、运费、税金的计算等。

第九章：风险。经营企业一定会有风险，平时就要注意。不是说有人竞争就是风险，风险可能是：市场变动、竞争对手太强、客源流失，还有进出口会有汇率变动的风险、自然灾害带来的风险等，这些风险对创业者而言，甚至会导致创业失败，因此，风险评估及应对策略是创业计划书中不可缺少的一项。

第十章：成长与发展。在创业计划书中要想：下一步要怎么样，三年后要怎么样，五年以后要怎么样，这个计划是要能永续经营的，所以在规划时要做到深耕化、多元化和全球化。

### 11.2.4 创业计划书的重点

如果按照创业设计的内容要求撰写创业计划书，文字肯定很长，大家在撰写中，应把握住以下四个重点。

#### 1. 创业名称

创业名称可以是你的创业项目，也可以是创办公司的名字。既要有丰富的内涵，能够体现创业的属性和内容；又要形象直观，简洁明快、好记易懂，能够吸引人。创业名称是所有创意的高度概括，必须花精力和智慧起个好名称。恰当的名称对设计能起到画龙点睛的作用。

#### 2. 可行性论证

创业必须可行，富有前景。创业设计的大部分工作就是做可行性论证。包括市场预测、投资收益、政策环境、风险评估等。

### 3. 投资报酬分析

实际生活中我们往往不是没有设想,而是许多设想的投资太高,缺少回报。创业就要有回报,否则冒风险、花精力、时间、资金、资源干什么呢?所以对项目的回报情况应当格外重视。

### 4. 创业运作方案

创业计划书应有具体的行动计划,包括企业如何组织生产,如何把产品推向市场,如何经营管理,如何进一步发展等运作设想。必要时还可设计运作模型。

创业计划书范例如下。

**特色小吃店创业计划书**

(一) 背景

上海小吃在南宋时即有记载,明初上海成为东南名邑,制作渐趋精美,在清朝时随着上海商业日益繁荣,应时适令的各类米、面类小吃品种更为丰富。

清末,上海列为对外通商口岸后,相继吸取了各地风味小吃精华,几乎包括了全国各主要地方的特色,并加以发展和提高,形成自己的特色。

上海小吃特点是品种繁多,兼具南北风味;选料严谨,制作精细;应节适令,因时更变;供应方便灵活。它的口味,既不同于粤港地区的纯甜味,也有别于四川、重庆的麻辣味,而是以清淡、鲜美、可口著称。上海的小吃,有蒸、煮、炸、烙,品种很多,最为消费者喜爱的,莫过于汤包、百叶、油面筋。这是人们最青睐的"三主件"。

(二) 目标

上海小吃店除希望宣扬上海小吃的独特风味,我们更希望从中获利。计划小吃店将在两年内转亏为盈(据调查一般小型餐饮业前期投资较大,资金回本耗时较长,一般在两年左右)。预计在一年后每月除税纯利达到 2 万元。

(三) 市场分析

人的口味一旦养成,确实是比较难改变的,就像湖南人、四川人喜欢吃辣的,江浙人喜欢吃甜的,这些人往往走到哪里都觉得家乡菜是最好吃的,而且,这些人一般都有一个固定的圈子,只要做得好,舆论的力量是巨大的,所以,只要正宗,小吃吸引在外地的本乡人,不是一个很难的问题。

(四) 地点

小吃店计划定在深圳南山蛇口,具体原因如下。

要在外乡开这样的小吃店,一定要注意,本乡人在这个地方要多,而据调查蛇口一带江浙人士居多。

在蛇口衣食住行都很便利,附近有至少 3 个大型商业圈,花园城沃尔玛、海雅百货和南山书城、海岸城。因购物非常方便,人流量较高。另外,当地的人群消费能力较强,因上海小吃制作成本较高,需要具有较强消费能力的顾客。

交通便利,方便距离较远的顾客。另外临近香港,有两个过关通道,一个是深圳湾口岸,一个是蛇口港。不少港人喜欢上海风味,店面定在此处可吸引不少香港顾客前来光顾,并且香港消费较高,故港人周末还是很喜欢来此消费,为小吃店周末带来不错的客流。

治安很好,毕竟大学生开家小店不容易,本身手握的资金就不多,经不起黑道的打压(收保护费、故意烫伤收取高额赔偿金等)。

(五)顾客

因为上海本帮菜大都讲究浓油赤酱,较符合江浙、港台、日本地区顾客的口味。

本店菜品定价会比市场价较高,一来因小吃师傅人工贵;二来原料从上海空运过来成本略高。故价格方面会面向大学生、白领阶层等有一定消费能力人士。

(六)营业时间

上午六点至两点整;下午五点半至十点半,周末及公众假期晚上延长两小时营业时间。

(七)特色产品

1. 生煎馒头

生煎馒头可以说是土生土长的上海点心,据说已有上百年的历史。生煎馒头是用半发酵的面粉报上鲜肉和肉皮冻,一排排地放在平底锅里油煎,在煎制过程中还要淋几次凉水,最后撒上葱花和芝麻就大功告成了。

生煎馒头底酥、皮薄、肉香。一口咬上去,肉汁裹着肉香、油香、葱香、芝麻香喷薄而出,味道一级。在我们店里生煎馒头如今也有了一定的"美味"发展,蟹肉生煎馒头、鸡肉生煎馒头的口味也都是一级棒的,属我们店里够传统也有新意的小吃。

2. 小笼包

小笼包驰名中外,已有百年历史。小笼包选用精白面粉擀成薄皮;又以精肉为馅,不用味精,用鸡汤煮肉皮取冻拌入,以取其鲜,撒入少量研细的芝麻,以取其香;还将根据不同节令取蟹粉或春竹、虾仁和入肉馅,一两面粉制作十只,形如荸荠呈半透明状,小巧玲珑。上桌后,戳破皮子,汁满一碟,皮薄、汁鲜、肉嫩、馅丰。当属本店主打产品。

3. 三鲜小馄饨

上海人对馄饨的大小分得特别清楚,一般小馄饨只有在早餐时分方可见着。上海的三鲜馄饨有别于无锡的三鲜馄饨。馄饨馅并不是鲜肉、海米(上海人称开洋)、榨菜制成的馅心,而是纯肉的。所谓三鲜名堂皆在汤里,蛋丝、虾皮、紫菜此三鲜调出薄皮包裹着的鲜肉,口感咸香爽滑。计划只在早餐、夜宵时间供应,取物以稀为贵之意。

4. 油豆腐粉丝汤

干点配湿点,这是平常上海人习惯的饮食方法。而湿点中油豆腐粉丝汤则是保留项目。虽然它看上去有点清汤寡水,但配生煎等油腻的点心,则是绝配。计划搭配销售,以增销量。

5. 开洋葱油拌面

以熬香的葱油和烧透的海米,和面条一起拌着吃。

6. 条头糕、薄荷糕

南南北北,糕点是中国人拿手的点心。论起上海的糕点,恐怕掰上脚趾,你都数不过来。但被上海人广为喜爱的,要数条头糕和薄荷糕,还有双酿团之类的。条头糕,糯米粉揉细沙(不是裹着细沙,而是两者揉在一起)做成长条状,油炸了之后更好吃。薄荷糕,糯米粉里拌着些许的薄荷粉,点缀着红绿丝。计划分时段交叉推出,一来避免成品积压,二来让顾客保持新鲜感。

7. 蟹壳黄

发酵面加油酥制成皮加馅的酥饼。饼色与形状酷似煮熟的蟹壳。成品呈褐黄色,吃起来酥、松、香。因蟹壳黄不易保存,故计划限时销售,时间定在下午人们下班、放学时段。

8. 擂沙圆

擂沙圆是上海的风味名点之一，已有 70 多年的历史。相传在清代末年，上海三牌楼一带有一姓雷的老太太，以设摊卖汤团为生。为多做些生意，她想方设法弥补汤团存放和携带不便的缺陷。开始，她把汤团表面滚了一层糯米干粉，后又试制了各类干粉，结果采用赤豆粉效果甚佳，大受食客欢迎。后人为了纪念她，就把这种汤团取名擂沙圆。擂沙圆有许多品种：鲜肉、豆沙、芝麻等。其色粉红，豆香浓郁，软糯爽口。

可使用乔家栅点心店制作好的半成品回来简单加工，减少人力，十分方便。

9. 排骨年糕

排骨年糕是上海的一种经济实惠、独具风味的主吃，适合作为工作餐销售。

（八）销售方法

为了卫生起见，本店以快餐店形式经营。顾客首先需在收银处购买食物券，然后自由选择座位，等待服务员上菜。

（九）装修与设施

(1) 店铺装修：装修风格将仿 20 世纪 80 年代老上海的样式，同时加入一些现代的流行元素。

(2) 座位摆放：为了容纳更多的顾客，我们购入了圆桌子，相信这比方形桌子较为节省空间。另外，我们还购买多张靠背椅，希望顾客能在一个舒适的环境中享受我们的美食。

(3) 厨房设置：一个炒菜的内部厨房；一个临街的面点间(让路人看到店里热气腾腾，厨师来来往往，制造出热闹、繁荣的景象，也方便过路的客人提取外卖)。

(4) 收银处：我们将购入一台收款机，此收款机可以打印食物券和储钱。

(5) 洗手间：店内设有男、女洗手间各一间。

（十）物料供应

与某家物流公司签订长期合约，原料每天空运到货，保证新鲜。

（十一）招聘员工

计划在开业前一个半月于报纸刊登招聘启事(请参阅附件：招聘启事)，招聘厨房员工三名及店务员三名，并于开业前两星期向员工提供培训。

（十二）宣传

(1) 刊登杂志专栏；

(2) 派发宣传单张；

(3) 开业期间宣传优惠，例如参加团购活动，吸引顾客；

(4) 提供学生优惠。

（十三）资金预算(略)

（十四）牌照及公用事务申请

(1) 商业登记；

(2) 执照；

(3) 卫生消防；

(4) 水、电申请；

(5) 电话申请。

（十五）预期遇到的困难和解决方法

(1) 招工困难。近年，我市餐饮业得到很大发展，各个餐馆的用工规模不断扩大，这在客观上加剧了用工短缺现象。即使招到员工，也是短期工居多，长期工几乎没有。

解决办法：为员工交纳社保，使其感觉生活有保障；通过培训和日常管理培养员工的忠诚度。

(2) 不熟悉市场，备料过剩导致食材过期霉变，造成资源浪费。

解决方法：做足市场调查，冷门菜品备料需较其他菜品少；时时关心，不让厨房随意浪费资源；当某种菜品出现积压时，尽快推销出去或以活动形式赠送出去。

**知识链接**

**商业计划书的写作要素"8C"法**

1. Company(公司/团队)

介绍创业企业和创业团队的详细情况。通过详细介绍使读者了解并信任你的公司和创业团队。

2. Concept(概念)

介绍公司的核心产品，让读者能快速、准确地了解公司卖的是什么。

3. Customer(顾客/市场)

告诉读者顾客是谁，顾客的范围是什么。进行详细的市场分析，让读者明白市场需求、市场规模和市场前景，进而明确投资回报情况。

4. Competition(竞争)

让读者明白你的竞争对手是谁，他们有什么优势、劣势。与之相比，你的竞争能力如何，有没有竞争获胜的法宝。

5. Capabilities(能力)

对产品的把握是否到位，技术是否纯熟，能力是否足够。

6. Capital(资本)

创业项目投资总额是多少，有多少自有资本，资金来源和融资渠道有哪些，所得投资将主要用于哪些方面。

7. Conduct(经营/管理)

介绍企业的经营策略、营销战略、管理体制等相关内容。

8. Continuation(后续经营)

当事业赢得开局后，后续的计划如何，短、中、长期的发展规划分别是什么。

## 11.3 企业形式的确定

### 11.3.1 企业的法律形式

在市场经济条件下，企业是以企业法人的形式存在的，是法律上和经济上独立的经济实体。任何一个投资人在创建企业时，都会面临如何选择企业的法律形式的问题。作为有创业梦想的大学生，我们首先要对我国企业有哪些法律形式有一定的了解。

从工商部门的统计数据来看，个体工商户、个人独资企业、合伙企业、有限责任公司四种法律形式是我国当前创办企业最常见的企业法律形式。一般来说，创业者新创办的企业都是小型企业，对于大学生创业，登记注册的企业法律形式基本上分为以下四种。

### 1. 个体工商户

公民在法律允许的范围内，依法经核准登记，从事工商业活动的即为个体工商户。

个体工商户的字号名称在申请登记管辖机关范围内同一行业中不得重名。个体工商户的字号名称一般应体现所属行业，字号名称前冠以区县地点，直接冠市名的须经市级工商行政管理部门核准后方可使用。

个体工商户可以个人经营，也可以家庭经营。个人经营的，以个人全部财产承担民事责任；家庭经营的，以家庭全部财产承担民事责任。除以上形式外，个体工商户也可以个人合伙形式经营，即由两个以上公民自愿组成，共同出资，共同劳动经营，但从业人数不得超过 8 人。

### 2. 个人独资企业

个人独资企业是指依照《个人独资企业法》，在中国境内设立，由一个自然人投资，财产为投资人个人所有，投资人以其个人财产对企业债务承担无限责任的经营实体。

（1）个人独资企业设立的条件

① 投资人为一个自然人，而且只能是中国公民。

② 有合法的企业名称。个人独资企业不能使用“有限”“有限责任”或“公司”字样。个人独资企业的名称可以是厂、店、部、中心、工作室等。

③ 有投资人申报的出资。设立个人独资企业，投资人可以用货币出资，也可以用实物、土地使用权、知识产权或其他财产权利出资。以家庭共同财产作为个人出资的，投资人应当在设立登记申请书上予以说明。

④ 有固定的生产经营场所和必要的生产经营条件。

⑤ 有必要的从业人员。

（2）个人独资企业的法律特征

① 在组织结构形式上，个人独资企业是由个人创办的独资企业，其投资者是一个自然人。国家机关、国家授权投资机构或国家授权的部门、企业、事业单位等都不能作为个人独资企业的设立人。

② 在责任形态上，投资者个人以其个人财产对企业债务承担无限责任。投资人以家庭共同财产作为个人投资的，以家庭共有财产对企业债务承担无限责任。这是个人独资企业区别于有限责任公司和股份有限公司等企业形式的基本特征。

③ 从性质上看，个人独资企业是非法人企业。个人独资企业没有独立的资产，企业的财产就是投资人的财产，企业的责任就是投资人的责任。因此，个人独资企业无独立承担民事责任的能力。个人独资企业虽然不具备法人资格，却是独立民事的主体，能够以自己的名义从事民事活动。

（3）个人独资企业的经营方式

是指经登记机关核准登记的个人独资企业经营活动所采用的方式或方法。一般有：自产自销、代购代销、来料加工、来样加工、来件装配、零售、批发、批零兼营、客运服务、货运服务、代客储运、装卸、修理服务、咨询服务等。代理销售、连锁经营是新产生的经营方式。国家允许个体工商户和私营企业采取的经营方式，个人独资企业均可以采用。

（4）个人独资企业可以从事的业务行业

个人独资企业是私营企业，凡是个体工商户和私营企业可以从事的行业，个人独资企业均可从事；凡是国家禁止个体工商户和私营企业从事的行业、经营的商品，个人独资企业也不得从事和经营。个体工商户和私营企业可以从事的行业有工业、商业、交通运输业、建筑业、饮食服务业、修理业、科技咨询以及文化娱乐业等，个人独资企业也可以从事这些行业。国家有关法律、行政法规规定，个体工商户和私营企业不得从事下列行业：军工业、邮电通讯业、铁路运输业、金融保险业等，个人独资企业也不可以从事这些行业。

(5) 个人独资企业对投资人的限制

根据《个人独资企业法》规定，法官、检察官、警察、公务员、现役军人不能作为个人独资企业投资人。

(6) 个人独资企业对投资人出资的规定

个人独资企业是无限责任形式的企业，企业投资人不仅要以其出资对企业承担责任，还要以个人的其他财产承担无限责任。《个人独资企业法》规定，设立个人独资企业应当有投资人申报的出资。个人独资企业的出资额由投资人自愿申报，投资人不必向登记机关出具验资证明，登记机关也不审核投资人的出资是否实际缴付。个人独资企业投资人应当在申请设立时明确是以个人财产出资还是以其家庭财产作为个人出资。

(7) 个人独资企业的优点

企业设立、转让和解散等行为手续非常简单，仅需向登记机关登记即可；企业主独资经营，制约因素较少，经营方式灵活，能迅速应对市场变化；利润归企业主所有，不需要与其他人进行分享；在技术和经营方面易于保密，利于保护其在市场中的竞争地位；若企业因个人努力而使企业获得成功，则可以满足个人的成就感。

(8) 个人独资企业的缺点

企业主将承担无限责任，也就是说，当个人独资企业财产不足以清偿债务时，必须以其个人的其他财产予以清偿，因此经营风险较大；一般来说，个人独资企业受信用限制不易从外部获得资金扩大规模，如果企业主资本有限或者经营能力不强，则企业的经营规模难以扩大；一旦企业主发生意外事故或者犯罪、转业、破产，则个人独资企业也随之不复存在。

### 3. 合伙企业

合伙企业是指依照《中华人民共和国合伙企业法》在中国境内设立的，由各合伙人订立合伙协议，共同出资、合伙经营、共享收益、共担风险，并对合伙企业债务承担无限连带责任的盈利性组织。

合伙企业是一种古老而富有生命力的共同经营方式，它以自身的特点和优势大量存在于世界许多国家的诸多行业之中，有许多国际知名的大企业在创业阶段甚至已经成长为大规模企业后都采用了合伙企业的组织形式。

(1) 合伙企业的主要特征

① 合伙企业以合伙协议为成立的法律基础。合伙协议是调整合伙关系、规范合伙人相互权利义务、处理合伙纠纷的基本法律依据，对全体合伙人具有约束力，是合伙得以成立的法律基础。

② 合伙企业须由全体合伙人共同出资，合伙经营。出资是合伙人的基本义务，也是其取得合伙人资格的前提条件。合伙人必须合伙参与经营活动，从事具有经济利益的营业行为。

③ 合伙人共负盈亏，共担风险，对外承担无限连带责任。合伙人既可以按其对合伙企业的出资比例分享合伙盈利，也可按合伙人其他办法来分配合伙盈利。当合伙企业财产不足以

清偿合伙债务时，合伙人还需要以其他个人财产清偿债务，即承担无限责任，而且任何一个合伙人都有义务清偿全部合伙债务，即承担连带责任。

④ 合伙制企业的数量不如个人独资企业和公司制企业多，一般在广告、商标、咨询、会计师事务所、法律事务所、股票经纪人、零售商业等行业较为常见。

(2) 合伙企业的设立条件

① 有两个以上的合伙人，并且都是依法承担无限责任者。人数上限没有限定。合伙人只能是自然人，不能是法人。

② 有书面合伙协议。合伙协议应当载明的事项有：合伙企业的名称和主要经营场所的地点；合伙目的及合伙企业的经营范围；合伙人的姓名及其住所；合伙人出资的方式、数额和缴付出资的期限；合伙企业的解散与清算；违约责任。

③ 有各合伙人实际缴付的出资。可以是货币、实物、土地使用权、知识产权或其他财产权利出资，甚至可以用劳务出资。对出资的评估作价可以由合伙人协商确定，无须验资。

④ 有合伙企业名称。合伙企业在其名称中不得使用“有限”或者“有限责任”字样。

⑤ 有经营场所和从事合伙经营的必要条件。

(3) 合伙企业的优点

因为合伙人具有不同的专长、经验和资源，能够发挥团队作用，增强企业的实力；由于出资人较多，扩大了资本来源和企业信用能力；管理能力和资本实力的提高，增强了企业扩大经营规模的可能性。

(4) 合伙企业的缺点

存续期内，当某一个合伙人有意向合伙人以外的人转让其在合伙企业中的全部或部分财产时，必须经过其他合伙人的一致同意，其资本流动性较差；当合伙企业以其财产清偿合伙企业债务时，其不足部分，有各合伙人用其在合伙企业出资以外的个人财产承担无限连带清偿责任；尽管合伙企业的资本来源及信用能力比个人独资企业有所提高，但其融资能力仍然有限，不易充分满足企业进一步扩大生产规模的资本需要。

### 4. 有限责任公司

有限责任公司是指股东以其出资额为限对公司承担责任，公司以其全部资产对公司的债务承担责任的法人企业。

股份有限公司由于注册资本要求较高，且需经省级政府部门的批准，不为一般的创业者所采用。合伙或个人独资公司因创业者须承担无限责任，选择这两种企业形式的也较少。有限责任公司内部的法律关系界定得比较清楚，规范起来也相对容易，企业以注册资本对外承担责任，投资者不负连带责任。因此，有限责任公司是绝大多数创业者所乐于采用的组织形式。

其优点是：公司的股东只对公司承担有限责任，与个人的其他财产无关，可以通过转让股票来转移风险；通过公开发行股票，可以提高公司的知名度，增强企业融资能力；同个人独资企业和合伙企业相比，公司的所有权与经营管理权分离，可以聘任专职的经理人员管理公司，公司治理水平提高，更能够适应激烈的市场竞争。

其缺点是：公司设立的程序比较复杂，创办费用高；按照相关法律要求，股份有限公司需要定期披露经营信息，公开财务数据，容易造成商业机密的外泄；由于公司是从社会吸纳资金，为了保护利益相关者，政府对公司的限制较多，法律法规的要求也较为严格。

有限责任公司的组织机构要素有如下几部分。

(1) 股东会

有限责任公司股东会由全体股东组成，股东会是公司的权力机构。股东会行使下列职权：决定公司的经营方针和投资计划；审议批准董事会的报告；选举和更换董事、决定有关董事的报酬事项；选举和更换由股东代表出任的监事，决定有关监事的报酬事项；审议批准监事会或监事的报告；审议批准公司的年度财务预算方案、决算方案；审议批准公司的利润分配方案和弥补亏损方案；对公司增加或减少注册资本做出决议；对发行公司债券做出决议；对公司向股东以外的人转让出资做出决议；对公司合并、分立、变更公司形式、解散和清算等事项做出决议；修改公司章程。

(2) 董事会

有限责任公司设立董事会。董事会是股东会的执行机构，由3～13名董事组成。董事会设董事长1人，可以设副董事长1～2人，董事长为公司的法定代表人。股东人数较少和公司规模较小的有限责任公司可以只设一名执行董事，不设董事会。

股东会会议由董事会召集，董事长主持，董事长因特殊原因不能履行职务时，由董事长指定的副董事长或其他董事主持。董事会对股东会负责，行使下列职权：负责召集股东会，并向股东会报告工作；执行股东会的决议；决定公司的经营计划和投资方案；制订公司的年度财务预算方案、决算方案；制订公司的利润分配方案和弥补亏损方案；拟订公司合并、分立、变更公司形式、解散的方案；决定公司内部管理机构的设置；制订公司增加或减少注册资本的方案；聘任或解聘公司经理(总经理)；根据经理的提名，聘任或解聘公司的副经理、财务负责人，决定其报酬事项；制定公司的基本管理制度。

(3) 监事会

有限责任公司经营规模较大的，可以设立监事会，其成员不得少于3人。监事会应在其组成人员中推选1名召集人。

监事会由股东代表和适当比例的公司职工代表组成，具体比例由公司章程规定。监事会中的职工代表由公司职工民主选举产生。有限责任公司股东人数较少和规模较小的，可以设1～2名监事。董事、经理及财务负责人不得兼任监事。

监事会或监事行使下列职权：检查公司财务；对董事、经理执行公司职务时违反法律、法规或公司章程的行为进行监督；提议召开临时股东会；当董事和经理的行为损害公司的利益时，要求董事和经理予以纠正；公司章程规定的其他职权。

(4) 经理

有限责任公司设经理，由董事会聘任或解聘。经理对董事会负责，行使下列职权：主持公司的生产经营管理工作，组织实施董事会决议；制定公司的具体规章；拟订公司的基本管理制度；组织实施公司年度经营计划和投资方案；拟订公司内部管理机构设置方案；提请聘任或解聘公司副经理、财务负责人；聘任或解聘除应由董事会聘任或解聘以外的管理人员；公司章程和董事会授予的其他职权。经理列席董事会会议。

### 11.3.2 影响企业法律形式选择的因素

以上各种企业法律形态各有利弊，不能简单地说某种企业法律形态最好或最差，那么我们在确定企业法律形式时又该怎样选择呢?

一般来说，选择企业法律形态应当考虑以下几个因素：拟创办企业的规模大小；所拥有的资金有多少；准备创业的行业的发展前景如何；共同创业人数多少；能承受怎样的风险。

### 1. 资金准备情况

我国法律规定，个体工商户、个人独资企业、合伙制企业注册资金实行申报制，没有最低限额要求。对于有限责任公司，法律规定资本最低限额为 3 万元；一人有限责任公司为 10 万元。因此，创业者在选择企业法律形式时首先应考虑的就是自己创业资金的准备情况，如果资金充足，可以考虑创办有限责任公司；如果资金不足，应考虑选择比较简单的企业形式，如个体工商户或合伙企业。

### 2. 行业特征

所注册的企业如果符合注册高新技术企业的条件，可以充分利用国家对高新技术企业的扶持政策，注册高新技术企业，选择有限责任公司或股份有限公司等企业形式。这不仅可以更有效地筹集资金，也可以合理地规避风险。目前我国各地方对高新技术企业划定的条件和扶持政策不完全一样，创业者一定要了解当地对高新技术企业的具体规定。

### 3. 税费因素

在我国，不同形式的企业，所承担的税费有所不同。创业者在选择企业形式时也必须考虑企业的税负。国务院宣布从 2001 年 1 月 1 日起对个人独资、合伙企业停征企业所得税，只对其投资者的生产经营所得征收个人所得税。税负对于一个企业，特别是对初创的企业来说，关系是非常大的。常常因为税负问题使企业的盈利水平甚至经营状况受到很大影响。因此，企业在创办初期就应该进行纳税筹划。

### 4. 承担风险能力

如前所述，不同的企业法律形式所承担的风险有所不同。有限责任公司对外承担有限责任，不会以企业以外的个人资产抵债；而个人独资企业、合伙企业等则需承担无限责任，也就是说，一旦经营失败，不但要以企业的全部资产用于抵债，不足部分还要以企业以外的个人资产用于抵债。合伙企业的合伙人也要承担无限连带责任。因此，相对来说，有限责任公司比私营企业风险要小。创业者应结合自己创业项目风险大小，权衡利弊，恰当选择企业法律形式。

**知识链接**

#### 大学生创业应该了解的法律知识

在大学生开始创业前，需要了解我国的基本法律环境。我国尚处于社会主义市场经济的初级阶段，在许多领域仍有很多计划经济的痕迹，政府对经济的管制还比较多，许多经营项目审批，行政检查比较多，税外费用也时有发生。随着政府经济管理水平和企业自律能力的提高，上述问题将逐步得到解决。

我国是成文法国家，执法和司法均以法律、法规、规章及规范性文件为依据。设立企业从事经营活动，必须到工商行政管理部门办理登记手续，领取营业执照，如果从事特定行业的经营活动，还须事先取得相关主管部门的批准文件。我国企业立法已经不再延续按企业所有制立法的旧模式，而是按企业组织形式分别立法，根据《民法通则》、《公司法》、《合伙企业法》、《个人独资企业法》等法律的规定，企业的组织形式可以是股份有限公司、有限责任公司、合伙企业、个人独资企业,其中以有限责任公司最为常见。设立企业还需要了解《企业登记管理条例》、《公司登记管理条例》等工商管理法规、规章。设立特定待业的企业,还有必要了解有关开发区、高科技园区、软件园区(基地)等方面的法规、规章、有关地方规定,这样有助于选择创业地点,以享受税收等优惠政策。

我国实行法定注册资本制,如果不是以货币资金出资,而是以实物、知识产权等无形资产或股权、债权等出资,还需要了解有关出资、资产评估等法律规定。企业设立后,需要税务登记,需要会计人员处理财务,其中涉及税法和财务制度,你需要了解企业需要缴纳哪些税,包括营业税、增值税、所得税等,还需要了解哪些支出可以算进成本,开办费、固定资产怎么摊销等。需要聘用员工,其中涉及劳动法和社会保险问题,你需要了解劳动合同、试用期、服务期、商业秘密、竞业禁止、工伤保险、养老金、住房公积金、医疗保险、失业保险等诸多规定。还需要处理知识产权问题,既不能侵犯别人的知识产权,又要建立自己的知识产权保护体系,需要了解著作权、商标、域名、商号、专利、技术秘密等各自的保护方法。在业务中还要了解《合同法》、《担保法》、《票据法》等基本民商事法律及行业管理的法律法规。

不论创业的形式是什么样的,在创业之初都要在工商部门注册登记你的企业,这牵涉到《公司法》的相关规定。企业的基本法律形式分为:业主制企业,合伙制企业,公司制企业。对于大学生创业来说,一般多为前两种企业形式。

业主制企业是一种最早的个人独资企业组织形式,是在经营单位内企业所有者与经营者同为一个的企业。合伙制企业则是由两个或两个以上的人为了共同的经济目的,自愿签订合同,并且共同出资、共同经营、共担风险的一种企业组织形式。

首先,要符合合伙企业设立的条件:第一,有两个以上合伙人,并且都是依法承担无限责任者;第二,有书面合伙协议;第三,有各合伙人实际缴付的出资;第四,有合伙企业的名称(但不得使用"有限"或者"有限责任"字样);第五,有经营场所和从事合伙经营的必要条件。

其次,要订立合伙协议,协议中要明确规定以下内容:第一,合伙企业的名称和主要经营场所的地点;第二,合伙目的和合伙企业的经营范转;第三,合伙人的姓名及其住所;第四,合伙人出资的方式、数额和缴付出资的期限;第五,利润分配和亏损分担办法;第六,合伙企业事务的执行;第七,入伙和退伙;第八,合伙企业的解散与清算;第九,违约责任。

协议由各方签字生效,假如以后需要修改也必须由全体合伙人同意。在这些预务工作都做好之后,就可以向企业登记机关提交登记申请书、合伙协议书、合伙人身份证实等文件。法律、行政法规规定须经有关部门审批的,应当在申请设立登记时提交批准文件。

大学生顺利创业了解并掌握相关的法律知识必不可少,常用创业法律包括如下几方面。

一、基本法律

《民法通则》

《合同法》

《担保法》

《票据法》

二、公司企业法律

《公司法》

《合伙企业法》
《个人独资企业法》
《中小企业促进法》
《企业登记管理条例》
《公司登记管理条例》
三、劳动法律法规
《劳动法》
《劳动合同条例》
四、知识产权法律
《著作权法》
《商标法》
《专利法》
五、公司企业税法
《企业所得税暂行条例》
《增值税暂行条例》
《营业税暂行条例》
《税收征收管理法》

## 11.4　企业设立的流程

企业的设立是设立人依照法定条件和程序向国家有关机关提出申请获得批准和(或)登记发照取得企业生产经营资格的过程,对企业成立后正常运营具有举足轻重的意义。

### 11.4.1　企业设立的一般流程

下面就以设立一家公司制的企业为例,讲一下设立企业的一般流程。

#### 1. 核名

到工商局去领取“企业(字号)名称预先核准申请表”,填写公司名称,由工商局上网(工商局内部网)检索是否有重名,如果没有重名,就会核发一张“企业(字号)名称预先核准通知书”。

#### 2. 租房

去专门的写字楼租一间办公室,如果自有厂房或者办公室也可以,有的地方不允许在居民楼里办公。

租房后要签订租房合同,并让房东提供房产证的复印件。签订好租房合同后,到税务局按年租金的千分之一的税率办理印花税,例如你的每年房租是 1 万元,那就要买 10 元钱的印花税,贴在房租合同的首页,后面凡是需要用到房租合同的地方,都需要贴了印花税的合同复印件。

### 3. 编写“公司章程”

可以在工商局网站下载“公司章程”的样本，结合自己公司的特点修改一下就可以了。章程的最后由所有股东签名。

### 4. 刻私章

在街上刻章的地方刻一个私章，要交代清楚是刻法人私章(方形的)。

### 5. 到会计师事务所领取“银行询征函”

联系一家会计师事务所，领取一张“银行询征函”(必须是原件，会计师事务所盖章)。如果没有熟悉的会计师事务所，可以看报纸上的分类广告，有很多会计师事务所的广告。

### 6. 到银行开立公司验资户

所有股东带上自己入股的那一部分资金到银行，带上公司章程、工商局发的核名通知、法人代表的私章、身份证、用于验资的钱、空白询征函表格，到银行去开立公司账户，需要告诉银行是开验资户。开立好公司账户后，各个股东按自己出资额向公司账户中存入相应的钱。银行会发给每个股东缴款单，并在询征函上盖银行的章。

**注意**：公司法规定，注册公司时，投资人(股东)必须缴纳足额的资本金，可以以货币形式(也就是人民币)出资，也可以实物(如汽车)、房产、知识产权等出资。到银行办的只是货币出资这一部分，如果你有实物、房产等作为出资的，需要会计师事务所评估其价值后再以其实际价值出资。

### 7. 办理验资报告

持银行出具的股东缴款单、银行盖章后的询征函，以及公司章程、核名通知、房租合同、房产证复印件，到会计师事务所办理验资报告。一般费用500元左右(50万元以下注册资金)。

### 8. 注册公司

到工商局领取公司设立登记的各种表格，包括设立登记申请表、股东(发起人)名单、董事经理监理情况、法人代表登记表、指定代表或委托代理人登记表。填好后，连同核名通知、公司章程、房租合同、房产证复印件、验资报告一起交给工商局。大概3个工作日后可领取执照。

### 9. 刻制公章

凭营业执照等证明文件，经当地公安机关审查同意后，到其指定的刻制单位刻公章、财务章。后面步骤中，均需要用到公章或财务章。刻制完成，还要到公安机关及相应的主管部门进行印鉴备案。

### 10. 办理企业组织机构代码证

凭营业执照到技术监督局办理组织机构代码证。办此证需要半个月，技术监督局会首先发一个预先受理代码证明文件，凭这个文件就可以办理后面的税务登记证、银行基本户开户手续了。

### 11. 去银行开基本户

凭营业执照、组织机构代码证,去银行开立基本账户。最好是在原来办理验资时的那个银行的同一网点去办理,否则,会多收 100 元的验资账户费用。

开基本户需要填很多表,最好带齐所有的东西,要不然要跑很多趟,包括营业执照正本原件、身份证、组织机构代码证、公司财务章、法人章。

### 12. 办理税务登记

领取执照后,30 日内到当地税务局申请领取税务登记证。一般的公司都需要办理 2 种税务登记证,即国税和地税。

### 13. 申请领购发票

如果公司是销售商品的,应该到国税去申请发票;如果是提供服务的公司,则到地税申领发票。

### 14. 统计登记

填写统计登记表。须带上《法人单位统计登记单位基本情况表》、《企业法人营业执照》(副本)、组织机构代码 IC 卡、《组织机构代码证》(副本)到统计局递交资料办理。获得证书:《统计登记证》(正本)、《统计登记证》(副本)。

### 15. 社会保险登记

填写《社会保险登记表》,带上《社会保险登记表》、法人身份证原件及复印件、《企业法人营业执照》(副本)、《组织机构代码证》(副本),到社保中心递交资料办理,取得《社会保险登记证》。

最后就开始营业了。注意每个月按时向税务申报税,即使没有开展业务不需要缴税,也要进行零申报,否则会被罚款。

## 11.4.2 企业选址

企业的选址也是企业设立时要完成的一项工作。无论新设立的企业将来经营什么,企业的选址都非常重要。哈佛商学院的迈克尔·波特教授指出:企业的地点选择战略主要会受成本、市场、政府等因素的影响。这些因素将直接影响到将来创业的成功。所以创业者应该根据自己的实际情况,选址时考虑房租的高低、客流的多少等因素,遵循选址原则,选取符合创业项目需要的相对适合的经营地方。

### 1. 控制成本的原则

企业首先是经济实体,经济利益对于企业无论何时何地都是重要的。大学生刚刚创业时,常常对创业计划的实施过于乐观,把有限的资金花费在公司选址、店面装潢、办公物品采购等方面,出现公司正式运转后缺乏资金的现象。创业者应该把有限的资金用在刀刃上,严控公司设立初期的费用支出。这就要求在选址时必须考虑成本问题。

一般来说,公司地址越靠近市中心、越靠近行业集中的区域,房租的支出越高。大学生有时过于简单，认为企业运行后很快就会扩大用房面积，与其将来搬家，倒不如一步到位，从而过早地增加了房租成本，当把相关手续办完时，才发现囊中羞涩。特别在公司营业后，随着人员工资、水电费、原材料采购等费用的列支，创业者将面临资金的极大压力。

因此，大学生创业之初，要尽可能精打细算，节约开支。在选址时，避免开在闹市区域、面积过大、精致装潢等现象发生。相反，大学生创业之初，充分挖掘资源，如利用国家支持创业的扶助政策，将地址选在地方政府兴办的创业园区等地方，既可以享受优惠，减少支出，又可以树立企业形象。

### 2. 贴近客户的原则

对于刚刚创业的大学生而言，资金缺乏，实力不雄厚，最明显的优势是精力充足、思维快、肯吃苦、不怕挫折。所在，大学生应充分发挥自身优势，科学分析经营内容，正确区分市场客户需求，尽可能靠近目标市场选择公司经营地址，使在第一时间实现客户需求。当然，快速服务的同时还要注重质量。

因此，大学生创业选择公司地址时，要锁定客户较多的区域，按照就近原则选择交通便利的场所，为自己提高竞争力。

### 3. 适合项目的原则

创业项目不同对大学生创办企业的位置选择也会产生很大影响。大学生创办的企业，要充分考虑创业项目的属性即特殊性，针对创业项目的不同而选取适宜的地址。比如人力中介公司，公司选址就要在客流量大的车站附近、临近市区商贸中心，面积 8～10 平方米，装潢简易；如果在街道或农村乡镇，也要临街靠车站，甚至和其他中介公司相邻，不要放在高楼内或巷子深处。在公司经营一段时期，公司产生规模效益，团队协作强，甚至在国际劳务输出方面、培训方面都有了发展，那么，合理扩大经营场所，在市区中心选址、注重装饰，更好地树立企业形象，走上企业发展的快车道。

总之，企业应坚持阶段发展，适当兼顾，稳步扩展，理智地选址。确定地址前要耐心地反复调查、理智权衡，选取店面商网、房东签约后，缩短准备时间，经过一定装潢后尽快注册登记。大学生创业公司积跬步而行，切忌贪大、贪快、贪全，否则，企业之初会艰难而行，甚至走向失败。

### 案例

2001 年 12 月，小何结束了在奥妮湖南销售公司业务员的工作，回到家乡重庆自己创业。专家提醒说，初次创业，为尽量减少风险，应尽量选择自己熟悉的行业。理所当然，他觉得找一个产品做代理商最适合。他将要代理的产品定位于这几个方面：一要有科技含量，二要正规厂家生产的合格产品，三要具市场潜力，四要有广阔的大众消费市场。2002 年 3 月，在南方打工的一个朋友小李提供给他一个信息，珠海一家高科技公司生产的一种臭氧消毒机正在面向全国招代理商。小何上网查了这方面的信息，发现臭氧在国内民用产品市场的开发刚刚起步，“消毒机”符合他定位的几个条件，小何决定选择它。

**不是想象的那么简单**

小何和小李决定合伙干。厂家的产品有两种：一是商业用消毒机，零售价 2000 元左右；二是家用消毒机，零售价 400 元左右。他们选择了家用消毒机。因为产品初上市，厂家给他们的条件也优惠，首批进货 4 万元，以后确保每月进货一次，3 个月代理商保留期，如果做不上量，厂家可招收其他代理商。

2002 年 4 月，他们开始筹备。投资 5 万元(小何 3 万元控股，小李 2 万元)，租了高新区附近的一套二室一厅做办公室，房租每月 1000 元，一次性付清半年；3000 元购入办公用品(电脑、传真机从父母家借用)；执照税务花费近 400 元。

前期工作用了两个月时间，自己创业时才知道，这些一个都不能少的细小环节带来的辛苦，远远不是当初想象中的那么简单。

在筹备公司期间，他们对市场进行了调查，发现类似的臭氧机在重庆已经有两家进入，而且这两家依靠传统的宣传手段都销售得不错。他们先摸清了对手的价格底细，制订了自己的战略。

公司在 6 月 8 日开业，为了宣传这个新产品，小何找朋友花 2000 元开了一个小型的记者招待会。消毒机具有清除空气中的细菌，还具有解除蔬菜残留农药的作用。针对此时本市报刊正在热烈讨论吃放心蔬菜的情况，他们主要从解除蔬菜残留农药这个新闻点切入，介绍这种消毒机。第二天，就有 3 家报纸刊登了这则新闻。随后他们又在几家报纸跟进了招商广告。

很快有电话打进来。有电话来总是令人高兴的，一切进展顺利，他们不厌其烦地解答，有人提出来看机器，他们也忙着做示范。可是，这样忙碌一个星期过去后，他们发现一个问题，打电话来询问的大都是个人购买者，因为离他们公司较远又不愿上门花时间来买一台机器，总是问附近哪儿有卖的，更有人问商场有没有卖。

两人的本意是招代理商，并不想自己做销售，顾客打电话询问哪里能买到机器倒是提醒了他们。于是，小李和小何开始自己去跟商场联系，想将产品打入商场。可是商场的入场费却让他们泄了气。小何打电话跟厂家商量，期望得到厂家的支持，可是厂家根本不愿意出一分钱；小何提出再追加 5 万元投资，可是小李不愿意再出钱；小何回家想找父母借钱，想不到也没有得到支持。父亲很明确地告诉他说，第一步，先保住你的生存再求发展。

**眼高手低，丢了市场**

一个月过去后，再电话打进来。机器没有卖出去一台，小何的心里有些着急。小李言语举止上也隐隐对他有些埋怨。

就在这时，终于来了一个代理商，要求做万州区的代理。按照他们先期的规定，区级代理应该至少首期进货 1 万元。按理说，1 万元也就是 100 多台机器，上百万人口的一个区消化这点并不困难。可是对方却跟他们讨价还价，最后谈到进货 5000 元，还将价格压了再压。何、李二个人忙活一天，做现场示范，给他宣传资料，请他吃火锅，到下午才将货装上车，拿到了这 5000 元。

总算是有了个开始，他们心里都松了口气，同时抱着更大期望，希望他再次进货。

这时，小何跟小李几乎都意识到了广告的重要性，接着他们在几家报纸上都投入了小条信息广告招商。一个月后，他们有了 3 家代理商，但进货量都很小。局面不像事先设想的那样，他们也不再坚持规定的量，因为来做代理的人大都跟他们一样，没有多少经济实力做支撑，都是想以此创业求生存的人。

现在回想起来非常没有面子，半年之后，小何结束了他的臭氧消毒机代理生意。总体上来说，他没赔没赚，而且学到了不少经验。但做生意就是为了赚钱，从这方面来说，他是失败了。总结自己的经验，总认为自己在大公司做过销售，见过世面，真正独自创业，才发现自己欠缺得太多。经商的这一堂课，也许要通过一次又一次的失败后他才能真正懂。

### 经营得当不是一句空话

小何和小李最后既没赚到钱，也没怎么赔钱，从这一点上来说，他们的创业活动不能说是失败的；但是从创业的根本目的就是赢利这一点来说，小何和小李辛苦了半天，最后却没有赚到钱，所以说他们又是失败的。

一个企业经营失败，原因不外几点，第一是产品不好。从案例中来看，基本不存在这个问题，当时蔬菜残留农药正是社会热点，消费者也都在惴惴不安地寻找着解决问题的办法，臭氧消毒机的上市恰逢其时。可以说是一个"当令"的好产品。第二是资金不足。从案例中来看，主人公是存在这方面问题的，但尚未严重到影响其经营。第三是组织机构方面的问题。大家互相羁绊，陷于内耗之中。小李后来虽然对小何颇有微词，但并不妨碍其经营行为，不管从哪方面看，小李都是一位好的合伙者，能够找到这样的合伙者，是创业者的幸运。

那么，小何和小李的问题究竟出在哪里呢？问题出在小何的经营策略上。第一，没有用己所长。本来是搞营销出身的，他擅长的是推销，即与产品的最终消费者打交道，而他却弃己所长，改为与产品的二级代理商打交道。也就是说，小何的长处本来是在终端市场推广方面（我们从他对媒体的娴熟利用方面可以看出这一点），他后来却把主要精力放在了渠道建设上，而这本来不是其所擅长的。第二，产品的选择。从当时的社会环境看，选择臭氧消毒机这种产品没有错，但在与产品提供者的关系处理上，小何却犯了一个严重的错误。他应该选择的是产品代销，而不是加盟代理。产品代销与加盟代理是有区别的。加盟代理是在品牌已经形成或正在快速形成的情况下，利用品牌提供者已经制造成熟的市场影响力，在品牌提供者因为资金、人力、战略等种种原因的限制，不能及时将产品跟进的情况下，替品牌所有者占领市场。理想的加盟代理有两个前提：①产品提供者的品牌已经形成或正在快速形成；②品牌提供者必须持续性地提供强有力的广告支持，并在产品价格上，提供极大优惠。小何和小李这两点都没有得到，他们所选择的产品包括产品的提供者，在市场上默默无闻，当他们要求产品提供者在广告投入等方面进行支持时，得到的也是一口回绝。这样，他们就将市场开拓的风险全部放到了自己身上，而这种风险，本来大部分应该是由产品提供者承担的。选择加盟代理的最大目的，本来就是跳过市场培育期，规避培育市场所带来的风险，否则，加盟者就没有必要花费那么一大笔钱，去选择加盟一个品牌。如果当初选择产品代销，以小何在终端销售方面的经历与经验，就可以实现资金的快速回笼，弥补其在资金上的短板，而且产品即使卖不出去，退回厂家，自己也不会有太大的损失。

选择的错误，使小何和小李将有限的精力和资金都花在了市场培育上，花在了让消费者对产品的认知上，花在了寻找二级代理商身上。在这个过程中，既耽误了时间，又使有限的资金被迅速耗空，经营者被弄得身心俱疲，以致后来信心尽失，恨不得快点结束这门生意。工程的承包方总是看着工程的发包方赚钱容易，因而做梦都想着自己有一天也能成为工程的发包方；做零售的人总是看着做批发的人赚钱容易，因而做梦都想着自己有一天也能成为批发商。他们却没有想到，这两者的要求是不同的，承担的风险也是不同的。说到底，是赚快钱、赚大钱、赚容易钱的思想害了小何和小李，导致了其创业的失败。

## 11.5　思考与练习

1. 与同学讨论一下组建一支创业团队的注意要点。
2. 根据自己的理解谈一谈创业计划书对创业的意义。
3. 企业设立时的法律形式有哪些？各自的优缺点有哪些？
4. 企业设立的具体流程包括哪些？
5. 教师给定一个创业项目，要求学生经过分组讨论、市场调研后，撰写一份创业计划书。

# 第 12 章　创业后的经营管理

人才是利润最高的商品，能够经营好人才的企业才是最终的大赢家

——柳传志

**学习目标**

(1) 学习市场营销的概念、基本思路和主要策略，掌握市场营销策略的选择和运用。

(2) 了解企业管理的主要内容。

(3) 掌握人力资源管理的基本思路和方法。

(4) 理解财务管理对企业的重要意义。

(5) 了解企业文化的概念和作用，掌握企业文化构建方法。

**案例导入**

通过特许加盟的方式，谭木匠逐渐在全国建立了分销网络，等到这个网络越来越密的时候，就达到了与“大分销”殊途同归的效果。靠销售小小的梳子和镜子，塑造了优良品牌，创造了巨额财富，这就是谭木匠。诞生 15 年就有如此优秀的市场业绩：在高档小木制品市场独占鳌头甚至垄断市场。这在全国少有，也是一个不大不小的奇迹。正是这种消费品细分的领域之中，伴随着中国城镇化的深入，将会持续成长出更多类似于谭木匠这样的细分消费品之王。

谭木匠的成功秘诀就是创新和独特性。今天的谭木匠产品涉及 126 个种类、574 个型号、2480 种款式，每年创造利润过亿元。公司每年推出富有文化气息的木梳 300 多款新品，这些自主设计开发的款式都拥有专利。除了产品的推陈出新，谭传华对质量的管理也非常苛刻。1995 年，刚刚有所起色的公司，相继完成了一些重大的技术改进。从库房里清理出在技术改造之前生产的有质量问题的 15 万把木梳，这些木梳的生产成本至少 30 万元，如果照成本价出售是没有问题的，当时也有几个批发商看中了这批货。但是，谭传华看着这批货，越看越不顺眼。不顾厂里干部的劝阻和银行的还贷压力，为了企业的长远发展，他烧掉了价值 30 万元的梳子。谭传华“烧梳子”在当时的行业内引起了不小的轰动，更有人说他是“傻”，不会做生意。但也正是因为这一烧，谭木匠的好形象才得以在市场中树立起来。

谭木匠在定价策略上，也很注意体现出品牌定位。一是高价，谭木匠的梳子，最便宜的 18 元，最贵的超过 200 元，普通的黄杨木梳子的价格是 38 元，和地摊或商店中几元钱一把的梳子相比，价格的差距非常大。高价不仅使谭木匠获得了很高的毛利，而且与专卖店的销售方式以及地理位置相协调，还将自身的品牌定位与同行区分开来。二是统一定价，所有专卖店的价格一样。三是不还价，一律按

照标价出售,没有任何折扣,这很符合专卖店经营的规律。

谭木匠的梳子,不仅做得漂亮,将传统工艺与现代专利抛光技术、插齿技术结合起来,用料考究,具有防静电、保健、顺发等基本功能。而且产品概念极具民族特色,有牡丹、翠竹组成的"花开富贵,竹报平安",有凤求凰、鹊桥仙、合家欢等系列产品,符合国人审美习惯,也为产品增添了文化特色。谭木匠的梳子做得已经不仅仅是产品,而是文化。这也正是其成功之处。

## 12.1 市场营销

### 12.1.1 市场营销的概念

作为现代经济学的一个分支,市场营销已经发展成为一个相对完整的理论体系。其概念也随着市场的发展和企业营销活动的发展而不断得到扩展,我们可以把市场营销理解为,企业为适应市场的变化,以满足社会需求和自身发展为目标,所进行的产品设计开发和实施的商务活动的总称,它包括市场调查与预测、市场细分和市场定位、产品设计与开发、产品定价、渠道的选择与促销、产品的物流与配送、售后服务等围绕市场进行的一系列商务活动。

市场营销是一个过程,就是企业把所有的人力、物力、信息、财力等科学地组织到满足消费者需求上,并不断调整适应环境的过程。在当代市场经济中,企业在市场竞争中能否取得成功,取决于其是否能与市场环境的发展变化相适应,随着环境的变化去调整其营销战略,从而规避市场变化所带来的风险,而把市场变化所带来的机会变为有利可图的企业机会。

具体而言,市场营销过程包括以下四步。

(1) 分析市场,发现和评估市场机会。企业必须随时关注宏观环境和微观环境的变化。宏观环境主要包括政治法律、经济、社会文化、科学技术、人文、自然环境等;微观环境主要包括供应商、竞争者、顾客、替代产品生产者、潜在进入者等。企业必须通过对宏观、微观环境信息的收集和分析,发现市场机会,抓住市场机会,利用市场机会。

(2) 细分市场,选择目标市场。企业可以根据顾客不同的消费特征将市场细分,然后根据自己的资源优势选择自己的目标市场,采取不同的目标市场战略。

(3) 制订营销计划,规划营销策略。在自己选定的目标市场上,为实现自己的营销目标,企业需要制订一系列的营销计划,然后规划营销策略。

(4) 营销计划的落实。所有的营销计划策略都必须很好地得到落实,并且在实施过程中根据实际情况加以改进,才能使其转化为实际的竞争优势,实现企业目标。

### 12.1.2 市场营销的基本思路

随着各市场主体对市场营销的重视,市场营销的思路也越来越丰富。但总的来说,不外以下几个方面。

#### 1. 关注客户需求

创业企业在创业初期最主要的营销问题是产品问题而不是其他,最主要的原则就是一切从消费者出发,将焦点放在消费者内心深处的需求上,而不是产品本身,这样才能开发出产品本身区别于其他产品更大的价值。这个方法能有效地促进对营销概念的了解,因为它所强调的就是消费者的需求和利益。不论企业生产什么样的产品，提供什么样的服务，若能设身处地地为消费者的需求和利益着想，就必定能给企业带来更多意想不到的收获。要做到这一点，需要思考以下几个问题。

第一，他们究竟想购买什么？

第二，他们想要获取哪些利益？

第三，竞争对手是如何满足消费者需求和利益的？

第四，我们能不能比竞争对手做得更好？

找到顾客的真正需求，然后就要问自己：我能不能满足这种需求？能在多大的程度上满足它？怎么去满足他？

### 2. 关注品牌建设

提到茅台、格力、联想这些产品品牌，所有的中国人都会为之自豪。中国企业已经能够生产好的产品，甚至与国际知名企业的产品相比也毫不逊色，这说明，品牌建设在中国也得到了足够的重视并取得了很好的成效。但是，对于初创的企业来说，很多创业者把更多的精力放在如何快速收回成本、扩大盈利上，而对品牌建设重视不够，在品牌建设上不同程度地存在着问题，主要包括如下两方面。

(1) 重公司形象，忽视品牌形象。创业者往往注重企业形象，愿意在厂房、办公室、用车等显示公司形象的地方投入资金，以树立公司良好的形象。但是，争夺市场份额主要依靠的却不是企业形象，而是产品品牌形象。消费者购买的是产品，而不是一家公司。企业如不能对自己的产品进行明确的价值定位，找准产品的目标市场，并通过品牌建设向消费者传达产品信息，消费者就很难理解产品的特定价值和差异化价值。

(2) 重视产品品牌的一般特性，却忽视产品品牌个性。没有个性的产品在消费者眼中充其量只是一个“好产品”，却无法真正脱颖而出，无法让消费者从对产品的认可上升到对品牌的认可，并建立对品牌的忠诚。

### 3. 关注客户管理

创业企业应建立客户资料库，把每一名顾客的信息入库，对顾客实行精细化管理，为他们提供细分化、个性化的服务，以满足他们的需要。这是走向细分市场的前提。

### 4. 关注营销管理

在营销管理方面，中国企业需要提升和关注的方面很多，但以下三个方面应该是最重要、最应该首先进行的：①以顾客为导向，关注顾客价值，认真建立和管理市场信息系统，研究并获取顾客的价值取向，为企业产品开发提供依据；②合理分配企业资源，为顾客研究和产品设计投入设定恰当比例；③建立与供应商和分销商的战略伙伴关系，建立良好的上下游关系。

### 5. 关注营销员工

许多创业企业，特别是小规模企业在员工教育和培训方面的投入还很不够。在他们眼里，员工是雇用来为企业服务的，员工需要具备某种能力才会被聘用，不能到了岗位上还要企业花钱让他们参加培训。这样的理念很难使营销人员掌握更高超的营销技巧，也很难培养营销人员对企业的忠诚度。

这就要求创业企业必须从根本上转变用人观念，关注员工的职业发展，通过培训为员工提升自身价值，让员工与企业共同成长。

### 12.1.3　市场营销策略

#### 1. 目标市场策略

(1) 寻找目标市场

目标市场就是通过市场细分后，企业准备以相应的产品和服务满足其需要的一个或几个子市场。

企业通过市场调研掌握市场需求和消费者的购买心理，接着是市场细分和目标市场选择。在买方市场的情况下，顾客对某一产品有着更多的选择；同时，企业的某种产品也不可能满足所有市场需求，而只能满足其中部分需要。企业营销任务就是把目标顾客筛选出来，确定为自己的主要目标市场，并充分利用企业的资源，发挥企业优势，形成企业的特色，从而制订出有针对性的市场营销策略。在撰写创业计划书时，大学生创业者就要科学分析计划中经营的目标市场，这不仅直接关系到企业的初创阶段是否顺利，甚至将长久地主导企业的发展方向、发展速度。

(2) 确定目标市场的程序

① 进行市场细分。找准目标市场，企业就要科学实施市场细分。市场细分是 20 世纪 50 年代中期美国市场营销学家温德尔·斯密提出的，市场细分主要指以消费需求的某些特征或变量为依据，区分具有不同需求的顾客群体。市场细分后所形成的具有相同需求的顾客群体称为细分市场。在同类产品市场上，同一细分市场的顾客需求具有较多的共同性，不同细分市场之间的需求具有较多的差异性，企业应明确有多少细分市场及各细分市场的主要特征。市场细分的作用，表现为有利于发现市场机会，有利于掌握目标市场的特点，有利于制订市场营销组合策略，有利于提高企业的竞争能力。

大学生创业者要对细分市场概念有个正确理解，要知道市场细分不是对自己企业的产品进行分类，也不是按企业的性质进行分类，而是以顾客为中心，按照顾客的需要和欲望进行分类。新创企业在进行市场细分时，一般来说，还应把握住下面四个要求。

第一，要有明显特征。市场细分应使企业营销人员能够识别有相似需求的顾客群体，这些群体应有企业能分析的明显的特征和行为。

第二，要有实施可能。要根据企业的自身情况，量力而行。在进行细分时，企业应考虑划分出来的细分市场，必须是企业有足够的能力去占领的子市场，在这个子市场上，能充分发挥企业的资源优势。

第三，要有适当利润。在市场细分中，企业必须关注选中的子市场的规模，如果规模太小，则不能提供充足的产品需求，很难为企业提供足够的利润；相反，如果细分市场的规模过大，企业无法消化，在市场中所占份额比重太小，则在竞争中处于弱势。因此，细分市场规模要与企业自身的规模相匹配，才能使企业的利润最大化。

第四，要有发展潜力。市场细分应树立长远的战略眼光。因为细分市场一旦被企业选定为目标市场，它将不仅在目前，而且在将来很长一段时间内为企业带来较长远的利益。所以，企业在进行细分时必须考察市场未来是否有发展潜力。

② 评估细分市场。依照上述细分市场的要求，评估细分市场时，就要围绕市场是否具有

适合企业的规模、良好的发展前景、企业自身拥有的资源等问题展开。

市场应具有与企业匹配的适当规模，如新创企业经常会选择一些小的细分市场，根据企业自身的属性、条件，评估市场是否会由于规模过小而不能给企业带来所期望的销售额和利润，也要评价市场有没有未来的发展前景。

市场虽然具备了企业所期望的规模和发展前景，但可能缺乏盈利能力。根据迈克尔·波特的分析理论，决定某一细分市场是否具有长期利润吸引力可通过以下几个问题来判断。

第一，该市场同行竞争者的情况。

第二，该市场进入的难易程度。

第三，该市场有无现实或潜在的替代产品。

第四，该市场购买者的议价能力高低。

第五，该市场供应商的议价能力的高低。

企业有时会放弃部分有吸引力的细分市场，因为它们不符合企业的长远目标。当细分市场符合企业的目标时，企业还必须考虑自己是否拥有足够的资源和独特的优势，以维持自己的优势，因为具有增长潜力的细分市场会吸引其他潜在的竞争者进入，导致企业产品的销售量和利润受到影响。只有当企业能够提供具有较高价值的产品和服务时，才可以进入这个目标市场。

③ 确定具体目标市场。市场可细分为若干可以选择的细分市场，大学生创办企业时可以从中选出自己企业的目标市场。通常有以下五种目标市场类型可供我们选择。

第一，产品/市场集中(单一细分市场)：企业选择一个细分市场作为目标市场，企业只生产一种产品来满足消费者的需求。这种策略的优点主要是能集中企业的有限资源，通过生产、销售和促销等专业化分工，提高经济效益，一般适应实力较弱的大学生创办的小企业。但存在较大的潜在风险，如消费者的偏好突然变化，或市场内的竞争格局发生了不利于自己的改变，则企业很容易遭受损失。

第二，产品专业化(多个细分市场)：企业选择几个细分市场作为目标市场，企业只生产一种产品来分别满足不同目标市场消费者的需求。这种策略可使企业的某个产品树立起很高的声誉，扩大产品的销售。比如美的电器，其产品就覆盖了电视、冰箱、空调等多种家电新产品。但如果这种产品被全新技术产品所取代，其销量就会大幅下降。

第三，市场专业化(市场集中)：企业选择一个细分市场作为目标市场，并生产多种产品来满足这一市场消费者的需求。企业提供一系列产品专门为这个目标市场服务，企业以其全部的资源专注于某一产品，能更快地积累经验、推动技术进步，生产出性能、质量更好的产品，这样更易获得消费者的信赖，赢得良好的声誉，为以后的产品打开销路。比如格力电器，就以专业生产空调为自己的产品策略。但如果这个消费群体的购买力下降，就会减少购买产品的数量，企业就会产生滑坡的危险。

第四，有选择专业化(产品集中)：企业选择若干个互不相关的细分市场作为目标市场，根据每个目标市场消费者的需求，向其提供相应的产品。这种策略的前提就是每个市场必须是最有前景、最具经济效益的。

第五，选择全部细分市场(整体市场)：企业把所有细分市场都作为目标市场，并生产不同的产品以满足各种不同的目标市场消费者的需求。大学生创办企业经过艰苦积累后发展为大型企业时，可以根据企业发展战略目标选用这种策略。

新创企业积极稳妥的目标市场是选择一个产品的销售或生产，即在企业之初应当从事单一产品服务，把它做起来，逐步做好，甚至做精，再结合企业在发展过程中的状态评估目标市场，科学选取新目标市场范围。

④ 制订目标市场策略。一般来说，目标市场策略包括三种：无差异性市场策略、差异性市场策略和密集性市场策略。

无差异性市场策略是指企业不考虑各个细分市场之间的差异，只推出一种产品、设计一套市场营销组合方案去满足整个市场的需求。企业注意力是生产购买者普遍需要的产品，而不提供差异化的产品。例如，可口可乐公司早期曾用单一规格的瓶装单一口味的饮料，以满足各种顾客的需要。这种策略要求企业采用大规模配销和大规模广告的办法，使产品在人们心目中树立最佳形象。

差异性市场策略是指企业准备为各个细分市场或为许多细分市场服务，并按照各个细分市场的需求差异，分别提供不同的产品、设计不同的市场营销组合方案去满足目标市场的需求。例如，通用汽车公司宣称该公司可为每个人定制汽车，就是采用的差异性市场策略。

密集性市场策略也称集中性市场策略，即企业以一个或少数几个细分市场作为目标市场，集中力量为这些市场部分服务。例如，有人开设专门提供左撇子用品的商店，以满足这一消费者群对一些生活用品的特别需求。这种策略下，企业只需要把资金投向一两个市场，投资规模不必很大，正好适合了新创企业资金量小的状况。同时由于只面向一两个市场，这一两个市场就成了企业的命根，企业必然会，也有能力竭尽全力对目标市场作深入的调查研究，及时收集和反馈顾客意见，及时按消费者的意见改进产品、改善服务。但由于企业只有这一两个市场，万一市场发生变化，就会导致企业经营失利，使企业难以翻身。

这三种目标市场策略各有其长处和不足，企业应根据具体的情况加以选择。其中，无差异性市场策略、差异性市场策略一般适合于生产规模大、实力雄厚的大企业，而新办企业则更适合选择密集性市场策略。

### 2. 产品定位策略

产品定位就是针对消费者或用户对某种产品某种属性的重视程度，塑造产品或企业的鲜明个性或特色，树立产品在市场上一定的形象，从而使目标市场上的顾客了解和认识本企业的产品。

产品定位与前面提到的目标市场定位有一定区别。目标市场定位，是指企业对目标消费者或目标消费者市场的选择；而产品定位，是指企业选择什么样的产品来满足目标消费者或目标消费市场。一般应该先进行市场定位，然后再进行产品定位。

(1) 产品定位的分类

① 功效定位。所谓功效定位，就是根据产品的特定功效来确定它的市场位置，其着眼点是产品的功效。一个产品可能具有多方面的功效。即使是主要功效，也可能不止一个。突出产品的哪方面的功效，才能在市场上占据最为有利的位置？瑞士雷达表，走时准确、外表美观、经久耐磨，但哪个特点才是雷达表与其他品牌手表最大的区别，能让消费者记住它呢？最终厂家在广告中只突出了雷达表的一个特点，那就是永不磨损。因为他们知道，凭借这一点，雷达表可以获得消费者的认可。结果，现在全世界都知道了雷达表。

② 价格定位。所谓价格定位，就是根据特定产品的价格来确定它的市场位置，其着眼于产品的价格。特定产品与其他同类产品相比，如果在功能和品质方面不占明显优势，那么从价格方面进行定位则是不错的选择。一般来说，消费者对大多数商品的价格是最为敏感的，这一

定位策略可广泛适用于大多数商品。

价格是产品最明显、最能反映其质量、档次特征的信息。新创企业的产品的价格制订是一个企业产品定位的重要内容，直接关系到企业形象，甚至企业的存亡。新产品上市后的价格管理，是评判一个营销组织新产品营销执行水平的一个重要标志，也是极其重要的内容。

新创企业定价一般采用三种类型，即成本导向定价法、竞争导向定价法和需求导向定价法。

第一，成本导向定价法：以产品成本为基础，加上预期利润来作为商品的价格，是目前最常用、最基本的定价法。具体方法有成本加成定价法、变动成本定价法、盈亏平衡定价法等。

第二，竞争导向定价法：以市场上同类产品的价格为定价依据，并根据竞争变化来调整价格的定价方法。具体的方法有随行就市定价法、限制进入定价法、密封投标定价法等。

第三，需求导向定价法：根据消费者对产品的感觉差异和市场需求的变化来确定价格的定价方法。主要包括顾客认知价值定价法、需求差异定价法和逆向定价法等。

市场上常常见到这一定价方法的体现。一般来说，价格略低的产品，在市场上大致占有比较有利的位置。因此低价位不失为一种策略。但是，在这个问题上，情况又是很复杂的。价格比同类产品低，这可能招致两种截然相反的结果：一是以低价吸引更多的消费者购买；二是使消费者对产品品质产生怀疑，不购买产品。因此从低价位角度进行产品定位，往往会得到一部分消费者，同时也会失去另一部分消费者。与之相反，采取高价位的价格定位，也是常见的定价策略。由于受“便宜无好货”这一思维定式的影响，消费者往往会因“高人一等”的价格而对产品品质产生想象，从而追逐高价产品。

③ 品种定位。所谓品种定位，就是根据特定产品与自己的竞争对手在产品类型方面存在的差异，来确定该产品的市场位置。采用这种定位方法，要突出本产品与其他同类产品在品种方面存在的分歧。采用这种定位方法，一定要注意，与对手的同类产品之间的分歧必须是确实存在的，而不能是杜撰的，这样才具有可信性和说服力。通过对这种分歧宣传，使消费者感受到本产品的优胜之处，这是品种定位成功的诀窍。美国七喜汽水进入市场后一炮打响，就是品种定位策略很好的佐证。这种策略的前提是，自己的产品的确比竞争产品为优，否则，如果在消费者了解了本产品与其他产品的分歧之后发现，自己的产品还不如别人的，那无异于搬起石头砸自己的脚。

④ 市场定位。所谓市场定位，就是根据市场细分的原则来确定特定产品的市场位置。这是市场细分策略在广告宣传中的具体运用，其目的是将商品定位在最有利的市场位置。这里所说的市场，是指经过细分以后的市场。例如，主要面对富人还是面对工薪阶层；主要面对婴幼儿还是青少年；主要面对男性消费者还是女性消费者，等等。面对的市场不同，消费需求就有所不同，市场定位的策略在实施时就要做适当的调整。

市场定位时，应避免三种误区：一是要避免盲目缩小消费者群体的范围——消费者群体既可以包括小学生，也可以包括中学生，结果广告却只针对小学生而做；二是要避免盲目扩大消费者群体范围——产品本来只适合于老年消费者使用，结果广告中却没有年龄范围的信息；三是避免对象“错位”——明明特定产品应当主要面对工薪阶层的消费者，广告对象却定位成富裕人群。

美国的万宝路香烟就是运用市场定位进行广告宣传的成功案例。万宝路香烟最初只是一种女性消费者喜爱的品牌，因为女性吸烟者人数有限，因而尽管产品本身很好，但销量一直上不去。后来经过市场调研，公司对产品重新进行了定位。在其广告宣传中出现了骑着骏马奔驰的潇洒的西部牛仔形象，从而将万宝路打造成为“身强力壮的男子汉吸的香烟”，深得男性烟民的好感，有效地拓展了市场，提高了销量。

⑤ 需求定位。所谓需求定位，就是根据消费者的需求来确定该产品在市场上的位置。消费者的需求也就是市场的需求。但消费者的需求除了现实的需求之外，还应当包括心理需求或潜在需求。潜在需求在未来的某个时候，有可能转化为现实需求；心理需求有可能是现实需求的内在驱动力，也可能是形成现实需求之前的种种心理因子。对产品进行需求定位，可以从满足消费者的现实需求或心理需求、潜在需求着手，寻找产品的市场位置，去刺激消费者的购买欲望。当今的啤酒消费者，对长久饮用后身体可能会发胖心有隐忧。在这种情况下，一种饮后不必担心发胖的啤酒便应运而生了，这个产品完全迎合了人们的心理需求，因而受到消费者的欢迎。

(2) 产品定位策略

所谓产品定位，即是指确定企业的产品在消费者心目中的位置。每一企业的产品都有其特定的市场定位，如奥迪牌汽车定位于高档车市场，桑塔纳牌汽车定位在中档车市场，而夏利牌汽车则定位在低档车市场。具体而言，产品定位策略主要有以下几种。

① 产品专门化策略。即产品组合单一，在产品组合坐标系中，该产品处于原点位置——坐标。像可口可乐公司在相当长的时间里实行的是产品专门化策略，以统一产品、统一包装、统一的价格、统一的宣传推广向全世界的消费者提供相同的可口可乐。这种策略在一定程度上视消费者的需求为无差异。

② 产品差异化策略。即企业通过自己的营销努力使产品组合向深度、广度发展。例如，同样是可口可乐公司，在满足消费者多样化需求的前提下，生产了雪碧、健怡可乐、芬达、酷儿等产品，从更多的角度满足了消费者的需求。

③ 产品边缘化策略。即指产品组合由深度向关联度发展。以金利来为例，其产品组合最初只是生产各种档次、规格、系列的男性领带，现在其产品涉及男女用钱包、箱包、服装等多个领域，从多方面满足了男性和女性的生活需要。

④ 产品多角化策略。产品多角化策略是指产品组合由关联度向广度发展或由深度向广度发展。以海尔为例，海尔最初是靠做冰箱起家的，如今，经过几十年的创业发展，海尔拥有40多大类，包括冰箱、彩电、洗衣机、空调、电脑、手机等在内的大小家电800多个项目的产品，其洗衣机就有神童五、丽达、小神功、小丽人、小神童、小小神童、小丽泡等多个品种。海尔很好地实现了产品组合由关联度向广度及由深度向广度的发展，实现了企业在生产经营方面的战略转移。今天，海尔的产品成功地走向了世界，并在一些国家实现了本地化生产。

### 3. 市场营销组合

(1) 市场营销组合的概念

市场营销组合(Marketing Mix)指的是企业在选定的目标市场上，将企业可控的基本营销措施组成一个整体性活动，综合考虑环境、能力、竞争状况等因素，并对其加以最佳组合和运用，以完成企业的目标与任务。市场营销组合是企业市场营销战略的一个重要组成部分。

市场营销组合这一概念是由美国哈佛大学教授尼尔鲍顿(N. H. Borden)于1964年最早采用的，并确定了营销组合的12个要素。随后，理查德·克莱维特教授把营销组合要素归纳为产品、价格、渠道、促销4项内容。麦卡锡将之称为4P组合，即：产品(Product)、价格(Price)、分销(Place)、促销(Promotion)。其中产品包括：产品种类、质量、性能、规格、品牌、包装、设计、服务、退货等，意味着为目标市场开发适当的产品，选择产品线、品牌和包装。价格包括：目录价格、折让、折扣、信用条件、付款期限，意味着制定适当的价格。促销包括：人员推销、销售促进、公共关系、广告、直接营销等，意味着将适当的产品，按适当的价格，在适当的地点通知目标市场，包括销售推广、广告、培养推销员等。分销包括：商品分类、渠道、存货、位置、覆盖区域、运输等，意味着通过适当的渠道安排运输储藏等把产品送到目标市场。

(2) 市场营销组合的特点

从市场营销组合各要素之间的关系和营销效果来看，企业市场营销组合具有以下特点。

① 场营销组合的适应性。企业应当根据市场需求来确定产品结构，制定具有竞争力的产品价格，选择最恰当的销售渠道和促销媒体。市场营销组合作为企业营销管理的可控要素，一般来说，企业对其具有充分的决策权。这也使企业有能力判断市场竞争和顾客需求特点及外界环境的变化，随时对市场营销组合进行调整、纠偏，使其保持竞争力。总之，市场营销组合对外界环境必须具有充分的适应力和灵敏的应变能力。

② 市场营销组合是变量组合。市场营销组合中的各个变量，相互影响，最终共同决定市场营销组合的最终结果。只要改变其中的一个要素，就会出现一个新的组合，产生全然不同的营销效果。因此，市场营销组合是一个动态组合。

③ 市场营销组合的整体性。策略的制订和实施，就像中医开药方，要针对不同的病症，将这四种中药按各自不同的功效，施以不同的剂量，治疗不同的疾病。而这四种中药配在一起产生的疗效，绝不是原来每一种药物的作用之和。市场营销组合也是如此，产品、价格、渠道、促销四个营销要素也绝不是简单相加，即 4P≠P＋P＋P＋P，最佳的市场营销组合的结果必然是这四个要素综合作用，共同产生的结果。只有将各个营销要素以最佳形式组合在一起，才能达到最佳效果。

④ 市场营销组合的多层次性。市场营销组合由许多层次组成，就整体而言，4P 是一个大组合，其中每一个 P 又包括若干层次的要素。这样，企业所确定的市场营销组合不仅更为具体和实用，而且相当灵活；不但可以选择四个要素之间的最佳组合，而且可以恰当安排每个要素内部的组合。

(3) 运用市场营销组合的一般原则

为更好地发挥市场营销组合的上述作用，在具体运用时须遵循下列原则。

① 目标性。营销组合首先要有目标性，即制订市场营销组合时，要有明确的目标市场，同时要求市场营销组合中的各个因素都围绕着这个目标市场进行最优组合。

② 反馈性。从营销环境的变化到企业营销组合的变化，要依靠市场信息的及时反馈，信息反馈及时，反馈效应好，就可随营销环境变化，及时重新对原市场营销组合进行反思、调整，进而确定新的适应市场和消费者需求的营销组合模式。

③ 协调性。协调性是指协调市场营销组合中各个因素，使其有机地联系起来，同步配套地组合起来，以最佳的匹配状态，为实现整体营销目标服务。可根据要素的相互关联作用，将各要素组合得当，使它们保持和谐一致。

在进行市场营销组合时，也可以重点选择几个因素进行组合搭配，如产品质量和价格的关系直接影响到市场营销组合整体策略的优劣，将两者进行组合，可以组成九种不同的组合策略方案，企业可据此进行知己知彼的分析，包括竞争对手组合策略分析，本企业资源、技术、设备等情况分析，切实推行价值工程，进而达到预期的营销目标。

（4）市场营销组合的作用

企业营销管理者正确安排市场营销组合对企业营销的成败有重要作用。

① 可扬长避短，充分发挥企业的竞争优势，实现企业战略决策的要求。

② 可加强企业的竞争能力和应变能力，使企业立于不败之地。

③ 可使企业内部各部门紧密配合，分工协作，成为协调的营销系统（整体营销），使企业灵活、有效地适应营销环境的变化。

（5）市场营销组合策略

影响企业营销的有两类因素：一类是企业外部环境给企业带来的机会和威胁，这些是企业很难改变的；另一类则是企业本身可以通过决策加以控制的。企业本身可以控制的因素归纳起来主要有以下四个方面。

① 产品策略。产品策略包括产品发展、产品计划、产品设计、交货期等决策的内容。其影响因素包括产品的特性、质量、外观、附件、品牌、商标、包装、担保和服务等。

② 价格策略。价格策略包括确定定价目标、制定产品价格的原则与技巧等内容。其影响因素包括分销渠道、区域分布、中间商类型、运输方式和存储条件等。

③ 分销策略。分销策略主要是指研究使商品顺利到达消费者手中的途径和方式等方面的策略。其影响因素包括付款方式、信用条件、基本价格、折扣、批发价、零售价等。

④ 促销策略。促销策略主要是指研究如何促进顾客购买商品以实现扩大销售的策略。其影响因素包括广告、人员推销、宣传、营业推广、公共关系等。

上述四个方面的策略组合起来总称为市场营销组合策略。市场营销组合策略的基本思想在于：从制订产品策略入手，同时制定价格、促销及分销渠道策略，组合成策略总体，以便达到以合适的商品、合适的价格、合适的促销方式，把产品送到合适地点的目的。企业经营的成败，在很大程度上取决于这些组合策略的选择和它们的综合运用效果。

## 12.2　企业管理

### 12.2.1　企业管理的含义

管理是通过计划、组织、控制、激励和领导等环节来协调人力、物力和财力资源，以期更好地达成组织目标的过程。管理是一门科学，也是一门艺术，有强大的力量和功效。每一位企业管理者，都应该充分认识到自己的责任和使命，通过科学有效的管理，为企业发展找到更多的商机，创造更多的财富。任何企业只要从本企业实际出发，通过合理的体制模式、组织形式、经营方式等，就能把企业的潜能最大限度地调动并发挥出来，从而让企业充满朝气与活力，提高企业的竞争能力，并在不断变化的市场中取得属于自己的生存空间。

企业管理主要是指运用各种策略与方法，对企业中的人、资产、财物、产品、销售渠道等进行科学有效的管理，从而实现组织目标的活动。

### 12.2.2　企业管理的基本原则

企业管理必须遵循管理的以下基本原则。

1. 人本原则

一切以调动人的积极性和创造性为根本。

2. 系统原则

企业是一个系统,由各子系统及要素所构成,外部环境是一个大系统。要正确掌握整体、局部及内外彼此之间的关系和相互作用,使企业整体效应最优。

3. 整分合原则

“整”是集权、统一,“分”是分权、分工。两者要妥善结合,互相协调。

4. 反馈原则

反馈是指由指令、行动、产品等所产生的结果、反映、意见等,企业须据此做出发展、状况、改正、评估、奖惩等下一步决策。

5. 能级原则

能量随组织机构的层次而异,要各尽所能。

6. 弹性原则

企业应及时保持应变的能力,要以信息方式运用动力原理,物质动力和精神动力要掌握得当,并以其作为一切工作的推进力。

### 12.2.3 企业的基础管理

企业要真正搞好经营管理,须有坚实的基础。基础管理工作有如下几个方面。

1. 规章制度

企业必须贯彻执行国家的法令、条例和政策等,还要根据实际需要制定必要的企业规章、守则。建立严格的制度,使考勤、交接班、工艺操作、质量检验、财务出纳等环节都有章可循。在建立规章制度的过程中,要贯彻民主集中的原则。执行时要严格,尤其是领导和管理人员要身体力行,不能例外,这样才能做到有法必依,树立民主法治的作风。

2. 原始记录

(1) 企业原始记录的重要性。企业一切活动的结果必须以一定的表格形式,用数字或文字加以记录。要随时更新企业内部的各项原始记录和技术、管理、经营资料,使之形成统一协调的企业信息系统,以适应现代企业经营管理的需要。这是健全企业经营管理工作的重要内容之一。信息务求准确,绝对不能主观估计,更不能凭空捏造。

(2) 企业原始记录的内容。企业原始记录的内容包括以下几个方面：一是生产方面；二是销售方面；三是设备动力方面；四是劳动方面；五是原材料方面；六是技术方面；七是财务成本方面。

各种技术文件与管理文件,如产品设计任务书、设计图纸、各类工艺卡片、工艺操作规程、图纸及工艺更改通知单，产品品质鉴定报告，各种计划大纲及额定资料等，都是企业生产活动必不可少的原始资料。

(3) 计量检测工作。企业应根据生产规模和实际工作的需要，设置专门的计量检测机构，配备必要的人员；购置必要的计量检测器具，建立标准，加强对器具的检修和维护，以保证其准确性；健全工作责任制，制订工作规程，并严格执行，提高工作质量。这对保证产品质量，提高劳动效率，加强经济核算，以及对材料、物资的收发和消耗等，都有极大的关系。小型企业一时财力不足，无法制备昂贵的计量和测试设备，除了购置必不可少的器具设备之外，可以与其他企业合办测试中心或者利用科研机构的设备。

(4) 统计工作。有了比较完整的原始记录，还要进一步根据有关规定和企业的需要，应用统计方法及时加以统计分析，而后才能开展决策、计划等工作，并以此作为检查考核的依据，统计工作必须以原始记录为基础，涉及整个企业。

统计工作必须及时、全面、准确，这样，总经理和各级管理人员就可以根据统计数据来处理问题，做出决策，进行检查、控制和指挥营销活动。

(5) 定额工作。一定的生产技术和生产组织条件下，企业要规定人财物消耗应当达到的定额。有了科学的定额体系，还要有科学的定额管理制度，良好的定额管理对组织劳动、推动经济责任制、贯彻按劳分配、提高劳动生产率、加强经济核算、降低产品成本等方面都有重大的作用。企业常见的定额包括如下几部分。

① 生产：生产周期、生产批量、在制品定额等。

② 劳动：单位产品(或零件)的工时定额、工序工时定额、设备看管定额、工时利用率等。

③ 物资消耗：单位产品(或零件)原材料(燃料、动力、工具)消耗定额、材料利用率、物资储备定额、采购周期等。

④ 设备：单位产品(或零件)台时定额、设备生产能力(容量)定额等。

⑤ 成本费用：单位产品(或零件)成本定额、企业管理费定额、车间经费定额等。

⑥ 财务资金：储备资金定额、生产资金定额、成品资金定额、资金利用率、百元产值占用流动资金、流动资金周转天数。

⑦ 其他：工具消耗定额、单位作业面积产量定额、单位产量耗电定额等。

(6) 员工培训。企业应将提高员工素质作为一项基本建设来抓，确定培训目标，必须结合企业的实际条件和决策目标，新建企业根据一定标准招收员工后，要有一个熟悉业务，认同企业形象的过程，有些国家的大型企业有计划地组织员工参加培训，为员工讲授企业组织文化、发展历史，经营思想，管理技巧，行为科学，公共关系等课程，并以其作为提升干部、补充中高级经营管理人员的手段，是企业增强发展潜力的有效手段。

以上管理内容可以概括为对人、财、物的管理。其中，对物的管理相对简单，对人和财务的管理相对复杂。接下来我们主要谈一谈对员工和财务的管理。

### 12.2.4　人力资源管理

人力资源管理，就是指根据企业发展战略目标，运用现代化的管理方法，有计划地对人力资源进行合理配置，使人力、物力经常保持最佳比例，并通过对员工的招聘、培训、使用、考核、激励、调整等一系列过程，充分发挥人的主观能动性，使人尽其才，事得其人，人事相宜，确保企业战略目标的实现。近 20 年来，人力资源管理学科内容不断扩展、丰富，已超出了传统人事管理的范畴，发展成为现代管理学领域的一个重要分支。

现在企业越来越认识到，对企业来说，最重要的资产并不是拥有的机器设备、原材料和存货，而是员工。人力资源管理工作就是将这些资源加以有效地开发和利用，使之成为提高企业核心竞争力的重要推动力。

### 1. 现代人力资源管理内容

现代人力资源管理学源于传统人事管理，但又与之有着明显的不同，其主要内容包括如下几方面。

（1）人力资源规划。是使企业稳定的拥有一定质量的和必要数量的人力，以实现包括个人利益在内的该组织目标而拟订的一套措施，从而求得人员需求量和人员拥有量之间在企业未来发展过程中的相互匹配。包括组织机构的设置；企业组织机构的调整与分析；企业人员供给需求分析；企业人力资源制度的制定；人力资源管理费用预算的编制与执行等。

（2）招聘与配置。是指按照企业经营战略规划的要求把优秀、合适的人招聘进企业，把合适的人放在合适的岗位。包括招聘需求分析；工作分析和胜任能力分析；招聘程序和策略；招聘渠道分析与选择；招聘实施；特殊政策与应变方案；离职面谈；降低员工流失的措施。

（3）培训和开发。是指单位通过学习、训导的手段，提高员工的工作能力、知识水平和潜能发挥，最大限度地使员工的个人素质与工作需求相匹配，促进员工现在和将来的工作绩效的提高。工作内容包括理论学习；培训需求评估；培训的设计；培训项目管理和项目评估等。

（4）绩效管理。绩效考核的目的在于借助一个有效的体系，通过对业绩的考核，肯定过去的业绩并期待未来绩效的不断提高。传统的绩效工作只是停留在绩效考核的层面，而现代绩效管理则更多地关注未来业绩的提高。关注点的转移使得现代绩效工作重点也开始转移，内容包括绩效管理准备、实施、考评和总结；绩效考评方法的研究；绩效改进的建议等。

（5）薪资福利管理。是指员工为企业提供劳动而得到的各种货币与实物报酬的总和。其工作内容包括构建全面的薪酬体系（岗位评价与薪酬等级、薪酬调查、薪酬计划、薪酬结构、薪酬制度的制定、薪酬制度的调整、人工成本核算）；福利和其他薪酬问题（福利保险管理、企业福利项目的设计、企业补充养老保险和补充医疗保险的设计）；评估绩效和提供反馈。

（6）劳动关系。是指劳动者和用人单位（包括各类企业、个体工商户、事业单位等）在劳动过程中建立的社会经济关系。其内容包括：劳动法律法规和人事制度研究；劳资谈判（安全、保安和健康、安全和健康项目、安全和健康的工作环境、促进工作场所的安全和健康、执业健康和安全）；人力资源管理与竞争等。

### 2. 创业者应树立的三种人力资源观

（1）资源观。人力的投入不是一种花销，而是一项投资，这种投资或许在短期内不能表现出丰厚的投资回报，但这种投入能在今后的经营中不断产生丰厚的回报，而且比投资设备、购买技术所得到的回报率更高。俗话说："十年树木，百年树人。"对人的投入不可急功近利。创业者在做管理决策时，对人力投入持何种观念，将直接影响到公司整体的人才布局与人员层次。

（2）战略观。现代的人力资源管理是企业经营战略的一部分，要求企业围绕战略目标，系统地看待企业人力资源管理，以指导整个人力资源工作。创业者在制订企业发展战略时，就要考虑到未来发展所需要的人力配置，使企业人才结构能满足企业今后的发展需要。

（3）全局观。不论是人力资源部，还是其他部门，都会涉及"管人"的问题。管人，并不单是人力资源部门才有的职责。人力资源管理的大部分工作，如工作分析、对员工的绩效考核、激励等，都要通过其他部门才能完成，人力资源部只是起到协调作用。创业者应从全局考虑人力资源工作，合理协调各部门工作。

### 3. 新创企业人力资源管理的重点

创业者设立新企业，相较于其他企业来说，在人力资源管理工作上也存在着一些不同。总的来说，创业者应把人力资源工作的重点放在以下几个方面。

(1) 员工的招聘

员工招聘是人力资源管理的第一项工作，也是最关键的一项工作。创业者可通过多种渠道向社会发布招聘信息，在招聘信息中应尽可能多地介绍公司的发展优势，以吸引优秀人才前来应聘。就招聘渠道来说，企业可以通过人才交流中心、招聘洽谈会、媒体广告、网上招聘、校园招聘、熟人推荐等渠道来进行。

企业招聘新员工应遵循以下几个原则。

① 公开、公平、公正原则。公开就是要把招聘的信息、招聘方法以及招聘结果公示出来，使整个招聘过程置于公开监督之下，防止以权谋私和假公济私现象，确保招聘到真正优秀的人才。公平公正原则就是确保给每个参加应聘的人平等的机会。

② 实际需要原则。招聘新员工应以工作的实际需要和岗位的空缺情况为出发点，以工作需要和岗位要求选聘工作人员。应避免盲目攀比，过度消费人才资源，造成企业成本提高和国家的人才浪费。

③ 竞争择优原则。竞争择优，是指在招聘过程中引入竞争机制，在对应聘者的思想素质、道德品质、业务能力等各方面进行全面考核的基础上，按照考察的成绩择优录用。

④ 效率优先原则。用尽可能低的招聘成本录用到最合适的人选。

(2) 员工定岗

招录到员工后，就要给员工及时定岗。所谓员工定岗，是指在企业组织结构确定的条件下，采用科学方法确定企业岗位设置和各岗位人员数量的过程。定岗的基础是科学合理地设岗，可以将企业的所有工作内容按专业划分成若干个组成部分，其中职能和业务流程中有相同或相类似的部分可以组合起来设为一个岗。给新进员工定岗，应遵循以下几个原则。

① 因事设岗。岗位和人应是设置和被设置的关系，岗位设置必须按照企业各部门职责范围设定，而不能颠倒。很多企业也存在因人设岗的现象，如果不是针对少部分高端人才，因人设岗就会出现人力的浪费和劳动成本的提高。

② 协作原则。岗位设置强调专业化分工，但各岗位之间的有效协调也非常重要，所以，在分工的基础上有效地综合，各岗位职责明确又能上下左右相互协调，才能发挥出最大的效能。

③ 最少岗位原则。对创业者来说节省每一笔开支都非常重要，在人力成本中，如果按非必要、不设岗的原则，做到岗位最少化，这样既可以最大限度地节约人力成本，又可以尽可能地缩短岗位之间信息传递时间，减少信息传递中的衰减效应，从而达到提高工作效率的目的。

④ 客户导向原则。为客户创造价值是企业存在的基础，因此岗位设置必须从客户角度考虑问题，以尽可能满足客户不同需要为标准。

⑤ 监控原则。在企业中，有些工作之间存在的监督与被监督的关系，比如财务中的会计和出纳，这两种不同性质的工作就必须分别设岗。

(3) 员工的激励

员工被分配到一定岗位上之后，就要充分调动员工的工作积极性，使其立足本职岗位，充分发挥出自己的聪明才智，为企业带来更大的效益。要达到这个目的，除了科学管理、合理使用，建立一套良好的员工激励机制也是一项重要措施。

① 完善激励机制。人才流失的一个很重要的因素还在于对人才缺乏有效的激励。谈到激励，许多创业者立即想到用加薪的办法来留住人才。的确，高薪是能吸引人，但它不一定能留住人，而精神的激励、成就感、认同感才是留住人才的重要因素，特别是对于高级人才，经济因素对他们已不再是一个主要的考量因素，他们更看重的是精神财富，追求工作上的成就感，但这一点往往被许多管理人员所忽视。

工资、工作条件等属于"保健"因素，它不具有激励作用，只具有保障作用，而工作成就、社会认可、发展前途等因素才是真正的激励因素，特别是对于高素质的人才来说，工作已不仅仅是为了解决生活问题，更重要的是获得社会认同、体现个人价值。

因此，可定期举办经验交流会，让公司中优秀的员工将他们的经验与大家共享，让大家都来认可他们的工作成就；为员工提供晋升机会或规划其在公司的发展道路；在内部职位有空缺时鼓励员工竞争上岗；推行参与式的管理；在中秋、"五一"、国庆等节假日，由高管带领管理人员慰问轮班的普通职员等，都是值得推行的激励措施。

② 加强企业内部沟通机制。在企业内定期举办专题讨论、交流会等形式，让员工与管理者之间全面、坦诚地进行双向沟通；推行述职制度，定期让员工与越级主管面谈，以避免因个别管理人员致使人才长期被压制；在公司内设立意见箱或制订改善提案奖励措施，鼓励员工多提意见和建议，并对切实可行的好意见予以重奖。总之，人力资源管理应着眼于使领导与员工之间不再只是一种单纯的领导与被领导关系，而要形成一种全新的伙伴式关系，以共同营造一种民主、进取、合作的健康氛围。

③ 注重员工的职业生涯规划。企业如球队一样，虽然可以高薪聘到大腕球星，但如果这些球星以后只能同乙级队打比赛，也一定留不住他们。要想留住人才，不但需要充分发挥他们的作用，还要让他们有明确的奋斗目标。这就要求管理者帮助员工进行职业生涯规划，了解员工任务完成情况、能力状况、需求、愿望，设身处地地帮助员工分析现状，设定未来发展的目标，制订实施计划，使员工在为公司作贡献的过程中实现个人的目标，让事业来留住人才。在此过程中，还需切记让员工及时了解公司对他们的评价、提拔意向，勿使优秀员工因长期没有发展而产生"出走"的念头。因此，在招聘人员的时候，要量需选用，切勿犯高薪聘请博士去做营业员的错误。这样，即使是一时招到了人才，也很难留住。

④ 加强对员工的培训。培训作为现代企业管理的重要内容和手段，已越来越被企业所重视。一方面，通过培训，可以改变员工的工作态度，增长知识，提高技能，激发他们的创造力和潜能，提高企业运作效率和销售业绩，使企业直接受益。另一方面，培训也增强了员工自身的素质和能力，让员工体会到企业对他们的重视，认识到培训是公司为他们提供的最好福利，是公司给他们的最好礼物。

从人力成本看，通过培训提升员工能力使其胜任现有工作，与直接从社会高薪聘请相应人才相比，其费用也低得多。同时，从公司未来发展的角度看，教育和培训跟上了，人才就具有连续性，而且凝聚力也会大大加强。企业要发展壮大也有了充足的人力保障，毕竟现在社会上具有足够实力与经验，一到任即可发挥作用、创造价值的精英太少，如果一味寄望于外部招聘，而不从内部挖潜，将永远面临着一方面无人可用，另一方面人浮于事的局面。

### 12.2.5　财务管理

资金就像一个企业的血液，企业的经营是靠资金的流动来维持的。财务管理是有关资金的筹集、投放和分配的管理工作，是以取得最高的回报率的方法筹集资本并管理公司资本的过程。新创企业成本与收入的管理与控制、企业财务目标即利润的规划与预测、各项资金的有效配置和管理及如何在国家税收调控下实现节税和避税，以达到投资人收益最大化的目的。这些基本问题又都围绕新创企业的财务管理目标而展开，包括利润最大化、股东权益最大化、每股盈余最大化几个方面。所以，财务管理工作，是新创企业经营管理的核心。

创业者在进行创业的过程中，从融资到资金的使用，再到利润的分配，都需要创业者具备良好的财务管理能力。大学生作为一个创业者，必须熟悉一定的财务知识，学会创业的财务基础知识，千万不能盲目行事。

#### 1. 财务管理的内容

(1) 筹资活动的管理。筹资也叫融资，就是对资金的来源渠道、所需的数额、项目构成及成本的管理。市场经济条件下，市场为企业提供了许多筹集资金的渠道，可以发行股票，发行债券，也可以向银行借款，还可以租赁，此外，留存收益也是权益资本筹资的一种方法。不同的筹资方式，其使用时间、使用条件以及筹资成本都各不相同，给企业带来的风险也不相同。因此，企业到底通过哪几种渠道来筹集资金，每一种渠道筹集的资金各占多大的比重。这些都要通过企业筹资管理来解决。

(2) 投资活动的管理。企业投资活动的管理就是侧重于资金的投向、规模、构成的管理。企业筹集的资金可以按不同用途、不同目的、不同期限加以投资，来获取投资利润。

按照资金的投向可以分为直接投资和间接投资。直接投资是把资金直接投放于生产经营性资产以获取利润的投资；而间接投资又称为证券投资，是指把资金投放于金融性资产以便获取股息和利息的投资。按照投资的时间长短可以分为长期投资和短期投资。企业可以通过投资管理，选择最佳的投资方式和投资组合，以提高投资报酬率，并降低风险。

(3) 经营活动的管理。经营活动的管理是指对投资项目经营中的占用资金的管理，包括现金管理、存货管理和应收账款的管理。如新创企业到底需要多少现金，应根据企业自身业务特点确定，在企业运营过程中，努力提高资金周转率，加强对成本费用的管理，尽量节约新创企业的资金需要量。

(4) 分配活动的管理。分配活动的管理是指对企业盈利后的资金分配的管理。它研究的是如何在所有者当中进行分配，分什么股利，分多少等。利润分配活动也会涉及企业各方面的经济利益关系，因此要制订有效的分配策略，妥善处理利润分配活动中出现的各种问题，保证企业有一个长期稳定的发展环境。分配的决策同时又是投资的决策，因为分配多了留的就少，分配少了留的就多，留下来的资金又构成了下一个循环的资金来源，所以从这个意义上说分配的决策同时又是筹资的决策。

(5) 企业特殊财务活动管理。财务管理的大部分内容是以持续经营为假设的，但是任何一个企业总有成立、发展直至终结的过程。这些特定阶段的财务管理活动就是特殊财务管理活动。企业特殊财务管理活动主要包括有企业设立、变更、终止所引起的财务活动，包括企业设立的财务管理，企业重组的财务管理和企业终止的财务管理等活动。创业者需要特别关注的是企业设立的财务管理。

## 2. 财务管理的职能

(1) 财务决策。财务决策是有关资金筹集和使用的决策，它分为四个阶段：情报活动、设计活动、抉择活动、审查活动。

财务决策是财务管理的核心职能。管理的重心在经营，经营的重心在决策。财务决策正确与否，取决于财务信息情报的收集、财务决策方案的设计、抉择和审查。

对于不同类型的财务方案，财务决策所采用的方法也有所不同，现实工作中常采用以下方法。

① 盈亏平衡点分析法，这种方法通过计算各方案的平衡点，绘制个方案的交叉点，分析决策变量动态变化的区间，选择不同区间内最优的财务方案。

② 线性规划法，这种方法适用于在有若干约束条件的情况下对企业人财物的决策问题。该方法根据运筹学的基本原理，用于对具有线性联系的极值问题求解，从而选择最优方案，对于风险性比较大、财务后果不明了的备选方案，可以根据其偏重的目标进行相应的选择。

(2) 财务计划。财务计划就是财务规划和财务预算，是指运用科学的技术手段和数学方法对企业计划期的各种财务活动及其结果进行具体的安排。在市场经济条件下，企业财务计划显得尤为重要，它是财务决策的系统化和具体化，是企业对计划期的各种财务活动进行控制的具体依据，同时也为考核企业的财务业绩提供了标准。没有长期的规划和科学合理的预算，很难想象一个企业的管理是有效的。企业财务计划主要包括：筹资计划、固定资产投资和折旧计划、对外投资计划、营运资金计划、资金周转计划、利润及利润分配计划等。

编制财务计划，一般要经过以下程序。

① 要收集编制财务计划所需的各种资料。

② 要根据财务目标和企业自身能力，在考虑各种影响因素的前提下，测算计划期内各项财务指标应该达到的水平。

③ 要做好计划之间的协调平衡，制订出主要的财务计划指标，并填制各种计划表格。

(3) 财务分析。财务分析是指以资产负债表、利润表和现金流量表等财务报表为基础，企业财务活动的过程和结果进行评价和分析。通过各种会计核算进行定量定性分析、计算出各种比率，或根据经验，对财务状况、获利能力、发展趋势做出判断。

(4) 财务控制。财务控制就是通过计划、预算和规划对整个资金运动的过程加以控制。财务计划制订出来就要执行，所以执行计划的手段就是财务控制。比如，实际成本与预算成本之间可能存在差异，在分析这些差异后，通过财务控制对财务计划、财务规划和预算进行调整。

(5) 融资。资金融通简称为融资，融资是指在经济运行过程中，资金供求双方运用各种金融工具调节资金盈余的活动，是所有金融交易活动的总称。

金融市场是资金融通市场。在金融市场上交易的是各种金融工具，如股票、债券、储蓄存单等。资金融通一般分为直接融资和间接融资两种。直接融资是资金供求双方直接进行资金融通的活动，也就是资金需求者直接通过金融市场向社会上有资金盈余的机构和个人筹资；与此对应，间接融资则是指通过银行所进行的资金融通活动，也就是资金需求者采取向银行等金融中介机构申请贷款的方式筹资。

## 3. 新创企业财务管理

(1) 新创企业财务管理的新特点。与传统企业相比，新创企业的财务管理伴随着企业的成长而在不断地完善，实现动态平衡的成长型。它主要表现为：企业实施成长战略提供支持，财务管理的目标定位于可持续地价值创造，创业企业的财务管理呈现阶段性，并不断完善财务结构等。

(2) 新创企业财务管理的新问题。

① 新创企业的融资能力差，容易导致资金短缺。新创企业从成立期到快速发展，是企业对资金需求最强烈的一段时期。一方面，对大部分新创企业而言，是先天不足，开始之时就是资金短缺，同时还面临着产品研发、市场推广等活动；另一方面，信用水平低，贷款成本高甚至贷不到款，还要面临市场风险造成的收入不稳定。由此，新创企业对资金的强烈需求与企业实际的融资等能力存在较大差异。

② 新创企业的资产管理松散，财务控制能力差。对企业现金管理的随意、赊销方式的促销等，几乎是新创企业的通病，普遍缺乏科学合理的成本控制体系，产品服务成本高。

③ 新创企业的财务管理人员素质不高、人员少。大学生创办企业之初，往往自己决策、自己管理资金、自己花"自己"的钱，在资金本身有限的情况下，由于过度自信或不愿意受阻于财务的约束等，导致企业的财务计划、决策、控制等功能丧失。又由于初创企业的投资决策常常决策时过分自信、绩效又低，形成企业发展步履维艰之窘境。

(3) 新创企业财务管理的新办法。越来越多的大学生开始了自己的创业行程，也有越来越多的新创企业开始重视财务管理的科学运用。

① 在创业之初，不仅在形式上有专业财务人员的岗位，而且要尊重财务人员的管理行为。企业可以根据实际情况，逐步增加财务人员或以咨询形式比较多地听取经验丰富的财务人员评估。

② 新创企业必须牢固确立现金管理使用的科学规范，必须保证有一定的现金来及时支付日常运行。创业者自觉遵守财务规定，不擅自借用现金，项目决策中审时度势，万万不可以背离企业的战略管理或心怀投机的心态进行投资、盲目扩大。

③ 建立评价企业财务状况的工作机制，实施财务比率分析。大学生在新创企业过程中，在财务人员帮助下，认真建立企业的财务管理制度，坚持认真学习财务管理知识，带头执行，经常性研究、分析财务报表，关注国家、行业、同类企业经济发展趋势，合理避税，科学融资。同时，综合使用财务比率，如流动比率、杠杆比率、获利能力比率、存货周转期等，使创业者全面把握企业的财务状况，准确管理，科学发展企业。

## 12.3 企业文化

### 12.3.1 企业文化的含义与作用

#### 1. 企业文化的含义

企业文化或称组织文化(Corporate Culture 或 Organizational Culture)，是一个组织由其价值观、信念、仪式、符号、处事方式等组成的其特有的文化形象。广义上说，文化是人类社会历史实践过程中所创造的物质财富与精神财富的总和；狭义上说，文化是社会的意识形态及与之相适应的组织机构与制度。而企业文化则是企业在生产经营实践中逐步形成的，为全体员工所认同并遵守的、带有本组织特点的使命、愿景、宗旨、精神、价值观和经营理念，以及这些理念在生产经营实践、管理制度、员工行为方式与企业对外形象的体现的总和。它与文教、科研、军事等组织的文化性质是不同的。

企业文化是企业的灵魂,是推动企业发展的不竭动力。它包含着非常丰富的内容,其核心是企业的精神和价值观。这里的价值观不是泛指企业管理中的各种文化现象,而是企业或企业中的员工在从事商品生产与经营中所持有的价值观念。

## 2. 企业文化的作用

企业文化是由组织自我意识所构成的精神文化体系,它的核心是组织的价值观念,它的中心是人本主义的立场和人性化管理的观点,它的重要任务是解决企业凝聚力的问题。优秀的企业文化,可以把全体员工聚集到实现企业目标的道路上来。企业文化的作用大致分为六种:集聚作用、辐射作用、激励作用、规范作用、导向作用、塑造形象作用。

(1) 集聚作用。企业文化对企业员工的行为有着集聚的功能。企业的目标、价值观念等被员工认同时,就会产生巨大的黏合作用,从各方面把员工团结起来,产生向心力。因此,组织可以通过对这种认同感的培养,使个人的行为、思想、感情、信念、习惯与整个组织有机地统一起来。企业文化还能培养员工的归属感,满足员工归属于某一群体的需要,建立为世人所欣赏的企业精神和企业形象,使员工产生强烈的归属欲望,从而能更好地处理个人与组织的关系,自觉地维护组织的利益。良好的企业文化会造成一种宁静和谐的气氛,有利于员工之间的正常沟通,减少摩擦,从而增强员工的凝聚力。企业文化中的各种管理理念,也能对员工产生高度的凝聚力。

(2) 辐射作用。企业文化不仅作用于企业内部,也能通过企业交流作用于企业外部。良好的企业文化通过一定的交流和传播形式,将有助于企业形象的建立和完善,扩大企业的影响。同时,企业文化也会通过每个员工的作用,影响到社区或与其有交往的所有对象,从而使企业文化扩展到更广的范围。通过企业文化的交流,相互借鉴,可以使企业产品和服务的信息快速在周围扩散开来,从而提高企业的知名度。

(3) 激励作用。企业文化能激发员工的工作热情和积极性。企业文化的中心是人本主义的管理方法,能最大限度地让员工觉得受到了赏识,认清自己在企业中的地位和作用,产生"士为知己者死"的知遇之感,从而产生高度的自觉性和工作热情。企业文化强调人本主义,强调以人为中心的观念,能满足员工的受尊重的需要、社交的需要、自我实现的需要,帮助员工认识到工作的意义,因此,企业文化能激发出员工还未发挥的巨大潜能。

(4) 规范作用。企业文化包含了行为规范,虽然它不具有强制性,但它的作用却很强大。作为企业规章,虽然有强制性,但执行起来也不一定十分有效。因为员工对前者的遵守是自觉自愿的,他热爱这个集体,不愿意离开这个集体,他当然要遵守这个团体的行为规范。员工长期在企业文化的熏陶下,形成了思维定式和一套行为习惯,因此,在预期的情景中势必做出企业所希望的行为反应。相反,员工对企业规章的执行往往停留在低水平上,他会觉得这样的制度可能是有缺陷的,所以执行起来会有抵抗情绪。所以企业文化的规范作用对于管理者来说十分重要,不可小视。如果能通过倡导一种良好的企业文化,培训员工的行为习惯,这对于企业来说是很有好处的。

(5) 导向作用。企业文化规定了企业目标,明确了企业宗旨,从而使员工知道应该做什么和不应该做什么。企业目标就像是风向标,引导员工去努力实际企业的目标。企业文化是在一定历史条件下形成的,它在形成的过程中,也不断地熏陶着企业的员工,使企业的目标、理念、行为规范等潜移默化地根植于员工的头脑中，使其产生与企业一致的行为反应。企业价值观念可以影响到其成员的价值观念，使大家形成与企业统一的企业文化，自觉地为企业目标的实现服务，成为一个有觉悟、成熟度高的员工。良好的企业文化让企业的员工在宽松和谐的气氛中，以良心和责任感来自觉地为组织的目标贡献自己的力量。

(6) 塑造形象的作用。企业文化作为企业的“管理之魂”，在企业与外界接触过程中，无时无刻不展示着企业的管理风格、员工的精神风貌，所以说企业文化就是企业形象。企业文化比较集中地概括了企业的基本宗旨、经营哲学和行为准则，优秀的企业文化在与外界接触中，包括业务往来、新闻发布，甚至是广告宣传等各个方面都有意识和无意识地展示着企业文化，良好的企业文化有利于提升企业形象。

### 12.3.2　企业文化的构成

企业文化的划分方式有多种，都有各自的合理性。在这里，我们把企业文化划分为三个层次，即精神层、制度层和物质层。精神层是企业文化的内核和灵魂，制度层起着精神层和物质层的连接作用，物质层是企业文化的外在表现。企业文化这三个层面相互依赖、相互联系，构成了具有企业个性的企业文化。

#### 1. 精神层

精神层是企业文化的核心和灵魂部分，指企业领导和员工共同遵守的基本信条，是形成物质层和制度层的基础和原因。企业文化中有无精神层是衡量一个企业是否形成自己的企业文化的标识和标准。企业文化精神层包括以下六个方面。

(1) 企业最高目标。它是企业全体员工共同追寻的最高目标，是全体员工共同价值观念的集中体现，是企业文化的出发点和归宿。企业目标是企业员工凝聚在一起的根本原因，优秀的企业目标能在实现企业利润最大化的同时，把企业的命运同国家、民族的命运联系在一起，形成崇高的企业追求。

(2) 企业哲学。它是企业领导者为实现企业目标对企业发展战略和策略、经营及生产方针的哲学思考和抽象概括。正确的企业经营哲学能调节好企业与市场、资源、社会、自然的关系，使企业合理地利用内部环境和外部环境的合力，做到人与资源的最优组合，使人类安全地、高效地获取资源所能带来的效益。

(3) 企业精神。它是企业在发展过程中形成并稳固下来的一种集体意识，是企业中大多数乃至全体成员自觉遵循的基本信念，是对企业观念意识、传统习惯、行为方式的积极因素的提炼和倡导的结果。企业精神是企业文化的灵魂，优秀的企业精神必然是反映了社会风貌并符合社会需要的，它能促使全体员工以高涨的热情投入企业的发展之中，以道德的职业行为服务于社会。

(4) 企业风气。它是指企业及其员工在生产经营活动中逐步形成的一种带有普遍性的、重复出现且相对稳定的行为心理状态，是影响整个企业的重要因素。企业风气是企业文化的外在表现，企业文化是企业风气的本质内涵，人们总是通过企业全体员工的言行举止感受到企业风气的存在，并透过它体会出企业全体成员所共同遵守的价值观念，从而深刻地感受到该企业的文化。企业风气一般包括两层含义：一是指许多企业共有的良好风气，如团结友爱之风；二是指一个企业区别于其他企业的独特风气，即在一个企业的诸多风气中最具有特色、最突出和最典型的某些作用，它体现在企业活动的方方面面，形成全体成员特有的活动方式，构成该企业的个性特点。

(5) 企业道德。道德指人们共同生活及其行为的准则和规范,企业道德是指企业内部调整人与人、单位与单位、个人与集体、个人与社会、企业与企业关系的行为准则。企业道德在影响社会道德的同时,也影响其在社会上的形象。良好的企业道德是对社会负责也是对自己负责。企业不道德行为最终会导致自食恶果,于己、于消费者、于社会风气都是有害的。

(6) 企业宗旨。它是指企业作为经济单位存在的价值和对社会的承诺,它反映了企业领袖与全体员工的境界。

## 2. 制度层

(1) 一般制度。这是指企业中存在的一些带普遍意义的工作制度和管理制度,以及各种责任制度。这些成文的制度与约定及不成文的企业规范和习惯,对企业员工的行为起着约束作用,保证整个企业能够分工协作、井然有序、高效地运转,如计划制度、人事管理制度、生产管理制度、服务管理制度、技术管理制度等。

(2) 特殊制度。主要指企业的非程序化、该企业所特有的、代表企业个性的一系列制度,如职工评议干部制度、总结表彰制度、公示制度、财务会计制度、培训制度、干部与职工谈心制度,以及职工有重大事情(如员工生日、结婚、生病、死亡等)时的关怀制度等。

(3) 企业风俗。企业风俗是在企业长期发展过程中,逐渐形成的典礼、仪式、行为习惯、节日、活动等,企业风俗与一般制度、特殊制度不同,它不以准确的文字形式表现出来,不需要强制执行,完全依靠习惯、偏好的势力维持。企业风俗由精神层所主导,又反作用于精神层。企业风俗可以自然形成,又可以人为开发,一种活动、一种习俗,一旦被全体员工所共同接受并沿袭下来,就成为其中的一种,企业可以通过宣传倡导等手段加快良好的企业风俗风气的形成。

## 3. 物质层

(1) 企业标志、标准字、标准色。这是企业物质文化的外在体现。

(2) 企业风貌、自然环境、建筑风格、办公室和车间的设计与布置方式、绿化美化情况等是人们对企业的第一印象,是企业文化的反映。

(3) 产品的特色、式样、品质、外观、包装。产品的这些要素是企业文化的具体反映。

(4) 企业的技术、工艺和设备的特性。

(5) 企业的厂徽、厂旗、厂歌、厂服、厂花。这些因素中包含了很强烈的企业文化内容,是企业文化较为形象化的反映。

(6) 企业的文化体育生活设施。

(7) 企业造型和纪念性建筑。其包括厂区雕塑、纪念碑、英雄模范塑像等。

(8) 企业纪念品。

(9) 企业文化传播网络。其包括企业自办的报纸、刊物、有线广播、宣传栏、企业网站、宣传册、广告牌、招贴画等。

综上所述,企业文化的三个层次是紧密联系,它们相互依存、互为依靠。物质层是企业文化的载体,它也是企业文化作用的结果,它从许多方面反映了企业文化的特点;制度层是连接物质层与精神层的桥梁,它是企业文化的重要部分;而精神层是企业文化的灵魂,反映了企业文化的境界。企业文化在建设过程中,这三个层面是缺一不可的。

### 12.3.3 企业文化的实施

企业文化的实施阶段,实际上也是企业的一次变革,通过这种变革,把企业优良的传统发扬光大,同时,纠正一些企业存在的问题。一般来讲,企业文化的变革与实施需要有导入阶段、变革阶段、制度化阶段和评估总结阶段。

#### 1. 导入阶段

导入阶段的主要任务是从思想上、组织上、氛围上做好企业文化变革的充分准备。在此阶段内,要建立强有力的领导体制、高效的执行机制、全方位的传播机制等,让企业内部所有人认识到企业文化变革的到来。为了更好地完成这一阶段的工作,可以建立领导小组来落实,设立企业文化专项基金来开展工作,在人力、物力、财力上给予支持。

#### 2. 变革阶段

变革阶段是企业文化建设的关键。在这个阶段,要全面开展企业文化理念层、制度层、物质层的建设,即进行由上而下的观念更新,建立健全企业的一般制度和特殊制度,形成企业风俗,做好企业物质层的设计与应用。这一阶段可谓是一个完整的企业形象塑造工程,中心任务是企业价值观的形成和员工行为规范的落实,至少要花一年的时间。

#### 3. 制度化阶段

制度化阶段是企业文化的巩固阶段,主要的工作是总结企业文化建设过程中的经验和教训,将成熟的做法通过制度加以固化,建立起完整的企业文化体系。在这一阶段,企业文化变革逐渐从突出工作转变成企业的日常工作,领导小组的工作也将从宣传推动转变成组织监控。这一阶段的主要任务是建立完善的企业文化制度,其中包括企业文化考核制度、企业文化先进单位和个人表彰制度、企业文化传播制度、企业文化建设预算制度等。这一阶段常见的问题是新文化立足未稳、旧习惯卷土重来,尤其对于过去有过辉煌的企业来说,往往会坚持旧习惯,这一点要求管理者做好足够的思想准备。

#### 4. 评估总结阶段

评估总结阶段是企业文化建设性的总结阶段。在企业基本完成企业文化建设的主要工作之后,总结评估以前的工作,对今后的企业文化建设具有十分重要的作用。评估工作主要围绕事先制订的企业文化变革方案,检查企业的变革是否达到预期的效果,是否有助于企业绩效的改善和提高。总结工作还包括对企业文化建设的反思,主要针对内外环境的变化,检查原有假设体系是否成立,具体的工作方法主要有现场考察、研讨会、座谈会等。

### 12.3.4 在建设企业文化过程中应做好的工作

#### 1. 抓好企业文化宣传教育工作

企业文化必须反复灌输才能深入人心,因此,企业文化实施首先的任务是文本的宣传。宣传的形式可以是多种多样的,甚至可以制作企业文化的理念时就开始文本的宣传。企业可以围绕企业文化中最核心的部分,加强对企业成员的教育培训工作,从思想上用企业文化去整合与占领员工的思想，让所有的员工都必须认可企业的文化，并用这种企业文化在现实中指导自己的行为。所以，有关企业文化的教育宣传工作，是建立企业文化的一个很重要的工作。

### 2. 抓好企业文化奖惩工作

在建设企业文化过程中，遵守企业文化的员工会受很大的奖励，而违背企业文化的员工会受到惩罚。通过奖惩的方式而使企业文化真正成为企业中所有员工的价值观念。从现实状况来看，没有奖惩的办法，企业文化是很难真正形成的。企业文化很难根植于企业员工的头脑中，所以在建设企业文化的过程中抓好奖惩工作是十分必要的。

### 3. 抓好企业文化的系统化工作

企业文化的内容必须不断完善。所有的企业在建设企业文化的过程中，应该不断地根据现实状况，从发展的角度去完善自身的企业文化，最终形成一个内容比较完善的系统性的企业文化。这种系统性的企业文化将会对员工有很大的约束力，因而必然会作为一种优秀的企业文化而长期存在。当然，这并不是一年两年能形成的，而是长时期积累的结果，是坚持企业文化系统化的结果。

### 4. 抓好领导的示范工作

企业文化创新一般由企业领导倡导，以企业全体员工集体意识为基础，达到全企业的共识和认同，最终融合为全体企业员工的默契、习惯和氛围。因此，培植企业文化，必须由企业及组织更高领导层抓起。塑造价值观，靠的是领导人去躬身实践他想要培植的那些价值观。领导必须持之以恒地献身于这些价值观，并辅之以非同寻常的坚忍去加强这些价值观。只有这样，价值观才能在员工中生根发芽。同时，树立企业文化不能靠一两个最高领导人，关键是企业领导班子必须统一思想，统一行动。在企业文化建设中，管理者是企业利益的代表者，是新观念的开拓者，是规则执行的督导者。每一位管理者能否把握好自身的管理角色，实现自我定位、自我约束、自我实现乃至自我超越，关系到一个优秀企业文化能否建立，并发挥作用。

**知识链接**

**华为公司的企业文化创新**

华为公司进行二次创业，从第一天开始就十分注意培育组织文化，产生了巨大变化。

(1) 华为文化是华为凝聚力的源泉

华为价值观假设系统是："知识是资本"、"智力资本是企业价值创造的主导因素"、"学雷锋、作贡献"。

(2) 华为文化是华为二次创业的内在支撑

一次创业与二次创业的文化关系是继承和发扬。公司文化与部门文化是"源"与"流"，反对故步自封，坚持开放式吸纳国内外先进企业文化和中国传统文化精髓，防止社会不良文化和价值观对已有文化的侵扰，鼓励各部门在坚持已有的核心价值观的同时，逐渐形成自己各具工作特点的特色文化，抓好组织行为和个人行为的价值评估工作。

(3) 构建华为管理制度

借鉴成功企业经验，在自身文化中酝酿和构建具有华为特色的管理模式和管理制度，

《华为公司基本法》起草后,经过员工充分讨论,用条文形式加以固定,并通过试行,反复证明是正确的、可行的。在员工中达成共识后定稿,经过正式签发,再向员工颁布,让大家共同遵守。

(4) 华为文化扎根于日常管理之中

8 小时之内的华为文化是对管理制度和规范的酝酿和推行,是对个人、组织行为的考核活动。员工之间管理思想的交流与沟通,管理制度规范的酝酿与推行、员工个人、组织行为的考核与评价,凝聚在产品质量、信誉、品牌和市场竞争之中;任何个人、组织行为都必须符合管理制度和规范的要求,管理制度和规范是铁面无私的,违背管理制度和规范就将损害公司整体利益,妨碍公司事业的发展,可辞退、降级、降薪。

在 8 小时之外,华为努力丰富企业文化生活,如球类比赛、文艺联欢、探险、义务劳动等,加强沟通,提高生活质量,刻意培养个人才能、才华、情感等智能与体能的活动,使大家恢复脑力、体力,有意识地培养乐观向上的企业家精神、敬业精神、创新精神、团结合作精神与奉献精神,陶冶高尚情操,创造丰富多彩的积极人生。

## 12.4 案例分析

总部设在美国西雅图的波音飞机公司创建于 1916 年,是世界航空航天业中一颗灿烂的明珠。它于 20 世纪 20 年代开创了世界上最早的航空邮政业务;20 世纪 30 年代建立了自己的全金属运输机系列,第二次世界大战期间为战胜德意日法西斯立下了汗马功劳,"二战"后率先把喷气式客机送上了蓝天。波音公司取得了一个接一个惊人的成绩。到 1991 年,利润额 15.67 亿美元,雇员 16 余万,在世界 500 家最大的工业公司中排名第三十二位。

然而,在令世人瞩目的业绩背后却是披荆斩棘的历程,波音公司的事业并非一帆风顺的。最让波音人刻骨铭心的是 20 世纪 60 年代末期,蒸蒸日上的波音事业开始由于日趋庞大的机构运转不灵了。当时仅总部机构就达 2000 多人,官僚习气滋生,遇事互相推诿,更糟糕的是公司领导人陶醉于已取得的成就,无视瞬息万变的市场和日益强劲的同行,躺在一两项大宗的官方合同上过舒服日子。很快惩罚来了,公司装配厂里摆满了卖不出去的喷气客机,曾有 18 个月公司竟无一张订货单,此时公司的老板才惊恐地发现曾一度拥有的高效率已不复存在。

与此同时,世界飞机制造业强手迅速崛起,特别是欧洲"空中客车"工业公司和老对手麦克唐纳·道格拉斯飞机公司实力雄厚,相继推出先进的新型飞机,其势直逼波音,波音公司面临强劲的挑战。

威尔森受命于危难之际,出任波音公司的董事长。30 多年的实际工作经验使他深知企业面临危机的症结和回天之术。他一到任便使出了被人称为"威尔森五招"的措施,使波音公司迅速摆脱了困境,再次走向辉煌。

### 1. 精兵简政

"新官上任三把火",威尔森到任后的第一把火就是力排众议,精兵简政。他从庞大的公司办事机构中调出 1800 名技术人员和管理人员充实到生产第一线,并把决策权逐级下放,将责权与各级主管负责人的经济利益挂钩。紧接着公司又大量裁减雇员,仅西雅图地区的 10.5 万人就裁掉 3.8 万人,这是一段至今仍使波音人心有余悸的历史。但这一做法立竿见影,公司的办事效率和劳动生产率迅速得到提高。

## 2. 研究与开发

为了振兴波音，公司在20世纪60年代末共投入了69亿美元的研究和开发经费，20世纪70年代后期面临石油危机，威尔森不惜投入30亿美元研制出被认为是现代民航史上最经济、最省油、最安全的波音757、波音767两种新型客机。波音公司的R&D经费逐年提高，1988年为7.51亿美元，1989年为7.54亿美元，1990为了开发产品和新技术投入160百万美元的新仪器和设备费用，以及8.27亿美元的科研开发经费。1991年R&D经费增到14.17美元。在愈来愈激烈的竞争面前，波音公司把加强研究和开发放在了首位，力争走在同行的前面。

## 3. 质量就是生命

对于飞机制造业来说，产品质量不仅关系到企业的"生命"和前途，而且涉及亿万乘客本身的生命和安全。因此，波音公司对产品质量格外重视。他们认为从长远看，无论在哪个市场上，唯一经久不衰的价值标准是质量本身。公司要求每一个职员都要牢固树立质量第一的观点，每一个工厂、每一个部门都建立了严格的质量管理制度，切实保证每一个部件、零件甚至每颗螺丝钉都以第一流的质量出厂。威尔森逢会必讲：质量是飞机的生命，质量不合格就意味着杀死人的生命。

此外，飞机飞行是否安全还取决于航空公司是否对飞机进行严格的定期检测和维修，机组人员是否严格地按规定操作以及天气恶劣的程度等。波音公司对可能的飞机事故高度重视，他们重新设计了生产程序，以杜绝隐患。在车间里，工程师们对每个工人的每项工作进行严格检查，公司对生产过程的各阶段进行监控，联邦航空局任命的检察员对每架飞机的检查多达800次。波音747—400型大型客机研制后接受了1500小时的飞行检验，1900小时的地面检验。这些检验涉及17000项不同功能、700多万个数据，如此严格的检测真是近乎"天衣无缝"。公司副总裁菲力普·康迪特先生说："完全杜绝人为的错误事实上是难以办到的，但我们需要制定清楚的操作管理程序，发现错误马上改正，这是波音的传统。"

## 4. 重视推销

美国航空公司高级副总经理唐纳德·劳埃德曾说过："从技术上说，波音公司是非常能干的，但洛克希德公司、麦克唐纳·道格拉斯公司也非常能干，主要的区别是波音公司有独特的推销方法。杰出的推销艺术使买主感到波音公司能充分理解自己的需要，从而形成了强烈的信心，认为波音公司说话一定能够兑现，并对顾客一视同仁。"

多年来，为了保持世界上最大民航飞机制造商的地位，为了同日益强劲的对手争夺有限的新订单，波音公司在推销上竭尽全力，采取了灵活应变的制胜谋略。例如：为了将波音757飞机推销给伊比利亚航空公司，波音公司签订了允许西班牙CASA公司为波音飞机生产零件的合同，作为对英航订购21架波音747—400S客机的回报，波音公司将一个零件仓库设在伦敦附近。

波音公司就是这样竭尽全力地向全世界推销自己的产品，绝对不放弃任何一个市场机会。如今波音公司已成为美国最大的单独出口者，在美国的对外贸易中起着至关重要的作用。

### 5. 售后服务

为全世界 7000 多架波音飞机提供维修服务，是波音公司的另一项重要业务。公司拥有一只效率高、技术硬的维修队伍，只要顾客需要，波音的维修人员将会以最快的速度从西雅图赶到全世界任何地方。不少买主赞叹：我们在星期一下午向波音公司说需要一个零件，星期二上午我们就能得到这个零件。在波音没有“一锤子买卖”，公司在买主之中赢得了比合同和买卖更重要的东西，那就是信誉和信任。

由于成功地运用了上述策略，波音公司在激烈的竞争中取得了累累硕果，波音的事业持续辉煌。波音公司的历史启示我们：一个企业的成功不仅取决于它拥于策略制订、执行和管理过程，而且取决于它那永不松懈的进取精神。

## 12.5　思考与练习

1. 市场营销有哪些主要策略？应如何选择和运用这些策略？
2. 企业管理有哪些主要内容？
3. 你认为人力资源管理的重点是什么？
4. 如何理解财务管理对企业的重要意义？
5. 如何理解企业文化的重要作用？
6. 以此前撰写的创业计划书所确定的创业项目，由原小组商讨制订一套营销策略，并撰写营销计划书。

# 参考文献

[1] 王桂云,帅相志.高等学校创业教育的现状与发展对策[M].济南:山东人民出版社,2010.
[2] 李家华,郑旭红,张志宏.创业有道——大学生创业指导[M].北京:高等教育出版社,2011.
[3] 姜立新,刘丽,单春晓.思想政治工作与就业创业教育[M].沈阳:辽宁人民出版社,2010.
[4] 唐伯武.创业·就业指导[M].北京:中国经济出版社,2008.
[5] 刘道玉.大学生自我设计与创业(第3版)[M].武汉:武汉大学出版社,2009.
[6] 陈代明,赵琪.大学生就业概论[M].成都:四川大学出版社,2007.
[7] 汪青松,陈世庆.就业在基层——大学生能力培养与就业指导[M].合肥:安徽人民出版社,2008.
[8] 安身健.大学启示录——与大学生谈就业[M].开封:河南大学出版社,2005.
[9] 邱隆云,王琳,徐峰,等.大学生就业指导工作研究述评[J].江西农业大学学报(社会科学版),2010(02).
[10] 侯文华.大学生职业生涯规划与就业指导[M].苏州:苏州大学出版社,2011.
[11] 柯晓扬,沈宝衡.大学生就业与创业指导[M].苏州:苏州大学出版社,2011.
[12] 周航.大学生就业与创业[M].重庆:西南师范大学出版社,2008.
[13] 聂远鹤,王森.大学生就业指导[M].长春:东北师范大学出版社,2012.
[14] 周卫泽,冯静.大学生就业与创业实用教程[M].沈阳:辽宁教育出版社,2011.
[15] 董玉河,何忠诚,林志强.大学生就业创业与职业发展指导[M].天津:南开大学出版社,2013.
[16] 周洪波,张涵,战君.对高等院校毕业生就业指导工作的思考[J].辽宁教育行政学院学报,2008(01).
[17] 林祖媛,李昭志.大学生创业教育实用教程[M].上海:上海交通大学出版社,2012.
[18] 刘旭,尹万昀.大学生创新创业教育[M].北京:现代教育出版社,2012.
[19] 管红.国外大学生就业指导及启示[J].中国大学生就业,2006(24).
[20] 王军.国外大学生就业促进手段对我国的启示[J].黑河学刊,2005(03).
[21] 赵胜利,蒋洪甫.中美大学生就业指导差异研究[J].继续教育研究,2007(04).
[22] 宋东海.中国大陆和美国高校大学生就业指导工作比较研究[J].内江科技,2008(01).
[23] 吴楠.从大学生就业困境看我国高校就业指导的发展方向[J].科技信息(科学教研),2008(25).
[24] 赵炳美.高校就业指导存在的问题及对策思考[J]. 西华师范大学学报(哲学社会科学版),2006(06).
[25] 杜凤.试论大学生就业指导师资队伍建设与发展[J].文教资料,2008(11).
[26] 丁建.浅谈大学生就业指导工作中存在的问题及对策[J]. 知识经济,2008(05).
[27] 李斌,王双,邢丹.践行科学发展观创新大学生就业指导工作[J]. 社科纵横(新理论版),2009(01).
[28] 张雪梅.高校毕业生就业指导队伍现状及思考[J]. 淮南师范学院学报,2011(02).
[29] 丁晓洋.大学生就业的“四化”指导[J]. 科技信息(科学教研),2008(24).
[30] 苏静,肖攀.新时期大学生就业指导体系创新研究[J]. 赤峰学院学报(汉文哲学社会科学版),2010(08).
[31] 谭斌.高校大学生“全程就业指导”浅谈[J].黑龙江科技信息,2008(03).
[32] 刘世勇,杨阳.我国高校就业指导专业化的现状与发展趋势[J].中国大学生就业,2008(04).
[33] 宋东海.中国大陆和美国高校大学生就业指导工作比较研究[J].内江科技,2008(01).
[34] 陈江,阮雪刚.现代信息技术在高校就业指导中的应用[J].中国大学生就业,2008(02).
[35] 李汶.高校就业指导工作专业化建设的思考[J].科教文汇(上旬刊),2008(01).
[36] 王本贤.论以人为本的个性化就业指导[J].中国职业技术教育,2007(09).